制造业再定位

RE-MADE IN CHINA

双循环与高质量发展

Dual Circulation and
High-Quality Development

王玉燕等 著

社会科学文献出版社
SOCIAL SCIENCES ACADEMIC PRESS (CHINA)

前　言

　　《制造业再定位：双循环与高质量发展》是国家社会科学基金项目"'双循环'新格局下制造业高质量发展的驱动机制、效果测度及提升策略研究"（批准号：21CJY050）的阶段性研究成果，同时感谢国家自然科学基金项目"中国制造业价值链提升的机制、路径与政策研究"（批准号：71603001）的支持。

　　世界强国兴衰史一再证明，制造业是立国之本、强国之器、富民之基，其发展备受世界各国高度重视。美国、德国、日本等国家都依靠强大的制造业稳居强国之列，金融危机后美国明确提出"再工业化"。反观一些拉美和东南亚国家，由于缺乏制造业支撑，经济停滞不前。新中国成立 70 多年来，我国矢志不渝地走工业化道路，已建立起全球门类最为齐全、独立完整的制造体系，成为世界"第一制造大国"。习近平总书记指出，制造业特别是装备制造业高质量发展是我国经济高质量发展的重中之重。然而，随着世界百年未有之大变局的持续深化，新一轮科技革命和产业变革方兴未艾，再加之全球新冠疫情大流行的冲击，中国制造业产业链供应链安全受到极大挑战，部分领域存在核心技术缺失的切肤之痛。2020 年 7 月 30 日，中共中央政治局提出"加快形成以国内大循环为主体、国内国际双循环相互促进的新发展格局"的战略部署，这标志着"两头在外，大进大出"的传统国际大循环发展战略发生根本性转变。那么，在双循环新发展格局下中国如何通过制造业高质量发展迈向"制造强国"？制造业高质量发展的动力是什么？效果如何评价？通过何种路径保障其有效实施？这些问题已成为新形势下推进制造强国战略亟须深入研究解决的重要课题。

本书以双循环新发展格局下中国制造业高质量发展问题为研究对象，通过梳理制造业发展现状、双循环基本特征以及先发地区经验启示，识别双循环新发展格局下制造业高质量发展的"三维动力"，并解析具体驱动机制，构建指标体系测度并评价制造业高质量发展的效果，实证分析国内大循环、数字经济发展、营商环境优化、产业协同集聚、区域融合发展、中美贸易摩擦以及参与全球价值链分工对中国制造业高质量发展的影响，从而为双循环新发展格局下中国制造业高质量发展路径的确定与对策建议的提出提供启示。本书创建双循环新发展格局下中国制造业高质量发展的综合分析框架，囊括现状特征、比较启示、驱动机制、效果测度、影响因素以及政策保障等核心问题，为双循环新发展格局下推进制造业高质量发展战略提供思路。

本书包括中国制造业与全球价值链、双循环新发展格局与制造业发展新思路、国内大循环与制造业高质量发展以及高水平对外开放与制造业高质量发展共四篇十六章，各章的主要内容阐述如下。

第一章基于相关文献及官方数据梳理总结了改革开放以来传统国际大循环发展战略历程及现状，并从"两头在外"的价值链低端锁定、供给与需求不匹配、产业链供应链安全风险、贸易摩擦频发等方面深入探讨传统国际大循环发展战略的弊端，表明传统国际大循环发展战略亟须转变，需要更加注重构建国内统一大市场，充分发挥我国超大规模市场的优势。

第二章首先从改革开放以来制造业的发展历程出发，全面分析制造业发展现状及所取得的成就；然后从创新、绿色、开放、协调和共享五个角度深入制造业发展研究，系统梳理制造业发展存在的问题；最后提出相应的建议，以期为制造业高质量发展指明方向。

第三章集中探讨中国制造业在全球价值链中的地位。首先测算中国和世界主要国家在全球价值链分工中的参与指数，并进行国际比较；其次测算中国制造业及其细分行业在价值链前后向两个视角的嵌入程度及行业异质性，以准确刻画我国制造业的国际竞争力；最后测算 GVC 地位指数，刻画中国制造业及其细分行业的 GVC 国际分工地位。

第四章围绕双循环新发展格局下再造制造业高质量发展动力体系展开探讨，指出再造制造业高质量发展动力体系要从供给侧、需求侧以及制度改革三方面同时发力，并对如何把握"三维动力"的具体措施进行了深入分析，助力新发展格局下制造业高质量发展目标的实现。

第五章首先构建指标体系测度中国制造业整体内外循环程度，剖析发展趋势；其次将中国与其他八个主要国家进行横向对比，发现中国整体产业链关联度高于其他国家的平均水平；最后对测算方法进行分解，进一步测算中国制造业内外循环程度，并与美国进行比较，深入剖析了中国制造业产业链关联度的发展趋势。

第六章首先探讨制造业高质量发展的影响因素，然后基于经济效益、技术创新、结构优化、绿色发展以及对外开放五大要素，分别从区域层面和行业层面构建制造业高质量发展的指标体系，运用熵值法分别测算 2010～2020 年省份层面和 2003～2020 年行业层面的制造业高质量发展指数，并从五大区域和分行业的角度对制造业高质量发展一级指标进行比较分析。

第七章归纳总结制造业发展模式经验与启示，具体包括首先对美德日韩等发达国家制造业的发展模式及经验进行归纳，然后对我国东北地区、粤港澳大湾区、长三角地区的制造业发展经验进行总结，最后归纳出双循环新发展格局下制造业高质量发展的启示。

第八章立足制造业行业数据，深入剖析与梳理产业链关联对制造业高质量发展的影响。重点就国内产业链关联度、国际产业链关联度和整体产业链关联度对制造业高质量发展的积极作用和消极作用两个方面进行详细分析，然后借助测算出的产业链关联度指标与制造业高质量发展指数进行实证研究，为进一步剖析产业链关联度与制造业高质量发展的关系提供依据。

第九章首先梳理了数字经济的发展历程，解读了数据、数字技术和新型基础设施等数字经济典型特征，剖析了我国数字经济的发展现状；然后从协同研发、智能生产、数字管理、一体化销售的制造业全链条视角分析数字经济对制造业高质量发展的赋能路径；最后就强化数字技术研发、注重新型基础设施建设、聚焦企业数字化转型支撑提出相应对策。

第十章首先通过世界银行发布的《全球营商环境报告》分析中国营商环境发展现状；然后以中国实际国情为出发点，从政务环境、公共服务环境、人力资源环境、市场环境、创新环境、金融环境和法治环境7个方面构建中国省级层面营商环境综合指标体系，并分析营商环境对制造业高质量发展的直接影响机制和人力资本的间接作用；最后通过实证研究检验营商环境优化对制造业高质量发展的影响。

第十一章构建理论机制并实证检验区域融合、基础设施建设与高新技术产业创新效率之间的互动关系。研究发现，我国区域融合对高新技术产业创新效率具有显著正向影响，区域融合水平提高1个单位，高新技术产业创新效率提高约18.5%个单位，并且基础设施建设中介效应的主体属性异质性明显，城市群内部基础设施的中介效应弱于非城市群主体。

第十二章理论分析了产业协同集聚对工业高质量发展的作用机制，并利用省份面板数据检验协同集聚对工业高质量发展的影响效应以及城镇化水平和信息化市场在其中起到的传导作用。研究发现，产业协同集聚对工业高质量发展起到促进作用，其中产业协同集聚可加快城镇建设的进程并提高信息化水平，但城镇化对工业发展的积极作用需跨越门槛值后才能充分发挥。

第十三章首先分析中美贸易关系演变进程与中国制造业价值链地位发展现状；其次从"寒蝉效应""破窗效应""蝴蝶效应"等直接效应以及出口效应和外资效应等间接效应出发，试图构建中美贸易摩擦对中国制造业价值链地位影响的理论机制；最后实证检验中美贸易摩擦对中国制造业价值链地位的直接影响，并采用中介效应模型检验中美贸易摩擦对中国制造业价值链地位的间接影响。

　　第十四章摒除国外相关因素，深入探讨技术进步、物质资本、人力资本、劳动力等传统生产要素对中国制造业价值链地位的影响。研究发现，技术进步和人力资本可以显著提升中国制造业价值链地位；物质资本对中国制造业价值链地位攀升的作用不显著；劳动力投入系数显著为负，表明中国劳动力比较优势确实正逐步丧失。这些结论对新时代提升中国制造业国际竞争力具有重要启示。

　　第十五章以制造业高质量发展的内涵为切入点，利用行业面板数据评估全球价值链嵌入对制造业高质量发展的影响以及创新型人力资本对该影响的偏效应。研究发现，现阶段参与全球价值链分工整体上对制造业高质量发展具有一定的负向影响，创新型人力资本能够显著弱化GVC嵌入对制造业高质量发展的消极影响，并且弱化作用存在门槛效应。

　　第十六章利用中国制造业数据，实证研究全球价值链嵌入对中国制造业绿色发展的影响。研究发现，全球价值链嵌入对制造业绿色发展存在消极影响，并在技术进步的约束下存在门槛效应。当技术进步小于等于门槛值时，全球价值链嵌入会阻碍制造业绿色发展；当技术进步超过门槛值时，全球价值链嵌入会促进制造业绿色发展。

　　本书主要由王玉燕负责设计、组织与统撰工作。本书各章撰写成员如下：第一章曹钰华、王玉燕，第二章王春燕、王玉燕，第三章姬含笑、张静娟、王玉燕，第四章姬含笑、王玉燕，第五章钱雨晴、曹钰华、王玉燕，第六章宋海阔、胡文静、王玉燕，第七章胡文静、王玉燕，第八章钱雨晴、王玉燕，第九章张静娟、王玉燕，第十章宋海阔、王玉燕，第十一章陆强、宋海阔、王玉燕，第十二章张雨雪、姬含笑、王玉燕，第十三章刘晓娟、钱雨晴、王玉燕，第十四章刘晓娟、张静娟、王玉燕，第十五章王婉、王春燕、王玉燕，第十六章王玉燕、曹钰华、胡文静等。王玉燕、张静娟等同志对全书进行了统稿。

　　尽管笔者对各章节内容进行了深入研究，但由于面临许多新问题，加之水平有限，本书难免有不妥之处，敬请各位读者批评指正。

目　录

第一篇　中国制造业与全球价值链

第二篇　双循环新发展格局与制造业发展新思路

第三篇　国内大循环与制造业高质量发展

第四篇　高水平对外开放与制造业高质量发展

第一篇

中国制造业与全球价值链

第一章　传统国际大循环发展战略分析

第一节　"两头在外"的价值链低端锁定

一　"两头在外，大进大出"

1978 年，在党的十一届三中全会上，中国做出实施改革开放的重大决策，制定了跨世纪的经济发展战略，推动中国融入世界市场。改革开放初期，由于资金不足、技术落后、劳动力过剩，中国发挥比较优势，选择优先发展重工业。王健（1987）在新华社内参《动态清样》上首次提出国际大循环发展战略的构想，随后祝留（1988）围绕王健提出的国际大循环发展战略进行讨论，这影响了中国后面的发展战略选择，即中国沿海地区进一步开放，大力发展外向型经济。2001 年，中国加入世界贸易组织（WTO）后，国际大循环发展战略得到了充分体现，中国抓住机遇，进一步融入国际市场，也因此获得了 20 多年的高速发展。据历年国家统计局官网公布的数据，2010 年，中国的 GDP 约为 41.03 万亿元，这是中国首次超过日本，成为世界第二大经济体；随着中国经济的进一步发展，2021 年中国 GDP 为 114.37 万亿元，相对于 1978 年的 3678.7 亿元，增加了约 310 倍。但随着全球经济的发展，传统国际大循环模式逐渐显露弊端，特别是在 2008 年国际金融危机爆发后，国际经济环境越发紧张，国际市场萎缩，需求降低。此时，中国出口加工企业面临严峻的形势，一些企业生存困难，以外部需求为主、重点发展以出口产品为主的自由贸易、外向型的经济模式遭遇空前危机。要想进一步促进我国经济高质量发展，亟须对传统国际大循环发展战略做出改变。同时 2008 年我国进出口总额有明显下降，表明国际形势变化对我国经济的冲击较大，也从侧面表现出传统国际大循环发展战略与当前我国的经济环境不再适配。

传统国际大循环发展战略的基本内容是实行外向型经济模式，即所谓的"两头在外，大进大出"发展方式。这种模式是将某个产品生产经营的两头放在国际市场（原材料来自境外，最终品销往境外），在国内主要进行加工。这种做法虽然可以提供大量的就业机会，推进中国的工业化发展，但同时也带来了一些弊端。首先，该模式导致我国的经济过度依赖投资和出口，而过度依赖外需意味着在国际市场中，国外消费者占据主动权。国内出口企业为了获取更多的国际市场份额，会采取打"价格战"的方式来压低自己的价格，这样不仅使得国外消费者获利，还会导致国内出口企业所获得的利润比产业链上其他国家的相关企业要低很多，形成进一步依赖国际市场的恶性循环。同时，过度依赖外需容易造成其他国家对中国形成贸易逆差，这就导致很多国家借着保护国内产品的理由出台一些不公正的、带有明显的贸易保护主义色彩的政策，产生贸易摩擦，不利于我国的经济发展。根据中国海关总署官网公布的数据，2021年对中国贸易逆差最大的前五个国家分别是美国、荷兰、印度、英国以及墨西哥，其中美国对中国的贸易逆差额为3965.8亿美元。其次，"大进大出"型的经济模式也拉大了国内的贫富收入差距。据中国国家统计局官网数据，1982年中国的基尼系数是0.249，而2021年已经上升到0.480，超过了基尼系数的国际警戒线0.4，表明中国目前的贫富收入差距过大，不利于中国经济的发展。最后，进口原材料、加工产品然后出口的模式，容易将污染留在国内，不利于国内的生态环境保护。例如，我国的石油市场就存在"石油怪象"，即进口原油之后在国内进行加工，最后出口成品油，将高污染环节留在了国内。

二　国际分工现状

在改革开放初期，我国的资本不充裕、技术较为落后，劳动力资源较为丰富，因此我国发挥比较优势，采取引进外资和发展劳动密型产品出口企业的措施，将农村劳动力引入国际大循环中，这样既可以缓解失业多的问题，也可以参与国际分工，在国际市场上获得外汇，从而获得资金及技术来发展我国的重工业，促进我国的经济发展，提升我国的国际地位。这也是国际大循环发展战略的目标。选择这一战略顺应了当时的国际分工变化：二战结束之后，世界各国开始注重合作，以信息技术革命为中心的高科技产业高速发展，国际产业转移兴起，发达国家开始大力发展知识密集型产业，将劳动密集型产业逐渐转移到发展中国家。我国也是在这个时候承接了大量的劳动密集型产业，大力发展工业，经济增长方式从粗放型逐渐向集约型转变。

传统国际大循环发展战略提出之后，我国进一步扩大了开放范围，开放了5个经济特区以及14个沿海城市，这也使得我国的国际贸易规模不断扩大。国家统计局官网数据显示，自改革开放以来，中国的进出口总额在不断增加，从1978年的355亿元增加到2021年的39万亿元（见图1-1），增长了约1098倍，占全球贸易总额的比重也在不断变大；同时从中国海关总署的统计数据可以得到，2021年中国进出口总额超出美国1.36万亿美元，位居世界第一。中国的制造业也是在这个时期得到了繁荣发展，我国一度被称为"制造工厂"。

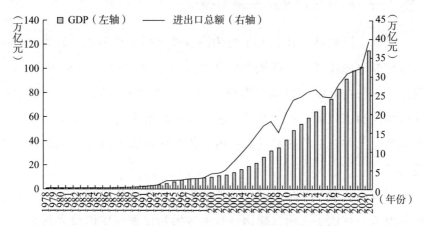

图1-1　1978~2021年中国GDP以及进出口总额

资料来源：历年《中国统计年鉴》。

现如今，"中国制造"产品遍布全球，满足了全球60%左右的产品需求，"made in China"的标签在国外的产品中也随处可见。虽然我国的进出口总额在全球是佼佼者，制造业也日益繁荣，但是这并不代表我国位于国际分工的高端位置。相反，受限于我国的资源分布情况，目前我国大多数企业依旧位于全球价值链的低端位置，制造业也一直面临着"大而不强"的问题。由图1-2可以看出，我国的出口额占全世界的比重越来越大，然而我国企业在产业链中所获得的实际利润并没有增加许多。

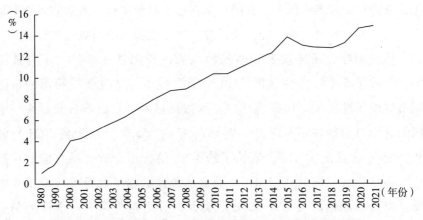

图1-2　1980～2021年中国出口额占全球出口总额的比重

资料来源：历年《中国贸易外经统计年鉴》。

在"微笑曲线"中，其上游为高新技术研发环节，下游为高端品牌服务等销售环节，中间则为简单的组装、制造环节（见图1-3）。我国大多数企业属于劳动密集型，即位于"微笑曲线"的中端位置，获得的利润也较低。而企业要想获得高利润就需要向"微笑曲线"的两端攀升，需要进行转型升级，由此传统国际大循环发展战略就不再适用了。

从价值增值的视角出发，一个国家的比较优势决定了其在价值链中的地位。相比于美国、德国、日本等发达国家，中国最大的比较优势就是劳动力资源，而现如今老龄化问题的出现使得这一比较优势也慢慢变弱。为了切合我国经济由高速增长向高质量增长转变的趋势，我国一方面通过技术创新、增加研发投入来推动价值链向左攀升，另一方面通过提升国际品牌知名度、提高售后服务质量等推动价值链向右攀升。然而近年来，"逆全球化"趋势逐渐显露。例如，在英国脱欧、贸易保护主义抬头、中美贸易摩擦频发等背景下，一些国家会对我国高新技术产业的发展进行打压遏制，阻碍我国在全球范围内开展创新合作的行动，以及我国在全球价值链上的攀升，不利于我国国际分工地位的提高。因此我国需要调整发展战略，由传统国际大循环发展战略逐渐向以国内大循环为主体、国内国际双循环相互促进的新发展格局转变。

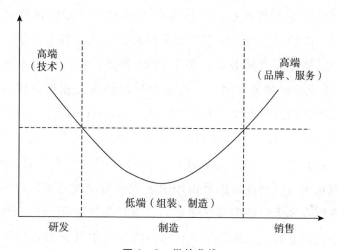

图 1 - 3　微笑曲线

资料来源：笔者绘制。

三　出口导向型经济模式面临的弊端

传统国际大循环发展战略提出之后，我国抓住了国际产业转移和经济全球化的机遇，实施对外开放的经济政策。出口导向型经济模式最早是由大卫·李嘉图（David Ricardo）提出的：一国以生产出口产品来带动自身经济的发展，即一国的经济由国际市场推动。在改革开放初期，我国一直采取出口导向型经济模式，大力发展重工业，对轻工业和农业的发展没有那么重视，从而造成国民经济结构失衡；而且长期注重国际市场，忽视国内需求市场的开发，造成了我国产能过剩等结构性问题，于是我国选择进一步开放，加入 WTO，继续扩大国际市场，这也使出口导向型经济模式得到进一步发展，我国经济也得到高速发展。出口导向型经济模式一方面扩大了我国的国际市场，将国内一些剩余产品出口到国际市场，为我国的初级产品和劳动密集型产品出口开通了国际渠道，使得闲置的劳动力资源得到充分利用，带动了市场的发展；另一方面有利于形成规模经济，出口导向型经济通过开拓市场来增加需求，有利于降低产品的生产成本和提高产品的价格，形成规模经济，促进我国经济发展。

然而经过40多年的发展，世界经济形势发生了很大的变化，国际经济环境逐渐变得严峻，传统国际大循环发展战略也变得不再适用。首先，由于过去的开放型经济发展政策，我国拥有大量的外汇储备，据国家统计局官网数据，截至2021年底，中国的外汇储备约为32502亿美元，位居世界第一。过多的外汇储备会促使我国的央行投入基础货币，因此会产生货币超发风险。如图1-4所示，我国的广义货币供应量（M2）增速是超过GDP增速的，增大了我国通货膨胀的压力。除此之外，外汇储备过多还会对我国人民币升值造成压力，间接影响我国出口产品在国际市场中的竞争力。而且出口导向型经济模式给我国带来了经济的高速增长，给其他发展中国家的经济发展提供了"中国式道路"，因此有越来越多的发展中国家想在国际市场中分一杯羹，这样我国在国际市场上的份额也逐渐减少。其次，出口导向型经济模式的成功实施离不开改革开放初期我国的劳动力比较优势，然而进入新时期后，人口增长率大幅下降，人口老龄化现象严重，养老负担加重，原来的劳动力优势正在逐渐消失，廉价劳动力也将逐步退出比较优势的行列。再次，我国实施的开放型政策重点是发展工业（制造业）等高能耗产业企业，这些企业的发展大都是以过度消耗资源、牺牲环境为代价的，与现在提出的"双碳"目标相违背，而且由于以前对资源的过度开发，如今很多资源面临枯竭的问题。最后，新冠疫情的发生、国家间贸易保护主义的出现等都对我国的进出口产生了很大影响。这些都表明出口导向型经济模式已经不再适合目前我国的发展形势，调整经济发展战略迫在眉睫。

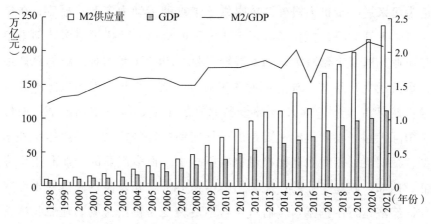

图1-4 1998~2021年中国广义货币供应量及GDP

资料来源：历年《中国统计年鉴》。

第二节 供给与需求不匹配

一 传统供给体系的发展

改革开放之后，我国提出国际大循环发展战略，推进我国经济高速增长，经济总量也一跃成为世界第二，顺利摆脱了"马尔萨斯陷阱"（即低收入陷阱），成为中高收入国家，取得这些成果离不开中国特色的宏观管理政策。改革开放之前，我国经济发展水平和生产力水平均不高，市场中也经常出现供不应求的现象。为了推动工业经济的快速发展以及缓解产品短缺问题，我国实施优先发展以重工业和计划经济为主要特征的供给政策。在那个时期，我国的储蓄率高于消费率，再加上我国比较重视重工业，轻工业在国内GDP中的占比很低，很大一部分资金流入了重工业行业，农业发展水平较低，这也是出现总需求大于总供给现象的原因。改革开放之后，随着社会主义市场经济体制的不断完善，我国的供给体系也在不断做出调整。1978年党的十一届三中全会召开后，我国逐渐将工作重心转移到经济建设上。首先，实行家庭联产承包责任制，调动了农民的生产积极性，在一定程度上提高了农业的生产效率；其次，放开农村人口居住城镇等政策，也为后来进一步扩大对外开放提供了丰富的劳动力资源；最后，在进一步扩大开放时，抓住了国际产业转移的机遇，承接了很多劳动密集型产业，国家出台政策鼓励发展轻工业。1988年我国轻工业的总产值比重已经上升到51.4%，同时重工业也在继续发展，然而供给不足问题仍然存在。受1997年亚洲金融危机的影响，国际市场萎靡，而传统国际大循环发展战略主要是出口导向型的经济模式，供给体系外向型特征明显，因此我国出口量也有所减少，很多产业的产能利用率降低，例如，胶卷产业的产能利用率不到14%，市场格局发生根本性变化，经济运行中的基本矛盾从供给不足转变为供给过剩。随后我国选择进一步扩大开放，并加入世贸组织，吸引外资进入，以达到通过扩大出口来拉动经济增长的目的，经济增速迅速提高，人民生活水平大幅度上升，因此人们对高品质生活的追求也在逐渐提高。在2008年国际金融危机爆发之后，国际市场受到影响，国际需求降低，以前以出口为导向的外向型经济模式无法进一步促进经济增长，现阶段我国社会主要矛盾已经转化为人民日益增长的美好生活需要和不平衡不充分的发展之间的矛盾，传统供给体系无法继续推进我国经济高质量发展。

二　传统需求体系的发展

1956年，党的八大提出"国内的主要矛盾已经是人民对于建立先进的工业国的要求同落后的农业国的现实之间的矛盾，已经是人民对于经济文化迅速发展的需要同当前经济文化不能满足人民需要的状况之间的矛盾"。因此，这个阶段，人们最大的需求就是满足日常生活需要，解决最基本的温饱问题，需求大都是食品、衣服等产品，大多数人对高品质的物质没有过多的需求。改革开放之后，我国的主要矛盾转变为"人民日益增长的物质文化需要同落后的社会生产之间的矛盾"，在这个阶段，人民生活水平在不断提高，这点从图1-5中也可得到证明。由此人们的需求不再只局限于食物、衣服等基本产品，开始逐渐拓展到电器、汽车等耐用产品，然而我国当时正在实施国际大循环发展战略，资金、劳动力等资源更多的是流入出口外贸产业，导致内需产业的资源不足，无法真正发展起来，国内需求得不到满足。随着人民生活水平的进一步提高，社会主要矛盾转变为"人民日益增长的美好生活需要和不平衡不充分的发展之间的矛盾"，人们的消费需求逐渐升级，从模仿型向个性化转变，对高品质和高附加值产品的需求日益增长，投资需求也向高新技术等转变，除了对产品的需求，还有对服务的需求。然而，我国大部分产业依旧处在价值链中间环节，高端服务业等依旧不成熟，包括旅游、教育、医疗、养老、文化等领域的服务。除了人民的消费需求，随着科技的发展，现在各产业对高技术人才以及高新技术的需求也在逐渐增加。

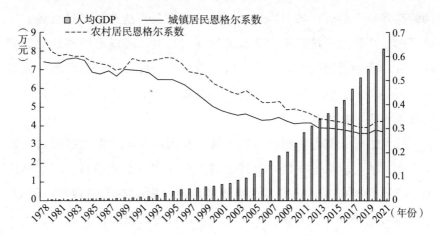

图 1 – 5　1978 ~ 2021 年中国人均 GDP 以及城镇与农村居民恩格尔系数

资料来源：历年《中国统计年鉴》。

三　供给体系与需求体系的不适配

改革开放 40 多年来，我国经济得到高速增长，已经迈入中等收入国家的行列，然而随着人口红利的减少，有进入"中等收入陷阱"的风险，同时伴随全球经济有"逆全球化"的趋势以及新冠疫情等一系列内因和外因的作用，经济发展的不确定因素增多。与此同时，国际贸易环境越发复杂，贸易保护主义日趋抬头，因此我国应该更加注重开发国内市场。2022 年正式颁布的《中共中央　国务院关于加快建设全国统一大市场的意见》也指出，在新的发展阶段，我国需要进一步刺激内需。然而内需的发展离不开有效供给的支持，所以就需要需求侧与供给侧相匹配，我国国内有超大规模的市场需求，然而供给体系尚不完善。让供给与需求相适配，最关键的是要精准辨识消费需求是什么，从而增加相对应的供给。当前供给与需求不适配更多的是源于"空间不适配"问题，应当根据不同地区的实际需求提供相应的供给。例如，对于人口流入地来说，人们对基础设施和公共设施的需求会相对增多；我国中西部地区有很多工业园区都是处于闲置甚至是荒废的状态，由于国际大循环发展战略的推进，企业更愿意转移搬迁到沿海地区和东部地区，尽管这些地区的工业园区已经基本饱和；我国钢铁等重工业行业的产能是过剩的，那么关于这些对基础设施、工业园区、产品生产没有很大需求的地区、行业，可以适当调整对它们的投资，减少资源错配，形成有效供给，但这样会加剧我国地区间经济发展不平衡，所以传统国际大循环发展战略需要做出调整，推动供给体系和需求体系相匹配。

　　除此之外，随着我国经济的发展，我国城乡居民消费结构也在发生变化，消费者从过去的生存式消费逐步转向享受式消费，对产品质量要求越来越高，但是我国供给体系还没有跟上需求的脚步。例如，曾经有大量国人"去日本买马桶盖"，直到现在我国依旧有很多人优先选择购买国外某些品牌的产品。在国内市场出现低端产品过剩的同时，中高端市场需求没有得到满足，某些产品容易出现生产量、进口量、库存量"三量齐增"的现象。自 2008 年国际金融危机爆发以来，全球经济一直处于不景气状态，产品国际市场价格波动较大，再加上近年来人民币汇率的不断变化，人民币升值压力较大，抑制了国内产品的出口，削弱了出口产品的国际竞争力。另外，过去出口导向型经济模式对资源开发利用和过度消耗甚至透支，对我国的生态环境造成了严重的破坏，如 2013 年出现了大规模雾霾事件，许多地区的地下水被污染。与环境库兹涅茨曲线规律一样，随着人均收入水平的不断提升，我国现阶段越发注重环境保护以及高质量的生活，出台各种相关政策来积极治理环境污染问题，推行绿色发展理念，如低碳城市试点、排污权交易、河长制以及"双碳"目标等。显然，传统的供给体系已经无法满足这些要求，过去拼资源、拼投入的粗放式生产模式不再适用，一些传统企业生产成本迅速上升，面临被市场淘汰的风险。

最后，尽管近年来我国一直在积极解决"三农"问题，实施乡村振兴战略，但受城乡二元结构的影响，农村与城镇的经济发展水平差距依旧较大。从图 1-6 可以看出，近年来我国的城镇居民人均可支配收入水平和农村居民人均可支配收入水平的差距有扩大的趋势。由于农村居民收入水平不高，他们会选择增加储蓄以备不时之需，这样农村居民的消费水平很难得到提高和满足，无法真正地扩大内需。再加上我国仍然处在产业转型升级阶段，供给侧结构性改革还在继续推进，进而又会加剧需求与供给的不匹配。

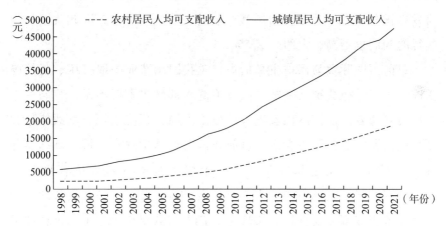

图 1-6　1998~2021 年中国农村和城镇居民人均可支配收入

资料来源：历年《中国统计年鉴》。

第三节　产业链供应链安全风险

一　关键环节带来的安全风险

改革开放前，我国就已经开始承接部分产业转移，为后来我国发展国防建设、承接发达国家的产业打下了基础。改革开放后，我国进一步承接了大量来自发达国家的产业转移，且以劳动密集型产业为主。作为产业转移承接地，由于技术外溢效应的存在，我国其他相关产业也会得到发展，从而促进我国产业结构优化升级。与此同时，我国也会对发达国家的先进技术产生依赖，受制于人。另外，我国承接的产业大都是高污染、高能耗产业，对我国的环境造成了严重的污染，破坏了原有的生态环境。传统的国际大循环是以出口为导向，我国大多数企业嵌入由发达国家主导的产业链价值链的中低端环节，为国际知名企业提供代工服务，产品附加值较低。例如，富士康就是苹果公司最大的代工厂，苹果公司用到的芯片由高通或英特尔研发，由三星或台积电进行生产，韩国的 LG 集团提供其所需要的屏幕，摄像头由索尼、夏普等公司提供，最后由富士康公司进行整合，虽然苹果公司部分零件是在我国生产和组装的，但是其核心研发在国外，我国只是参与了其产业链中的低端环节，因此我国从中获得的利润也不高，大约只有5%。

目前，国际贸易保护主义抬头，对我国制造业采取打压、封锁等措施，由于某些关键技术缺失以及关键零部件等资源不足，我国一些生产要素或者产品高度依赖进口。根据中国工程院工业强基战略研究项目组的研究数据可以看出，目前我国关键基础材料、核心基础零部件（元器件）、先进基础工艺、产业技术基础等对外依存度高达50%，有的甚至超过50%，制造业需要的高级装备、核心设备的芯片以及系统很多都需要进口。2021 年，湖北省武汉市公布了首批科技重大专项"卡脖子"技术攻关项目单，在其公布的十个主攻方向中，包括芯片核心技术、抗体与分子酶关键技术等高新技术领域，这也说明目前我国在高精尖技术领域依旧存在很大的发展空间。近年来，国际环境风云变幻，加之新冠疫情等突发因素，我国相关产业受到很大影响，制造业面临着低端锁定的风险，产业链也存在断裂的风险。如华为受到某些大国的施压，其产业链断裂风险突增，进而影响相关产业的发展。

二　国际环境带来的安全风险

首先，新冠疫情等突发因素导致国际物流成本高居不下。全球供应链的正常运行离不开国际物流和区域生产。新冠疫情的发生不仅导致我国很多企业的生产遭受了阻碍，其他国家的生产也有所降低，如越南在疫情发生后，其 GDP 增速明显放缓。随着各国经济的复苏，全球的消费需求也在慢慢增加，一些重要的国际港口出现了拥堵现象，我国也出现了物流集装箱短缺和物流交通运输困难的现象，与之相对应的国际物流价格也在不断上升。根据上海航运交易所数据，2018 年 1 月中国出口集装箱运价综合指数为 793.19，而在 2022 年 1 月上升至 3510.83，约为 2018 年的 4.4 倍。除了海运的价格大幅度上升外，空运的价格也在大幅上涨。据统计，往返亚洲航线的航空货运的价格大约翻了一番，如中美航线疫情之前是 35 元/千克，疫情之后的价格约为 79 元/千克。国际物流成本上升问题已经成为加大供应链风险的突出问题，也限制了我国产品的出口。

其次，贸易保护主义抬头使得部分企业出口层层受阻。我国出口产品大部分位于全球产业链中低端，产品附加值不高，国际市场份额较低，品牌效应较弱。同时，一些国外的公司对高精尖技术产品的知识技术壁垒逐渐升高，我国企业容易受到国际专利保护等影响。根据《日经亚洲评论》的报道，美国实施了补贴半导体行业的政策，但享受这些政策的同时需要被限制与中国进行"重大交易"。另外，一些国家打着保护国内产业的旗帜，限制我国产品的出口。例如，山东省由于地理位置优越、劳动力资源丰富等优势，一直是我国的蔬菜大省，再加上其临海，港口较多，也是我国的蔬菜出口大省，其中日本、马来西亚等国是山东省主要出口国。然而由于一些发达国家为了保护自己国家的农业生产，设立了一系列卫生检疫政策，制定了一系列严格复杂的检验标准，山东省蔬菜的出口层层受阻。

最后，"逆全球化"思潮导致产业链供应链断裂风险陡增。近年来，"逆全球化"趋势逐渐显露，一些发达国家奉行所谓的单边主义，人为地提高贸易壁垒，使我国供应链面临"脱钩、断裂"的风险。2021年，美国政府签署了"关于美国供应链的行政命令"，其主要内容就是在供应链上"去中国化"，这也从侧面表达出美国政府想对中美供应链脱钩的意愿。除此之外，传统国际大循环发展战略使得我国产业体系重点聚焦劳动密集型产业，忽视了技术密集型产业的发展，造成现在我国的核心技术研发不足，高端制造能力相对较弱。早在2018年，美国就对我国的中兴通讯实施了制裁，禁止对其出口芯片等技术性零部件，导致中兴通讯严重受创。2019年，美国又对华为公司进行制裁，对其芯片断供，使得华为生产受限。回顾这两起"被制裁"的典型案例，我们会发现，某些发达国家为了自己的利益，破坏全球供应链的正常运行，从而达到阻碍我国高端制造业发展的目的。

三　产业链布局带来的安全风险

改革开放以来，我国依靠劳动力成本低、市场容量大等优势吸引了大量国外劳动密集型产业企业来中国投资开设工厂。但近年来，我国人口老龄化程度加深，原有的人口红利在逐渐减少，国内人力资源成本相对于越南等国家在逐渐增加，再加上国际环境形势严峻，我国为了响应"双碳"目标，对企业环保的要求提高，企业生产产品的成本进一步上升，以至于一些沿海外资企业做出转移自己的工厂的决定，比如一些纺织行业的工厂逐渐向东南亚地区转移。近年来，阿迪达斯、耐克等将工厂迁往越南，谷歌、微软、三星等公司也将其相关生产从中国迁出。图1-7显示，越南在2005～2021年的出口额总体呈现上升趋势，在2009年出现短暂下降是因为受到国际金融危机的影响，而且近几年出口额增速有加快的趋势。图1-8显示了越南2021年前十名出口产品，可以看出，越南出口产品大多与制造业相关，且电气机械及零部件在其贸易份额中占比最大，这在一定程度上表明中国部分产业有被替代的风险。而且2020年美国宣布对中国增加25%的关税，导致一些公司将越南作为亚洲对美国的"避风港"，将工厂迁移到越南。据越南海关统计，2021年美国是越南最大的出口市场。此外，叠加新冠疫情的影响，一些企业的员工可能会受到影响无法回到岗位复工，导致企业的产品供应量发生波动，很多企业因此会选择转移自己的工厂，这也会增加产业链上下游企业一起迁出的风险，进而造成"产业链外溢"。

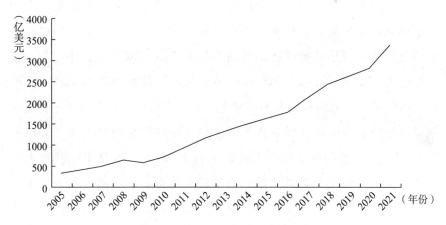

图 1-7　2005～2021 年越南出口额

资料来源：历年《越南统计年鉴》。

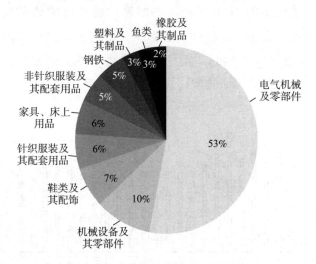

图 1-8　2021 年越南前十名出口产品

资料来源：Trade Map 官网。

第四节　贸易摩擦频发

一　反倾销案件数不断增加

改革开放之后，随着传统国际大循环发展战略的不断推进，中国经济得到高速发展，出口贸易额也不断增加，出口产品的类型也在逐渐丰富，从一开始的低端产品到高端技术产品。2021 年，中国货物出口额接近 22 万亿元，是 2002 年的 10 倍左右。然而出口贸易规模不断扩大的同时，国家间贸易摩擦的发生频率也在增加，其中以反倾销最为明显。根据中国商务部贸易救济调查局公布的数据可以看出，2011 ～ 2021 年，对中国的贸易摩擦中反倾销占 57.24%，而且中国基本上每年都是遭受反倾销调查最严重、数量最多的国家，反倾销调查几乎涉及中国的各个行业，包括化工行业、纺织行业、食品行业、钢铁行业等。2008 年国际金融危机爆发后，各国为了促进自身经济复苏、保护国内企业，制定了更为严格的进口产品政策，我国产品出口状况变得不容乐观。截至 2021 年 6 月底，中国累计遭受反倾销调查 1507 起，而中国作为出口大国，反倾销已经影响到中国正常出口和国际贸易活动。图 1 - 9 也展示了 1995 ～ 2021 年中国遭受反倾销调查的数据，虽

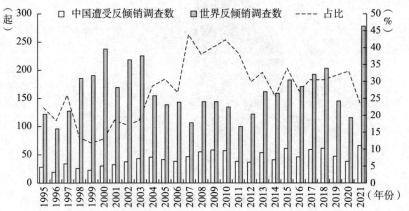

图 1 - 9　1995 ～ 2021 年中国遭受反倾销调查数及其占比

资料来源：世界贸易组织官网。

然近几年其占世界的比重相对于 2007～2011 年有所下降,但在数量上整体依旧呈现增加趋势,在 2007～2011 年其占比均大于 30%,可见中国面临的反倾销形势依旧十分严峻。

通过 WTO 官网数据可以得到,1995～2021 年,全球一共有 48 个国家对中国进行了反倾销调查,其中有 18 个国家对中国实施超 20 起反倾销调查。从图 1-10 可以看出,对中国实施反倾销调查数量最多的国家是印度。事实上,印度也是全世界实施反倾销调查的大国,1995～2021 年,印度一共发起了 1096 起反倾销调查,其中有 196 起是针对中国发起的,占同期全球对中国反倾销调查的 15.9%;其次是美国,为 157 起,占同期全球对中国反倾销调查的 12.7%;随后是欧盟,为 104 起,占比为 8.4%。虽然美国和欧盟对中国发起的反倾销调查数量比印度少,但对中国的影响却比印度大,因为美国和欧盟是中国主要的出口市场,中国对美国、欧盟的进出口贸易总额远高于印度;另外,美国和欧盟是全球发达经济体,也是世界上较早颁布反倾销法的经济体,如果它们对中国实施非常严格的反倾销制度,其他国家也有可能会选择跟随它们的脚步来对中国实施制裁。例如我国的华为公司,在美国宣布对其实施制裁之后,英国等国家也宣布对其实施制裁。

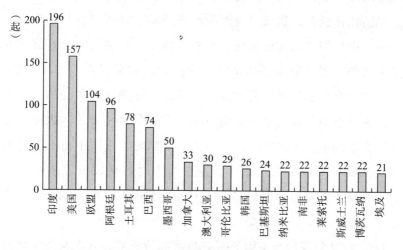

图 1-10 1995～2021 年对中国发起反倾销调查的前十八位经济体及调查数量
资料来源:世界贸易组织官网。

一方面，国外反倾销行为会阻碍我国企业的国际化发展。如果国外反倾销持续时间过长，我国国内企业生产的产品无法出口，国外客户或许会流失，失去市场之后，我国企业再想重新进入很困难。在国际大循环发展战略下，在遭受国外反倾销的情况下，外资流入会大大减少，这样我国企业与国际企业的相关贸易合作会减少甚至会被迫终止，不利于国内企业吸收先进技术以及设备。另一方面，我国遭受反倾销会阻碍我国新兴产业的发展。比如制裁华为，限制其发展 5G 技术以及制裁我国的光伏产业。在出口导向型经济模式下，我国承接了许多光伏产业的转移，光伏产业规模不断扩大。然而，最初是 2011 年美国对我国的光伏产业进行反倾销调查，紧接着欧盟、澳大利亚、印度等也开始对我国的光伏产业进行反倾销调查，导致我国很多光伏企业濒临破产。据中国贸易救济信息网统计数据，各国对我国的反倾销调查大都集中在新兴产业、发展潜力大的产业和产品。如果我国出口导向型产品长期受到制裁，产品出口将会受到影响，企业将难以生存，从而阻碍我国相关产业的发展。

二　中美贸易争端与我国经济发展

冷战结束后，随着全球化程度的加深，各国之间的联系越来越紧密，我国抓住机会，积极参与国际经济活动，经济得到高速发展。与此同时，国与国之间发展失衡、贸易争端日渐频繁给全球经济的发展带来了阻碍。贸易争端必须是两方都参加，如果只有一方实施制裁，而另一方没有反击，则不能称为贸易争端。综观我国遭受的大型贸易争端，都是被迫采取反制裁措施以维持我国的经济发展，因此，有学者将贸易争端进行了重新定义，加入了受制裁国家"不得不"对其采取强硬反制政策来对抗制裁。通过查询中国贸易救济信息网可以得到，与我国发生贸易争端最多的国家就是美国，因此，本书所说的贸易争端主要指中美贸易争端。

自从 1979 年我国与美国签订双边贸易协议起，我国与美国之间的贸易关系大方向上依旧是合作共赢，特别是我国提出传统国际大循环发展战略后对沿海地区的进一步开放，更是让我国和美国之间的贸易来往更加密切。国家统计局数据显示，截至 2017 年底，我国与美国之间的贸易总额约为 3.96 万亿元，占当期我国总的对外贸易额的 14.5%。随着我国和美国贸易的增加，我国对美国的贸易顺差不断扩大，截至 2021 年底，我国对美国的贸易顺差额为 3965.8 亿美元。然而自 2018 年开始，美国政府不断单方面挑起贸易争端，走上单边主义的道路，通过限制外商投资、提高关税额度等贸易壁垒来限制我国对其的出口。虽然我国也与其进行多次谈判，但情况并没有得到改善，甚至有越来越严重的趋势，我国也采取了一些应对措施，但这对我国经济依旧产生了影响。例如，我国在 2018 年和 2019 年出口额与进口额的增长率均有所下降。

在贸易争端中，美国对我国采取贸易壁垒措施的行业大都是具有发展潜力的新兴技术行业。例如，2018 年美国对我国信息通信、航天航空、机器人、医药、机械等行业的产品增加关税；同年美国对我国中兴通讯企业实施制裁禁令，并要求所有美国企业在 7 年内与其不能有任何的业务往来。虽然这些产业不是我国出口依赖度较高的行业，但这些高新技术、新兴产业对推动我国经济高质量发展具有重要作用，美国对其设置贸易壁垒，直接影响了相关产业的高质量发展。贸易争端的发生还会给人民币带来贬值的压力，如果我国的国际收支长期处于逆差状态，则国际市场对人民币的需求会下降，人民币汇率上升，人民币将面临贬值的风险。而贸易争端则会引发国际市场对我国持悲观态度，引起人民币汇率上升，给人民币带来贬值的风险。除此之外，在贸易摩擦中，最常见的就是增加关税，增加关税也就增加了我国出口导向型企业的成本，再加上新冠疫情的持续影响，一些规模不大、抗风险性比较差的企业就会想办法降低成本，而降低成本最常见的措施就是裁员，这样就会造成就业压力，可能会造成我国就业市场的动荡。

第五节　主要结论

本章主要从价值链低端锁定、供需不匹配、产业链供应链安全风险以及贸易摩擦频发等四个方面阐述了传统国际大循环发展战略的弊端。

第一，传统国际大循环发展战略主要发展外向型经济，发展模式为"两头在外，大进大出"，而这种经济模式会产生过度依赖国际市场、核心技术受制于人等关键问题，导致中国制造业整体位于全球价值链中低端位置。随着逆全球化思潮的抬头，中国还面临国际市场份额减少、高新技术研发受阻等问题，加之老龄化问题日益严重，传统的劳动力优势正逐步消退，这在一定程度上阻碍了中国制造业高质量发展步伐。

第二，传统国际大循环发展战略下，资金、劳动力等资源较多流入出口外贸产业，导致国内需求得不到真正满足。与此同时，供给体系外向性特征明显，劳动密集型产业迅猛发展，人力资本与技术水平较低。随着人民生活水平的不断提高，社会主要矛盾已经发生转变，消费需求不断升级，并且对高新技术人才以及高端技术的需求与日俱增。然而中低端供给过剩、高端供给相对缺乏，导致供需体系不匹配问题较为突出。

第三，改革开放初期，中国充分发挥劳动力低成本优势，承接了大量来自发达国家的产业转移，发展以加工贸易为主的劳动密集型产业。近年来，伴随贸易保护主义的抬头及疫情的冲击，部分国家实施所谓的贸易保护政策，禁止对中国销售高新技术产品，使得中国的产业链供应链面临"断供""断裂"的安全风险。与此同时，以越南为代表的东南亚国家以更为低廉的劳动力成本优势，吸引了大量外资企业，导致中国部分产业链存在外迁风险。

第四，改革开放以来，中国经济发展迅速，出口规模不断扩大，出口产品由初期的低端加工产品为主，逐步扩大到高端产品行列。然而近年来一些发达国家不断对中国出口产品实施严格的反倾销调查，由此进入贸易争端高发期，这对中国的出口企业，尤其是对中小企业的生存发展极其不利，也削弱了中国出口产品的国际竞争力。

以上弊端的出现，表明传统国际大循环发展战略不再适用于现阶段的经济发展，中国需要更加注重构建国内统一大市场，充分发挥超大规模国内市场的优势以及内需潜力，稳定经济运行，研发国内高端技术。同时这并不代表"关闭国门"，要进一步扩大开放，让国际市场中的生产要素为畅通国内大循环服务。

第二章　中国制造业发展现状

第一节　中国制造业发展历程

改革开放 40 多年来，中国的制造业取得了长足的进步和发展，成为国民经济发展的重要支柱。新中国的制造业在一穷二白的基础上起步，经过多年的奋力追赶，不仅生产规模不断扩大，成为名副其实的"世界工厂"，而且先进制造业的发展也朝着积极的方向稳步迈进，智能化和服务化转型也逐步加快。制造业的发展是中国经济发展的一个缩影，在不同的阶段下有着自身鲜明的特征。

一　中国制造业的发展历程

（一）改革开放下的中国制造业开篇

1978 年，改革开放的一声号角划破了中国制造业内循环的寂静长空，中国制造业的发展全面加速，世界经济的发展也被注入新的强劲动力。伴随我国改革开放事业的开展，我国建立了较为完整的制造业体系，以保障民生为重点的轻工业领域生活消费品制造得到复苏。同时，随着国家政策的不断放开，沿海地区开放程度不断提高，民营制造业迅速崛起。伴随大量外资制造业企业的进入，制造业的结构平衡和乡镇企业的发展成为这一阶段我国制造业的关键词。大批国外制造业企业受到中国潜力巨大的市场和相对低廉的劳动力成本的吸引，外资和合资企业如同雨后春笋般涌现（见表 2－1）。

表 2 - 1　20 世纪 90 年代部分外企基本情况

年份	外企名称	性质	发展状况
1991	GE 航卫医疗系统有限公司	合资	GE 航卫和 GE 医疗快速发展，建立了多个包括独资和合资企业在内的经营实体
1992	摩托罗拉（中国）电子有限公司	独资	随着以苹果、三星为代表的智能手机的兴起，摩托罗拉全球市场占有率下降，2014 年被联想集团收购
1998	伊士曼柯达公司	合资	由于对局势的误判，该公司于 2012 年正式提交了破产保护申请

资料来源：笔者整理。

（二）模块网络下的"世界工厂"

1998 年是一个节点。在此之前，"亚洲四小龙"——韩国、中国台湾、中国香港和新加坡凭借着人力资源丰富且成本低廉的优点，承接了来自发达国家的制造业迁移，凭借对发达国家低端制造业的承接，"亚洲四小龙"的发展一路突飞猛进：韩国成为全球制船工业最发达的国家；中国台湾成为全球最大的电子代工厂；中国香港制造业占比将近三分之一；新加坡更是成为磁盘驱动器、芯片和全球电路的重要生产基地。"亚洲四小龙"逐步成为中高收入的经济体，低端制造业随之逐步向中国内陆转移。

于是在随后的几年里，在我国日趋完善的制造业产业链体系的加持下，以沿海地区劳动密集型出口加工企业为代表的出口导向型制造业迅速成长，"以制造能力对接国内外需求"成为这一阶段制造业企业的竞争焦点，中国迅速成为面向全球的"世界工厂"。1998 年，中国制造业增加值仅占全球制造业增加值的 5.5%，此后一路领先，截至 2021 年，这一占比已提高至近 30%，中国制造业在全球占领了巨大的市场份额。

（三）"入世"后进一步释放的规模优势

2001 年，中国加入 WTO。由于加入 WTO 带来的贸易壁垒下降，人口众多且地域辽阔的中国进一步凭借其相对低廉的劳动力成本和巨大的市场优势，与世界的信息、人才和技术进行频繁的交流，我国物美价廉的产品也随之受到国际市场的广泛欢迎，中国制造业的规模优势得以释放。2001 年中国制造业规模超过德国，2007 年超过日本，逐步成为制造业大国。

（四）全球经济危机下的转型升级

2008 年以后，国际金融危机波及全球，在金融海啸引发的宏观经济困难和经济体"脱实向虚"的风险等一系列因素的驱动下，各国意识到制造业对稳定经济的重要作用，相继推出各种措施，如德国推出的"工业 4.0"计划，期望通过互联网和物联网等技术实现智能制造。与此同时，我国的制造业也面临着一系列的挑战，国外购买力下降、原材料价格上涨以及国际金融危机等一系列因素，正在考验着我国制造业创新能力和对市场趋势准确预判的能力，中国制造业正在经历第四次转型升级。"中国创造""互联网＋制造""供给侧改革"成为现阶段制造业转型升级的方向和路径。

（五）新时代大变局下的新突破

2015 年，资本市场的泡沫乃至房地产的泡沫蔓延，实体经济受到较大的冲击。

中国制造业再次遇到转型节点，为了突破此次转型所遇到的困境，国务院于 2015 年提出了中国制造业发展战略，提出通过"三步走"战略使新中国成立 100 年时我国成为世界制造强国。也正是从这一年开始，中国工程院开始每年发布《中国制造强国发展指数报告》，以评估我国制造强国建设现状。图 2 - 1 显示，我国制造强国发展指数由 2015 年的 105.78 增长到 2020 年的 116.02，我国制造业强国进程基本按预期目标前进。

之后，我国各级部门从不同的层面和角度制定并出台了一系列政策法规，以期形成合力，实现我国建成制造强国的目标，具体如表 2 - 2 所示。

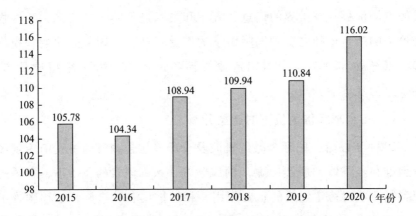

图 2 - 1　2015～2020 年中国制造强国发展指数

资料来源：中国工程院。

表 2 - 2　针对中国建成制造强国制定的政策法规

时间	发布机构	文件名	主要内容
2017 年 4 月	科技部	《"十三五"先进制造技术领域科技创新专项规划》	先进制造业领域从"系统集成、智能装备、制造基础和先进制造科技创新示范工程"四个层面开展重点任务部署
2017 年 11 月	国务院	《关于深化"互联网＋先进制造业"发展工业互联网的指导意见》	打造与我国经济发展相适应的工业互联网生态体系，使我国工业互联网发展水平走在国际前列，争取实现并跑乃至领跑
2018 年 8 月	工信部、国家标准化管理委员会	《国家智能制造标准体系建设指南（2018 年版）》	关注智能制造标准跨行业、跨领域、跨专业的特点，为产业高质量发展保驾护航
2019 年 11 月	国家发改委、工信部、教育部等 15 个部门	《关于推动先进制造业和现代服务业深度融合发展的实施意见》	到 2015 年，形成一批创新活跃、效益显著、质量卓越、带动效应突出的深度融合发展企业、平台和示范区
2021 年 6 月	工信部、科技部、财政部等 6 个部门	《关于加快培育发展制造业优质企业的指导意见》	准确把握培育制造业优质企业的要求，实现建成制造强国的目标

资料来源：笔者整理。

二　中国制造业发展的成就与问题

（一）中国制造业发展取得的成就

1. 制造业总量跃居世界第一，成为名副其实的制造大国

我国制造业总体规模从 2010 年开始便稳居世界第一。根据国家统计局发布的公告，2020 年，我国制造业增加值为 26.6 万亿元，制造业的占比比重对世界制造业贡献的比重接近 30%，在 500 余种工业产品中，我国有 220 多种工业产品产量居世界第一。这意味着我国成为名副其实的制造大国，不仅支撑了我国经济发展，也为世界经济的发展做出了卓越贡献。

2. 涌现出一批世界级企业，企业逐步成为创新主体

党的十八届三中全会指明了企业在技术创新中的主体地位。根据国家统计局发布的公告，2021 年，我国企业的 R&D 经费占全国 R&D 经费的比重高达 76.9%，这意味着社会创新要素不断向企业集聚，进一步稳固了我国企业创新主体的地位。随着我国企业研发投入占比的不断提高，企业自主创新能力也显著增强。2020 年在《财富》杂志世界五百强排行榜中，我国共有 46 家制造业企业入围，这说明我国拥有一批世界级企业。

3. 制造业实现优化升级，智能制造快速发展

一大批智能制造示范工厂建成，智能制造标准体系得以完善：号称"中国最先进的制造工厂""中国制造典范"的上海通用金桥工厂10 多个工人管理着 386 台机器人；"亚洲一号"无人仓的自动化设备的综合匹配能力和订单处理能力在行业内部遥遥领先；鲁泰的智能化生产工厂仅需不到 20 个工人，便可以实现现代化智能生产；富士康一直在通过机器人自研、无人自动化产线的搭建和"灯塔工厂"的建设稳步实现生产自动化，且在 2021 年启动富士康智能制造加速营，探索中国制造业智能化转型升级的最佳路径；等等。

4. 服务制造步伐加快，示范作用越发显著

服务制造受到广泛认可，2019 年中国社会科学院工业经济研究所

发布的问卷调查结果显示，有 51.2% 的企业将战略规划部作为总体负责服务制造的部门，这表明大部分企业将服务型制造看作关系企业战略全局的发展方向。此外，工信部于 2017 年和 2018 年遴选出一批服务型制造示范城市、服务制造示范项目、服务制造示范平台和服务制造优秀企业，对企业销售额的增长、用户黏性的增强和制造成本的降低起着积极的作用。

5. 传统产业改造提升，完善绿色制造体系

绿色制造体系逐步建设并完善，传统产业布局得到优化调整。石化、钢铁、有色、建材等原材料产业布局得到优化调整：油气开发市场准入标准有序放开、中俄东线境内段和川气东送二线等油气管道正在建设中。轻工、纺织等优质产品供给扩大：以三阳服饰、鲁泰纺织为代表的轻工纺织企业深入实施增品种、提品质、创品牌的"三品"战略，促使一批轻工纺织的好品、好物、好工艺得到推广，实现消费惠民和产业升级。化工造纸等重点行业改造升级：以岳阳林纸为代表的一系列造纸公司正在稳步推进"以纸代塑"的计划，推出高附加值产品和环保型纸产品。

（二）中国制造业发展面临的问题和挑战

1. 创新驱动不足，制造业面临低端锁定

中国工程院发布的《中国制造强国发展指数报告》根据各个国家的制造强国发展支柱将各个国家划分为四个梯队，2015～2020 年的测评结果显示，我国与韩国、法国和英国一样，同处于全球制造业第三梯队，主要涉及中低端制造领域。此外还有三个梯队，其中，第一梯队是美国，走在全球科技创新的前列并起着主导作用；第二梯队是以德国和日本为首的高端制造国；第四梯队则包括印度、巴西这类资源输出国（见表 2－3）。

表 2－3　2015～2020 年部分国家制造强国发展指数

年份	第一梯队	第二梯队		第三梯队				第四梯队	
	美国	德国	日本	中国	韩国	法国	英国	印度	巴西
2015	165.12	118.73	107.13	105.78	68.60	68.01	66.86	42.69	29.25

续表

年份	第一梯队	第二梯队		第三梯队				第四梯队	
2016	美国	德国	日本	中国	韩国	法国	英国	印度	巴西
	172.28	121.31	112.52	104.34	69.87	67.72	63.64	42.77	34.26
2017	美国	德国	日本	中国	韩国	法国	英国	印度	巴西
	170.99	124.96	111.84	108.94	78.11	67.82	63.46	43.80	32.96
2018	美国	德国	日本	中国	韩国	法国	英国	印度	巴西
	166.06	127.15	116.29	109.94	74.45	71.78	67.99	41.21	30.41
2019	美国	德国	日本	中国	韩国	法国	英国	印度	巴西
	168.71	125.65	117.16	110.84	73.95	70.07	63.03	43.50	28.69
2020	美国	德国	日本	中国	韩国	法国	英国	印度	巴西
	173.19	125.94	118.19	116.02	74.39	69.35	61.45	44.56	27.38

资料来源：中国工程院。

2021 年 12 月，中国信通院发布的《中国工业经济发展形势展望》指出，我国基础创新能力欠佳，2020 年发明专利有效量与申请量（累计）之比为 0.26，远低于美国的 0.55、日本的 0.63 和韩国的 0.52；同时，我国技术转化应用能力不足，《2020 年中国专利调查报告》显示，2020 年我国有效发明专利产业化率为 34.7%，而日本自 2014 年起的有效发明专利产业化率连续稳定在 48% 上下，远远高于我国。

综上，"第三梯队说"是清醒客观的判断。相较于美德日等发达国家而言，我国的制造业面临着低端锁定、创新驱动不足的问题。"第三梯队说"也提醒我们需清醒地看待中外制造业的差距，虽然我们已经完成了"由小到大"的跨越，但"由大到强"的跨越则更需耐心和韧性。

2. 制造业增加值占比不断下降，面临"空心化"风险

图 2-2 显示，我国制造业增加值占 GDP 的比重由 2008 年的 32.12% 下降到 2020 年的 26.18%，除了 2010 年和 2011 年有短暂回升外，其余年份该比重均在下降。制造业增加值占 GDP 比重下降是我国工业化进程的必然结果，表明我国工业化进入更高的发展阶段，但

这一问题仍需引起我们的重视。

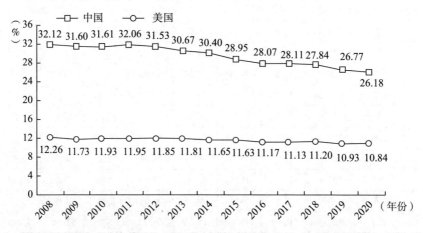

图 2 - 2　2008～2020 年中美制造业增加值占 GDP 的比重
资料来源：世界银行。

美国制造业衰落的一大重要原因就是过早开启了去工业化进程：美国经济学界认为，随着美国经济的发展，美国产业结构的重心应该从第二产业向第三产业过渡，制造业无法带来像知识密集型产业那样优厚的"回报"，必须将劳动密集型产业转移出去。于是在这样的错误理论指导下，美国的传统制造业走向衰落，表现在美国制造业增加值占 GDP 比重不断下降。

制造业在一国和地区经济发展中的作用无可取代，历次的工业革命都是在原有的制造业基础上进行的，单纯的科技创新和资本积累无法完成革命。为此，我们应吸取美国制造业衰落的教训，在政策层面支持劳动密集型企业的发展，引导东部沿海地区的劳动密集型制造业向我国国内其余地区迁移，以防止劳动密集型产业过度流向印度和东南亚国家。

3. 优秀企业数量不足，国际竞争力有待提升

2020 年中国共有 46 家制造业企业入围世界五百强，而美国仅有 28 家，龙头企业数量的不断攀升正逐步成为中国制造业高质量发展的重要优势。但与此同时，我们应该清醒地意识到，入选全球五百强的标准为企业规模而非核心竞争力，中国企业的平均营业收入和平均利

润远不及上榜的美国企业（见表 2-4），大企业的核心竞争力与世界一流水平还存在着不小的差距，尚缺乏类似美国 GE、德国西门子、日本三菱等的国际综合巨型龙头企业。

表 2-4　2020 年中美入围世界五百强制造业企业对比

单位：家，亿美元

国家	入围数量	平均营业收入	平均利润
中国	46	529.99	15.00
美国	28	651.24	58.38

资料来源：财富中文网。

从世界五百强入围企业结构来看，中国上榜企业多为金属产品、车辆与零部件等细分领域的龙头企业，在食品、服装、烟草以及家居、个人用品领域均无企业上榜（见图 2-3）。整体来看，美国制造业发展结构更合理，美国上榜企业所属行业的分布均衡性显著高于中国，囊括了食品、服装和烟草等领域（见图 2-4）。

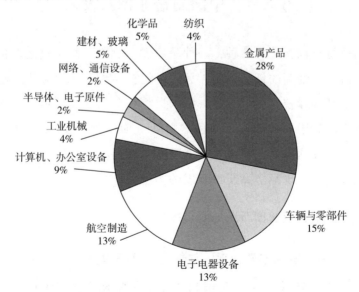

图 2-3　2020 年入围世界五百强的中国制造业企业结构

资料来源：财富中文网。

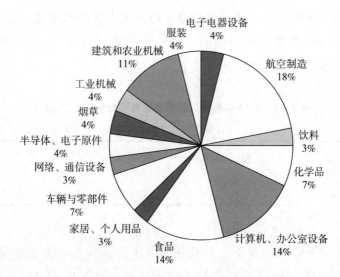

图 2 – 4　2020 年入围世界五百强的美国制造业企业结构

资料来源：财富中文网。

第二节　中国制造业创新发展

熊彼特将创新分为两种：一种是原发性创新，即越过之前的全球创新前沿，达到新的创新高度；另一种是模仿创新，实施或模仿已有技术，追赶全球技术前沿。过去中国以模仿创新为主，核心技术的缺乏使得中国处于弱势地位，中国制造业大而不强，从 2018 年开始以英美为首的发达国家加强对中国制造业的制裁，相关企业损失很大，创新成为中国实现经济高质量发展的关键。

一　中国制造业创新发展取得的成就

（一）重大成果不断涌现，创新能力显著增强

改革开放 40 多年来，我国制造业不仅实现了数量上的扩张，而且在质量上也有了显著提升。表 2 – 5 总结了中国制造业创新发展取得的部分成就，不难看出，在航空航天、轨道交通和新能源汽车等一系列前沿领域，涌现出一大批重大创新成果，一系列尖端领域都迈进

了世界"第一梯队",这意味着中国科技实力正从量的积累迈向质的飞跃,中国制造自主创新实力显著增强。

表 2-5 中国制造业创新发展取得的部分成就

领域	成就
航空航天领域	"天问一号"火星探测器成功发射
	祝融号火星车使人类首次获取火星表面的移动过程影像
	C919 大型客机获得中国民航局颁发的型号合格证
轨道交通领域	"复兴号"动车时速达到 350 公里,达世界最快
新能源汽车领域	乘用车量产车型续驶里程达 500 公里以上
新材料领域	8.5 代玻璃基板实现突破
计算机领域	"九章二号"成功构建,再次刷新国际光量子操纵的技术水平

资料来源:笔者整理。

(二)创新中心逐步建成,成果转化步伐提速

长期以来,我国制造业创新体系存在两个制约短板,即基础科研与产业应用衔接不畅、行业共性技术供给能力不足。2016 年,工信部出台《制造业创新中心建设工程实施指南(2016—2020 年)》,以期补齐短板,加强基础科研与产业应用的衔接。为积极响应该指南,我国北京、上海等地纷纷开始建设制造业创新中心。截至 2020 年底,132 家省级制造业创新中心和 16 家国家制造业创新中心已启动建设。表 2-6 为 16 家国家制造业创新中心的建设情况。

表 2-6 国家制造业创新中心建设情况

序号	启动建设年份	名称	运营单位	分类
1	2016	国家动力电池创新中心	国联汽车动力电池研究院有限责任公司	核心器件
2	2017	国家增材制造创新中心	西安增材制造国家研究院有限公司	关键工艺
3	2018	国家印刷及柔性显示创新中心	广东聚华印刷显示技术有限公司	核心器件

续表

序号	启动建设年份	名称	运营单位	分类
4	2018	国家信息光电子创新中心	武汉光谷信息光电子创新中心有限公司	核心器件
5	2018	国家机器人创新中心	沈阳智能机器人国家研究院有限公司	核心器件
6	2018	国家智能传感器创新中心	上海芯物科技有限公司	核心器件
7	2018	国家集成电路创新中心	上海集成电路制造创新中心有限公司	核心器件
8	2018	国家数字化设计与制造创新中心	武汉光谷数字化设计与制造创新中心有限公司	关键工艺
9	2018	国家轻量化材料成形技术及装备创新中心	北京机科国创轻量化科学研究院有限公司	重大装备
10	2019	国家先进轨道交通装备创新中心	株洲国创轨道科技有限公司	重大装备
11	2019	国家农机装备创新中心	洛阳智能农业装备研究院有限公司	重大装备
12	2019	国家智能网联汽车创新中心	国汽（北京）智能网联汽车研究院有限公司	软件
13	2019	国家先进功能纤维创新中心	江苏新视界先进功能纤维创新中心有限公司	基础材料
14	2020	国家稀土功能材料创新中心	国瑞科创稀土功能材料有限公司	基础材料
15	2020	国家集成电路特色工艺及封装测试创新中心	华进半导体封装先导技术研发中心有限公司	关键工艺
16	2020	国家高性能医疗器械创新中心	深圳高性能医疗器械国家研究院有限公司	重大装备

资料来源：笔者整理。

　　从表 2-6 可以看出，已启动建设的 16 家创新中心涵盖核心器件、关键工艺、软件、基础材料及重大装备五大领域，其中核心器件领域布局最广，在北京、广东、湖北、辽宁和上海均有分布，而布局最少的软件领域只有 1 家，即位于北京的国家智能网联汽车创新中心。从分布地点看，16 家国家制造业创新中心中，7 家隶属于直辖市，北京、上海分别有 3 家和 2 家，广州和深圳各有 1 家，其余 9 家国家制造业创新中心分布在不同的省份，其中，江苏和湖北各有 2

家，湖南、河北和陕西等省份均拥有 1 家。立足衔接基础科研与产业应用的重大需求，国家制造业创新中心的建立充分聚集了行业创新力量，提高了行业共性技术供给能力，为我国制造业创新发展注入了强大力量。

（三）研发投入强度和规模与日俱增

近年来，我国经济发展进入转型升级新阶段，在创新政策的支持引导下，科技研发越来越受到重视。从图 2 - 5 中研发投入强度和规模两个指标来看，2008 年，我国研发投入规模为 4616 亿元，研发投入强度为 1.54%；2020 年，我国研发投入规模为 24393 亿元，研发投入强度为 2.40%。无论是从研发投入规模还是研发投入强度来看，我国的创新能力都有了显著的提高。

图 2 - 5　2008 ~ 2020 年我国的研发投入强度和规模

资料来源：国家统计局。

二　中国制造业创新发展存在的问题

（一）研发投入强度与发达国家相比存在一定的差距

从图 2 - 5 可以看出，我国全社会的研发投入强度已由 2008 年的 1.54% 上升到 2020 年的 2.40%，总体上逐年上升，但还是未能实现国家"十三五"规划中提出的 2.5% 的目标。此外，尽管我国研发投入强度水平已从 2016 年的世界第 16 位提升到 2020 年的第 12 位，但与美国（2.8%）、日本（3.3%）、德国（3.1%）等发达国家相比，我国研发投入强度仍然偏低。虽然我国研发经费再创新高，但从研发投入强度角度分析，我国离建设创新型国家的客观要求还存在一定的差距。

（二）制造业世界知名品牌数量较少

2020 年《世界品牌 500 强》名单发布，我国共有 18 家制造业企业入围，它们是我国制造业创新发展的重要动力。但与此同时，我国制造业世界知名品牌数与美国（74 家）、日本（32 家）等发达国家的差距十分明显（见图 2 - 6），这也从侧面反映了我国产品技术含量相对较低，与美国、日本还有着不小的差距。

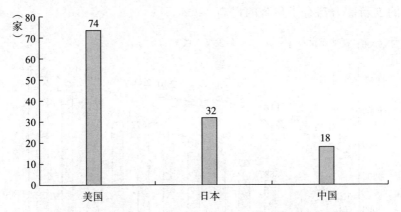

图 2 - 6　2020 年中美日入围世界品牌 500 强制造业企业数量

资料来源：世界品牌实验室（World Brand Lab）。

为了解中国制造业创新的最新进展，2021 年，德勤对大中型制造业企业进行了深入调研并发布了《2021 中国制造业创新调查报告》。调查结果表示，尽管我国的制造业企业已经对数字技术能力和研发足够重视，但只有少数企业掌握了创新的方法和规律。企业本身缺乏明确的技术创新战略和创新机制，长此以往，我国制造业世界知名品牌将难以形成。

（三）制造业创新的社会环境有待改善

习近平总书记曾在中共中央政治局集体学习时强调，创新是引领发展的第一动力，保护知识产权就是保护创新。2020 年，国家知识产权局对一万多家企业进行调查并出台了《2020 年中国专利调查报告》，68% 的受访企业认为知识产权保护力度不足。此外，这份报告显示，分别有 34.4% 和 33.2% 的受访企业选择自行与侵权方协商和发出要求停止侵权的律师函这种"自助"的维权方式，26% 的企业在遭遇侵权时未采取任何措施，绝大多数企业在遭遇侵权时选择"自主维权"或者"放任自流"，"不愿意"或"不敢"诉诸法律（见图 2 - 7），这从侧面反映了我国知识产权保护和宣传力度的不足。

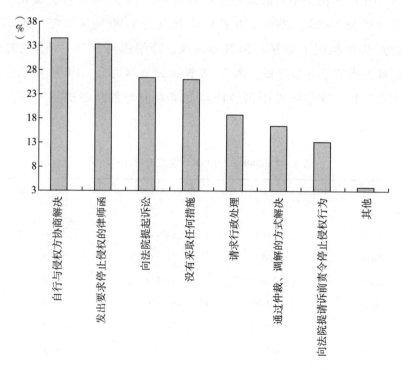

图 2 - 7　2020 年专利权人在遭受侵权时采取的措施

资料来源：国家知识产权局。

第三节　中国制造业绿色发展

党的十八大以来，绿水青山就是金山银山的理念深入人心，绿色发展的理念也逐步渗透到中国制造业高质量发展中。其中，能源作为人类社会必不可少的生产生活资源，对制造业绿色发展至关重要。然而成为"世界工厂"以来，中国的能源消耗量逐年上升，成为公认的世界能源消耗大国。

一　中国制造业绿色发展取得的成就

（一）GDP 能耗持续下降，能源依赖度不断降低

总体来看，2008 年中国能源消耗总量为 32.06 亿吨标准煤，到 2019 年中国的能源消耗总量则增长到了 48.75 亿吨标准煤，涨幅达到 52%（见表 2-7）。2008 年万元 GDP 能耗为 1.00 吨标准煤，到 2019 年万元 GDP 能耗下降为 0.50 吨标准煤，降幅达到 50%，经济对能源的依赖度得到了有效降低。图 2-8 显示，中国万元 GDP 能耗总体呈现下降趋势。这意味着中国经济高度依赖能源的状态得到了一定的缓解。

表 2-7　2008~2019 年中国万元 GDP 能耗

年份	能耗总量（万吨标准煤）	GDP（亿元）	万元 GDP 能耗（吨标准煤）
2008	320611	321230	1.00
2009	336126	347935	0.97
2010	360648	410354	0.88
2011	387043	483393	0.80
2012	402138	537329	0.75
2013	416913	588141	0.71
2014	428334	644380	0.66
2015	434113	685571	0.63
2016	441492	742694	0.59
2017	455827	830946	0.55
2018	471925	915244	0.52
2019	487488	983751	0.50

资料来源：根据历年《中国统计年鉴》计算所得。

图 2 - 8　2008~2019 年中国能源利用效率变化趋势

资料来源：根据历年《中国统计年鉴》相关数据计算。

（二）制造业增加值能耗下降，能源利用效率不断提高

在制造业方面，2008 年制造业能源消耗总量为 17.21 亿吨标准煤，创造了 10.25 万亿元制造业增加值，万元制造业增加值能耗为 1.68 吨标准煤。到了 2019 年，制造业能源消耗总量为 26.84 亿吨标准煤，万元制造业增加值能耗为 1.02 吨标准煤，降幅达到 39.29%（见表 2 - 8），反映了我国制造业的能源依赖度逐步降低。

表 2 - 8　2008~2019 年中国万元制造业增加值能耗

年份	制造业能耗总量 （万吨标准煤）	制造业增加值 （亿元）	万元制造业增加值能耗 （吨标准煤）
2008	172106	102540	1.68
2009	180596	110119	1.64
2010	188498	130325	1.45
2011	200403	156457	1.28
2012	205668	169807	1.21
2013	239053	181868	1.31
2014	245051	195620	1.25
2015	244920	202420	1.21
2016	242515	209509	1.16
2017	245140	233877	1.05

续表

年份	制造业能耗总量 （万吨标准煤）	制造业增加值 （亿元）	万元制造业增加值能耗 （吨标准煤）
2018	258064	255937	1.01
2019	268426	264137	1.02

资料来源：根据历年《中国统计年鉴》相关数据计算。

（三）制造业能源消耗总量及其占比总体呈上升趋势

随着中国制造业的发展，其能源消耗量迅速增加。整体来看，制造业能源消耗量与制造业增长基本同步。2008～2019年，中国制造业增加值由10.25万亿元增加到26.41万亿元，年均增长8.98%。与此同时，2008年中国制造业能源消耗总量为17.2亿吨标准煤，占全部能耗的54%，到2019年能源消耗总量增长到26.8亿吨标准煤，占全部能耗的55%（见图2-9）。2015～2017年，制造业能源消耗量有所下降或停滞，这可能与我国提出《"十三五"节能减排综合工作方案》有关。

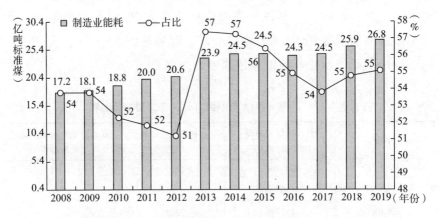

图2-9　2008～2019年中国制造业能源消耗量及其占比

资料来源：根据历年《中国统计年鉴》相关数据计算。

二　中国制造业绿色发展存在的问题

（一）能源消耗强度大，高度依赖重工业

分行业来看制造业具体能源消耗情况。图2-10列示了2019年中国制造业中能耗排名前十的行业情况。从高到低依次是C31黑色金

属冶炼和压延加工业，C26 化学原料和化学制品制造业，C30 非金属矿物制品业，C25 石油加工、炼焦和核燃料加工业，C32 有色金属冶炼和压延加工业，C17 纺织业，C33 金属制品业，C39 计算机、通信和其他电子设备制造业，C29 橡胶和塑料制品业，C13 农副食品加工业，这些行业以重工业为主且对能源的需求较大，表明我国经济过度依赖重工业发展。

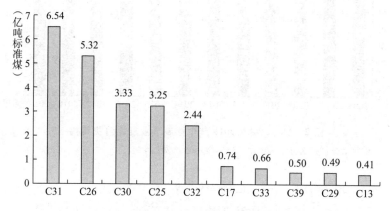

图 2-10 2019 年中国制造业能耗排名前十的行业分布

资料来源：根据历年《中国统计年鉴》相关数据计算。

（二）能源消费结构失调，以煤炭、原油为主

从图 2-11 可以看出，中国制造业能源消费中位于前三的能源分别是煤炭、原油和焦炭。我国煤炭资源丰富，2008～2019 年的煤炭比重维持在 60%～70%，且整体比重呈上升趋势。制造业能源消费排名第二的是原油，作为当今世界主流形式的能源，其比重在 20% 上下波动，且整体呈下滑趋势。排名第三的是焦炭，近年来焦炭的能源消费比重在 10% 左右。

（三）能源对外依存度仍较高，制造业国际竞争力受损

从图 2-12 可以看出，我国的能源进口量从 2008 年的 3.68 亿吨标准煤增加到 2019 年的 11.91 亿吨标准煤，上升了 2.24 倍，年均增长 11.27%；能源对外依存度则从 2008 年的 0.13 上升到 2019 年的 0.24，年均增长 5.73%。与此同时，国际能源价格居高不下，这意味着我国承受着巨额的能源进口成本。我国的能源消费在一定程度上依赖国外进口，损害了我国制造业的国际竞争力。

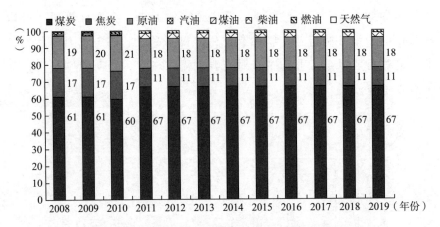

图 2 – 11　2008～2019 年中国制造业能源消费结构

资料来源：根据历年《中国统计年鉴》相关数据计算。

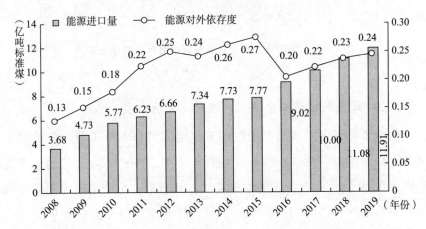

图 2 – 12　2008～2019 年中国能源进口量和能源对外依存度

资料来源：根据历年《中国统计年鉴》相关数据计算。

第四节　中国制造业开放发展

2021 年中国进出口规模达 6.05 万亿美元，在 2013 年首次达到 4 万亿美元，8 年后，连续跨过 5 万亿美元、6 万亿美元两大台阶，达到历史新高。这一数据揭示了中国对外贸易规模的急速扩张，这是改革开放以来中国制造业取得长足进步的必然结果。

一　"走出去"——制造业对外投资和人才国际交流整体情况

（一）对外投资规模有所下滑，但投资步伐相对较快

2020 年，制造业对外投资规模为 258 亿美元，相较于 2017 年的 295 亿美元，跌幅达到 12.54%，2017 年以来制造业对外投资规模呈现震荡下行趋势（见图 2-13）。这意味着我国制造业对外投资所受阻力显著增大。此外，虽然近年来中国制造业对外投资波动下降，但是中国制造业对外投资规模占总投资规模的比重却是上升的，这表明，中国制造业对外投资的步伐相较于其他行业来说，确实有所加快。

图 2-13　2008~2020 年中国制造业对外投资规模及其占总投资规模的比重
资料来源：根据历年《中国统计年鉴》相关数据计算。

（二）对外投资存量大幅增长，国际化程度逐年提高

2008 年，中国制造业对外投资存量仅仅为 97 亿美元，而 2020 年该数值高达 2779 亿美元，数值扩大为原来的 28.65 倍，年均涨幅达到 32.26%；与此同时，制造业对外投资存量占全部对外投资存量的比重也从 2008 年的 5.25% 上涨至 2020 年的 10.77%（见图 2-14）。制造业对外投资存量的爆炸式增长和制造业对外投资存量占全部对外投

资存量比重的不断上升，意味着我国制造业的国际化程度越来越高，我国制造业的国际地位也得到了显著提高，这有利于我国更好地开拓国际市场、提高资源配置效率和发挥比较优势，从而为我国制造业带来更好的发展。

图 2 - 14　2008 ~ 2020 年中国制造业对外投资存量及其占全部对外投资存量的比重

资料来源：根据历年《中国统计年鉴》相关数据计算。

（三）人才国际交流频繁，高端人才得到重点培育

为补齐我国教育的短板，培育制造业重点领域的高端人才，自2016 年起，国家外国专家局在国家重点培训项目上增设中国制造专项人才出国（境）培训项目，着力培养了一批掌握制造业关键核心技术、处于世界制造业前沿水平的中青年专家和技术骨干，以期实现制造业由大变强的历史性跨越。

二　"引进来"——制造业整体利用外资和人才引入情况

（一）制造业全行业对外开放格局基本形成

截至 2021 年，自贸区负面清单制造业条目清零，我国基本形成了制造业全行业对外开放格局。而在 2013 年以前，我国贯彻落实的是《外商投资产业指导目录》，被称为外资准入的"正面清单"。正面清单的作用毋庸置疑，直到 2013 年，伴随中国上海自由贸易区实

验的同步落地，自贸区的"负面清单"正式进入大众视野。2017 年，国家发改委和商务部正式提出《外商投资产业指导目录（2017 年修订）》，也被称为外商投资准入的"负面清单"，这也意味着外商在中国"法无禁止即可为"。自此，外资准入负面清单的修订工作从 2017 年开始的连续五年内都在进行。2017～2021 年，全国和自贸区的负面清单已由 93 项、122 项分别缩减至 31 项、27 项，越来越短的负面清单为外商提供了更加宽松的投资环境，中国对外开放水平进一步提高。

（二）我国制造业对外资的依赖程度有所降低

美国次贷危机的爆发引发了全球金融危机，这次危机也使发达国家重新认识到制造业对国民经济的重要性和"去工业化"带来的危害，使发达国家相继出台了一系列法律、政策和战略，以期在保持高科技产业全球领先地位的同时，推动相对"低技术"制造业产业的回流，吸纳国内就业。发达国家的"再工业化"也给我国带来了一定的影响。

我国制造业的外商直接投资实际使用金额由 2008 年的 499 亿美元下降到 2020 年的 310 亿美元，而我国制造业与外商签订的合同项目数也由 11568 个骤降到 3732 个（见图 2－15）。一方面，这反映出我国制造业对外依存度的降低，我国制造业的国际竞争力有所提高；

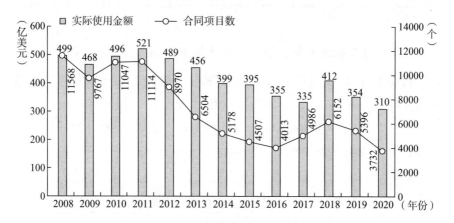

图 2－15　2008～2020 年中国制造业外商直接投资实际使用金额和签订的合同项目数量

资料来源：根据历年《中国统计年鉴》相关数据计算。

另一方面，这意味着我国参与国际分工的进程遭遇阻碍，不利于我国深度融入全球价值链。

（三）外企布局动作加快，投资成效初步显现

中国制造业在转型升级中不断扩大对外开放，给外资企业创造了大量的投资和市场机会，越来越多的外资企业加快了它们在中国投资布局的步伐，竞相拥抱"中国智造"。部分外资企业近年来在中国的投资布局如表2-9所示。

表2-9   部分外资企业近年来在中国的投资布局

领域	合作方	成就
船舶领域	日本	中远海运与日本川崎重工建立战略合作关系，并合作建立了南通中远海运川崎公司，打造了在国际市场上具有较强竞争力的品牌
汽车领域	美国	特斯拉超级工厂落户上海，成为特斯拉在美国之外的首个超级工厂
物联网领域	德国	西门子与阿里云展开合作，通过使用阿里云的基础设施将数字化业务进一步打入中国市场
机器人领域	日本	安川电机联合美的集团，全面进军中国家电制造市场
智能工厂领域	美国	惠而浦在合肥建设了全球研发中心及中国总部，期望最终实现物联网环境下的智慧工厂的运营

资料来源：笔者整理。

（四）面向制造业重点领域，引进培养高端人才

根据教育部、工信部、人力资源和社会保障部联合印发的《制造业人才发展规划指南》，中国制造业在"十四五"期间存在较大的人才缺口。我国政府从2008年起，组织实施高层次人才引进计划，有效弥补了国内高层次人才培养的短板。

第五节   中国制造业协调发展

一   虚拟经济与制造业协调发展

制造业是实体经济发展的重要根基，而虚拟经济的经济模式主要

是通过网络模式来进行相关交易，两种模式的共同存在支撑了我国经济的发展。一方面，以滴滴出行、美团等一系列企业为代表的互联网企业开始主动深入参与研发和生产制造等环节，促进制造业转型升级。另一方面，市场环境的变化使得多家制造业企业主动探索智能制造、工业互联网等虚拟经济领域。以制造业为主体的实体经济与虚拟经济相互融合，为我国经济进步注入新鲜力量。然而目前我国经济"脱实向虚"状况比较严重，《习近平关于社会主义经济建设论述摘编》显示，我国目前"结构性产能过剩比较严重"，"实体经济边际利润率和平均利润率下滑"。

（一）我国经济"脱实向虚"的主要表现

1. 金融业增加值占全国 GDP 比重过高

2008 年，我国金融业增加值占全国 GDP 的比重为 5.7%，此后占比一路上升，2015 年这一占比达到 8.2%，超过发达国家在各自金融泡沫时期的最高水平，如日本在爆发经济危机时这一占比为 6.9%，美国爆发次贷危机时这一占比仅仅为 7.7%。虽然在国家积极调控下，这一占比在 2016 年开始下降，但仍然偏高（见图 2 - 16）。

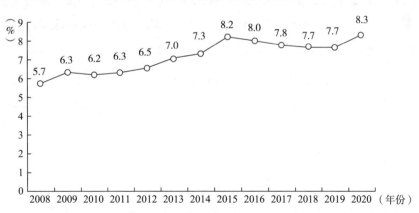

图 2 - 16 2008～2020 年中国金融业增加值占全国 GDP 的比重

资料来源：根据历年《中国统计年鉴》相关数据计算。

2. 实体经济的增速明显低于虚拟经济

在金融业增加值占全国 GDP 比重达到峰值的 2015 年，金融业增加值增速高达 20%，而同年制造业增加值的增速仅仅为 3%（见

图 2－17）。2008～2020 年的绝大多数年份，金融业增加值的增速显著高于制造业增加值的增速，这些都可作为金融泡沫化和经济"脱实向虚"的重要体现。

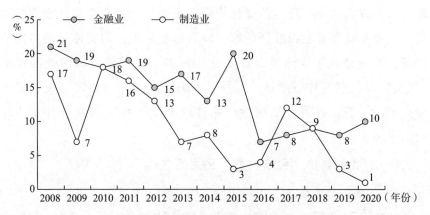

图 2－17　2008～2020 年中国制造业和金融业增加值增长率

资料来源：根据历年《中国统计年鉴》相关数据计算。

3. 实体经济融资困难

2008 年，我国 M2 余额增长率为 17.8%，GDP 增长率为 10.1%；2020 年，我国 M2 余额增长率为 10.1%，GDP 增长率为 2.3%（见图 2－18）。我国 GDP 增长率始终低于 M2 余额增长率，这意味着超发的货币未能流入实体经济，实体经济融资困难。

图 2－18　2008～2020 年中国 M2 余额增长率和 GDP 增长率

资料来源：根据历年《中国统计年鉴》相关数据计算。

（二）我国经济"脱实向虚"问题的成因

1. 虚拟经济能为制造业企业带来更高的账面利润

不同于实体经济需要进行繁杂冗长的生产过程，虚拟经济完全可以直接依靠虚拟资产的重复交易实现资产规模的扩张。因此，为了追求资本的快速自我增值和更高的账面利润，那些更容易获得信贷支持、融资约束相对较小的大型企业倾向于将多余的信贷资金投入虚拟经济，而那些不易获得信贷支持、融资约束较大的中小型企业为了维持公司运营，可能会选择利息高昂的民间信贷。

2. 相对于虚拟经济，制造业进入门槛高、投资回报周期长

经过数十年的发展，一方面，我国的传统制造业已经出现了产能过剩的问题，且制造业企业之间已经形成了相对完善的生态系统，新企业进入制造业的门槛提高；另一方面，我国当前日渐升高的劳动力成本挤压了制造业的利润空间。久而久之，人们对制造业的投资意愿不断降低，因而将目光转向进入门槛低且投资回报周期短的虚拟经济。

3. 制造业供给侧发展滞后，结构性供需失衡

我国制造业增加值占 GDP 比重不断下降，以基础设施为载体的供给侧出现了明显的产业空心化、去工业化现象。目前我国正处在由工业化向后工业化过渡的阶段，老百姓的消费需求转向中高端产品。虽然我国自身有着强大的供给系统，但大多数只能满足老百姓中低端需求。长此以往，供给侧无法迅速适应需求侧的变化，制造业出现了结构性的供需失衡。

二　服务业与制造业协调发展

为了推动制造业和服务业的协调发展，国家发改委等 15 部门于 2019 年正式印发了《关于推动先进制造业和现代服务业深度融合发展的实施意见》，提出我国到 2025 年应形成一批创新活跃、效益显著、质量卓越、带动效应突出的深度融合发展企业，服务业与制造业两业融合，共同支撑我国制造业高质量发展。

（一）制造业与服务业协调发展现状

1. 产业结构趋于合理化

2008 年，以制造业为主体的第二产业占国内生产总值的 47.0%，略高于第三产业占国内生产总值的比重，我国的产业结构为"二、三、一"格局；而 2020 年，第三产业占国内生产总值的比重高达 54.5%，以制造业为主体的第二产业占国内生产总值的 37.8%，我国的产业结构为"三、二、一"格局（见图 2-19）。虽然与发达国家相比，我国的产业结构还有优化的空间，但我国产业结构"三、二、一"的格局体现了我国的产业结构正在趋于合理化，制造业与服务业的发展协调性逐步提高。

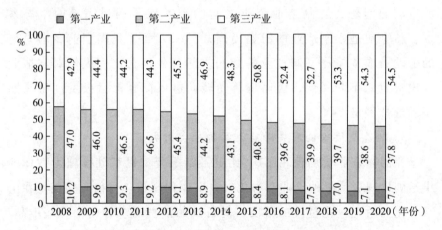

图 2-19　2008~2020 年中国产业格局的演变

资料来源：根据历年《中国统计年鉴》相关数据计算。

2. 制造业逐步向服务型制造转变，规模和效益得到提升

为了满足消费者日益提升的消费需求，制造业企业往往倾向于剥离其内部环节的服务，实现从只提供产品向提供产品和服务转变，使得制造业逐步向服务型制造转变。以海尔集团为例，其推出的工业互联网平台使得用户可以全程参与设计和生产，促使其完成由生产型制造向服务型制造的转变。《中国工业互联网产业经济发展白皮书（2021）》测算数据显示，随着工业互联网的发展，2020 年其带动的制造业增加值高达 1.49 万亿元，这进一步说明制造业企业由生产型向服务型的

转变可以带动其规模和效益的进一步提升。

（二）促进我国服务业与制造业协调发展的因素

1. 基础设施的发展

良好的基础设施有利于各种要素的流动和聚集，为企业进行物质生产活动提供必要的条件，企业获得外部融资的可能性也会因此得到提升，从而对制造业与服务业的协调发展形成正向的促进作用。

2. 人力资本的优化

为促进制造业与服务业的协调发展，从制造业企业内部剥离出独立的产业，就要创新制造业中所蕴含的生产技术，而高素质人力资本的劳动技能和知识水平正是增强企业创新能力的关键所在，因此，想要实现制造业和服务业的协调发展，高素质的人力资本是不可或缺的重要条件。

3. 积极的政策支持

随着德国"工业4.0"、日本"社会5.0"等促进制造业与服务业协调发展文件的提出，中国也充分意识到了制造业与服务业协调发展的巨大威力，出台了一系列政策推动制造业与服务业的协调发展，具体如表2-10所示。

表2-10　近年来中国制造业与服务业协调发展的有关文件

年份	发布机构	文件名	主要内容
2016	国务院	《关于深化制造业与互联网融合发展的指导意见》	推动制造业与互联网企业跨界融合，形成叠加、聚合、倍增效应
2016	工信部、国家发改委、中国工程院	《发展服务型制造专项行动指南》	大力推动云制造服务，支持制造业企业、互联网企业、信息技术服务企业跨界联合，实现制造资源、制造能力和物流配送开放共享
2017	国家发改委	《服务业创新发展大纲（2017—2025年）》	以提高质量和核心竞争力为中心，努力构建优质高效、充满活力、竞争力强的现代服务产业新体系

续表

年份	发布机构	文件名	主要内容
2019	国家发改委等 15 个部门	《关于推动先进制造业和现代服务业深度融合发展的实施意见》	通过鼓励创新、加强合作、以点带面、深化业务关联、链条延伸、技术渗透，探索新业态、新模式、新路径，推动先进制造业和现代服务业相融相长、耦合共生
2020	工信部等 15 个部门	《关于进一步促进服务型制造发展的指导意见》	积极利用工业互联网等新一代信息技术赋能新制造、催生新服务，加快培育发展服务型制造新业态新模式，促进制造业提质增效和转型升级，为制造强国建设提供有力支撑

资料来源：笔者整理。

三　制造业内部协调发展

（一）制造业内部协调发展现状

1. 制造业产业结构不断优化

图 2-20 显示，2016 年我国高技术制造业增加值占规模以上工业增加值的比重达到 12.4%，2021 年这一占比增长到 15.1%，我国高技术制造业发展迅速，高技术制造业占比的稳定增长对我国制造业产业结构优化升级起到了不可或缺的重要作用。

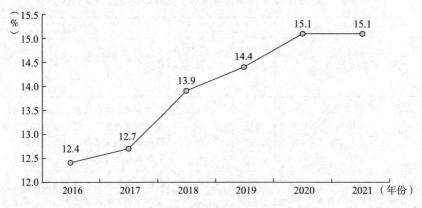

图 2-20　2016~2021 年中国高技术制造业增加值占规模以上工业增加值的比重

资料来源：国家统计局。

2. 制造业由东向西转移，有效延长了我国制造业的生命周期

得益于我国中西部丰富的劳动力资源，中西部地区有着巨大的空间承接东部地区的产业转移。近年来，我国制造业劳动力成本的上升在全国范围内具有普遍性的趋势，但劳动力成本上升的幅度在东中西部地区之间却有着很大的差异。近年来，我国中西部地区争相出台政策承接东部地区产业转移：重庆奉节凭借其丰富的人力资本和低廉的生产要素成本承接东部沿海地区眼镜制造业的转移；陕西咸阳为吸引东部地区产业转移斥资100亿元建设正泰智能电气西北产业园；在天津举办的中西部和东北地区承接东部产业转移精准对接调研活动及座谈会上，签约项目涵盖了汽车零部件、建材、化工、家电等多个传统制造领域；等等。中西部地区承接东部地区产业转移不仅可以延长制造业的生命周期，也有利于防止我国过早的"去工业化"，稳定制造业比例，防止我国经济"脱实向虚"。

3. 制造业集群快速发展，为制造业内部协调发展营造良好的产业生态

我国制造业正处于由大变强的关键时期，培育先进的制造业集群有利于营造良好的产业生态，促进制造业内部的协调发展。自2019年工信部开展先进制造业集群以来，地方积极响应号召，培育发展了与当地优势相结合的产业集群（见表2-11）。广东、湖南、江苏、浙江、山东等省份均在政府工作报告中明确了推动先进制造业集群的特色化发展，这些产业集群的建立加速了创新要素的集聚和产业内专业知识的传播，将创新成果在企业间进行了有效的扩散，为制造业内部的协调发展和制造业整体的高质量发展营造了良好的产业生态。

表 2-11　部分地区产业集群重点培育任务

省份	培育重点	举例
广东	先进电池材料产业集群	作为全国唯一一个以电池为主题的集群，有效推动了产业链中下游协同合作
湖南	工程机械产业集群	成为湖南省首个千亿产业集群，目前正在向全球价值链中高端迈进

续表

省份	培育重点	举例
江苏	纳米新材料产业集群	作为"十四五"时期江苏重点打造的6个先进制造业集群之一，综合实力力求国际先进
浙江	乐清电气产业集群	作为我国最大的自主生长的低压电器产业集群，是国内电气全产业链发育最完整的区域
山东	轨道交通装备产业集群	与中车央地共同搭建资源共享和产业对接平台，开启中国轨道交通发展新征程

资料来源：笔者整理。

（二）制造业内部协调发展面临的问题

1. 中小型制造业企业缺乏生产和创新要素，发展空间有限

由于宏观经济下行，再加上中小型企业优秀人才的缺乏和生产流程管控的不严格，中小制造业企业的发展举步维艰。以工业互联网投资平台为例，大型制造业企业抓住工业互联网的风口，如具有海尔集团背景的COSMOPlat平台、具有阿里云背书的ET工业大脑和具有树根互联站台的"根云"平台等一系列具有大型企业背景的工业互联网平台，这些标杆性的制造业企业在工业互联网平台的帮助下欣欣向荣。而另一边的中小企业由于资金不足、自动化程度低和数据获取难度大等问题，对工业互联网的探索少之又少，本就有限的发展空间再次被大型制造业企业挤压。

2. 中西部地区产业同质化严重，区域内竞争较为激烈

东部地区凭借其地理优势和先发优势，先于中西部地区形成了完整的产业链和合理的产业结构，故中西部地区产业层次相对于东部地区而言普遍较低，再加上中西部地区有着相似的人力资源优势和同样潜力巨大的消费市场，故在承接东部地区产业转移的时候，难免存在不良竞争。如湖北、湖南、江西等中部地区省份均将食品制造、装备制造、汽车制造作为"十四五"期间的重点发展产业，故在承接沿海地区的产业转移时，同质化的布局难免会带来较强的区域竞争。

第六节 中国制造业共享发展

制造业共享发展，是指将共享理念贯彻到生产制造各环节，聚集分散和闲置的生产资源，弹性匹配并动态共享给需求方。为了加快共享经济与制造业的融合、提升制造业发展质量，工信部于 2019 年印发了《关于促进共享制造健康发展的指导意见》。

一 共享制造的主要特征

一是共享制造地理空间分布的多样化和分散化。共享制造整合产业链不同环节的供应商、制造商、服务商等分散的资源，将知识、技术、制造经验发布在平台上，故共享制造拥有广泛的地理空间，可以整合来自不同国家和地区企业发布或提供的知识、技术和制造经验。

二是共享制造强调服务。在共享制造的模式下，供给方能为需求方提供的不仅仅是面对订单或产品的制造业生产模式，还能为需求方提供覆盖产品生命周期各环节的装配服务、设计服务、物流服务、管理服务等一系列服务模式。

三是准入门槛低，对外开放性高。任何个人、企业和组织都可以在共享制造平台上提供服务或发布订单需求，这意味着即使是单台设备机器也可以接入平台提供服务，即使是只需要单件产品的个人也能获取所需的制造资源，有利于满足平台中客户的多样化需求。

二 我国共享制造的发展现状

（一）共享制造成为共享经济的重要构成部分，驱动我国制造业高质量发展

国家信息中心分享经济研究中心自 2016 年开始每年持续发布《中国共享经济发展报告》，2016 年我国制造业产能共享（即共享制造）的规模占共享经济市场规模的比重为 24.75%，到了 2020 年这一占比达到 32.12%（见图 2-21）。数据显示，制造业产能共享的规模

占共享经济市场规模的比重总体呈上升趋势，共享制造已成为共享经济不可或缺的重要构成部分。

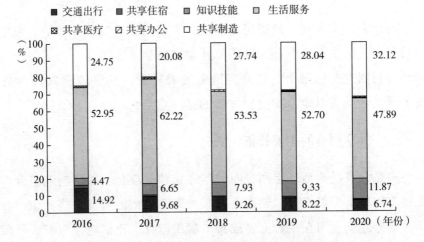

图 2 - 21　2016～2020 年共享经济市场结构情况

资料来源：根据历年《中国共享经济发展报告》整理所得。

由于我国本身制造业技术创新能力和管理能力相对薄弱，再加上制造业本身细分领域多、产业链复杂的特点，从图 2 - 21 可以看出，与生活服务领域的共享经济相比，共享制造的经济规模显著小于生活服务领域的经济规模，我国共享制造的发展仍处于起步阶段。共享制造驱动制造业高质量发展，具体表现在共享制造可以有效整合产业链不同环节的供应商、制造商、服务商等分散化的资源，在工业互联网数据和算法的支持下，高效配置产业资源，构建网络协同和共创共享的运营模式，让产业链上中下游的所有企业灵活参与共创共享产业生态圈，从而提升企业的竞争力和生产率，助力制造业企业的高质量发展。

（二）共享制造交易规模扩大，融资热度上升

图 2 - 22 显示，2016～2020 年，共享制造市场中的产能交易规模不断扩大，2016 年制造业产能共享的市场交易规模仅仅为 3300 亿元，而到了 2020 年这一数值达到 10848 亿元，是 2016 年的 3.29 倍，年均增速达到 34.65%。

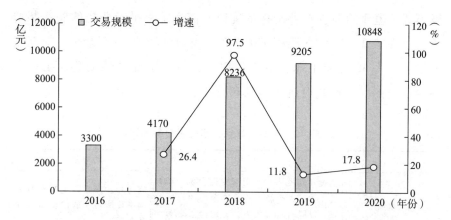

图 2 - 22 2016 ~ 2020 年我国制造业产能共享的市场交易规模及增速
资料来源：国家信息中心分享经济研究中心。

与此同时，随着共享制造平台规模的扩大和商业模式的成熟，我国产能共享领域的融资规模也有所扩大。图 2 - 23 显示，2020 年，产能共享领域的融资规模达到 186 亿元，虽然因为宏观经济不景气，融资规模在 2019 年有所回落，但整体来看，我国产能共享领域的融资规模呈扩大趋势。

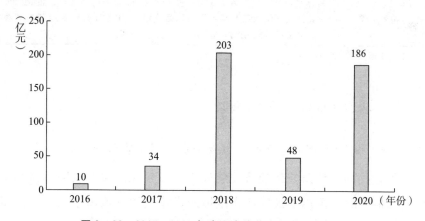

图 2 - 23 2016 ~ 2020 年我国产能共享领域融资规模
资料来源：国家信息中心分享经济研究中心。

（三）共享制造应用进一步深化，加快建设共享制造示范平台

随着共享制造的技术基础进一步夯实，我国领先的互联网企业和制造业企业积极响应国家政策的号召，探索创新自身的商业模式和运

营模式，基于自身在产业链中的优势，搭建了一批专业化的共享制造平台（见表 2-12）。截至 2020 年底，我国已经建成 70 余个工业互联网平台，为 40 万家工业企业提供服务，行业赋能效果明显，工业互联网平台的深厚影响跨越了地区和行业。

表 2-12　部分共享制造示范平台基本情况

平台	主要内容	成就
沈阳机床厂	通过互联网平台，用融资性租赁、经营性租赁、生产能力租赁等金融和经营手段，以即时付费的方式，用价值驱动产品的全生命周期，实现按客户需求销售	成功开发出世界上首台具有网络智能功能的"i5 智能化数控系统"
阿里巴巴淘工厂	通过金融授信加担保解决交易的资金安全问题，使各工厂在空闲档期实现整合协作生产，多维度将工厂生产能力分层，刚好满足了淘宝卖家的需求	让工厂将产能商品化，让淘宝卖家的特定需求得到更好的满足
航天云网 INDICS	以多种技术为基础构建了云制造平台，通过平台实现各项生产制造资源的赋能，打造制造业企业的生态圈	将大量企业生产制造能力数字化，使生产制造业企业的资源得到更精细化的运用
树根互联	搭建"根云"平台为工业用户提供设备一站式快速接入以及端到端的一站式服务，具备灵活订阅的成本优势	服务于整个工业价值链，成为工业互联网企业新的"独角兽"

资料来源：笔者整理。

三　我国共享制造面临的问题

（一）宏观经济持续下行，共享制造预期不容乐观

尽管我国疫情防控和经济发展处于全球领先地位，预期目标基本实现。但同时，国内宏观经济在疫情的影响下面临着需求收缩、供需错配、预期转弱的三重压力，恢复过程曲折；外部宏观经济环境更是不容乐观，全球经济波动性大、脆弱性强、结构性失衡的问题在疫情的影响下进一步凸显。"内忧外患"下，我国共享制造预期不容乐观。

（二）共享制造层次较低，整体处于早期阶段

由于我国制造业企业和信息化的基础较弱，企业对共享制造的理

解还不够全面和深刻，所以尽管出现了部分共享制造平台，但企业的参与欲望偏低且规模较小，有效的商业模式还需进一步摸索。同时，共享制造的领域主要局限于设备，技术、知识以及服务的共享还远远未实现。

（三）企业面临系统漏洞，数据安全风险较大

工业互联网的发展持续完善，企业生产设备联网率不断提高，在领先省份，这一比例接近50%。一方面，这为我国共享制造的发展奠定了重要的基石；另一方面，随着工业互联网的快速发展，企业数据泄露的风险增大。从全球范围看，2020年全球数据泄露事件超过过去十五年的总和，数据安全威胁居高不下。大量企业的数据存于云端，而接入云端的第三方应用软件、系统和接口的安全性都可能存在隐患，导致企业面临着系统漏洞和数据泄漏的风险。

第七节　结论与建议

本章立足制造业行业数据，深入剖析与梳理2008～2020年中国制造业发展情况。一方面，描述中国制造业高质量发展过程中取得的一系列成就和突破；另一方面，深层次挖掘中国制造业高质量发展过程中面临的一系列问题，找出制约中国制造业高质量发展的因素。

一　中国制造业高质量发展进程中取得的一系列成就

中国已经成为公认的制造业大国，虽然离世界制造强国的目标还有一段距离，但我国的制造业还是取得了一定的成就，具体如下。

第一，研发投入强度和规模与日俱增，自主创新能力显著增强。随着制造强国计划的提出，我国的制造业在创新领域取得了一系列的成就，我国已经在航空航天、轨道交通、计算机、新材料和新能源汽车等领域取得了卓越成就，名列世界前茅。此外，为了加强基础科研与产业应用的衔接，我国建成了一系列的创新中心，涵盖基础材料、核心器件、关键工艺、重大装备和软件五大领域，对我国制造业技术

创新影响深远。

第二，整体能源利用效率提高，单位 GDP 能耗下降。数据表明，一方面，我国万元 GDP 能耗在逐年降低，从 2008 年的 1.00 吨标准煤下降到 2019 年的 0.50 吨标准煤，下降幅度达到 50%；另一方面，中国万元制造业增加值能耗高于中国整体能耗，2019 年我国万元 GDP 能耗约为万元制造业增加值能耗的 49%，这意味着我国制造业整体能源利用效率较高。

第三，"引进来"和"走出去"步伐加快，国际化程度不断提升。数据显示，我国制造业历年对外投资存量及其占全部对外投资存量的比重不断增加，且随着外商准入清单的修订，负面清单越来越短。截至 2021 年底，我国自贸区负面清单制造业条目清零，这说明我国已经基本形成了制造业全行业对外开放的格局，制造业的国际化程度与日俱增。

第四，制造业和服务业协同发展，共同助力制造业高质量发展。自 2015 年我国提出发展服务型制造开始，一系列推动制造业和服务业协同发展的文件逐步出台，有效推动了制造业和服务业的协同发展。数据显示，随着工业互联网的发展，2020 年其带动的制造业增加值高达 1.49 万亿元，这充分说明了在两业融合的发展模式下，制造业规模和效益得到了进一步提升，从而为我国制造业高质量发展提供强劲助力。

第五，共享制造成为我国共享经济的重要构成部分，驱动我国制造业高质量发展。数据显示，2016～2020 年，制造业产能共享的市场交易规模不断扩大，共享制造的规模占共享经济规模的 20% 以上。与此同时，随着共享制造规模的扩大和技术基础的进一步夯实，我国建设了 70 多个具有跨行业和跨地区影响力的共享制造示范平台，赋能我国制造业高质量发展。

二 中国制造业高质量发展面临的一系列问题

毋庸置疑，我国制造业在发展过程中取得了一系列卓越的成就，但与此同时，仍存在一系列的因素制约着中国制造业的高质量发展，具体如下。

第一，制造业企业整体创新水平不高，缺乏鼓励企业创新的良好社会环境。在国家知识产权局披露的《2020 年中国专利调查报告》中，68% 的受访企业认为知识产权保护力度不足，在遭遇侵权时，往往选择"放任自流"或"自主维权"，这意味着我国缺乏鼓励制造业创新的良好社会环境。此外，2020 年《世界品牌 500 强》的名单显示，我国仅有 18 家制造业企业入围，与美国的 74 家和日本的 32 家相差甚远，这也从侧面反映了我国产品技术含量相对较低，制造业企业创新意识薄弱。

第二，制造业能源消费结构失调，对外依存度较高。作为我国的主要能源，2008 ~ 2019 年，煤炭占总能耗的比重达到 60% ~ 70%。而煤炭本身是一种低效能、高排放的能源，与作为世界主流能源形式的煤油相比，其对环境的污染和破坏程度较高，这意味着我国制造业能源消费结构的失调。与此同时，能源对外依存度仍较高，加上国际能源价格居高不下，直接影响中国制造业的整体国际竞争力。

第三，利用外资规模呈下降趋势，不利于我国深度融入全球价值链。随着发达国家对"再工业化"重视程度的提高，中国制造业利用外资规模呈下降趋势，中国制造业外商直接投资的实际使用金额由 2008 年的 499 亿美元下降到 2020 年的 310 亿美元，签订的合同项目数由 11568 个下降到 3732 个，这不利于我国深度融入全球价值链。

第四，我国经济"脱实向虚"风险较大，不利于制造业与虚拟经济的协调发展。制造业作为实体经济的重要组成部分，对我国的经济发展起着举足轻重的关键作用。然而在 2008 ~ 2020 年的绝大多数年份里，金融业增加值的增速显著高于制造业增加值的增速。此外，虽然在国家积极调控下，金融业增加值占比在 2016 年开始下降，但总体而言仍然偏高。这意味着我国经济存在"脱实向虚"的问题，长此以往，不利于我国制造业的高质量发展。

第五，宏观经济下行和数据安全问题不利于共享制造的发展。

2018 年我国产能共享领域融资规模达到 203 亿元，而这一数值在 2019 年锐减到 48 亿元，虽在 2020 年有所回升，但在宏观经济环境的"内忧外患"之下，我国共享制造的预期不容乐观。此外，随着共享制造数据泄露风险的增大，企业面临的数据泄露风险也促使其对共享制造持保守态度，在两个因素共同作用下，我国共享制造的发展未来忧患重重。

三 对策与建议

中华民族的兴衰史和世界强国的发展史表明，强大的制造业是国家和民族强盛的重要根基。当前，国内外环境正在发生深刻的变化，面向"十四五"发展的新阶段，我们应该继续保持一定的宏观经济扶持力度，在壮大实体经济根基、增强自主创新能力、培育龙头企业等方面持续发力，推动我国制造业发展向更高水平迈进。

第一，持续优化创新的社会环境，提高制造业企业创新水平。创新是引领发展的第一动力，我们应不断优化有利于持续创新的社会环境，大力支持制造业企业创新活动的开展。一方面，不断增强原始创新能力，实施核心技术突破，突破"卡脖子"技术瓶颈；另一方面，严厉打击粗制滥造、假冒伪劣、恶意抢注商标等违法行为，设立良好的创新秩序的"高压线"，同时不断健全知识产权保护体系，确保企业处于公平公正的市场竞争环境中。

第二，改善以煤炭为主的能源消费结构，发展能耗低、污染少的新型制造业。一方面，我们应降低各部门中低能效、高排放的煤炭消费，大力发展和使用原油这种低排放、高效产出的能源，通过多能互补让各种能源发挥特长、形成合力；另一方面，我们要大力发展能耗低、污染少的新型制造业，切实提高我国制造业绿色发展的整体水平。

第三，坚定不移地扩大制造业对外开放规模，实现对全球的劳动力和科技资源的充分利用。我国应当坚定不移地扩大对外开放规模，既要以国内市场体量为筹码，引进国外先进企业的先进科技成果，推动中国制造业的技术进步，也要以较为充裕的资本为桥梁，充分利用全球的劳动力和科技资源，从而克服国际投资环境的不利影响，实现制造业主动对外开放。

第四，深化供给侧结构性改革，提高实体经济投资回报率，避免我国经济"脱实向虚"。一方面，传统制造业企业需结合自身的经营状况和所处价值链的位置，提高自主创新能力和水平，从而提高供给质量，以满足居民日益增长的消费需求，实现地方虚拟产业和制造业的协调发展；另一方面，我们应该尽量取消各种不合理、不必要的收费，不断落实对中小型企业的税收优惠政策，引导资本和创新要素向实体经济领域聚集。

第五，加大对共享制造的宣传力度，加强共享制造的基础设施建设，让大众形成对共享制造的积极预期。一方面，政府可以通过发布研究报告、召开主题发展论坛和举办行业研讨会等方式，创造活跃的共享制造的知识传播氛围；另一方面，可以把握新型基础设施建设的机遇，争取重大专项资金支持共享制造的基础设施建设，使共享制造中产生的数据能够在足够容量和一定速率的平台上保存并传输。

第三章　中国制造业在全球价值链中的地位

"中国制造"虽然早已成为世界经济的重要一环，同时也是全球价值链分工体系中不可或缺的一部分，但也不能忽视中国制造业发展存在的一些问题。一方面，中国制造业面临着来自人口红利消退和西方制造业回流的双重挤压；另一方面，中国制造业"大而不强"，甚至面临着低端锁定的风险。因此，中国亟须培育参与全球价值链分工的新优势，引领制造业向价值链高端不断攀升。那么，中国制造业在参与全球价值分工的过程中究竟扮演着怎样的角色？与其他国家相比存在哪些区别？应该如何对中国制造业全球价值链（GVC）嵌入程度进行测算？制造业在全球价值链中的地位又该如何来衡量？深入探究这些问题，对中国制造业转型升级、实现高质量发展以及价值链地位攀升都具有重要的实践意义。

第一节　中国在全球价值链中的定位

目前关于全球价值链已经有很多相关研究，主要的研究都是依据世界投入产出表来进行的。Koopman 等（2010）提出了一个总出口分解模型，该模型是在增加值贸易核算理论以及前向联系理论的基础上构建的。而 Wang 等（2013）则对出口分解模型进行了进一步拓展，通过后向联系来进行模型构建。这两种研究方法都是仅仅从出口分解模型来对一国参与全球价值链的程度进行评估（魏如青等，2018）。然而由于生产过程中各环节之间的联系变得更加紧密，仅仅从对外贸

易的角度显然无法准确地衡量整个国民经济生产活动的全球价值链参
与程度。Wang 等（2017）又提出了改进的增加值贸易分解模型，通
过构建 GVC 前向参与度指数和后向参与度指数以及 GVC 位置指数来
对全球价值链分工进行研究。改进的增加值贸易分解模型有助于对中
国制造业参与全球价值链的特征进行更加全面的刻画，为全球价值链
以及国际分工研究提供崭新的视角。目前国际上的全球价值链分析数
据库有很多，本章引用的数据都是基于 2016 版 WIOD 数据库中的世
界投入产出表（World Input-Output Tables，WIOTs），对中国与世界主
要国家的整体 GVC 参与指数以及前后向参与指数进行了国际比较。

一　中国整体 GVC 参与指数与国际比较

在经济全球化深入发展的背景下，国与国之间的经济往来更加频
繁，生产分工与合作也日益紧密，因而生产要素在全球价值链不断完
善的过程中也得到了更加有效的配置。GVC 参与指数是用来刻画一个
国家参与某种产品或服务全球价值链分工的程度。总参与指数描述国
家整体参与 GVC 分工的程度，是前向参与指数与后向参与指数之和。
表 3-1 和图 3-1 是根据王思语和郑乐凯（2019）的测算结果，整理
出的世界主要国家 GVC 参与指数变化情况。

可以看出，发达国家整体上 GVC 参与指数呈现稳步上升的态
势，全球价值链参与程度较高。而发展中国家的 GVC 参与指数变化
情况较为复杂，中国 GVC 参与指数呈现先升后降的趋势。2010 ~
2014 年，全球价值链参与指数前三位的国家为韩国、德国和俄罗
斯。韩国与德国为发达国家，全球价值链参与程度较高；而俄罗斯
作为资源丰裕国，GVC 参与指数也较高。美国、日本等发达国家虽
然在全球价值链分工体系中处于主导地位，但 GVC 参与程度反而不
高。可见 GVC 参与程度其实无法直接反映出一国在全球价值链中地
位的高低。发达国家凭借着雄厚的产业资本和科技创新优势，能够
控制产业链的关键节点，从而在全球价值链分工体系中占据主导
地位。

表 3 - 1　世界主要国家 GVC 参与指数

单位：%

国家	2000 年	2005 年	2010 年	2014 年
巴西	12.88	12.88	14.65	16.19
中国	19.35	27.75	24.18	20.78
德国	26.02	29.33	32.85	34.79
英国	24.34	24.51	27.51	26.54
印度尼西亚	38.01	36.36	29.37	29.55
印度	15.34	21.75	22.64	19.13
日本	10.27	13.55	14.85	18.61
韩国	30.86	30.73	38.53	40.72
美国	10.65	11.20	12.40	13.29
俄罗斯	42.22	36.66	31.50	32.88

资料来源：根据王思语和郑乐凯（2019）的测算结果整理。

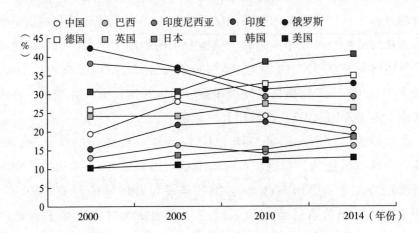

图 3 - 1　中国与其他国家全球价值链参与指数比较

资料来源：根据王思语和郑乐凯（2019）的测算结果整理。

二　中国 GVC 前向参与指数与国际比较

根据王思语和郑乐凯（2019）的测算结果进行整理，表 3 - 2 和图 3 - 2 给出了世界主要国家 GVC 前向参与指数变化情况。与发达国家相比，中国 GVC 前向参与指数由 2000 年的 8.11% 提升到 2014 年的 9.70%，低于德国、英国和韩国等国家，但是高于美国和日本等国家。

表 3－2　世界主要国家 GVC 前向参与指数变化情况

单位：%

国家	2000 年	2005 年	2010 年	2014 年
巴西	5.89	8.92	7.46	7.76
中国	8.11	11.94	10.51	9.70
德国	13.67	16.31	17.77	19.00
英国	12.80	12.79	13.99	13.90
印度尼西亚	21.14	19.56	16.27	14.96
印度	6.33	9.61	9.73	7.70
日本	5.43	6.74	7.43	8.08
韩国	14.45	14.16	17.38	20.15
美国	4.98	4.73	6.00	6.31
俄罗斯	32.51	27.79	24.31	24.21

资料来源：根据王思语和郑乐凯（2019）的测算结果整理。

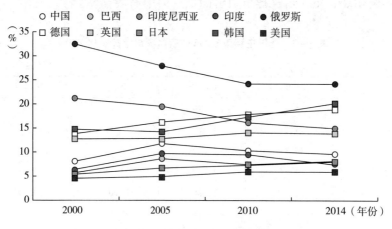

图 3－2　中国与其他国家全球价值链前向参与指数比较

资料来源：根据王思语和郑乐凯（2019）的测算结果整理。

与发展中国家相比，中国 GVC 前向参与指数低于俄罗斯和印度尼西亚等国家，但略高于巴西和印度等国家。新兴发展中国家虽然在要素禀赋和产品市场等方面具有一定的优势，但是更多承担的是附加值较低的加工和组装环节。俄罗斯的 GVC 前向参与指数较高，主要是由于俄罗斯作为全球最大的石油与天然气输出国，拥有丰富的自然资源和能源资源等。而这些自然资源和能源资源往往会出口到别的国家，被作为生产过程中的中间投入品，这些资源主要位于全球价值链的前端，所以，以俄罗斯为代表的资源丰裕国的 GVC 前向参与指数较高。

三　中国 GVC 后向参与指数与国际比较

根据王思语和郑乐凯（2019）的测算结果进行整理，表 3-3 和图 3-3 给出了世界主要国家 GVC 后向参与指数变化情况。近几年中国劳动力成本不断上升，这也促使西方发达国家逐步将制造业外包业务转移到劳动力充足且更加便宜的东南亚国家，比如印度尼西亚。因此印度尼西亚的 GVC 后向参与指数超过了中国。中国 GVC 后向参与指数由 2000 年的 11.24% 转变为 2014 年的 11.08%。值得一提的是，中国 GVC 前向参与指数与后向参与指数之间的差距在逐渐缩小。中国在全球价值链中的角色也在发生变化，参与全球价值链的广度和深度不断拓展，正在由全球价值链的低端向中高端移动。

表 3-3　世界主要国家 GVC 后向参与指数变化情况

单位：%

国家	2000 年	2005 年	2010 年	2014 年
巴西	6.99	7.40	7.19	8.43
中国	11.24	15.81	13.67	11.08
德国	12.35	13.02	15.08	15.79
英国	11.54	11.72	13.52	12.64
印度尼西亚	16.87	16.80	13.10	14.59
印度	9.01	12.14	12.91	11.43
日本	4.84	6.81	7.42	10.53
韩国	16.41	16.57	21.15	20.57
美国	5.67	6.47	6.40	6.98
俄罗斯	9.71	8.87	7.19	8.67

资料来源：根据王思语和郑乐凯（2019）的测算结果整理。

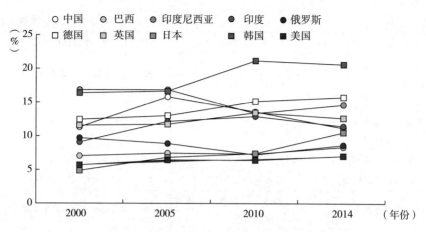

图 3 – 3　中国与其他国家全球价值链后向参与指数比较
资料来源：根据王思语和郑乐凯（2019）的测算结果整理。

第二节　中国制造业在全球价值链中的嵌入程度

一　中国制造业整体嵌入程度

本节借鉴 Koopman 等（2010）的方法对制造业的出口增加值进行分解，将一国出口总额中国外增加值的占比作为各行业 GVC 嵌入程度的度量指数。具体计算公式为 $DDP_{it} = \dfrac{FV_{it}}{EX_{it}}$，其中 FV_{it} 表示 t 时期 i 产业出口中包含的国外增加值，EX_{it} 表示以增加值统计的出口总额。以 2016 版 WIOD 数据库中 2003 ～ 2014 年的世界投入产出表为基础，并将国内的 27 个制造业行业与之匹配，最终得到 16 个制造业的细分行业，具体如表 3 – 4 所示。

表 3 – 4　WIOD 行业分类标准与 GB/T 4754—2011 关于制造业分类的对应关系

WIOD 行业分类标准	GB/T 4754—2011	代码	本书匹配行业
食品、饮料和烟草制品的制造	农副食品加工业	P1	食品饮料及烟草业
	食品制造业		
	酒、饮料和精制茶制造业		
	烟草制品业		

WIOD 行业分类标准	GB/T 4754—2011	代码	本书匹配行业
纺织品、服装和皮革制品的制造	纺织业	P2	纺织服装及皮革制造业
	纺织服装、服饰业		
木材、木材及软木制品的制造，但家具除外；稻草制品和编织材料的制造	木材加工和木、竹、藤、棕、草制品业	P3	木材加工业
纸张及纸制品制造	造纸和纸制品业	P4	造纸和纸制品业
记录媒体的印刷和复制	印刷和记录媒介复制业	P5	印制和记录媒介复制业
焦炭及成品油生产	石油加工、炼焦和核燃料加工业	P6	焦炭和精炼石油制造业
化学品及化学制品的制造	化学原料和化学制品制造业	P7	化学品及化学制品业
	化学纤维制造业		
基础药品和药物制剂的生产	医药制造业	P8	医药制造业
橡胶和塑料制品的制造	橡胶和塑料制品业	P9	橡胶和塑料制品制造业
其他非金属矿产品制造	非金属矿物制品业	P10	非金属矿物制造业
基本金属制造	黑色金属冶炼和压延加工业	P11	基本金属制造业
	有色金属冶炼和压延加工业		
金属制品制造，机械设备除外	金属制品业	P12	金属品制造业（除去机械设备）
计算机、电子、光学产品制造	计算机、通信和其他电子设备制造业	P13	计算机、电子产品和光学产品制造业
	仪器仪表制造业		
电力设备制造	电气机械和器材制造业	P14	电力设备制造业
机械设备制造	通用设备制造业	P15	机械设备制造业
	专用设备制造业		
汽车、挂车和半挂车制造	汽车制造业	P16	交通运输制造业
	铁路、船舶、航空航天和其他运输设备制造业		

资料来源：笔者整理。

表3-5和图3-4给出了中国制造业行业GVC嵌入程度及其变化趋势。从整体上看，制造业行业的GVC嵌入程度都呈现先上升后下降的变动趋势，这可能是因为早期中国制造业凭借劳动力禀赋优势，

承接了来自发达国家的产业转移，全球价值链嵌入程度随之上升。但是随着国内劳动力成本的上升以及国际贸易壁垒和贸易摩擦的不断加剧，中国制造业的代工生产以及加工组装机会减少，从而导致其全球价值链嵌入程度下降。

表 3 - 5　2000 ~ 2014 年中国制造业行业 GVC 嵌入程度

单位：%

行业代码	2000 年	2002 年	2004 年	2006 年	2008 年	2010 年	2012 年	2014 年	2000 ~ 2014 年均值
P1	9.28	9.20	11.95	12.30	13.03	11.67	11.55	10.46	11.18
P2	21.95	22.11	24.15	21.97	19.20	17.70	16.54	15.75	19.92
P3	24.37	23.39	26.42	28.00	26.69	26.41	24.99	24.78	25.63
P4	28.82	27.02	29.10	30.12	29.73	28.93	28.59	27.83	28.77
P5	26.92	27.10	29.94	28.64	32.38	27.74	26.20	25.74	28.08
P6	31.27	31.29	35.75	36.39	36.99	35.27	35.76	32.86	34.45
P7	38.35	36.47	37.78	38.33	37.95	36.81	36.44	35.79	37.24
P8	16.32	16.95	19.31	20.31	19.40	19.16	18.06	16.76	18.29
P9	31.14	30.90	33.99	34.88	33.22	31.86	30.89	29.62	32.06
P10	18.32	18.28	22.77	23.93	24.37	23.44	23.35	21.32	21.97
P11	39.31	36.95	38.72	39.49	39.63	36.04	35.68	34.83	37.58
P12	27.98	25.83	29.40	30.28	30.16	28.58	28.20	26.65	28.39
P13	37.82	36.60	39.46	39.28	38.69	35.41	32.92	31.39	36.45
P14	26.23	24.75	29.52	29.91	29.40	28.32	27.75	26.10	27.75
P15	23.51	21.79	25.73	26.59	26.68	26.02	25.92	24.20	25.10
P16	24.16	24.92	29.24	29.58	28.66	25.05	24.31	24.21	26.27

资料来源：根据 WIOD 数据库计算整理。

具体来说，2001 ~ 2008 年，除少数行业 GVC 嵌入程度出现短暂下滑外，绝大多数制造业行业 GVC 嵌入程度总体提升。2008 年由于国际金融危机的影响，所有制造业行业 GVC 嵌入程度均开始不断下降，一直持续到 2009 年。2009 年开始，随着全球经济的复苏，制造业 GVC 嵌入程度开始逐步上升。但是 2011 年制造业 GVC 嵌入程度又一次出现下降的趋势，可能是受到西方发达国家"再工业化"战略的影响，制造业回流，中国制造业的代工生产以及加工组装机会减少，从而导致其全球价值链嵌入程度下降。

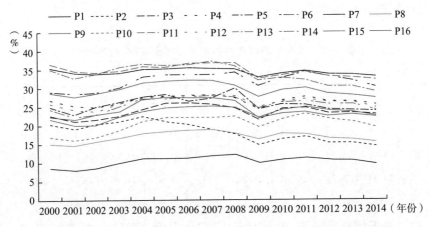

图 3 - 4　2000 ~ 2014 年中国制造业行业 GVC 嵌入程度变化趋势
资料来源：根据 WIOD 数据库计算整理。

二　中国制造业分行业嵌入程度

图 3 - 5 给出了 2000 ~ 2014 年中国制造业行业 GVC 嵌入程度均值。通过比较不同制造业行业之间的全球价值链嵌入程度，能够发现不同行业的嵌入程度存在着显著差异。全球价值链嵌入程度最高的行业是 P11（基本金属制造业），GVC 嵌入程度均值为 37.58%；其次是 P7（化学品及化学制品业），GVC 嵌入程度均值为 37.24%；再次是 P13（计算机、电子产品和光学产品制造业），GVC 嵌入程度均值为 36.45%。GVC 嵌入程度较高的行业以先进制造业为主，主要是因为大量国内企业承接了国外高科技企业的代工生产零部件或者组装成品环节，与国际相关产业发展联系更为紧密，参与全球分工的能力较强，因此拥有较高的全球价值链嵌入程度也比较合理。不难看出，先进制造业对推动制造业信息化发展以及引领制造业部门的结构升级有着非常重要的影响。而全球价值链嵌入程度较低的行业主要是 P1（食品饮料及烟草业）、P8（医药制造业）、P2（纺织服装及皮革制造

业），GVC 嵌入程度均值分别为 11.18%、18.29%、19.92%。这些行业均为传统行业，以国内本土生产为主，因此参与国际分工的能力有限。

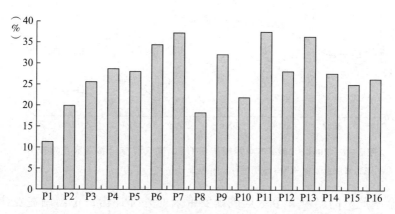

图 3 − 5　2000～2014 年中国制造业行业 GVC 嵌入程度均值
资料来源：根据 WIOD 数据库计算整理。

三　中国制造业嵌入程度行业异质性

考虑到行业异质性对全球价值链嵌入程度的影响，本节参考王玉燕等（2014）的方法，根据要素密集度分类方法与行业合并规则，将上述 16 个制造业行业分为劳动密集型、资本技术密集型与高技术行业①。图 3 − 6 描述了不同要素密集度的制造业行业 GVC 嵌入程度的变化趋势，可以看出，其整体呈现"先升后降，再升再降"的趋势。2008 年是中国制造业 GVC 嵌入程度的一个较大的转折点。在 2008 年之前，所有制造业行业的 GVC 嵌入程度都有所提升，其中以高技术行业的增幅最大。这说明在这一阶段，中国制造业各行业都积极地融入全球生产网络。

然而在 2008 年后，不管是高技术行业、资本技术密集型行业还是劳动密集型行业，GVC 嵌入程度都有所下降。可能的原因是受到国

---

①　劳动密集型行业包括 P1、P2、P3、P4、P5、P9，资本技术密集型行业包括 P6、P7、P8、P10、P11、P12，高技术行业包括 P13、P14、P15、P16。

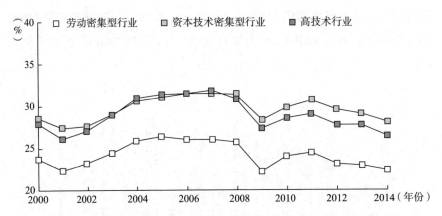

图 3 - 6　2000～2014 年中国制造业 GVC 嵌入程度（按要素密集度分）
资料来源：根据 WIOD 数据库计算整理。

际金融危机的影响和金融危机爆发带来的外部冲击，中国制造业出口出现大幅度下降，全球价值链嵌入程度也随之下降。之后随着世界经济的回暖，以及产业政策的刺激，制造业 GVC 嵌入程度呈现缓慢回升趋势。

通过不同要素密集度行业之间的对比发现，技术要素密集度和 GVC 嵌入程度存在着正向联系。技术要素密集度越高的行业，GVC 嵌入程度也越高。其中，GVC 嵌入程度最高的是资本技术密集型行业，其次是高技术行业，而劳动密集型行业最低。可能是因为资本技术密集型行业和高技术行业参与全球生产网络的程度较高，也容易受到外界的影响产生波动。而低技术水平的劳动密集型行业 GVC 嵌入程度最低，原因是劳动密集型行业参与国际分工的能力十分有限。

第三节　中国制造业在全球价值链中的地位

关于中国制造业 GVC 整体参与程度以及中国制造业 GVC 嵌入程度的测算结果表明，一方面，中国凭借劳动力禀赋优势，积极参与代工生产以及加工组装，承接了来自发达国家的产业转移，搭乘了全球价值链经济发展的"快车"；另一方面，中国制造业 GVC 参与程度和嵌入程度的加深并不能带来较高的贸易附加值，无法反映中国在国际分工中的地位和贸易利得的水平。如此，中国制造业在国际分工中处于何种地位？其细分行业具备怎样的优势，又存在何种劣势呢？回答这些问题，对实现中国制造业转型升级具有重要的指导意义，也有助于中国制造业高水平参与国际分工，充分融入全球价值链分工体系，助力国际产业链循环，提升中国国际分工地位。本节基于 Koopman 等（2010）提出的衡量一国某产业在全球价值链中所处分工地位的"GVC 地位指数"，利用 2016 版 WIOD 数据库测算并分析 2003～2014 年中国制造业及其细分行业的 GVC 国际分工地位，并剖析全球价值链嵌入对中国制造业及其细分行业的国际分工地位产生的影响。

一 GVC 地位指数

1. GVC 地位指数测算方法

Koopman 等（2010）从分解增加值的角度，将某国总出口的价值增值分解为国内价值增值与国外价值增值，并定义了全球价值链地位指数——用来衡量某国在全球价值链分工中的国际地位。计算公式如下：

$$GVC_{position} = \ln\left(1 + \frac{IV_{it}}{E_{it}}\right) - \ln\left(1 + \frac{FV_{it}}{E_{it}}\right)$$

其中，$GVC_{position}$ 为 GVC 地位指数，IV_{it} 表示 t 时期 i 产业出口中含有的本国间接增加值，FV_{it} 表示 t 时期 i 产业出口中含有的国外增加值，E_{it} 表示以增加值统计的出口总额。GVC 地位指数越大，则说明该国该产业在全球价值链中的地位越高，该产业位于全球价值链的研发设计、品牌培育等上游环节，会偏向于供给有设计理念的原材料或半成品，相对地，其在出口中能够获取更多的国内价值增值；GVC 地位指数越小，表明该国该产业在国际分工中的地位越低，该产业处于全球价值链的装配加工等下游环节，会偏向于向其他国家进口原料或半成品，相对地，其在出口中能够获取较少的国内价值增值。

2. 数据来源与行业说明

本节测算的中国制造业及其细分行业的 GVC 地位指数的数据均

来源于 2016 版 WIOD 数据库的世界投入产出表，将其与 2011 版国民经济行业分类标准（GB/T 4754—2011）进行匹配，数据统计区间为 2003～2014 年。

二　中国制造业及其细分行业 GVC 地位指数

图 3-7 展示了 2003～2014 年中国制造业整体 GVC 地位指数及其变化趋势。2003～2014 年，中国制造业整体 GVC 地位指数虽为负值，但总体呈螺旋上升趋势。其中，在 2003～2008 年中国制造业整体 GVC 地位指数呈现低位震荡的"W"形走势，可能原因是中国加入 WTO 后，凭借丰富廉价的劳动力比较优势，中国工业企业得到了更多代工生产以及加工组装的机会，偏向于从其他国家进口中间产品或者原材料来生产最终产品，产业间接价值增值占总出口的比重会低于国外价值增值的占比，因此 GVC 地位指数比较低。2007 年底受美国次贷危机的冲击，国际形势动荡不安，我国制造业在全球价值链中的地位不稳定，制造业整体 GVC 地位指数呈下降趋势；自 2008 年以后，随着全球经济逐渐复苏，除 2010 年出现短暂下滑外，我国制造业整体 GVC 地位指数呈缓慢上升态势。这可能与 2008 年出台的一系列利好经济发展政策有关，基础设施建设进一步完善、创新成果加速产业化、减税降费等惠企政策进一步深化，这些因素共同助力了工业企业

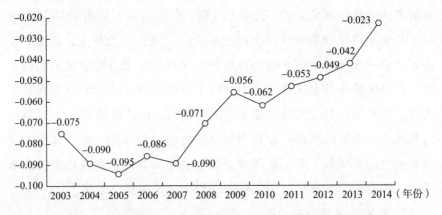

图 3-7　2003～2014 年中国制造业 GVC 地位指数变化趋势

资料来源：根据 WIOD 数据库计算。

加大研发投入以进行自主创新，我国制造业对高端的研发设计以及品牌环节的话语权逐渐增强，中国制造业正逐渐从被动接受 GVC 加工组装转变为主动在全球范围内布局 GVC 生产，力争提升 GVC 国际分工地位。

表 3 - 6 与图 3 - 8 列示了 2003 ~ 2014 年中国制造业细分行业 GVC 地位指数及其变化趋势，可以发现，大多数细分行业的 GVC 地位指数稳步上升，表明中国制造业在全球价值链中协调控制能力和获取价值增值的能力有所提高，中国制造业正积极通过加强研发、技术创新、强化品牌运营等方式在全球范围内布局生产制造，积极参与国际产业链分工，提高在全球价值链中的地位。其中，计算机、电子产品和光学产品制造业的增幅最大，表明该行业更加注重价值链高端升级，在全球价值链分工中的话语权逐渐增强；基本金属制造业的降幅最大，可能是受欧美国家推行实体经济回流、工业逆全球化举措的影响，也可能与国际贸易形势不稳定、贸易壁垒高筑有关。

表 3 - 6　2003 ~ 2014 年中国制造业细分行业 GVC 地位指数

行业代码	2003 年	2006 年	2008 年	2010 年	2012 年	2014 年	2003 ~ 2014 年均值
P1	− 0.063	− 0.074	− 0.059	− 0.055	− 0.045	− 0.032	− 0.057
P2	− 0.091	− 0.088	− 0.070	− 0.056	− 0.037	− 0.019	− 0.064
P3	0.007	0.016	0.023	0.031	0.038	0.040	0.025
P4	0.026	0.014	0.016	0.016	0.030	0.042	0.021
P5	0.060	0.016	0.080	0.036	0.037	0.053	0.042
P6	0.037	0.004	0.001	− 0.024	− 0.038	− 0.008	− 0.007
P7	0.087	0.064	0.079	0.085	0.090	0.117	0.082
P8	− 0.015	− 0.029	− 0.024	− 0.004	− 0.003	0.007	− 0.015
P9	0.003	− 0.017	− 0.002	0.005	0.030	0.049	0.006
P10	− 0.046	− 0.062	− 0.054	− 0.049	− 0.039	− 0.025	− 0.047
P11	0.139	0.123	0.114	0.063	0.050	0.072	0.092
P12	− 0.005	0.004	0.009	− 0.007	− 0.008	0.008	− 0.003
P13	− 0.149	− 0.166	− 0.160	− 0.116	− 0.107	− 0.074	− 0.135

续表

行业代码	2003 年	2006 年	2008 年	2010 年	2012 年	2014 年	2003 ~ 2014 年均值
P14	− 0. 079	− 0. 085	− 0. 075	− 0. 070	− 0. 056	− 0. 035	− 0. 071
P15	− 0. 073	− 0. 082	− 0. 073	− 0. 066	− 0. 045	− 0. 026	− 0. 067
P16	− 0. 075	− 0. 063	− 0. 049	− 0. 077	− 0. 066	− 0. 017	− 0. 059

资料来源：根据 WIOD 数据库计算。

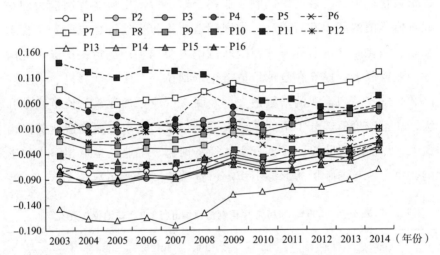

图 3 - 8　2003 ~ 2014 年中国制造业细分行业 GVC 地位指数变化趋势
资料来源：根据 WIOD 数据库计算。

另外，各行业 GVC 地位指数均值居于前三位的行业依次是基本金属制造业（0.092）、化学品及化学制品业（0.082）、印制和记录媒介复制业（0.042），这表明资本技术密集型和劳动密集型行业的 GVC 地位指数较高，这与中国劳动力的国际比较优势有关，我国拥有全球最大规模、勤劳聪明的劳动力支撑着制造业发展。而 GVC 地位指数均值居于后三位的行业依次是计算机、电子产品和光学产品制造业（− 0.135），电力设备制造业（− 0.071），机械设备制造业（− 0.067），这表明中国的高技术行业在国际市场上竞争力较弱，该类产业在国际分工中主要处于代工生产、装配加工等下游环节，会偏向于从其他国家进口原材料或中间产品，研发设计和品牌培育的能力有待提升，在出口中能够获取的国内价值增值较少。以上结果表明，在制造业细分行业中劳动密集型行业的国际分工地位明显高于高技术行业。

第四节　主要结论

本章首先利用 2016 版 WIOD 数据库，分析了 2000～2014 年中国以及主要国家在全球价值链分工中的参与程度，并进行了国际比较，剖析了中国在全球价值链中扮演着怎样的角色；然后测算了中国制造业及其细分行业在前后向两种视角下全球价值链嵌入程度，以准确刻画我国产业的国际市场竞争力；最后借鉴 Koopman 等（2010）提出的"GVC 地位指数"指标，测算中国制造业及其细分行业的 GVC 国际分工地位，主要得出以下结论。

1. 世界主要国家 GVC 前后向参与度整体呈平稳上升趋势，中国前后向参与程度的差距在逐渐缩小

2000～2014 年，世界主要国家和中国的全球价值链参与程度整体不断上升，反映出国与国之间的生产分工与合作日益紧密，经济往来更加频繁，全球生产要素得到更加有效的配置。中国 GVC 前向参与程度在逐渐提升，后向参与程度则呈下降趋势，二者差距在逐渐缩小。分析中国制造业细分行业 GVC 参与指数可以发现，各行业的 GVC 前后向参与度都有不同程度的提升，这说明不管是前端中间品生产环节还是后端加工制造环节，中国制造业正积极地融入全球价值链。从制造业整体来看，GVC 后向参与指数要高于 GVC 前向参与指数，说明中国制造业还处于全球价值链相对下游环节，更多的是以后向参与的方式融入全球价值链。

2. 制造业总体 GVC 嵌入程度显著提升，呈现先增后降态势

2001 年中国进入 WTO 后，凭借丰富廉价的劳动力比较优势，中国工业企业得到了更多代工生产以及加工组装的机会，承接了来自发达国家国际分工中的产业转移，GVC 嵌入程度不断提升。而后随着国际局势中贸易壁垒高筑、贸易摩擦加剧，同时面临东南亚廉价劳动力威胁，中国制造业的代工生产以及加工组装机会减少，全球价值链嵌

入程度下降。从制造业细分行业看，基本金属制造业、化学品及化学制品业以及计算机、电子产品和光学产品制造业等先进制造业全球价值链嵌入程度较高，主要是因为大量国内企业承接了国外高科技企业的代工生产零部件或者组装成品环节，与国际相关产业发展联系更为紧密，参与全球分工的能力较强，因此拥有较高的全球价值链嵌入程度也比较合理。通过对比不同行业要素密集度发现，GVC 嵌入程度最高的是资本技术密集型行业，其次是高技术行业，而劳动密集型行业最低。这可能与承接国际转移的劳动密集型行业参与分工的能力限制有关，与高技术行业参与全球生产网络的程度较高有关。

3. 中国制造业及其细分行业的 GVC 地位指数总体呈上升趋势

根据测算的 GVC 地位指数可以看出，2003～2008 年制造业整体GVC 地位指数呈低位震荡态势，2008 年后呈总体上升趋势。这表明中国制造业正积极通过加强研发、技术创新、强化品牌运营等方式迈向全球价值链的中高端，其在全球价值链中的协调控制能力和获取价值增值的能力正在增强。从制造业细分行业来看，多数行业的 GVC地位指数稳步提高，劳动密集型行业的国际分工地位明显高于高技术行业，这与中国劳动力的国际比较优势有关，我国拥有全球最大规模、勤劳聪明的劳动力支撑着制造业发展。而高技术行业在国际市场上竞争力较弱，该类产业在全球价值链分工中主要处于代工生产、装配加工等下游环节，会偏向于从其他国家进口原材料或中间产品，研发设计和品牌培育的能力有待提升。值得注意的是，近几年随着对外投资的增长，中国制造业正逐渐从被动接受 GVC 加工组装转变为主动在全球范围内布局 GVC 生产，逐步提升 GVC 国际分工地位。

第二篇

双循环新发展格局与制造业发展新思路

第四章　中国制造业高质量发展的"三维动力"

双循环新发展格局的提出，标志着中国经济将迎来一个崭新的发展时期，同时也意味着一个新时代的到来。在新发展格局下实现中国经济提质增效也变得更加必要和更加迫切，这不仅要求转变经济增长方式，更要实现增长动力的变革。对于作为制造大国的中国而言，其关键就在于如何实现制造业的高质量发展以及增长动力转换。尤其是在制造业原有的发展动力面临巨大挑战的今天，再造制造业发展动力体系有着重大意义。打造新的动力体系需要从供给侧、需求侧和制度改革层面三端同时发力，构建制造业高质量发展的"三维动力"体系。那么，在双循环新发展格局下，如何推动制造业高质量发展？又该如何理解和把握制造业高质量发展的"三维动力"？对这些问题的深入探讨，对再造中国制造业动力体系以及实现高质量发展有着重要的理论与实践意义。

第一节　"三维动力"作用机制

一　双循环新发展格局的提出

2020 年以来新冠疫情给世界经济带来了严重的负面影响，国际政治经济环境更加动荡，世界经济发展不确定性加剧。与此同时，逆全球化思潮不断涌现，这就使得全球生产分工格局也在不断经历着重塑。中国以往采取的国际大循环发展战略存在的弊端日益凸显，传统出口导向型模式下基于要素成本的竞争优势也逐渐消退，中国经济已经无法再依靠原有的外需拉动实现新的发展。因此，在外部不确定性因素不断增加和内部发展动力不足的情况下，结合新中国成立 70 多年的发展经验，中共中央政治局提出了构建以国内大循环为主体、国内国际双循环相互促进的新发展格局。

通过畅通国内大循环来支撑并带动外循环已经成为经济发展的必然要求，也有利于中国在世界经济发展越发不稳定不确定的状况下充分把握自身发展的主动权。贯彻落实新发展格局不仅要以国内大循环为基础，通过畅通国内经济发展的各个环节积极培育新的发展动力；还要在畅通国内大循环的前提下，积极融入国际大循环，进一步扩大高水平的对外开放。新发展格局的构建不仅有利于提升中国经济的国际竞争力，重塑国际竞争新优势，同时也将为世界经济进一步发展创造新的动力和活力。

新发展格局的提出，也意味着中国经济发展进入了新时期，进入了以高质量发展为目标的新阶段。而高质量发展的关键在于经济发展模式和动力的转换，促使制造业发展变得更有效率。为了实现高质量发展的目标，必须进行经济发展方式的结构性调整。作为实体经济的核心和经济发展的支柱，制造业是保障经济高质量发展的重要力量。高质量发展的内涵就在于，在新发展理念的引领下，通过质量变革、效率变革以及动力变革三大变革实现制造业发展的提质增效，以及发展效率和质量的有机统一，使经济发展更加平衡也更加充分。因此，中国当前发展的重点是努力向制造强国转变，积极培育发展新动力，进而支撑制造业提质增效目标的达成。由于经济发展的阶段不同，需要的发展动力也会有所改变。中国经济从高速发展阶段转向高质量发展阶段是一个系统性变革，不仅要实现发展动力转换，更要实现动力体系整体的系统再造（任保平，2020）。

二　"三维动力"助力中国制造业高质量发展

在国际力量对比深刻变化的今天，中国的制造业大国地位不仅面临着来自东南亚新兴制造国家的追赶，还面临着来自西方国家的挤压。同时，从内部状况来看，我国制造业发展还面临着诸多问题，制造业"大而不强"。随着人口红利的消失、要素成本的不断上升，资本回报率持续下降，再加之资源环境的制约，传统依靠低成本要素驱动的发展模式已经难以为继。并且以往通过劳动力和资本等要素供给构成的动力结构已经难以满足高质量发展的需要，发展动能由对要素数量的依赖转为对质量提升的追求。制造业的国内外发展环境变得越发严峻，在经济转型过程中要解决这些问题，真正实现新发展格局下的制造业高质量发展，不仅要努力实现发展动力变革，还要加快动力体系再造，这是一项系统工程。

中国制造业正处于转换增长动力的攻坚期，新发展格局的提出又对制造业加快转换增长动力提出了迫切要求，打造制造业高质量发展的新动力体系势在必行。在国际经济环境以及国内生产和消费结构深刻变化的背景下，制造业发展动力也将发生根本变化，动力体系亟须再造。不仅要激发制造业发展新动力，还要开发新的增长点，推动制造业实现发展动力变革。更重要的是，要实现问题导向下制造业发展的动力体系再造。贾康和苏京春（2016）认为，依赖需求侧"三驾马车"所强调的消费、投资和出口需求原动力必须与供给侧相对应的结构性动力机制的构建相联结，并且优化制度供给才能够带来经济发展的巨大动力，促使经济增长的动力体系浑然天成又升级换代。未来经济增长的动力不能只看到其中一方，而是要辩证地看待三者之间的关系。把供给侧、需求侧以及制度改革全面地联系起来，充分发挥各类市场主体的活力与创造力，这是增强经济增长动力的必要举措，也是当下实现制造业提质增效的现实需要。从供给侧、需求侧以及制度改革三方面发力，推动发展动力体系再造，共同应对经济发展的新挑战。

供给侧涉及的是经济的长期增长问题，也是制造业长期可持续发展的关键，更是经济发展新常态下实现制造业提质增效的重要动力源泉。在供给侧，制造业发展面临的情况更加复杂，因此要从制造业发展的实际出发，关键要实现发展结构的转型升级。要重点突出创新对制造业发展的强大驱动力，解决存在的资源错配问题，避免有效供给不足与产能过剩的问题。一边要减少低端无效供给，淘汰落后产业；另一边要积极创造新供给来激发企业创新活力。供需失衡也是制造业转型面临的一大问题，低端供给已经无法满足消费升级的迫切需求，应增强供给侧对需求侧的适应能力。此外还存在着要素供给约束，除了人口红利消失带来的劳动力成本不断攀升，还有自然资源的制约以及资本回报率边际递减问题。因此亟须提高供给体系的质量和效率，实现制造业的可持续发展。

而需求侧管理是应对经济短期波动的切实有效的举措，对经济稳定发展有着重要意义。由于市场上存在的资源错配、供需失衡问题，单纯依赖刺激需求其实难以达到稳定发展的目的。由于需求侧基于需求变动的发展动能不足，所以不能依赖单一扩大需求的政策。要把握好消费、投资、出口这"三驾马车"，通过激发需求侧动力，释放新需求，积极扩大中高端需求，提高投资有效性，寻求能够实现质量和效益统一的新动能。

制度层面发展动力亟须改革，制度改革为动力发挥作用提供了制度保障，是其他动力发挥作用的前提。供给侧和需求侧动力要发挥作用，其实依赖于制度改革。因此，经济发展的动力不能只从供给和需求两方面来进行探讨，制度改革的影响也是不容忽视的。随着国内外环境的变化，以往的制度中可能会有一些不能适应经济发展需求的内容，要通过全面的制度改革形成经济发展新动力，解决经济发展的制约问题，提高经济发展活力和潜力。要积极协调供给侧和需求侧动力，加强制度建设，协同"三维动力"以助力制造业高质量发展动力体系再造。目前，政府职能改革还不到位，体制机制改革还比较滞后，国有企业改革任重道远，公平竞争的市场环境还需进一步发展完善。因此，深化制度改革是非常必要也是非常迫切的。

第二节　供给侧动力

一　创新驱动发展

双循环新发展格局下，供给侧动力改革的实质就是寻求新的经济增长动能。作为新发展理念的首位,创新驱动是实现动力变革的核心与关键,能够为中国制造业发展动力变革提供新的机遇。在科技领域的国际竞争越发激烈的背景下,美国等西方国家对中国高新科技企业不断打压,中国制造业增强创新能力以及提高科技竞争力迫在眉睫。只有把创新作为发展的动力,才能适应新时代实现高质量发展的要求,才能够在日益激烈的国际科技竞争中占据先机。粗放的经济发展模式已经无法适应经济转型的时代要求,要推动经济发展由要素驱动型向创新驱动型转变。

第一,提高企业自主创新能力,推进知识和技术协同创新。制造业是技术创新的重要主体和主要使用者,对创新能力的提升起着决定性作用。一方面,以往由技术模仿和技术扩散带来的后发优势越发缩小;另一方面,中国制造业的自主创新能力还不够强,关键领域核心技术亟须突破。只有更加注重基础研究,提高基础研究的投资份额,完善基础技术供给体系,才能进一步提高制造业初始创新能力,为高质量的发展创造内生动力。此外,要促进知识创新和技术创新协同发展,在激励知识创新的同时,将知识创新与实际需求联系起来,确保技术创新更加有效。提升制造业企业创新能力,增强企业国际竞争力。企业是进行创新的微观主体,抓住新一轮产业革命机遇,增强企业的自主创新能力,鼓励和引导制造业企业转变创新模式,积极开展应用基础研究和前沿技术研究。

第二,培育高素质创新人才,形成人力资本新动力。在经济发展早期所依赖的人口红利逐渐消失的背景下,积极推动形成人才红利的新优势。把人力资本作为促进发展的新动力,是实现创新驱动发展战略的一个关键前提。一方面,要持续推进教育体制改革,改善劳动力供给结构。要加大教育投入和技能培训投入,调整高等教育与职业教育投资占比,避免教育资源浪费。使人才培养方向更加适应产业创新发展方向。加强对各层次劳动力的培养,使劳动力的素质和创新能力得到提高,从而形成人力资本优势。另一方面,要加大科技创新人才的培养与引进力度,推动人才的合理流动。建立健全创新型人才培养体系，给予高端创新人才较高报酬，增加高端人力资本供给。为科技创新创造良好的社会环境和制度环境。加强科研机构与企业之间的科研人才互动，消除人才流动的体制障碍。促进技术交流、技术传播和技术溢出，鼓励高校人才进行国际交流，以掌握国际前沿科技动向。加强科技创新人才的引进，推进高层次人才引进战略的实施。同时，要积极引进技术移民，以吸引世界各地的高层次技术创新人才。

第三，加强科技创新生态环境建设。环境建设对提升科技创新能力有重要作用。一方面，要为创新人才营造良好宜居的有利于研发的环境，促进创新主体积极主动创新。另一方面，要为创新人才和创新企业营造良好的创新生态和产业化环境。要通过改善整个创新生态系统，加强创新要素之间及其与环境之间的动态联系与协同发展。要健全知识产权保护制度，完善科技创新的保障机制和内在激励机制。通过实施创新导向的激励措施，使科研人员能够从创新活动中获得相应的收益，激励科研人员创新，促使科研人员创新行为常态化。同时要保护各类市场主体的权益，降低进行创新的市场风险，激发市场主体的创新积极性，敢于创新、敢于试错。通过完善知识产权保护制度保证创新主体能够从创新中获得垄断性收益，激发其创新热情。

第四，加快科技成果转化与应用，把技术转化为生产力。创新驱动的关键是要把创新成果与现实需求相结合，把科技创新成果应用到产业发展的实践中去。但是目前创新成果的市场化和产业化程度还较低。要建立市场导向的科技成果转化机制，完善产学研合作机制，要衔接好技术创新、产品研发以及产业培育各环节。首先，要推动以大学为主体的科研机构积极转型，鼓励科研人员将知识创新成果孵化成新技术。其次，要转变传统的技术创新模式，加强与大学和技术创新主体的知识交流，实现创新资源合理配置和共享，促进科技创新成果转化，提高我国科技创新的产出率与转化率。

二　产业结构优化升级

当前中国经济结构性矛盾突出，应该把产业结构调整看作一个突破口，通过优化产业结构实现其现代化，从而促进制造业的转型升级，为转变经济发展方式做出贡献。中国制造业规模很大，体系也较为完备。目前，中国制造业的国际产业链地位还较低，产业链需要向中高端攀升，要加快产业结构的合理化和高级化。但是制造业整体发展水平还不够高，尤其是先进制造业发展较为落后，面临着低端锁定问题，与发达国家存在差距。应加快传统产业改造，推动转向中高端产业，提高产业链国际竞争力。

第一，积极发展新经济，培育产业链新动力。一是要积极创造新供给，创造出更多质量好的具有市场竞争力的新产品。国内主流消费群体逐渐向中高端转变，只有提供有效供给，才能更好地满足消费者需求。通过产品创新为产业链发展带来新的活力。要在生产制造过程中引入新工艺，提升产品的技术含量和品牌竞争力，加快产品、技术和产业领域的创新步伐。二是要积极发展战略性新兴产业。将科技创新与产业创新相结合，重点发展新一代技术密集型产业，比如大数据、云计算、物联网、生物医药、高端装备以及新能源新材料等具有高附加值的产业。全力建设国际领先的工业互联网与科技云平台，支撑产业创新发展与智慧化改造，推动产业创新发展。着力培育一批世界领先、具备创新能力的大型企业和龙头企业，发挥龙头企业的引领带动作用。

第二，改造升级传统制造业，由"制造"转向"智造"。制造业发展新动能不仅产生于各种新产品、新工艺以及新产业中，还源于传统产业和新技术的协同发展和深度融合。制造业的数字化、智能化升级就是产业结构高级化的重要表现。随着经济的进一步发展，产业之间的传统界限已经没有那么清晰，产业间融合发展也已经成为一个新特征。传统产业作为经济发展的基础和支柱，要加快转型升级步伐。但是传统产业链条较短，而且大多处于价值链的中低端，高附加值产品比重较低。首先要立足传统产业，对低端产业链的企业进行整合，延长产业价值链条，以获得更多附加值，推动低端产业链向高端产业链迈进。要加快产业结构的优化升级，就要推动传统的低端产业向先进制造业转型，从低附加值环节向高附加值环节转变。通过大力发展高附加值产业，提升产业层次。其次要顺应新一轮信息技术革命和产业变革的时代要求，加大对大数据、云技术、工业互联网等各种信息技术基础设施的投入，为制造业智能发展打下良好的基础。将信息技术与传统制造业融合，推动由"制造"转向"智造"。中国制造业高质量发展新旧动能转换的关键环节是通过信息技术对传统制造业进行技术改造和转型，将信息化技术应用于传统制造，从而实现智能制造，促进新一代信息技术产业和制造业的深度融合。通过产品智能化和制造智能化提升制造业竞争力，拓展生产可能性边界。以智能制造为先导构建更有效率的现代化产业体系。要积极建立新型的现代产业体系，促进以提高生产力水平为核心的现代产业体系的形成。产业体系要适应新发展模式下的经济特点，助力实体经济、科技创新、人力资源与现代金融协同发展。

第三，优化区域资源配置机制，加速区域经济一体化发展，构建区域制造业发展新业态。发展先进产业集群，推进京津冀协同发展、长江经济带和东北老工业基地振兴等区域发展战略，通过中心城市辐射带动周边产业发展。产业发展在区域内存在着广泛的联系，要充分利用区域之间的比较优势，积极发展共享经济。完善生产要素的区域和空间配置，促进生产要素在区域间的有效流动，化解资源配置在地区间不平衡不协调的矛盾，促进全国统一市场的建立，提高经济效率。提高区域间的分工合作水平，在规模效应和范围效应的积极作用下，实现基础设施、产业环境、公共服务、科技资源的信息共享，利用新一代信息技术推进科技创新资源共享，带动区域的产业一体化发展，缓解区域之间发展差距过大的问题。同时形成制造业产业链条，打造区域协同发展的制造业生态系统。要完善区域间的协同机制，缓解产能过剩问题。各区域应加强与地理邻近地区的产业联系，打破区域间潜在的贸易壁垒，促进生产要素合理流动，合理规划区域产业的空间布局，增强区域间产业的协同性和关联性，通过抱团发展和合作共赢助力制造业转型。

第四，促进乡村振兴，推动城乡融合发展。早期农村富余劳动力流入城市为中国城镇化发展以及经济发展做出了重要贡献，但是人才的流失不利于乡村振兴的实现。城乡差距过大已经成为高质量发展的一大难题。因此，要在城镇化不断发展的同时，积极推动乡村振兴，缩小城乡差距。首先，积极推进城镇化，加快户籍制度改革，打破户籍限制，消除城乡壁垒，扩大农村人口对城市住房和产品的需求，推进人的城镇化，优化城镇化布局和人口布局。其次，重视农村地区教育发展，加大职业教育以及职业培训投入力度，提高农村人力资本水平和就业创业能力。最后，因地制宜发展特色小镇，从当地发展实际出发，发展农村特色经济，实现就地城镇化。优化公共资源配置，促进公共服务城乡均等化。当前中国公共资源还存在向城市倾斜的情况，而农村地区的医疗卫生和教育等公共服务资源还较为欠缺。要加大对农村地区的转移支付力度，引导资源向农村扩散，增加对农村发展要素的供给，提升农村吸纳人才、增加就业以及提供公共服务的能力。

三 要素投入结构升级

当前中国制造业还存在着生产要素投入水平偏低、供求失衡的问题。要积极推动要素投入结构升级，不断提高供给要素的质量，促进要素的流动，提高要素的适应性和满足性，提高全要素生产率。

第一，消除要素流动壁垒，提升要素流动性。对于劳动力和资本这类能够流动的要素，要通过市场机制的作用，引导其向效率和技术水平更高的先进制造业流动。而对于难以流动的要素，如土地和自然景观等资源密集型产品，可以通过其他形式解决问题。此外还要通过细化要素禀赋分类，提高不同生产要素的专业化程度。普通生产要素可以在许多不同的领域灵活使用，但它们也是高度可替代的。相对地，具有专用性的生产要素是非常有价值的，即使它们只能用于经济的一个产业或只有一种功能。在分工日益细化的背景下，规模经济优势越发显现，专业化要素无疑更适合经济发展的方向。

第二，积极培育高级要素，促进要素禀赋升级。要素投入质量的提升是制造业高质量发展的基础，也是实现制造业发展动力变革的重要支撑。根据要素的知识含量、技术含量等因素，可以将其分为初级要素和高级要素。要持续增加高级生产要素在生产活动中的占比，让高级要素发挥更大的作用。由于高级生产要素自身具有高效率和主导性，它还能够促使其他要素和相关经济活动焕发出新的生机与活力。通过提高工资和提供高质量劳动力来改善劳动力供给结构。既有要素的增长空间是有限的，因此只能推动既有要素不断向生产可能性边界靠拢。只有通过培育创新型新要素，才能为制造业发展创造新的动力，促进生产可能性边界不断拓展。

第三，解决资源错配问题，淘汰产能过剩产业和"僵尸企业"。当前制造业产能过剩问题非常突出，并且具有长期性和绝对性的特征。产能过剩是一种资源错配导致的结构性扭曲，应该进行存量调整，转移过剩产能所占用的资源和空间。因此不仅需要企业自身进行资源配置调整，转变发展方式和经营方式。更重要的是，要通过市场机制引导资源向高技术和高附加值行业流动，在法治规则下通过市场机制淘汰产能过剩产业。在经济下行压力以及产能过剩的影响下出现了大量不具备自生能力的"僵尸企业"，这些"僵尸企业"的存在使得资源无法实现合理配置，不能集中配置到优质企业，影响市场公平竞争，甚至恶化市场竞争秩序。要淘汰产能过剩产业，精准处置"僵尸企业"。通过市场机制实现市场出清，对于市场机制解决不了的问题，要通过法治化手段加以解决。通过淘汰产能过剩产业和"僵尸企业"，加速产业绿色化与智能化发展。

四　绿色发展赋能

绿色发展作为新发展理念之一，是我国制造业发展的新思路和重大战略。它既可以为高质量发展注入新的动力，也可以为高质量发展提供更加丰富的内涵。

第一，通过技术创新不断提高能源效率，增强制造业绿色增长的内生动力。要积极推动制造业的绿色创新，以促进该行业的整体技术发展，实现更高的产品质量和价值链提升。要充分发挥技术创新对制造业绿色转型的支撑和促进作用，提高绿色技术的创新和应用能力。以企业为绿色技术创新的主体，优化创新环境，推动传统的高污染、高排放、高能耗行业向低碳环保型绿色行业转型。

第二，完善行业准则，健全绿色制造的行业标准。要加快形成绿色产业行业标准，建立绿色产业标准体系，系统、全面地推进制造业绿色发展，规范和引导绿色生产行为，为制造业绿色转型发展提供目标指引，落实制造业高质量绿色发展要求。为此，要建立制造业绿色生产的通用标准，借助行业协会的力量，统一制造业绿色生产的规范和标准，提高制造业绿色生产水平，营造制造业绿色生产的良好氛围。

第三，探索引入多方位、多层次的市场化环境监管政策。注重市场手段在节能减排和保护环境方面的关键作用，通过环境税和排污权交易的试点项目，促进排污市场的合理建设，使规制企业能够更灵活地选择先进技术来节能减排。推广使用节能减排和环境保护的新机制，如自愿减排协议和自主治理，从而降低交易成本，实现减排和污染控制目标。

五　制造业企业高质量发展

作为微观层面制造业的重要参与者，制造业企业是制造业提质增效的重要主体，推进创新型企业发展将是未来企业发展的趋势。企业从技术引进模仿转向自主创新，是成功进行动力转换的基本前提，能够确保高质量发展目标的实现。

第一，强化企业创新主体地位，鼓励企业进行自主创新。要完善创新激励机制，通过广泛的财政科技资金支持，激发广大制造业企业的创新热情，鼓励和引导更多的企业投入具有战略意义的新兴产业发展中。提升高新技术企业的科技基础能力与原创能力，努力摆脱过去在技术上受制于人的局面。制造业企业要学会合理配置和充分利用资源，不断增加高质量服务要素的投入和高素质人力资本的积累，在生产过程变革中不断创造出具有高附加值的新产品和新服务。同时要对生产和服务之间的资源进行适当的配置，以最大限度地发挥其作用。在产业发展的优势领域打造一批具有国际竞争力的龙头企业。通过搭建科技创新协作网络，建立科技知识服务平台，大力支持高科技龙头企业的发展。

第二，支持自主品牌建设，创建企业独特竞争优势。品牌建设是提升企业核心能力的一个重要途径，中国制造业企业的品牌建设不足，尤其是高端品牌与国际化品牌还较为缺乏。制造业企业必须加强品牌建设，把品牌建设提升到企业经营战略的高度，通过实现创新发展以及推进品牌建设，培育出自己独特的竞争优势。通过塑造品牌形象，获得消费者的认可，提升企业的影响力和综合竞争力，实现企业的长足发展。还要通过集约高效的组织方式和丰富的技术手段，在更大范围内挖掘消费者有效需求，建立企业差异化优势和品牌影响力。这不仅有助于制造业企业创造长期效益，还能满足制造业转型升级和消费结构升级的现实要求。实施标准化战略，通过标准化提高产品质量，支撑品牌高端化发展。最后，还可以通过打造推广国内品牌的海外平台，提升国内企业的国际化运营能力和海外影响力。

第三节　需求侧动力

构建需求侧新动力，不能单纯依赖扩大需求的政策，而是要通过需求侧改革和政策调整使新的消费需求和消费潜力得以释放。

一　坚持实施扩大内需战略，释放国内需求潜力

扩大内需是克服外需拉动力减弱的有效措施，也是中国制造业把握发展主动权的战略举措，更是提高国内大循环主体地位的内在要求。

第一，发展消费经济，通过消费升级打造消费拉动力。消费是生产的目的，消费需求作为经济发展的关键动力，也是制造业长期可持

续发展的动力，对经济发展起着基础性作用。目前，随着居民收入与消费水平的提高，消费需求也有了结构性变化。消费需求更加个性化与多元化，呈现出整体向中高端消费转移的趋势。中国制造业传统的生产模式已经无法适应消费需求的结构性升级，存在供需不平衡的问题。需要充分认识消费需求的变化趋势，推动消费结构升级，让市场的消费需求成为制造业发展的风向标。不仅要扩大高端消费产品的供给，提高产品的质量和性能，还要创新供给模式，采用线上线下结合等形式拓宽销售渠道。通过消费升级推动制造业向中高端转型，形成高质量发展的消费拉动力。

第二，优化收入分配结构，全面提高居民收入水平，提高消费能力。消费引领的动力变革，关键要实现居民收入水平的提高和收入结构的优化。居民收入水平直接影响消费能力，要将优化收入分配结构、增加居民收入作为提升社会消费的重点内容。居民收入水平提高会促进科教文体卫等有益于居民生活质量的消费比重上升，减少基本和一般服务的消费支出份额，从而引起消费结构的改变。居民收入水平引致的消费结构改变，有利于传统制造业向创新水平高的高端制造业转变。同时，需要进行收入分配改革，将增加低收入群体收入作为改革的重点，设定合理的最低工资标准。收入差距的缩小能够有效加剧社会边际消费倾向。促进收入和财富向企业和民众倾斜，从少数人富裕转向大多数人共同富裕，使财富在各个行业中公平分配。扩大中等收入群体规模将直接影响消费升级的进程。由于中等收入群体往往具有更强的边际消费倾向，往往是中高端产品和服务的主要消费者，也是推动消费结构优化升级的中坚力量，所以其对扩大内需具有非常重要的支撑作用。

第三，继续完善社会保障体系，增强消费制度保障。健全的社会保障体系是增强居民消费意愿、促进居民消费的有力保障。首先，健全多层次的社会保险体系，要倡导民众积极参加社会保险，争取实现医疗保险和养老保险的全覆盖。其次，增加社保基金投入，使社保基金具备可持续性。与西方发达国家相比，中国社会保障支出在财政支出中所占比重较低，资金来源也较为单一。要加大对社会养老、医疗、失业等社会保障的财力和物力投入，拓展社会保障资金来源，增加筹资渠道，提高社会保障资金的投资回报率，有效促进社会保障体系的建构和运行。进一步完善社会保障法律和监管体系，加强民众对社保基金运行的监督。最后，明确精准扶贫、精准脱贫的政策措施，为困难群众提供基本生活保障。把更多的公共资源用于完善社会保障体系，通过基本公共服务的均等化供给，保障全体居民的基本消费需求，提升消费者预期。

第四，扩大政府支出，拉动居民消费需求。稳定的政府公共支出增长可以增强消费者的消费信心，促进消费的增加。政府应增加就业、文化、教育、卫生和社会保障方面的支出份额，为消费者创造更多的消费条件，充分促进消费成为增长的动力。

二　实现有效投资引导，提高投资效率

要改变对投资的过分依赖，正确引导投资方向，扩大有效投资，提高投资效率，对优化中国的投资结构具有重要意义。

第一，破除民间投资瓶颈，鼓励扩大民间投资。要拓宽民间投资渠道，激发民间投资的活力和动力。首先，要清除民间投资面临的各类制度性障碍，引入市场竞争，降低民间资本进入门槛。其次，要优化民营企业的投资环境，简化民间投资管理流程，维护民间投资的合法权益，加强服务和监管。最后，一方面要引导民间资本参与重大基础设施和城镇化建设，并增加对关键民生领域的投资；另一方面要鼓励民间投资向新一代信息技术、新能源、新材料等战略性新兴产业流动，促进新动能培育，助力抢占新一轮技术革命的战略高地。

第二，优化投资结构，提高对实体经济投资的比重。仅通过刺激投资无法解决投资领域存在的结构性问题，亟须优化投资结构和调整投资方向，加大对实体经济发展的支持力度，特别是新时代与科技创新相结合的实体经济。结构性产能过剩会使经济的投资回报率较低。与实体经济相分离的金融业和房地产业等虚拟经济不仅存在着产能过

剩的情况，其畸形发展还有可能产生资产泡沫，严重抑制制造业的持续健康发展。因此要避免"脱实向虚"以及"去实体化"，把振兴实体经济提高到战略高度，引导国内资本支持实体经济。同时，应降低发展实体经济的成本，增加对实体经济的投资回报，把资金引入实体经济。要加强投资结构的优化，让资金流向那些可以推动经济长期发展的高端制造业以及战略性新兴产业。只有实现投资质量和效益的提升，才能真正形成经济增长的动力。

第三，深化金融市场改革，创新投融资方式。加强资本市场构建，完善股权、债权融资等直接融资机制，增加多元化、分层次的外部融资渠道，均衡打造中小企业板、科技创新板、创业板、新三板等分层次、分等级的资本市场，提高企业投资与企业投资机会的匹配度。加大金融部门对私营部门制造业高质量发展的支持力度，并大大减少国有企业和民营企业在借贷方面的不平等待遇。推动数字金融的发展，进一步完善金融基础设施的数字化，支持数字金融项目和机构的发展。创新投融资方式，深化投融资体制改革。不断推进金融市场化改革，降低企业融资成本，通过投融资体制改革为中小微企业提供充分的融资供给和有力支撑，尤其是加大对新技术、新业态的资金支持力度。

三　再造开放经济的新动能

第一，优化外贸结构，创新外贸模式。随着中国劳动力成本的上升，以前以低端制造品出口为基础的开放模式已不再具有可持续性。中国的对外贸易需要从比较优势转向竞争优势，从资源型对外贸易转向创新型对外贸易，在高质量发展中重建开放经济的新动能。提升外贸竞争力，把重心转移到有质量的增长上来。通过外贸结构优化，提高综合竞争力。加快外贸综合服务平台建设，为国内企业拓展海外市场创造条件。

第二，推行高水平的贸易自由化和便利化政策，提升全球治理话语权。推进贸易自由化和便利化政策，有利于提升中国参与全球治理的制度保障水平，也将为中国产业发展营造更加有利的外部环境。在新的发展模式下，中国作为世界第二大经济体，应该在全球治理中发挥积极作用，提升在全球治理中的话语权和影响力，从参与全球化到引领全球化，创造新的全球化动力。还需要积极参与区域经济一体化，提升区域连通性以及对全球生产链的参与度，有效利用全球资源。继续开放服务市场，使中国制造业企业能够提供高效、优质的服务，推动生产要素"走出去"，以便更深入地融入全球价值链。

第三，建立健全外贸风险防控和调节机制。继续放宽对外国投资准入的限制，缩短外国投资准入的负面清单。扩大金融、电信和医疗服务的对外开放。同时，要完善支持外商投资的法律法规，为外商投资创造良好的营商环境，保护外资企业的合法权益。以制度型开放为核心，建设高水平开放创新平台。同时，随着全球产业链供应链紧缩以及中美贸易摩擦加剧，还要构建国际贸易摩擦的企业应对体系，防范各种外贸事件可能引致的风险。提高外资企业的风险抵御能力就显得更加重要。

第四，国内外需求协调发展，实现国内国际双循环相互联动。要实现内外需求的平衡，需要逐步提高国内需求在总需求中的比重，并解决国内需求持续下降的问题。通过扩大内需来增加进口，吸引国际先进生产要素，促进内外需均衡发展。在融入全球化分工体系的过程中，利用全球优质资源要素发展自身经济。这就需要改变产业结构，以适应国内需求，扭转国内产业结构不适应市场需求的局面。为了保持我国经济的稳定和快速增长，我们需要依靠内部市场，实施以内需增长方式为主的战略，加强内外需求的协调。缓解供需不均衡问题，减少人口增长和环境冲突，加快制造业中长期发展的步伐。

第四节　制度改革动力

有效的制度是经济发展的保障，也是实现制造业高质量发展的一大动能，甚至决定着发展质量提升。要积极推动制度创新，推进社会主义市场经济体制改革，建设与新发展格局相适应的高水平社会主义市场经济体制，推进国有企业改革和财税制度改革，营造良好的营商环境，为高质量发展提供制度动力。

一　深化经济体制改革，提高国民经济循环效率

第一，发挥市场决定性作用，建立高质量的市场经济体制。市场机制是资源配置的主要方式，但是当前中国市场化程度还较低。在经济高质量发展动力体系再造中应尊重并且遵循市场经济规律，使市场能够自发高效地进行资源配置。要积极推动建设统一开放、竞争有序的社会主义市场经济体系，既要保障企业能够公平竞争，实现自主经营，也要保障消费者权益，消除市场壁垒，促进商品和要素自由流动。提高产业集中度，形成规模效应和范围效应。不仅要尊重市场规律，也要加强市场建设。同时，要防范和避免人为垄断等反竞争行为，促进各类市场主体公平竞争、百花齐放。努力建立一个自主、公平运作的现代市场体系，消除市场障碍，提高资源配置的效率和公平性。

第二，深化行政体制改革，避免对经济的过度干预。要把激发市场活力和创造力作为行政体制改革的出发点，要调整管理理念，有序推进简政放权，避免因政府过度干预造成效率扭曲。深化行政体制改革，通过精简政府机构、职能设置以及工作流程，实现业务流程的优化调整，提高政府工作效率和能力，加快形成有利于制造业企业高质量发展的市场环境和制度体系。在市场经济条件下，明确政府的主要职能是为企业创新营造公平竞争的市场环境和制度环境，加强市场监管和社会管理，以及提供公共产品与公共服务。在简化审批流程方面，针对政府部门职责重叠问题，通过量化、细化职责，精准协同放权，解决权力下放的突出问题。确保全面、彻底、有效地下放政府权力，消除兼并重组和优化产业结构的行政障碍。但是市场化并不意味着在一切领域放任自流。在市场主导领域，尤其是市场有效竞争领域，要避免区别对待，避免政府过度干预。但是在市场不能很好发挥

作用的领域，政府要做到具体情况具体对待的有效作为，严防政府缺位。

二　持续推进国有企业改革，发展混合所有制经济

国有企业在动力体系再造中扮演着重要的角色，持续推进国有企业改革，对营造公平的竞争环境、提升制造业创新能力和培育新动能有着重要意义。

第一，推进国有企业混合所有制改革，发展混合所有制经济。混合所有制能够为经济高质量发展创造更多空间，要把混合所有制作为基本经济制度的重要实现形式，在以往国有企业改革的实践中，已经有很多通过股权转让、股权置换以及上市等方式进行混合所有制改革的企业。要鼓励各种形式的非国有资本参与国有企业改革，改变国有企业股权单一现状，优化国有经济布局。要坚持以按劳分配为主体的分配方式，促进国有企业薪酬制度改革，积极探索国企经营者及员工持股，激发国企人员工作积极性和创造性。

第二，构建产权明晰、管理科学的现代企业制度，完善国有企业治理结构。继续完善企业的治理结构和管理方式，使所有权与经营权分离，强化混合所有制企业的市场主体地位，提高企业的资源配置能力和运行效率，为提高企业的创新活力提供制度保障。完善国有资产管理体制，以更好地促进各类资本充分发挥优势，优化资本结构。由管企业向管资本转变，解决行政干预带来的体制僵化问题，释放社会资本活力。还要重视信息披露，接受社会监督，在市场经济发展中起到积极的带动作用。把国有企业做大、做强、做优，更好地服务于制造业发展的战略目标，提高国有企业的生存能力和竞争力。

第三，完善企业进入和退出机制，促进企业公平竞争。以竞争政策为导向，实施自由进出市场的反垄断政策，能够有效打击市场垄断行为，提高资源配置效率，实现制造业提质增效。首先，要完善企业的进入机制，降低民营企业进入资源类自然垄断领域和公共领域的门槛，鼓励民营企业进入更多领域。其次，要完善企业的退出机制，解

决重点企业退出困难问题，通过市场化方式淘汰那些产能过剩的落后企业，促进市场资源合理有效配置。最后，继续全面实施市场准入负面清单制度，清除妨碍市场机制运行的体制机制障碍。

三　推进财税体制改革，"取之于民，用之于民"

第一，推进财政体制改革，促进制造业高质量发展。财政作为国家治理的基础，是推动产业发展的重要支柱。完善财政制度，全面实施营改增，减轻企业税收负担，降低市场交易成本，增强企业活力和创造力。一方面，推进形成公开透明的现金预算制度，财政预算作为公共资源应该受到社会监督，使纳税人成为财政支出的有效监督者。另一方面，公共资源配置也会影响整体资源的优化配置，公共服务应该是财政支出的主要方向。同时，积极推动产业政策转型，减少政府直接干预，建立健全有利于增强市场机能的产业政策体系。同时发挥好财政基金的引导作用，使资金流向中小企业，进而提高产品的价格竞争力，与国外产品形成良性竞争。

第二，推进结构性减税降费，减轻企业财税负担。以往企业除了背负着过重的税收负担以外，还面临着繁杂的非税负担，使得中小企业融资成本过高，市场财富没有得到有效利用，抑制了企业和市场的创新活力。要推动间接税向直接税转变，从源头上减轻企业负担。为使企业轻装上阵，要进一步加大减税降费的力度。除了通过政府简政放权有效降低企业制度性交易成本外，还需要实施减税降费政策以及资源性产品价格改革，降低企业生产经营成本，从而让企业更有意愿进行投资和扩大生产。建立一个统一有序的税收制度，完善税收监管机制，确保税收的公平和效率，以便更好地调动社会各方面的资源，促进社会经济的协调和可持续发展。优化营商环境，是促进实体经济发展的重要举措。

第三，实现金融市场健康发展，防范金融风险。首先，要扭转金融业"脱实向虚"状况，以服务实体经济为基础，加强与实体经济的融合。降低实体经济融资成本，构建实体经济发展的多层次融资体系。推出针对中小企业的金融产品，加大对创新型中小企业的支持力度，解决中小微企业贷款难问题，助力小微企业发展壮大。其次，为了促进金融市场健康发展，要加强对金融部门的监管。在有效防范风险的过程中激发企业活力，促进经济可持续发展。最后，要制定科学有效的金融政策，保障金融市场健康发展以及经济持续稳定增长。

四　优化营商环境，增强制造业发展活力和动力

从形成以国内大循环为主体的格局看，要全面改善制造业企业的营商环境，包括营造竞争有序的市场环境、建立保护自主创新的制度环境、完善法治化的经营发展环境。

第一，要加快营造具有国际竞争力的营商环境。优化营商环境是新发展格局下推进制造业转型升级的必然要求，对增强市场信心、激发市场活力、吸引全球高科技企业和优质资本，以及推动高新技术产业发展和制造业提质增效具有重要意义。加强国内营商环境与国际要素流动之间的合理联系，包括加大对外开放力度，不断改善市场准入条件，改进负面清单管理，促进生产要素的自由流动，引导国内企业开拓多样化的国际市场。大力推动建立各种公正透明的政企互动平台和机制，促进各类工业企业与政府的互动对话，建立政府与企业在经济发展中的诉求机制和矛盾解决机制，切实保护各类企业的合法权益，鼓励和引导企业进行创新。

第二，要建立有利于各类企业公平竞争的市场环境，探索与此相适应的市场服务体制。需要加强市场基础制度建设，创造公平竞争的市场环境，确保各类企业在市场上公平竞争。要创新市场监管模式，形成政府、市场、行业等多方共同监管的格局，提高监管的针对性和效率。加强对产品市场的监管，对销售假冒伪劣产品的企业予以严惩。并且要进一步完善劳动力市场监管机制，避免非法劳动力或者非法部门扰乱市场导致恶性竞争。有效净化市场，避免各类不正当竞争、恶性竞争及非法经营等潜在市场风险，保证公平竞争的环境。

第三，加强法治建设，为营商环境做好法治保障。通过法律手段

加强对市场行为主体的监督，保护各类市场主体正当权益，规范市场有效运行。要做到有法可依，营造良好的法治环境。不断推进正面清单与负面清单的全覆盖，把市场正面清单与负面清单结合起来。正面清单适用于政府的公共权力，做到"法无规定不可为"，而且"有权必有责"，权责统一，落实问责制。通过法治建设增强消费者对市场的信心。

第五节 主要结论

本章针对如何实现双循环新发展格局下的制造业高质量发展，以及把握制造业高质量发展的"三维动力"等问题的探讨，对中国制造业实现动力转换以及高质量发展有着重要的理论与实践意义。

在制造业高质量发展动力体系的再造过程中，需要从供给侧、需求侧和制度改革三方面同时发力，做好动力结构的协调。从供给侧来看，要把创新驱动作为制造业发展的核心动力，促进产业结构和要素投入结构优化升级，进一步释放市场活力，不断提高供给质量以满足国内日益增长的需求；还要重视绿色发展赋能，把质量和效益放在优先地位，促进制造业企业的高质量发展。这就需要把提高供给体系质量作为再造制造业发展动力体系的主攻方向。从需求侧来看，中国制造业传统的经济增长动力不断减弱，消费拉动经济增长已经成为一种趋势。充分发挥国内超大规模市场优势，释放需求潜力，完善社会保障体系。还要通过投资引导优化供给结构，通过更高水平的对外开放再造开放经济新动力。从制度改革层面来看，推动市场化发展，把握好政府与市场的关系。还要持续推进国有企业改革，推进高质量的财税体制改革，为制造业高质量发展营造良好的营商环境。

第五章 中国制造业内外循环程度 与发展趋势

第一节 中国制造业产业链关联程度

一 产业链关联度测算指标与方法

改革开放以后，出口导向型经济模式带动了我国相关产业的发展，同时也增强了国际和国内产业链的关联。然而随着新一轮信息技术革命的到来，以及逆全球化经济形势的发展，产业链正在重构，加之新冠疫情对产业链的巨大冲击，直接威胁到我国产业链供应链的安全稳定，也影响了新发展格局的构建。因此，我国作为出口大国，要加快推进产业链延伸发展，巩固我国在国际分工中的地位。

近些年在产业链关联的国内外研究方面，学者们较多地集中于生产分割、垂直专业化等名词，考虑到经济全球化背景下，生产环节被片段化，产品间的分工日益细化，生产结构也日益复杂化。最终产品的生产需要不同中间品的投入和不同生产环节的配合，这些中间品和生产环节可能来源于国内一个企业、一个地区，也可能来源于不同国家的不同地区，其生产工序除了在国内企业进行外，还可以通过发包的方式在各国各地区的不同企业内进行。该行业最终产品的生产对相关产业乃至整个经济体都会产生强劲的拉动作用，其作为重要中间品也会不断投入生产的其他环节，从而形成相互影响的生产体系。从微观上来看，产品生产的中间环节越多，产业链条越长，生产结构就越复杂。从宏观上来看，不同地区和国家中间产品循环往复的流动，形成了错综复杂的链式乃至网状的生产体系，所以我们用生产阶段数（生产分割）来刻画产业链关联度。如果生产一单位某种产品时，需要更多其他产业的支撑，就意味着生产结构较复杂，生产分割深化，产业链关联度加深。通过对生产阶段数进行测算可以得到我国各细分产业的产业链关联现状、我国产业链是否得到延伸、产业链关联程度是否得到加深等。

从生产分割来看，目前国内外关于产业链关联度的测算方法已经有很多，但大多是关于产业链国际关联度的测算，一般有两种方法。一种是从宏观层面，即基于投入产出表进行测算，然后从产品的国内外价值构成以及产品的贸易增加值方面展开研究。例如，刘庆林等（2010）通过拆分投入产出表得到进口中间品的比重来衡量产业链关联度。另一种是从微观层面，比如通过匹配中国工业企业数据库和中国海关数据库，得到相关企业出口的国外增加值率，进而衡量产业链关联程度。例如，吕越等（2018）将我国的工业企业数据库与中国海关数据库进行匹配，得到相关数据后再与从 WIOD 中分解得到的出口信息进行合并，最后进一步计算得到我国出口额中的各类增加值，进而用来衡量产业链国际关联度和国内关联度。但是单单基于贸易利得和价值构成是无法准确地衡量产业链关联度的，于是，部分学者从生产阶段数角度进行测算。例如，倪红福等（2016）基于全球投入产出表展开测度，即从全球投入产出模型中计算出生产分割长度（也就是产业链关联强度），再进一步分解为国际和国内生产分割长度，从而得到产业链国际和国内关联程度；陈爱贞等（2021）则是通过世界投入产出表，结合 A 股上市制造业企业数据和亚洲开发银行发布的多区域产出表，测算中国各部门国际以及国内的生产阶段数。主要测算方法如下。

将一国一单位 i 产品的产出按照生产链中不同阶段的增加值份额进行分解，有：

$$1 = \frac{V_i}{Y_i} + \sum_j u_{ij} \frac{V_j}{Y_j} + \sum_{j,k} u_{ij} u_{jk} \frac{V_k}{Y_k} + \cdots = \sum_{n=1}^{\infty} v_i^{(n)}$$

生产分割程度为以各生产阶段的标序 n 相对应的阶段数下的增加值份额为权重计算的平均值，即 $N_i = \sum_{n=1}^{\infty} n \cdot v_i^{(n)} = 1 + \sum_j u_{ij} N_j$，用矩阵可以表示为 $N^T = U^T + N^T A$。

通常情况下，在生产一单位的某种产品过程中，如果没有投入中间品，则认为生产阶段数为 1；如果投入了中间品，则生产阶段数会增加，生产阶段数越多，则表示某产品的生产所需要的中间品就越多，也就意味着该产业链关联度越大。

拓展到全球 m 国 k 个部门的分解公式为：

$$N_i^{aT} = u^T L_{ji}^{aa} + u^T \sum_{a \neq b} L_{ji}^{aa} A_{ij}^{ab} B_{ji}^{ba} + u^T \sum_{a \neq b} B_{ji}^{ba}$$

其中，N_i^{aT} 表示 a 国 i 部门的整体产业链关联度，即 i 部门最终产品的生产所需经历的整体生产阶段数，数值上等于国内和国际的生产阶段数之和；等式右边的第一项是国内产业链关联度，即为无国际中间品贸易情况下的生产阶段数，数值越大表明 i 产品在国内经历的生产阶段数越多；等式右边的第二项表示国外产品的生产对 a 国 i 产品的中间需求；等式右边的第三项为 a 国 i 产品的生产对国外产品的中间需求。后两项反映了 a 国 i 部门生产与其他国家各部门之间的联系强度。a 国 i 部门产品的生产需要其他国家提供的中间产品，同时作为中间品还投入其他国家最终品的生产环节当中，体现的是参与国际贸易的程度，因此将后两项作为国际产业链关联度。

二　中国制造业产业链关联度

首先按照上述方法计算我国制造业整体产业链关联度，再进一步细分到各行业，并拓展到全球其他国家，最终得到其他国家的制造业产业链关联度。计算结果如图 5 - 1 所示，图中显示了 2003 ~ 2014 年中国整体制造业产业链关联度的变化情况。观察图 5 - 1 我们可以得到，2003 ~ 2014 年我国制造业产业链关联度总体呈上升趋势，增幅达到 10.07%，这表明我国制造业整体的生产结构复杂度在逐步提高，制造业产业链关联度也在提高。具体来看，自中国加入 WTO 以后，中国整体的制造业产业链关联度呈现快速上升趋势，2003～2007年产业链关联度从2.88提高到3.15，上升了9.38%，这说明扩大开放会吸引国外的企业进入国内，促进中国制造业的发展，延长中国产业链，进而促进我国经济的快速增长。之后受2008年国际金融危机的影响，我国经济增速下滑，国内外一些制造业中小企业面临着倒闭风险，产业链面临断裂的风险，因此制造业产业链关联度呈现下降趋势，至2010年达到最低值，降幅为1.59%。2013～2014年，受党的十八大报告提出的"加快转变经济发展方式"影响，中国制造业整体产业链关联度也有所下降，但降幅不大。总体来说，我国制造业整体产业链关联度依然呈现出上升的态势，表明近年来我国制造业产业链不断拉长，产业链关联度也在不断提高。

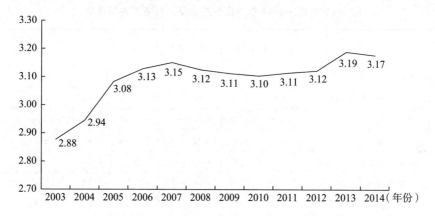

图5-1　2003～2014年中国制造业整体产业链关联度

资料来源：WIOD世界投入产出表。

除了对我国制造业整体产业链关联度进行测算，本章还计算了我国制造业各细分行业的产业链关联度，结果如表5-1所示，从表中可以看出我国不同行业的产业链关联度还是有所差异的。具体来看，2003～2014年，食品饮料及烟草业、印制和记录媒介复制业、焦炭和精炼石油制造业、非金属矿物制造业以及医药制造业的产业链关联度较低，而金属品制造业（除去机械设备）、计算机、电子产品和光学产品制造业，橡胶和塑料制品制造业，电力设备制造业与交通运输制造业的产业链关联度较高，印制和记录媒介复制业、化学品及化学制品业以及电力设备制造业的产业链关联度有较大的增幅。其中，印制和记录媒介复制业的增幅最大，为22.85%。总的来说，我国制造业中各行业的产业链关联度均呈现上升趋势，产业链延长，而且多数结果符合行业的特征，劳动密集型行业的产业链关联度较低，例如食品饮料及烟草业的产业链关联度在2003年为2.60，到了2014年其产业链关联度为2.89，增幅为11.15%，是这16个行业里增幅最小、产业链关联度水平最低的；资本技术密集型行业由于所包含的生产环节多，其产业链关联度通常也比较高，例如电力设备制造业产业链关联度从2003年的3.21增加到2014年的3.82，增幅达到19.00%，关联度水平在所分析的16个行业中居于较高的位置，且增幅也较大。

表 5 - 1　2003 ~ 2014 年中国制造业细分行业产业链关联度

行业	2003 年	2004 年	2008 年	2009 年	2013 年	2014 年	2003 ~ 2014 年均值
P1 食品饮料及烟草业	2.60	2.60	2.79	2.80	2.90	2.89	2.78
P2 纺织服装及皮革制造业	3.07	3.11	3.36	3.40	3.47	3.46	3.33
P3 木材加工业	2.90	2.97	3.24	3.31	3.41	3.39	3.30
P4 造纸和纸制品业	2.93	3.03	3.32	3.35	3.44	3.41	3.30
P5 印制和记录媒介复制业	2.67	2.80	3.15	3.18	3.29	3.28	3.12
P6 焦炭和精炼石油制造业	2.85	2.88	2.96	3.07	3.24	3.25	3.07
P7 化学品及化学制品业	3.08	3.15	3.39	3.45	3.69	3.67	3.44
P8 医药制造业	2.60	2.67	2.88	2.88	2.98	2.96	2.87
P9 橡胶和塑料制品制造业	3.13	3.23	3.57	3.61	3.70	3.69	3.54
P10 非金属矿物制造业	2.79	2.88	3.04	3.12	3.27	3.26	3.09
P11 基本金属制造业	3.08	3.15	3.30	3.37	3.60	3.58	3.37
P12 金属品制造业（除去机械设备）	3.20	3.28	3.48	3.52	3.68	3.66	3.50
P13 计算机、电子产品和光学产品制造业	3.22	3.33	3.48	3.55	3.75	3.71	3.63
P14 电力设备制造业	3.21	3.31	3.63	3.66	3.85	3.82	3.63
P15 机械设备制造业	3.09	3.18	3.41	3.44	3.59	3.57	3.43
P16 交通运输制造业	3.20	3.28	3.56	3.60	3.75	3.73	3.58

资料来源：WIOD 世界投入产出表。

最后对中国各个细分行业的国内产业链关联度占比和国际产业链关联度占比进行比较，结果如图 5-2 所示。观察图 5-2 我们可以得到，劳动密集型行业的国内产业链关联度要高于其他行业，尤其是食品饮料及烟草业的国内产业链关联度占比高达 92%，说明这些行业在国际产业链中的参与程度并不高，更多的是出口最终产品。这也得益于我国的劳动力比较优势，劳动密集型行业大多在国内活动，其国际生产结构的复杂度不高。与之相反的是，我国高技术行业的国内产业链关联度占比则比较小，如橡胶和塑料制品制造业、焦炭和精炼石油制造业等行业，特别是计算机、电子产品和光学产品制造业的国内产业链关联度占比只有 74%，在这 16 个细分行业中占比最小。这也从侧面说明我国的高技术行业仍然存在很大的上升空间，这些行业更多的是依靠国际市场，在国内的生产结构复杂度较低，且国内具有国际影响力的高新技术企业较少。因此，我们需要注重国内高新技术的研发，推动高技术行业的产业链与全球价值链的进一步融合，进一步延长相关行业的产业链。

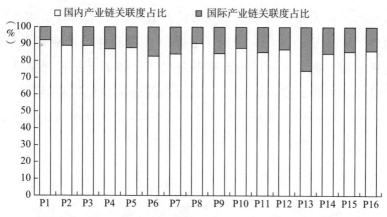

图 5-2 中国各细分行业的国内、国际产业链关联度占比情况
资料来源：WIOD 世界投入产出表。

三 制造业产业链关联度的国际比较

除了对中国制造业产业链关联度进行计算之外，本章还计算了其他几个主要国家的制造业产业链关联度，并与中国进行横向比较，结果如图 5-3 所示。从图中我们可以得到中国和世界一些主要国家的产业链关联度的对比情况，中国整体产业链关联度明显高于其他几个国家的平均水平。例如，2003～2014 年中国整体制造业的产业链关联度为 3.09，比剩下国家中关联度水平最高的印度的平均水平（2.60）高出 0.49，比其他几个国家的平均水平（2.57）高出 0.52，并且中国一直是这 9 个国家中产业链关联度水平最高的国家。从各阶段发展趋势来看，不同国家的整体制造业产业链关联度在国际金融危机（2008 年）爆发之前均呈现出不同的变化趋势，在此期间，中国、日本和英国的产业链关联度有较为大幅的上升，德国、法国和巴西的上升幅度相对平缓，而美国、印度和俄罗斯则呈现出先下降后上升的变化趋势，但变化幅度不是很大，如日本的制造业产业链关联度从 2003 年的 2.32 上升到 2008 年的 2.59，增加了 11.64%；随后受到国际金融危机的影响，各国的产业链关联度水平均有所下降，其中，美国的产业链关联度水平下降幅度最大，从 2008 年的 2.48 下降到 2009 年的 2.28，降幅为 8.06%，这也从侧面表明金融危机给世界各国的经济带来了负面影响，给世界各国的产业链关联度以及全球价值链构建带来了一定的冲击，降低了各国制造业整体的产业链关联度；在危机过后，随着国际经济形势的好转，各国的经济慢慢复苏，各国产业之间的联系也逐渐恢复，因此产业链关联度逐步提升。从整体上来看，各国的产业链关联度变化趋势与前文分析的我国制造业

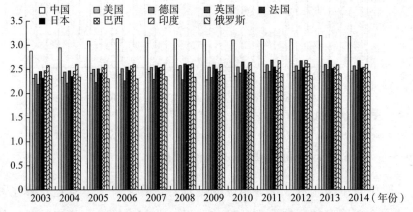

图 5 - 3　2003～2014 年部分国家制造业产业链关联度对比

资料来源：WIOD 世界投入产出表。

产业链关联度的变化趋势基本类似。但总的来说，不管是发达国家还是发展中国家，其制造业产业链关联度均表现为上升趋势，世界各国整体生产结构越来越复杂，产业链在慢慢延长。

第二节　中国制造业内外循环程度

一　中国制造业内循环程度

（一）中国制造业内循环程度发展趋势

根据产业链关联度的测度方法，我们可以将其进一步分解为国内产业链关联度（*npl*）和国际产业链关联度（*epl*），以此来进一步表征我国制造业的内循环和外循环程度。通常情况下，国内产业链关联度越高表明产业链上属于国内的生产阶段数越多，即国内生产结构复杂度越高，内循环程度也就越深，同样国际产业链关联度越高表明外循环程度越深。参考陈爱贞等（2021）的做法，本节将国内产业链关联度定义为国内生产阶段数在全部生产阶段数中所占的比重；同理，国际产业链关联度为国际生产阶段数在全部生产阶段数中所占的比重，最终得到的测度结果如图5-4所示。

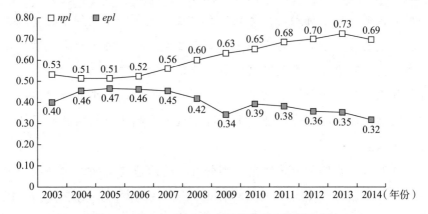

图5-4　2003~2014年中国制造业内外循环程度

资料来源：WIOD 世界投入产出表。

观察图5-4我们可以得到我国制造业的内外循环程度及其变化

趋势。从图中可以看出，我国内循环程度总体呈现上升趋势，由 2003 年的 0.53 增加到 2014 年的 0.69，12 年间增幅达到 30.19%。这说明随着我国经济的发展，国内的一些制度不断完善，营造出较为公开透明的营商环境，促使市场中的企业数量增加，延长了国内产业链，内循环程度进一步加深。2003~2006 年，中国制造业的内循环程度有了短暂的下降，但是变化幅度很小，不超过 4%，其原因可能是党的十五大对国有企业提出了 "四项要求"，对于大中型企业实施规范的公司制改革，中小企业采取联合、兼并以及重组等方法，加快国有企业改革的步伐，例如中国石油石化公司在几个月内就完成了重组，并进行了改制、上市。根据国家统计局公布的数据，中国国内的企业在 1996 年有 506445 家，到 2006 年只有 301961 家，减少了 204484 家，降幅高达 40.38%。也正是因为国内企业数目的减少，国内产业链关联度才会略有下降，内循环程度也有所降低。在 2006 年之后，国内产业链关联度水平逐渐恢复，在这一阶段中国进一步扩大开放，承接大量国际产业转移，国内企业数量逐渐增加，制造业得到了迅速发展，国内产业链关联度上升，内循环程度上升。值得注意的是，金融危机并没有对我国内循环程度产生较大的影响，这是因为在金融危机之后，我国提出向以国内大循环为经济主体进行转变。2013~2014 年内循环程度呈现下降趋势，降幅为 5.48%，这可能是受到党的十八大报告提出的 "加快转变经济发展方式" 影响，国家提出提高大型企业的竞争力，并进一步推动国有企业的改革，因此国内企业发展不如前几年那么迅速，产业链关联度也有所下降，但降幅很小。所以整体来看，我国制造业的国内产业链关联度呈现上升趋势，国内产业链长度在逐步增加。

　　同样地，我们可以将制造业细分行业的产业链关联度水平细分为内循环和外循环程度，其内循环程度如图 5-5 所示。由图我们可以得到，食品饮料及烟草业（P1）的内循环程度是 16 个行业中最低的，在 2014 年，其国内产业链关联度为 2.73，而交通运输制造业（P16）的国内产业链关联度为 3.35，两者相差 0.62，这个结果与倪红福等

（2016）得到的结论相一致，即一般来说，劳动密集型行业由于其行业的特殊性，产业间的关联程度比其他行业要低，因此其产业链长度相对来说要短一些。而资本技术密集型行业的内循环程度比较高，如交通运输制造业（P16）以及金属品制造业（除去机械设备）（P12）在 2003～2014 年的国内产业链关联度水平要高于其他行业，这是因为在此期间，我国更加重视发展工业，随着技术的进步，相关产业分工进一步深化，国内产业链也逐渐延长。高技术行业国内产业链关联度的增加率是最大的，如计算机、电子产品和光学产品制造业（P13）的增加率高达 32.05%，这说明近年来，我国的高新技术企业得到高速发展，相关产业的国内生产结构复杂度上升。除此之外，分阶段来看，2003～2008 年，各行业的内循环程度都呈现上升趋势，尤其是资本技术密集型行业，其上升幅度要比劳动密集型行业的上升幅度大；2008～2011 年，国际金融危机席卷全球，国际市场需求萎缩，一些制造业企业有重回发达国家的倾向，国内一些企业面临着倒闭、退市的风险，各行业的产业链关联度水平均有短暂的下降，这说明国内产业分工会受到国际形势的影响。在经历危机之后，国家提出需要更加注重国内市场，因此各行业的国内产业链关联度又逐步上升。正如黄群慧和倪红福（2021）所说，在 2008 年国际金融危机后，中国制造业

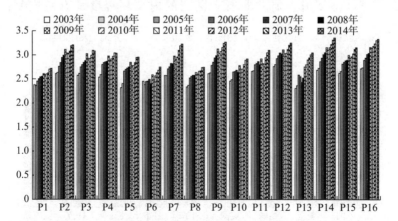

图 5-5　2003～2014 年中国制造业细分行业的内循环程度

资料来源：WIOD 世界投入产出表。

出现了明显的内需化趋势。但总体来看，无论是制造业整体内循环程度还是制造业细分行业的内循环程度均呈现出逐步加深的趋势，国内产业链进一步延长。

（二）制造业内循环程度的国际比较

进一步对世界其他几个国家的内循环程度进行计算，并与我国的内循环程度进行简单的横向对比，结果如图 5－6 所示。由图我们可以得到，我国制造业内循环程度明显高于其他几个国家的内循环程度，2003～2014 年，我国国内制造业产业链关联度平均值（2.71），比英国国内制造业产业链关联度的平均值（1.79）高出 0.92，比印度国内制造业产业链关联度的平均值（2.15）高出 0.56。中国、美国、英国以及法国的整体内循环程度呈现上升趋势，且中国上升幅度最大，从 2.48 上升到 2.91，增加了 17.34%；而其他五个国家的整体内循环程度则与之相反，呈现出下降趋势，其中印度的降幅最大，从 2.25 下降到 2.11，下降了 6.22%。分阶段来看，2003～2008 年，各国家基本上表现为上升趋势，除了中国，其他几个国家的上升幅度均较小；在 2008 年之后，受到国际金融危机的影响，各国家的经济有所降低，国内产业链关联度也表现出下降的态势；虽然在 2010 年之后，全球经济回升，但并非所有国家的内循环程度都有所恢复，例

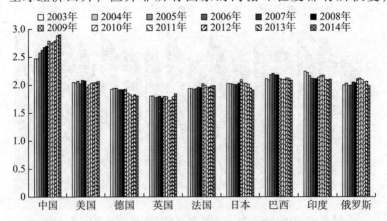

图 5－6　2003～2014 年部分国家内循环程度对比

资料来源：WIOD 世界投入产出表。

如，德国在 2009 年的国内产业链关联度为 1.94，然而在 2012 年，其国内产业链关联度只有 1.80；在 2012 年之后，一些国家的内循环程度在逐渐下降，如印度、俄罗斯，这可能是因为这些国家的一些行业向外迁移、向其他国家外包，其国外产业链在一定程度上代替了部分国内产业链。

下面选取了世界第一大经济体——美国的内循环情况与中国的内循环情况做对比。通过观察图 5-7，我们可以得到中国与美国的内循环程度还是存在差别的。整体来看，中国的内循环程度一直都高于美国，尤其是在 2008 年之后，中国的内循环程度与美国的差距进一步拉大；而且中国的内循环程度占比在此期间呈逐渐上升的趋势，而美国的内循环程度占比则呈现出下降的态势，这是因为随着经济的进一步发展，发达国家会出现产业外移以及向其他国家外包一些低技能产业的现象。具体来看，2008 年以前，中国的内循环程度占比是低于美国的内循环程度占比的，这是因为随着中国加入 WTO，中国进一步推进改革开放，实施外向型发展战略，且当时国内市场并不成熟，我国主要还是依赖于国际生产，因此内循环程度占比相对较低；2008 年以后，我国内循环程度占比开始逐步上升，高达 90% 以上，超过美国

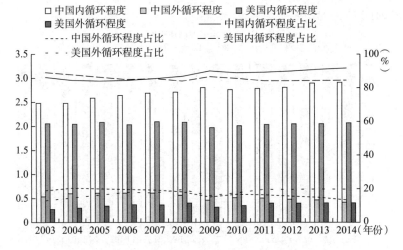

图 5-7 2003~2014 年中国与美国内外循环程度比较

资料来源：WIOD 世界投入产出表。

的内循环程度占比，这与前文分析的结论一致，即在金融危机之后，我国开始更加注意国内市场，开始逐步向"以国内大循环为经济主体"转变，国内一些产业的生产结构慢慢变得复杂，产业链条得以加长，因此内循环程度进一步加深。

除了对中美两国整体的内循环程度进行对比，本章还对两个国家细分行业的内循环程度进行对比，结果如图 5 - 8 所示。从图中可以得到，对于不同类型的行业，两国的内循环程度还是有所差异的。对于劳动密集型行业，如食品饮料及烟草业（P1）以及纺织服装及皮革制造业（P2），中国与美国的内循环程度差距较小，且内循环程度占比相差无几，且相关行业在两国中的内循环占比都很高（均超过90%），说明在劳动密集型行业的产业链中，两国更多的是依靠国内市场，在国际市场中可能仅仅是出口最终产品，在全球价值链中的参与程度也较低；而资本技术密集型行业的内循环程度差距则比较大，特别是高技术行业，如计算机、电子产品和光学产品制造业（P13），中国的内循环程度占比为 74%，美国的内循环程度占比为 86%，远高于中国。这说明我国高技术行业的发展与发达国家存在差距，我国相关行业的生产还是依赖外循环，高新技术存在核心技术受限于其他国家的问题。

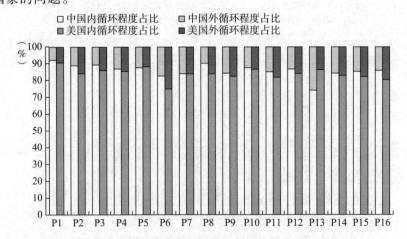

图 5 - 8　中国与美国细分行业内外循环程度比较

资料来源：WIOD 世界投入产出表。

二 中国制造业外循环程度

(一) 中国制造业外循环程度发展趋势

根据本章产业链关联度的测度方法,我们用国际产业链关联度 (epl) 来进一步表征我国制造业的外循环程度。国际产业链关联度越高表明产业链上涉及国际企业的生产阶段数越多,即国外的生产结构复杂度越高,外循环程度也就越深。从图5-4可以了解到我国制造业的外循环程度及发展趋势。从图中可以看出外循环程度总体呈现下降趋势,由2003年的0.40下降到2014年的0.32,降幅达到20%。其中2003~2007年外循环程度呈现不断上升的趋势,2005年的外循环程度最高达到0.47,这是由于我国加入WTO后,不断扩大对外开放,融入世界经济,我国参与国际生产分工的程度加深,国际产业链拉长,提高了我国制造业的外循环程度。但受国际金融危机的影响,我国的外循环程度自2008年开始下降,从2008年的0.42下降到2009年的0.34,降幅达19.05%;由于金融危机的全球性,我国的进出口和外资水平受到严重影响,导致我国参与全球生产分工的程度下降,外循环程度降低。2010年经济回暖,外循环程度有短暂回升。2013年后,党的十八大报告提出为适应国际经济形势变化,加快转变经济发展方式、调整经济结构、健全国内产业体系,使经济发展更多依靠内需,经济发展重点由国外转移到国内,因此外循环程度呈现下降趋势。整体上,随着国内产业链条的逐步构建和产业配套设施的完善,国内市场中的生产循环得到畅通,我国对外贸易的依存度有所下降,全球价值链逐步向国内价值链回归,外循环程度整体呈现下降趋势。

进一步计算中国各细分行业的外循环程度,如图5-9所示。由图可以观察到,中国的计算机、电子产品和光学产品制造业 (P13) 的外循环程度相对较高,而属于劳动密集型的食品饮料及烟草业 (P1) 的外循环程度较低,这表明我国高技术行业的进出口比重较大,参与全球价值链的程度较深,因此在全球生产分工中的产业链关联度较高,外循环程度较高;而劳动密集型行业大多是生产加工类行业,这类产品的出口多体现在最终产品的出口上，参与全球产业链价值链的程度并不高，所以外循环程度较低。医药制造业（P8）的外循环程度整体也较低，说明我国医药制造业参与全球价值链的程度较低，其发展还存在很大空间。从图中还可以观察到大多数细分行业的外循环发展趋势与整体制造业的外循环发展趋势保持一致，都是先升后降，并且在 2008 年以后明显下降。其中纺织服装及皮革制造业（P2）、橡胶和塑料制品制造业（P9）、化学品及化学制品业（P7），以及计算机、电子产品和光学产品制造业（P13）的外循环程度呈现明显下降趋势，降幅较大，说明近年来这些行业的生产循环重点开始逐渐转向国内，国内生产分工体系的构建对我国的外循环产生了一定的替代作用。

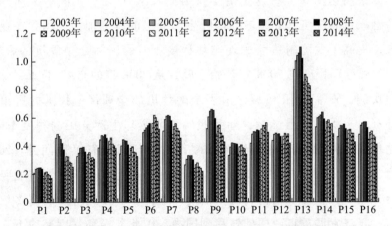

图 5 - 9　2003 ~ 2014 年中国制造业细分行业的外循环程度对比

资料来源：WIOD 世界投入产出表。

（二）中国制造业外循环程度的国际比较

将其他八个国家的外循环程度计算出来，并与中国进行横向比较，结果如图 5 - 10 所示。从图中可以看出，与中国外循环程度变化趋势相反，美国、德国、法国、日本的外循环程度总体呈现上升态势，与中国相似的是外循环程度从 2009 年开始有短暂下降，这也是因为受到了国际金融危机的影响；而后它们的外循环程度继续保持上升态势，这表明这些国家作为产业的转出国和发包方，不断将部分产业和生产环节转移至其他国家，拉长了国际产业链，增强了国际生产循环。英国和印度外循环程度总体也呈现出上升态势，不过从 2013 年开始有所回落，而俄罗斯则呈现先下降后上升的态势。从外循环程度上看，2008 年以前我国外循环程度在上述 9 个国家里一直处于前三位，2004 年超过德国和法国成为外循环程度最高的国家，但是在 2008 年以后我国外循环程度持续下降，英国外循环程度持续上升，取代中国，与德国、法国一起成为外循环程度最高的三个国家。

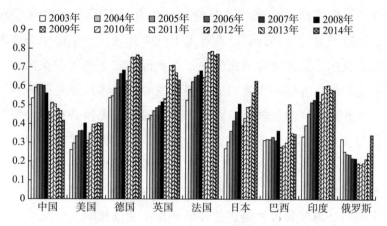

图 5 – 10　2003 ~ 2014 年部分国家外循环程度对比

资料来源：WIOD 世界投入产出表。

下面我们主要选取了美国的外循环情况与中国的外循环情况做对比。前文的图 5 – 7 显示了中国与美国制造业整体的外循环程度及其占比情况，从中可以看出，2008 年前，美国的外循环程度是明显低于中国的外循环程度的；而 2008 年后，美国外循环程度提升，中国外循环程度降低，2014 年两者外循环水平趋于一致。这是由于中国加入 WTO 后外循环程度不断上升，并于 2008 年开始逐渐转向以内循环为主，而美国在危机以后为了获取国际分工利益进一步通过产业外迁和向发展中国家发包的方式，延长其国际产业链，提高其外循环程度。此外，中国外循环程度占比和美国外循环程度占比大致都处于 10% ~ 20%，这表明无论是中国还是美国，产业链关联的主要企业还是集中在国内企业，一国的经济主要还是靠国内的生产循环拉动。同时，中国外循环程度占比趋于下降，美国外循环程度占比趋于上升。2008 年以前，中国的外循环程度占比高于美国的外循环程度占比；而 2008年以后，美国的外循环程度占比则高于中国的外循环程度占比，这也反映了危机以后两国采取的不同措施。

而进一步从细分行业进行分析，结果如图 5 - 8 所示。观察图 5 - 8可以发现，与中国相比，美国的计算机、电子产品和光学产品制造业，化学品及化学制品业以及电力设备制造业的外循环程度明显较低，其中计算机、电子产品和光学产品制造业的外循环程度与中国差距最大，这反映了美国为维持自己在技术上的领先地位，保护知识技术产权，其高技术产业主要靠国内循环，产业链关联企业集中在国内，内循环程度较高，外循环程度较低；而中国的高技术产业主要依赖国外市场，因此外循环程度较高。相对于中国而言，美国劳动密集型产业中纺织服装及皮革制造业的外循环程度较高，这说明美国纺织服装及皮革制造业不断向国外迁移，导致国内产业链变短，产业链关联度下降，产业结构复杂度进一步降低，外循环程度加深。对于其他细分行业，中国的外循环程度和美国的外循环程度大致相同。

第三节　主要结论

本章主要计算我国制造业的产业链关联度以及国内外循环程度，并进行了横向和纵向的对比分析。首先，构建指标体系测算产业链关联度，进一步用产业链关联度来表征内循环和外循环程度，以此来分析我国制造业的内外循环程度。从测度出的数据可以看出，我国近年来产业链关联度整体上呈现上升趋势，受 2008 年国际金融危机的影响有短暂下降；危机过后，全球经济回暖，因此我国制造业产业链关联度水平也逐渐恢复，同时这与世界上其他国家制造业产业链关联度变化趋势相似。其次，本章进一步将我国整体产业链关联度拆分为国内产业链关联度和国际产业链关联度，并以此表征我国内外循环的程度。2003 ~ 2014 年，我国制造业的内循环程度呈现正的增速，而外循环为负增速且降幅达到 20% 。这表明随着我国国内产业链条的逐步构建和产业配套设施的完善，国内市场中的生产循环得到畅通，使得我国对外贸易的依存度有所下降，全球价值链逐步向国内价值链回归，外循环程度下降，内循环程度提高。最后，将中国与美国及部分国家的制造业及细分行业情况进行对比，发现中国的计算机、电子产品和光学产品制造业等高技术产业的外循环程度相对较高，而劳动密集型产业，如食品饮料及烟草业和纺织服装及皮革制造业的外循环程度较低；与之相反，美国的计算机、电子产品和光学产品制造业与食品饮料及烟草业的外循环程度都较低。这也从侧面说明，我国依旧需要发展技术密集型产业，相关产业在国内的链条也需要进一步完善。

第六章 中国制造业高质量发展效果

第一节 中国制造业高质量发展的影响因素

一 技术创新

技术创新是衡量制造业发展水平的关键指标，能充分彰显国家的综合竞争力水平。2022 年 2 月，世界知识产权组织（WIPO）公布全球各国专利申请量排名，中国专利申请总量高居榜首。根据国家知识产权局发布的 2021 年度报告，2021 年中国发明专利申请量为 158.6万件，而实用新型专利申请量是发明专利的 2 倍多。相较于其他制造强国，中国经济发展存在技术效率低的问题。低效率的发展主要体现为高投入、低产出，过去我国以牺牲环境来换取经济发展，给环境带来巨大损害。由此可见，技术创新对于提高经济发展质量的重要性，具体体现在多个方面，如提高生产要素效率、节约能源、减少环境污染等（季良玉，2017）。技术创新可以减少劳动力和资本要素的投入，提高资本的利用率和劳动力的素质，加快开发新能源如太阳能、风能、核能等，减少传统能源使用，同时改进生产工艺，使用先进环保的生产设备来提高能源资源利用效率，减少污染物排放（万攀兵等，2021）。

在经济发展的不同阶段，制造业发展的驱动因素也需要进行相应的调整，实现从劳动资本投入向技术投入的转变。在我国经济发展早期，制造业主要呈现劳动密集型的发展模式，廉价的劳动力和土地资源成为我国经济发展优势，外国企业也看中国这一优势，加大对华投资力度，在这一时期我国经济得到快速发展。伴随经济转型发展，中国制造业的发展环境较往日已大不相同：人口红利逐渐消失，土地成本快速上升，产业升级趋势越发明显等。依靠传统资源的发展方式不足以支撑经济发展，经济高速发展向高质量发展转变愈加迫切，要想实现制造业高质量发展必须提高技术创新能力。目前，受疫情冲击以及中美贸易摩擦的影响，发达国家贸易保护主义不断加深，例如，华为、中兴通讯等企业遭到美国制裁，宏观经济形势不明朗。因此，制造业发展不能单纯依赖技术进口，增强自主创新能力、提高实质性创新水平，成为实现制造业高质量发展的重中之重。

二　结构优化

推进结构优化也是实现制造业高质量发展的重要因素之一。我国制造业发展已经取得巨大进步，制造业呈现由大转强、向中高端发展的基本态势。目前，我国制造业结构变动主要表现为装备制造业占比上升最快、资本深化趋势显著、新兴产业高速发展（邓洲、于畅，2021）。我国要素结构正在从劳动力为主向数据为主转变，在劳动力成本上升造成人口红利下降的同时，数据已经成为经济发展的重要投入要素，数字化已经成为各国发展的潮流。产业新旧动能转换正在加快，技术密集型制造业正在成为经济发展的新引擎。

尽管我国制造业发展取得较大成就，但结构性问题依然存在，主要包括以下几点：一是产业发展技术水平较低，自主创新能力薄弱，甚至出现"高端产业低端化"的现象；二是产能过剩现象依然存在，供给不能根据市场需求灵活变化，造成产能过剩、资源得不到合理配置，例如我国钢铁需求量在经济发展过程中大幅减少，造成钢铁产业发展衰落；三是制造业智能化不足，相比发达国家，我国制造业智能化发展起步晚，正处于"中国制造"向"中国智造"的转型期，智能制造基础理论和技术体系建设滞后。

制造业结构优化升级能否实现，直接关系到我国能否实现制造强国这个宏伟目标。新冠疫情发生以来，供应链本土化与多元化发展日益明显，我国产业结构优化更加迫切。加大产业结构调整力度，进行传统产业改造升级，推进农业现代化发展。积极促进高技术产业和战略性新兴产业的高质量发展，激发制造业创新活力。注重产业协调发展，提高服务业发展水平，支撑实体经济发展。

三　绿色发展

绿色发展已经成为全世界共同呼吁的主题。我国深刻认识到粗放式发展给环境带来的危害，绿色发展是在传统发展基础上的一种模式创新，在党的二十大报告中有明确的定位——绿色发展是我国经济发展遵循的基本理念之一。制造业的污染物排放是环境污染的主要来源。污染物排放贯穿产品生命周期的各个阶段，如获取原材料、生产产品、使用产品、处理废旧产品等，几乎在每个阶段都会有碳排放、水污染等。要想实现制造业绿色发展，可以分别从源头治理和末端治理两方面入手。从源头治理来看，减少化石能源如石油、煤炭等的使用，从源头减少能源消耗。因此，应该加大对能源产业发展的支持力度，培养高端技术人才，增强自主创新能力，突破技术瓶颈，解决当前能源稀缺的"燃眉之急"。从末端治理来看，通过技术改进，使用先进生产设备来减少污染物排放，但是末端治理治标不治本，不能真正解决污染问题，必须通过提高源头治理水平实现绿色发展。

走绿色发展道路意味着高环境标准，企业不论是通过源头治理还是末端治理的方法，必须达到相应的排放要求。这就要求企业增强环保意识，加大对污染治理的资金支持力度，从而提高产品的竞争力。同时，这要求企业必须增加创新投入，导致产品生产成本增加，不利于企业发展。因此，如何处理污染治理与产品成本之间的关系，成为政府必须思考的重要问题之一。

四　对外开放

对外开放是影响我国制造业高质量发展的重要因素之一，其对制造业高质量发展的影响主要有以下两个方面。一是扩大对外开放能够吸引更多外商投资。一方面，内生增长理论提出，发展中国家可以通过扩大对外开放的方式吸引外商投资，外商企业的入驻必然会带来先进技术和管理经验的外溢，而中国制造业企业通过知识溢出效应学习国外的先进技术和管理经验，从而推动我国制造业高质量发展；另一方面，通过扩大对外开放的方式增加外商企业入驻，外商企业的入驻会给本土相关企业带来一定的竞争压力，倒逼中国本土企业进行技术创新和产品升级。二是从进出口角度来看，一方面，进口贸易是提升技术创新水平的重要方式，中国从发达国家进口产品，且中国国内同类产品与进口产品存在质量和技术上的差异，从而会增加同类国产产品的竞争压力，进而激发中国本土制造业企业提高产品质量和技术水平，进而推动中国制造业高质量发展；另一方面，国际市场对中国出口产品的质量要求的提升，迫使中国企业不得不提升产品质量，从而促进中国制造业升级。

五 产业集聚

产业集聚是指同一产业在一个区域内实现高度集中，是影响制造业高质量发展的重要因素。产业集聚主要通过以下几个方面影响制造业高质量发展。一是产业集聚可以降低企业生产经营成本，由于产业集聚是指在限定范围内形成一套完整的产业链，所以产业集聚能够促进劳动力的集聚，从而降低人力资源的搜寻成本，同时产业集聚能够使企业所需的各种生产要素得以集中，从而降低企业间中间品的运输成本并缩短时间，进而提高企业的生产效率。二是知识溢出效应，产业集聚有利于相关企业之间进行信息、技术的交流，加强企业之间的技术合作，加强知识溢出效应的发挥，从而推动制造业高质量发展；同时企业间通过合作、共享以及创新人才之间的交流等方式增强企业的技术创新能力，推动制造业高质量发展。三是产业集聚能够增强企业间关联性，使得产业形成生产协同效应，生产协同效应的形成有利于提高企业的资源配置效率，促进知识和技术的交流与传播，共同实现技术进步，推动制造业高质量发展。

六　人力资本

制造业高质量发展的核心是技术创新，而技术创新的本质仍需要人力资本去推动，因此人力资本是影响制造业发展质量的重要因素之一。改革开放初期，中国制造业依靠低成本劳动力迅速打开国际市场，使中国制造业得以高速发展。但是随着中国人口红利的消失，依靠过去廉价的人力资本无法推动我国制造业发展，因此提高人力资本的整体质量，增强人力资本的创新能力更为重要。人力资本主要通过以下几个方面对制造业高质量发展产生影响。一是通过知识溢出效应对制造业高质量发展产生影响。由于高技能和高学历人力资本自身拥有较强学习能力，通过学习模仿国外的先进技术并进行逆向研发，提高企业创新效率，同时高技能和高学历人才可以通过自身专业技能和知识进行产品研发和技术创新，从而推动制造业高质量发展。二是人力资本的积累会改变人们的消费结构，从而影响制造业高质量发展。随着人力资本的技能和知识水平的不断提升，人力资本整体报酬也会得到提升，使得人们的消费结构发生变化、消费者的需求结构发生变化，对产品质量、功能以及外观的要求越来越高，从而迫使企业不得不加快新产品的研发和产品质量的提升，进而倒逼产业实现转型升级。三是人力资本的积累效应。人力资本的积累效应能够使人才交流的距离缩短，增加人力资本之间信息和知识的交流频率，加快技术的扩散和知识的溢出，进而有助于推动制造业高质量发展。

第二节　区域层面制造业高质量发展效果

一　区域层面评价指标体系的构建及测算方法

（一）构建评价指标体系

为了进一步了解我国区域间制造业高质量发展现状，本节从区域层面构建制造业高质量发展指标体系，该指标体系包含经济效益、技术创新、结构优化、绿色发展以及对外开放 5 项一级指标和 19 项二级指标，具体指标体系如表 6-1 所示。

经济效益：经济效益是制造业高质量发展的基础，本节选取劳动生产率、销售利润率、产值增速和经济增长贡献率反映经济效益。

技术创新：技术创新是提升制造业发展质量的重要因素，本节选取 R&D 经费支出、R&D 人员投入强度、技术创新产出和万人有效发明专利数反映技术创新水平，其中技术创新产出采用"有效发明专利/规模以上工业企业 R&D 经费支出"进行衡量。

结构优化：产业结构的不断优化，能够实现资源优化配置，促进产业结构合理化和高级化，推动我国制造业高质量发展。因此，选取高技术产业主营业务收入水平、新产品销售收入水平和新产品开发水平作为结构优化的二级指标。

绿色发展：绿色发展主要表现为制造业能源利用效率和对生态环境的保护程度，本节选择废水排放强度、废气排放强度、废物排放强度、单位工业增加值能耗和工业固体废物利用率 5 项二级指标反映绿色发展水平。

对外开放：对外开放是影响制造业高质量发展的重要因素之一，在一定程度上决定着制造业发展深度。本节选择外商资产占比、外商投资企业主营业务收入占比和新产品出口收入水平反映对外开放水平。

以上有关制造业高质量发展的数据来源于《中国统计年鉴》《中国工业统计年鉴》《中国能源统计年鉴》《中国高技术产业统计年鉴》。

表 6-1　区域层面制造业高质量发展指标体系

一级指标	二级指标	指标解释	指标属性
经济效益	劳动生产率	工业增加值/平均用人数，单位亿元/万人	正
	销售利润率	利润总额/主营业务收入	正
	产值增速	（本期增加值－上期增加值）/上期增加值	正
	经济增长贡献率	工业增加值/GDP	正

一级指标	二级指标	指标解释	指标属性
技术创新	R&D 经费支出	R&D 经费支出/主营业务收入	正
	R&D 人员投入强度	R&D 人员全时当量	正
	技术创新产出	有效发明专利/规模以上工业企业 R&D 经费支出	正
	万人有效发明专利数	万人有效发明专利数	正
结构优化	高技术产业主营业务收入水平	高技术产业主营业务收入/主营业务收入	正
	新产品销售收入水平	新产品销售收入/主营业务收入	正
	新产品开发水平	新产品项目数	正
绿色发展	废水排放强度	废水排放量/工业增加值	负
	废气排放强度	废气排放量/工业增加值	负
	废物排放强度	一般工业固体废物产生量/工业增加值	负
	单位工业增加值能耗	能源消耗总量/工业增加值	负
	工业固体废物利用率	固体废物综合利用量/固体废物产生量	正
对外开放	外商资产占比	外商及港澳台投资资产总计/资产总计	正
	外商投资企业主营业务收入占比	外商和港澳台投资企业主营业务收入/主营业务收入	正
	新产品出口收入水平	新产品出口收入/新产品销售收入	正

资料来源：笔者整理。

（二）测算方法

针对制造业高质量发展指标体系的测算主要包括相对指数法、主成分分析法、熵值法等。为了能够客观地测算制造业高质量发展水平，本节最终选择采用熵值法进行测算。其具体步骤如下。

构造评价矩阵，记为 $X = (x_{ij})_{n \times m}$，$i = 1, 2, \cdots, n$，$j = 1, 2, \cdots, m$（$n$ 表示研究对象个数，m 表示指标个数）。先进行标准化处理：

$$y_{ij} = \frac{x_{ij} - \min x_{ij}}{\max x_{ij} - \min x_{ij}}，正向指标标准化 \tag{6-1}$$

$$y_{ij} = \frac{\max x_{ij} - x_{ij}}{\max x_{ij} - \min x_{ij}}，负向指标标准化 \tag{6-2}$$

计算 i 年第 j 个指标在该指标体系中所占的比重：

$$p_{ij} = \frac{y_{ij}}{\sum_{i=1}^{n} y_{ij}} \qquad (6-3)$$

计算第 j 个指标的信息熵：

$$e_j = -k \sum_{i=1}^{n} p_{ij} \cdot \ln p_{ij}, k = \frac{1}{\ln n} \qquad (6-4)$$

计算第 j 个指标的信息熵冗余度：

$$g_j = 1 - e_j \qquad (6-5)$$

计算各个指标的权重：

$$w_j = \frac{g_i}{\sum_{j=1}^{m} g_i} \qquad (6-6)$$

计算综合评价得分：将各个指标所确定的权重与系数相乘，可以得出第 i 个行业的高质量发展指数。

$$v_i = \sum_{j=1}^{m} w_j p_{ij} \times 100 \qquad (6-7)$$

二 制造业高质量发展总体水平测度结果分析

从表 6-2 可以看出，从总体结果来看，我国制造业高质量发展指数呈现一定上升趋势，制造业高质量发展综合指数全国均值从 2010 年的 0.282 上升至 2020 年的 0.313，上升了 0.031。分省份来看，广东制造业高质量发展综合指数均值最高，达到 0.853；江苏次之，为 0.700；青海最低，仅为 0.087，且广东是青海的 9.8 倍。从地理位置来看，制造业高质量发展水平较高的地区大多集中在广东、江苏、上海等东部沿海地区，主要原因是东部沿海地区工业基础较好，产业结构也已经较早实现了从劳动密集型产业向技术密集型产业的转型，因此大部分东部沿海地区以高技术产业和新兴产业为主，从而使得东部沿海地区制造业高质量发展综合指数较高。而制造业高质量发展水平较低的地区大多集中在甘肃、青海、宁夏、新疆等中西部地区，这说明我国区域制造业高质量发展不平衡现象明显。但是中西部地区凭借资源优势和国家政策的支持，这种区域之间制造业发展不平衡趋势将逐渐减弱。

表6-2　2010~2020年我国30个省（区、市）制造业高质量发展水平

省（区、市）	2010年	2012年	2014年	2016年	2018年	2020年	2010~2020年均值
北京	0.430	0.479	0.456	0.443	0.406	0.450	0.441
天津	0.470	0.508	0.487	0.497	0.433	0.439	0.476
河北	0.200	0.196	0.193	0.237	0.203	0.250	0.212
山西	0.178	0.172	0.146	0.155	0.156	0.176	0.166
内蒙古	0.133	0.152	0.146	0.164	0.162	0.159	0.152
辽宁	0.234	0.229	0.221	0.257	0.281	0.262	0.245
吉林	0.183	0.191	0.166	0.191	0.137	0.232	0.179
黑龙江	0.195	0.195	0.169	0.146	0.127	0.112	0.159
上海	0.622	0.610	0.615	0.606	0.544	0.582	0.594
江苏	0.682	0.704	0.695	0.730	0.670	0.727	0.700
浙江	0.541	0.513	0.530	0.607	0.554	0.616	0.562
安徽	0.247	0.277	0.288	0.336	0.323	0.377	0.308
福建	0.381	0.402	0.368	0.386	0.362	0.377	0.376
江西	0.195	0.205	0.203	0.219	0.224	0.283	0.221
山东	0.402	0.398	0.390	0.417	0.361	0.411	0.395
河南	0.218	0.220	0.275	0.320	0.294	0.324	0.275
湖北	0.272	0.278	0.271	0.299	0.305	0.309	0.288
湖南	0.297	0.245	0.253	0.287	0.251	0.293	0.270
广东	0.839	0.858	0.816	0.865	0.851	0.888	0.853
广西	0.172	0.191	0.182	0.219	0.192	0.208	0.194
海南	0.238	0.257	0.255	0.224	0.215	0.188	0.230
重庆	0.241	0.299	0.322	0.337	0.324	0.393	0.324
四川	0.199	0.223	0.229	0.218	0.234	0.258	0.225
贵州	0.096	0.153	0.146	0.166	0.160	0.188	0.148
云南	0.132	0.148	0.148	0.147	0.165	0.177	0.149
陕西	0.205	0.238	0.234	0.231	0.228	0.212	0.222
甘肃	0.115	0.126	0.134	0.110	0.134	0.133	0.124

续表

省 （区、市）	2010 年	2012 年	2014 年	2016 年	2018 年	2020 年	2010～2020 年均值
青海	0.089	0.087	0.060	0.081	0.111	0.114	0.087
宁夏	0.113	0.123	0.126	0.135	0.136	0.141	0.131
新疆	0.146	0.129	0.146	0.101	0.134	0.112	0.126
全国均值	0.282	0.294	0.289	0.304	0.289	0.313	0.294

资料来源：笔者计算得到。

图 6-1 展示了 2010～2020 年中国整体和长三角地区、京津冀地区、长江经济带、黄河流域、东北地区制造业高质量发展综合指数变化趋势，我国制造业高质量发展呈现"先上升，后下降，再上升"的变化态势，但是整体上还是呈上升状态，年均增长率为 1.05%。

图 6-1 2010～2020 年制造业高质量发展变化趋势
资料来源：根据测算结果绘制。

从不同区域角度来看，五个不同区域制造业高质量发展变动趋势有所差异。如图 6-1 所示，长三角地区制造业高质量发展位于第一梯队，长江经济带和京津冀地区位于第二梯队，而东北地区和黄河流域位于第三梯队。具体来看，长三角地区制造业高质量发展综合指数最高的主要原因是其经济基础好，产业发展和产业转型升级较早，较早实现了由劳动密集型产业向技术密集型产业的转型。京津冀地区和长江经济带制造业高质量发展综合指数高于全国平均水平，但低于长三角地区，主要原因是长江经济带中的云南、贵州和京津冀地区中的河北制造业高质量发展滞后于区域内的其他地区，从而影响到这两大地区制造业的发展。比较长江经济带和京津冀地区发现，2018 年之前，长江经济带制造业高质量发展综合指数低于京津冀地区；但 2018 年之后，长江经济带制造业发展质量上升速度较快，逐渐接近京津冀地区，并且有超越京津冀地区的趋势，这说明近些年国家对长江流域的治理初见成效，有利于长江经济带制造业高质量发展。东北地区和黄河流域的制造业高质量发展综合指数要远低于全国均值，其中黄河流域制造业高质量发展较低的主要原因是黄河流域包含青海、甘肃、宁夏和内蒙古等制造业高质量发展水平较为落后的省（区），从而影响到黄河流域的制造业高质量发展；东北地区是我国重要的传统工业基地，随着改革开放的推进，东北地区产业结构单一、创新能力薄弱以及人才流失等原因导致东北地区制造业发展落后于其他地区。

三　五大区域制造业高质量发展各项一级指标比较分析

（一）经济效益

图 6 - 2 展示了 2010～2020 年五个不同区域制造业高质量发展中一级指标经济效益的变化趋势。从图 6 - 2 可以看出，全国平均一级指标经济效益变化频率较大，呈现"先升后降，再升再降，又升又降"的变动趋势，从 2010 年的 0.047 上升至 2011 年的 0.049，再降至 2013 年的 0.047，再次上升至 2015 年的 0.062，再次下降至 2017 年的 0.052，再次上升至 2019 年的 0.066，之后由于受到新冠疫情的冲击降至 2020 年的 0.057，但是全国整体经济效益呈上升趋势，年均增长率为 1.95%。从五个不同区域来看，长江经济带经济效益综合指数最高，均值为 0.059，在大多年份高于全国平均水平，主要原因是长江经济带覆盖范围广，覆盖人口多，同时包含长三角地区以及重庆、武汉和成都等一些经济效益较好的城市；东北地区经济效益综合指数最低，均值为 0.041，主要原因是东北地区产业结构单一、市场经济缺乏活力、体制机制落后等问题严重影响东北地区经济发展。

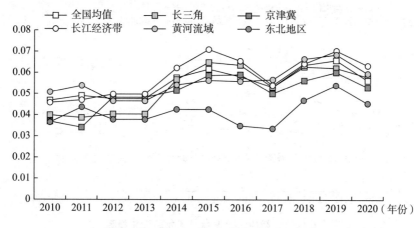

图 6 - 2　2010～2020 年经济效益变化趋势

资料来源：根据测算结果绘制。

（二）技术创新

图 6 - 3 为 2010～2020 年五个不同区域制造业高质量发展中一级指标技术创新的变化趋势。从图 6 - 3 可以看出，全国技术创新整体变化呈现较为稳定的上升趋势，年均增长率为 1.61%。从五个不同区域来看，长三角地区技术创新综合指数为 0.187，居于这五个区域首位，远高于其他地区和全国均值，主要原因是长三角地区经济基础较好，对技术创新的资金投入较多，使得其创新能力较强。同时由于长三角地区已经较早实现制造业的转型升级，其高新技术产业和新兴产业已经成为其制造业发展的重要组成部分，所以长三角地区高新技术产业和新兴产业的不断发展也会使得其技术创新能力不断增强。京津冀地区和长江经济带的技术创新能力均高于全国平均水平，2019 年之前，长江经济带创新能力弱于京津冀地区，但是 2019 年之后，长江经济带技术创新能力逐渐追赶上京津冀地区，并且呈现逐渐超越京津冀地区技术创新能力的趋势。黄河流域和东北地区技术创新能力一直落后于全国平均水平，主要原因可能是黄河流域和东北地区技术创新资金投入不足、创新人才流失以及政策实施的实际效果与预期效果有所偏差等问题严重影响技术创新能力的提升。

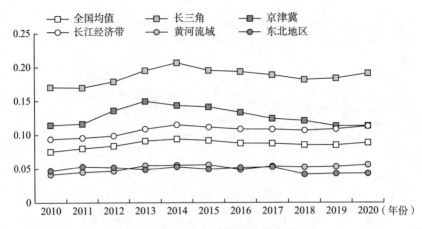

图 6 - 3　2010～2020 年技术创新变化趋势

资料来源：根据测算结果绘制。

（三）结构优化

图 6 - 4 为 2010～2020 年五个不同区域制造业高质量发展中一级指标结构优化的变化趋势。全国结构优化从 2010 年的 0.056 上升至 2020 年的 0.060。其中长三角地区结构优化能力最强，其均值达到了 0.139，这说明长三角地区市场体制完善，技术创新能力强，拥有大量创新型人才和高技能人才，从而促使长三角地区拥有较强的结构优化能力。京津冀地区和长江经济带次之，2012 年之前，长江经济带的

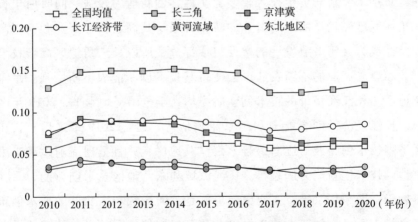

图 6 - 4　2010～2020 年结构优化变化趋势

资料来源：根据测算结果绘制。

结构优化能力略低于京津冀地区，但是 2012 年之后，长江经济带的结构优化能力要优于京津冀地区，并且两者之间的差距随着时间越来越大。黄河流域和东北地区的结构优化能力低于全国平均水平，主要原因是黄河流域和东北地区创新能力薄弱，使得传统制造业难以有效地提高生产效率，进而难以实现产业结构优化升级；同时政府行政效率低、市场环境不够完善、人才大量流失等问题也是影响黄河流域和东北地区产业结构合理化和高级化的重要因素。

（四）绿色发展

图 6－5 为 2010～2020 年五个不同区域制造业高质量发展中一级指标绿色发展的变化趋势。从五个不同区域来看，长三角地区绿色发展综合指数最高，京津冀地区和长江经济带次之，并且这三大区域绿色发展综合指数均高于全国均值，主要原因是这三大区域已经基本实现制造业产业结构的优化，一方面通过淘汰大量产能过剩、高消耗、高污染、低产出的产业的方式降低环境污染，另一方面积极推动传统产业进行转型升级，提高传统产业的生产效率，同时大力发展绿色节能环保产业。比较长江经济带和京津冀地区发现，2016 年之前两大区域的绿色发展差异不大，但从 2018 年开始长江经济带绿色发展有超越京津冀地区的趋势，这可能是原因国家对长江流域的生态保护已初见成效，促进了

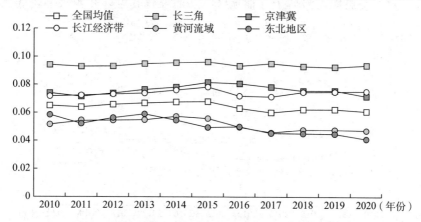

图 6－5　2010～2020 年绿色发展变化趋势

资料来源：根据测算结果绘制。

长江经济带的绿色发展。东北地区和黄河流域绿色发展水平均低于全国平均水平，主要原因可能是这两个地区仍然以粗放型制造业为主，其高污染、高耗能产业仍然大量存在，未完成对高污染、高能耗企业的整改与淘汰，从而导致能源消耗较多；同时对绿色制造、节能环保产业资金投入较少，从而影响黄河流域和东北地区制造业的绿色发展。

（五）对外开放

图6-6为2010~2020年五个不同区域制造业高质量发展中一级指标对外开放的变化趋势。全国对外开放综合指数一直处于较为稳定的态势。从不同区域分析，长三角和京津冀地区对外开放排在第一、第二位，且均高于其他地区和全国平均水平，主要原因是长三角和京津冀地区自改革开放以来一直积极参与对外开放，且这两个地区地理位置有利于与国际市场的交流合作，使得其对外开放水平较高；而长江经济带对外开放能力与全国平均水平接近，但是2018年之后，长江经济带对外开放能力逐渐提升，并逐渐追赶上全国平均水平，主要原因是国家加强了对长江流域的治理，充分利用长江流域地理优势，促进长江经济带制造业发展；黄河流域的对外开放水平处于五个区域最低水平，这说明黄河流域对外开放能力较弱，可能原因是其地理位置偏远，对外开放能力滞后于其他地区，从而导致其对外开放水平较低。

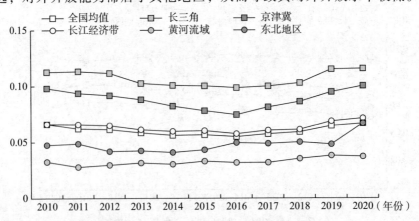

图6-6　2010~2020年对外开放变化趋势

资料来源：根据测算结果绘制。

第三节 行业层面制造业高质量发展效果

一 行业层面指标体系的选取

新发展理念符合制造业高质量发展的内涵，因此行业层面指标体系的构建应以新发展理念为核心，并且结合制造业自身的发展特点，具体包括经济效益、技术创新、结构优化、绿色发展、对外开放五个维度，指标体系如表 6 - 3 所示。

1. 经济效益

经济效益最大化是企业生产经营追求的目标之一，经济效益反映的就是投入与产出的关系问题，是投入要素有机结合、共同作用的结果，是制造业能否实现高质量发展的重要评价指标。经济效益包含多方面含义，综合考虑生产特征，本节从生产要素效益和盈利能力两方面来衡量经济效益。生产要素效益考虑了劳动生产率和总资产产值率，能够反映劳动力和资本这两种基本生产要素的使用效率，该指标越大，说明要素生产效率越高；盈利能力包括主营业务利润率、人均营业收入和制造业效益指数，这三个指标能够直观地反映制造业的盈利情况，测算的指标越大，行业的盈利水平就越高。

2. 技术创新

创新是企业生存与发展的根本，是经济增长的源泉，是增强国家竞争力的关键。本节从创新投入和创新产出的视角出发，综合考虑技术创新的指标选取，全面客观地反映行业的技术创新水平。创新投入主要包括科技人才和创新研发资金，是创新的基本条件，具体选用 R&D 人员全时当量反映行业科技人才的数量，而创新资金的投入用技术改造经费支出、R&D 经费占比来衡量。而在创新产出方面，专利数量能够较为直观地反映技术创新水平，因此采用每万人有效发明专利拥有量和每万人专利申请量来衡量创新水平。同时为考察专利的盈利成果，采用技术创新投入产出系数，即新产品销售收入与新产品开发经费的比值衡量。

3. 结构优化

结构优化能够激发经济主体创新活力，加快淘汰落后产能，支持新兴产业发展。为了较为准确地反映产业结构情况，本节构建产品结构和行业结构两个维度 4 个三级指标来衡量结构优化。开发新产品能够体现产业生产能力的提升，因此产品结构下选用新产品开发项目数、新产品销售收入占主营业务收入比重这两个指标来衡量。同时，采用国有及国有控股工业资产占比降速和私营工业企业资产比重增速来衡量行业结构，私营经济的发展状况反映了社会经济结构和经济市场的灵活性。

4. 绿色发展

企业在追求经济效益最大化的同时必须兼顾污染治理，实现绿色发展已经成为人们追求的目标，因此本节通过构建资源节约和污染治理两个维度来衡量绿色发展水平。用单位产值能耗、单位产值电耗、单位产值煤耗来衡量生产经营活动的能源利用效率，指标越大，说明能源消耗越高。污染治理水平能反映企业治理力度，用工业废气排放量、工业废水治理设施处理能力、工业固体废弃物处理量来衡量工业污染物的处理情况。

5. 对外开放

对外开放始终是中国的一项基本国策。制造业全面开放不仅有利于企业扩大海外市场，提高企业知名度，而且能为外商提供更多投资机遇，促进各国互利互惠、合作共赢。本节从出口结构和外商投资两方面来衡量对外开放水平。其中，出口结构用新产品出口收入占新产品销售收入比重来衡量，该指标能够反映我国产品出口情况；用外商资本占所有者权益比重、外商和港澳台投资企业主营业务收入来反映外商投资情况。

表 6-3　行业层面制造业高质量发展指标体系

一级指标	二级指标	三级指标	指标属性
经济效益	生产要素效益	劳动生产率	正
		总资产产值率	正

续表

一级指标	二级指标	三级指标	指标属性
经济效益	盈利能力	主营业务利润率	正
		人均营业收入	正
		制造业效益指数	正
技术创新	创新投入	技术改造经费支出	正
		R&D 人员全时当量	正
		R&D 经费占比	正
	创新产出	新产品销售收入/新产品开发经费	正
		每万人有效发明专利拥有量	正
		每万人专利申请量	正
结构优化	产品结构	新产品开发项目数	正
		新产品销售收入占主营业务收入比重	正
	行业结构	国有及国有控股工业资产占比降速	正
		私营工业企业资产比重增速	正
绿色发展	资源节约	单位产值能耗	负
		单位产值电耗	负
		单位产值煤耗	负
	污染治理	工业废气排放量	负
		工业废水治理设施处理能力	正
		工业固体废弃物处理量	正
对外开放	出口结构	新产品出口收入占新产品销售收入比重	正
	外商投资	外商资本占所有者权益比重	正
		外商和港澳台投资企业主营业务收入	正

资料来源：笔者整理。

二　制造业高质量发展总体水平测度结果分析

（一）综合评价

指标体系中涉及的数据主要来自《中国统计年鉴》《中国工业统计年鉴》《中国科技统计年鉴》《中国环境统计年鉴》等，考虑到数据缺失问题，研究时间范围为 2003～2020 年。同时鉴于制造业行业分类标准存在修改，最终以 2011 年行业分类标准为依据，研究对象为 25 个制造业行业。对于缺失值数据用年均增长率计算得出。

从表 6-4 可知，在研究范围内，制造业各行业的高质量发展水平总体呈上升态势。通过计算各行业发展水平的年均得分发现，年均得分排名靠前的行业主要包括化学原料和化学制品制造业，黑色金属冶炼和压延加工业，计算机、通信和其他电子设备制造业。综合各行业得分情况，传统行业和高技术行业存在异质性，高技术行业的表现更为出色，这主要是由于在我国经济快速发展过程中，我国对发展高技术产业更加迫切，而高技术行业经济效益高、资源利用率高、创新水平高，处于高质量发展的领先地位。而年均得分排名靠后的行业主要是印刷和记录媒介复制业，皮革、毛皮、羽毛及其制品和制鞋业，木材加工和木、竹、藤、棕、草制品业，这些行业均属于传统制造业中的劳动密集型行业。相对于高技术行业，传统制造业由于具有劳动密集、高能耗、科技含量低等特点，不利于推动制造业高质量发展。

表 6-4　2003~2020 年制造业高质量发展指数

行业	2003 年	2008 年	2011 年	2014 年	2017 年	2020 年
农副食品加工业	0.019	0.027	0.033	0.037	0.045	0.063
食品制造业	0.016	0.020	0.024	0.028	0.037	0.054
酒、饮料和精制茶制造业	0.017	0.020	0.025	0.028	0.063	0.086
烟草制品业	0.028	0.040	0.055	0.066	0.187	0.142
纺织业	0.026	0.030	0.034	0.036	0.050	0.057
皮革、毛皮、羽毛及其制品和制鞋业	0.018	0.018	0.018	0.020	0.022	0.029
木材加工和木、竹、藤、棕、草制品业	0.012	0.013	0.016	0.017	0.023	0.042
家具制造业	0.027	0.018	0.019	0.020	0.028	0.042
造纸和纸制品业	0.027	0.033	0.042	0.043	0.046	0.062
印刷和记录媒介复制业	0.011	0.013	0.015	0.020	0.025	0.039
石油加工、炼焦和核燃料加工业	0.024	0.038	0.052	0.056	0.094	0.112
化学原料和化学制品制造业	0.055	0.088	0.116	0.133	0.337	0.383
医药制造业	0.019	0.045	0.040	0.055	0.066	0.090
化学纤维制造业	0.012	0.018	0.026	0.030	0.033	0.045

续表

行业	2003 年	2008 年	2011 年	2014 年	2017 年	2020 年
橡胶和塑料制品业	0.018	0.022	0.030	0.035	0.045	0.070
非金属矿物制品业	0.021	0.022	0.031	0.036	0.053	0.074
黑色金属冶炼和压延加工业	0.060	0.156	0.143	0.141	0.151	0.183
有色金属冶炼和压延加工业	0.021	0.071	0.071	0.090	0.104	0.119
金属制品业	0.021	0.021	0.029	0.038	0.050	0.078
通用设备制造业	0.024	0.036	0.051	0.064	0.078	0.120
专用设备制造业	0.018	0.032	0.050	0.064	0.083	0.126
铁路、船舶、航空航天和其他运输设备制造业	0.036	0.053	0.077	0.088	0.114	0.144
电气机械和器材制造业	0.028	0.043	0.064	0.081	0.102	0.140
计算机、通信和其他电子设备制造业	0.042	0.071	0.095	0.119	0.146	0.195
仪器仪表制造业	0.021	0.026	0.036	0.051	0.237	0.343

注：由于篇幅有限，部分年限的数据没有展示出来，如有需要，可咨询笔者，下同。

资料来源：笔者计算得到。

为了进一步分析各行业高质量发展水平，参考聂长飞和简新华（2020）的做法，首先计算各行业发展水平的年均得分，根据四分位分类法对发展水平进行划分，按照低质量（$Q < 0.0315$）、中低质量（$0.0315 \leq Q < 0.04$）、中高质量（$0.04 \leq Q < 0.07699$）以及高质量（$Q \geq 0.07699$）的划分依据，将制造业各行业进行分类，分类结果如表 6 - 5 所示。从表 6 - 5 可以看出，传统行业整体质量水平不高，说明我国传统行业发展较为落后，其中劳动密集型行业整体质量水平不高，绝大多数处于低质量和中低质量水平，只有烟草制品业、造纸和纸制品业处于中高质量水平。传统行业的非劳动密集型行业中化学原料和化学制品制造业、黑色金属冶炼和压延加工业、有色金属冶炼和压延加工业处于高质量水平，石油加工、炼焦和核燃料加工业处于中高质量水平。而高技术行业主要处于中高质量和高质量水平，说明我国高技术行业发展状况良好。由此可见，制造业各行业的发展水平存在异质性，高技术行业的质量水平普遍高于传统行业，在传统行业中，劳动密集型行业质量水平低于非劳动密集型行业。这符合我国当

前的经济发展趋势，制造业需要朝着更高技术水平的产业链和价值链攀升，破解低端锁定困局。

表6-5　各等级类型行业分布结果

行业	类型	低质量	中低质量	中高质量	高质量
传统行业	劳动密集型	食品制造业，皮革、毛皮、羽毛及其制品和制鞋业，木材加工和木、竹、藤、棕、草制品业，家具制造业，印刷和记录媒介复制业	农副食品加工业，酒、饮料和精制茶制造业，纺织业	烟草制品业，造纸和纸制品业	
	非劳动密集型	化学纤维制造业	橡胶和塑料制品业，非金属矿物制品业，金属制品业	石油加工、炼焦和核燃料加工业	化学原料和化学制品制造业，黑色金属冶炼和压延加工业，有色金属冶炼和压延加工业
高技术行业	高技术型			医药制造业，通用设备制造业，专用设备制造业，电气机械和器材制造业	铁路、船舶、航空航天和其他运输设备制造业，计算机、通信和其他电子设备制造业，仪器仪表制造业

资料来源：笔者整理。

（二）行业异质性分析

由图6-7可知，制造业三大类行业高质量发展指数总体呈上升趋势，并且按照发展水平由高到低排列，依次为高技术型、非劳动密集型、劳动密集型，且三大类行业在2016年发展增速明显加快。分行业看，传统制造业中劳动密集型行业一直处于低发展水平，在三大类行业中排名最后，2003～2015年增长缓慢，2016～2020年增长速度加快，但与其他两个行业相比，劳动密集型行业发展势头不足；传统行业中非劳动密集型制造业在2003～2012年处于三大类行业领先地位，在2013年被高技术型行业超越，2013～2020年高质量发展水平快速增长，说明非劳动密集型行业具有较大发展空间。高技术行业的发展主要经历了三个阶段，2003～2012 年为追赶阶段，在此期间该行业的发展落后于非劳动密集型行业，而在 2013 年实现反超，处于领先地位；2014～2015 年该行业发展处于平缓期；2016 年以后处于快速增长阶段，说明高技术行业发展潜力巨大，是制造业的重要支柱行业。

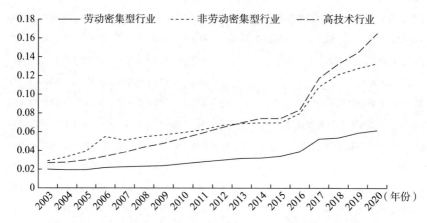

图 6－7　2003～2020 年三大类行业高质量发展指数变化趋势

资料来源：历年《中国工业统计年鉴》。

三　制造业高质量发展各项一级指标测度结果分析

（一）经济效益维度

如表 6－6 所示，制造业行业中烟草制品业的经济效益指数在这几年始终处于最高水平，说明烟草制品业利润空间巨大，其对经济增长起到了不容小觑的作用。如图 6－8 所示，2003～2015 年烟草制品业主营业务收入呈直线上升趋势，2017 年出现回落后继续增长，发展势头良好。烟草制品业属于传统劳动密集型行业，为实现其可持续发展，可从以下几方面着手：一是加大科技投入力度；二是发展烟草农业现代化；三是发展烟草循环经济。

表 6 - 6　2003 ~ 2020 年制造业经济效益指数

行业	2003 年	2008 年	2011 年	2014 年	2017 年	2020 年
农副食品加工业	0.430	0.742	0.906	0.884	1.033	1.589
食品制造业	0.537	0.752	0.918	0.931	1.083	1.418
酒、饮料和精制茶制造业	0.743	0.903	1.071	1.054	1.271	1.905
烟草制品业	1.404	2.011	2.208	2.501	2.831	3.698
纺织业	0.392	0.562	0.692	0.725	0.786	1.100
皮革、毛皮、羽毛及其制品和制鞋业	0.438	0.607	0.745	1.020	0.787	0.995
木材加工和木、竹、藤、棕、草制品业	0.408	0.689	0.825	0.823	0.924	1.527
家具制造业	0.436	0.568	0.719	0.725	0.797	1.076
造纸和纸制品业	0.493	0.675	0.780	0.762	0.846	1.138
印刷和记录媒介复制业	0.653	0.713	0.858	0.837	0.863	1.035
石油加工、炼焦和核燃料加工业	0.665	0.683	1.389	1.435	1.846	2.214
化学原料和化学制品制造业	0.531	0.768	0.982	0.945	2.043	2.641
医药制造业	0.834	0.968	1.043	1.040	1.194	1.648
化学纤维制造业	0.522	0.551	0.895	0.832	0.987	1.068
橡胶和塑料制品业	0.488	0.705	0.744	0.790	0.804	1.051
非金属矿物制品业	0.503	0.737	0.922	0.861	0.981	1.277
黑色金属冶炼和压延加工业	0.589	0.843	0.940	0.832	1.031	1.503
有色金属冶炼和压延加工业	0.493	0.794	1.060	1.043	1.087	1.731
金属制品业	0.503	0.647	0.795	0.793	0.858	0.955
通用设备制造业	0.512	0.726	0.860	0.833	0.876	1.087
专用设备制造业	0.474	0.727	0.880	0.821	0.837	1.130
铁路、船舶、航空航天和其他运输设备制造业	0.656	0.753	0.983	0.998	1.053	1.310
电气机械和器材制造业	0.520	0.712	0.807	0.830	0.909	1.104
计算机、通信和其他电子设备制造业	0.540	0.581	0.662	0.715	0.770	0.924
仪器仪表制造业	0.537	0.675	0.815	0.872	0.877	1.201

资料来源：笔者计算得到。

（二）技术创新维度

制造业技术创新指数如表 6 - 7 所示，综合近几年来看，计算机、通信和其他电子设备制造业的技术创新水平一直处于行业前列。以2020 年高技术行业的有效发明专利拥有量为例，如图 6 - 9 所示，计

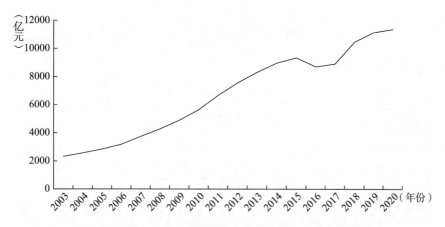

图 6 - 8　2003 ~ 2020 年烟草制品业主营业务收入变化趋势

资料来源：历年《中国工业统计年鉴》。

算机、通信和其他电子设备制造业，电气机械和器材制造业，专用设备制造业位列前三。其中，计算机、通信和其他电子设备制造业的专利份额达到 39%，远远超过其他行业；而仪器仪表制造业和医药制造业的专利份额排名靠后，分别仅占 4% 和 6%。近年来，在全球互联网大趋势下，信息技术正处于快速发展阶段，我国计算机、通信和其他电子设备制造业的技术创新能力也不断得到突破。

表 6 - 7　2003 ~ 2020 年制造业技术创新指数

行业	2003 年	2008 年	2011 年	2014 年	2017 年	2020 年
农副食品加工业	0.064	0.170	0.148	0.195	0.258	0.361
食品制造业	0.112	0.164	0.148	0.202	0.304	0.491
酒、饮料和精制茶制造业	0.142	0.149	0.157	0.216	0.219	0.271
烟草制品业	0.351	0.398	0.686	0.826	1.266	1.699
纺织业	0.200	0.207	0.257	0.283	0.344	0.489
皮革、毛皮、羽毛及其制品和制鞋业	0.095	0.132	0.127	0.122	0.127	0.195
木材加工和木、竹、藤、棕、草制品业	0.008	0.136	0.106	0.108	0.154	0.276
家具制造业	0.042	0.127	0.170	0.199	0.340	0.534
造纸和纸制品业	0.177	0.152	0.169	0.254	0.313	0.545
印刷和记录媒介复制业	0.066	0.124	0.116	0.360	0.283	0.517
石油加工、炼焦和核燃料加工业	0.306	0.390	0.316	0.413	0.445	0.539

续表

行业	2003 年	2008 年	2011 年	2014 年	2017 年	2020 年
化学原料和化学制品制造业	0.298	0.552	0.701	0.955	0.973	1.366
医药制造业	0.176	0.995	0.504	0.786	0.913	1.231
化学纤维制造业	0.098	0.146	0.236	0.315	0.366	0.559
橡胶和塑料制品业	0.125	0.156	0.252	0.362	0.538	0.980
非金属矿物制品业	0.147	0.203	0.237	0.314	0.466	0.777
黑色金属冶炼和压延加工业	0.531	1.173	0.896	0.732	0.676	1.251
有色金属冶炼和压延加工业	0.173	0.404	0.416	0.514	0.593	0.826
金属制品业	0.155	0.156	0.255	0.405	0.601	1.024
通用设备制造业	0.244	0.407	0.659	0.874	1.137	1.835
专用设备制造业	0.207	0.425	0.769	0.988	1.405	2.170
铁路、船舶、航空航天和其他运输设备制造业	0.459	0.688	0.981	1.120	1.514	1.841
电气机械和器材制造业	0.319	0.520	0.896	1.166	1.575	2.182
计算机、通信和其他电子设备制造业	0.383	0.705	1.023	1.368	2.038	2.919
仪器仪表制造业	0.139	0.288	0.542	0.946	1.954	3.162

资料来源：笔者计算得到。

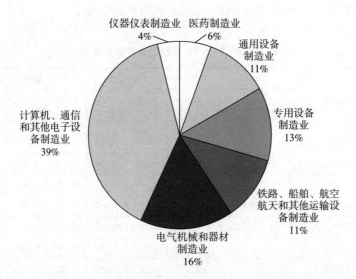

图 6 - 9　2020 年高技术行业有效发明专利拥有量份额

资料来源：历年《中国工业统计年鉴》。

（三）结构优化维度

如表 6-8 所示，2003~2020 年各行业结构优化指数均得到提升。通过计算各行业结构优化指数的年均得分，计算机、通信和其他电子设备制造业，电气机械和器材制造业，铁路、船舶、航空航天和其他运输设备制造业的结构优化水平处在行业前列。其中年均得分最高的是计算机、通信和其他电子设备制造业，为1.26，这说明与其他行业相比，该行业产业结构最为合理。而劳动密集型行业的年均得分均处于落后位置。因此，必须推动产业结构调整，实现资源优化配置，向产业结构高级化和合理化发展。

表 6-8 2003~2020 年制造业结构优化指数

行业	2003 年	2008 年	2011 年	2014 年	2017 年	2020 年
农副食品加工业	0.871	0.909	0.823	0.864	0.931	0.992
食品制造业	0.896	0.851	0.874	0.820	0.894	0.953
酒、饮料和精制茶制造业	0.846	0.855	0.792	0.835	1.179	1.321
烟草制品业	0.809	1.663	0.757	0.819	1.814	0.981
纺织业	0.959	0.973	0.861	0.896	0.945	1.065
皮革、毛皮、羽毛及其制品和制鞋业	0.882	0.542	0.784	0.870	0.834	0.871
木材加工和木、竹、藤、棕、草制品业	0.797	0.886	0.776	0.809	0.856	0.878
家具制造业	0.834	0.897	0.903	0.824	0.870	0.927
造纸和纸制品业	0.822	0.747	0.830	0.808	0.867	0.919
印刷和记录媒介复制业	0.840	0.860	0.806	0.853	0.865	0.913
石油加工、炼焦和核燃料加工业	0.769	0.823	0.802	0.795	0.815	0.831
化学原料和化学制品制造业	0.889	0.964	0.976	1.088	1.197	1.365
医药制造业	0.872	0.963	0.993	1.108	1.146	1.305
化学纤维制造业	0.920	0.922	0.816	0.808	0.836	0.852
橡胶和塑料制品业	1.073	0.826	0.915	0.958	1.031	1.232
非金属矿物制品业	0.909	0.833	0.805	0.921	0.991	1.199
黑色金属冶炼和压延加工业	0.816	0.827	0.870	0.907	0.907	0.961
有色金属冶炼和压延加工业	0.836	0.852	0.802	0.863	0.896	0.955
金属制品业	0.831	0.859	0.887	0.964	1.037	1.297
通用设备制造业	0.988	1.068	1.107	1.217	1.318	1.693

续表

行业	2003 年	2008 年	2011 年	2014 年	2017 年	2020 年
专用设备制造业	0.811	0.970	1.054	1.216	1.277	1.646
铁路、船舶、航空航天和其他运输设备制造业	0.967	1.114	1.155	1.205	1.336	1.594
电气机械和器材制造业	0.985	1.075	1.149	1.314	1.467	1.819
计算机、通信和其他电子设备制造业	0.978	0.972	1.150	1.309	1.444	1.840
仪器仪表制造业	0.942	0.849	0.882	0.970	0.974	1.096

资料来源：笔者计算得到。

（四）绿色发展维度

如表 6-9 所示，各行业绿色发展指数呈现上升趋势，并且各行业差距较小，指数保持在 4 左右，说明各行业污染情况得到了较好的改善。为更详细地了解行业污染治理情况，以绿色发展指数较低的石油加工、炼焦和核燃料加工业为例，如图 6-10 所示，2003~2020 年单位产值能耗、单位产值电耗、单位产值煤耗都基本呈下降趋势，在 2014~2016 年均有明显上升，该行业在生产过程中对能源、煤炭消耗量较大，对电力消耗量较小。因此，各行业在追求经济效益最大化的同时，必须秉承绿色发展理念，把环境效益摆在重要位置。

表 6-9　2003~2020 年制造业绿色发展指数

行业	2003 年	2008 年	2011 年	2014 年	2017 年	2020 年
农副食品加工业	3.836	4.002	4.057	4.038	4.070	4.069
食品制造业	3.748	3.877	3.948	3.954	3.995	4.018
酒、饮料和精制茶制造业	3.767	3.895	3.973	3.983	2.995	3.228
烟草制品业	3.929	3.974	3.983	4.000	3.997	4.001
纺织业	3.763	3.913	3.983	4.007	4.157	4.073
皮革、毛皮、羽毛及其制品和制鞋业	3.951	3.979	3.996	3.993	4.006	4.014
木材加工和木、竹、藤、棕、草制品业	3.702	3.863	3.914	3.924	3.958	3.942
家具制造业	3.909	3.973	3.984	3.977	3.989	3.996
造纸和纸制品业	3.426	3.793	3.953	3.959	3.973	4.065
印刷和记录媒介复制业	3.793	3.932	3.948	3.967	3.980	3.989
石油加工、炼焦和核燃料加工业	2.585	3.294	3.490	3.357	3.686	3.771

行业	2003 年	2008 年	2011 年	2014 年	2017 年	2020 年
化学原料和化学制品制造业	3.213	4.041	4.357	4.305	4.571	4.726
医药制造业	3.772	3.900	3.949	3.956	3.976	4.001
化学纤维制造业	3.199	3.741	3.856	3.827	3.835	3.885
橡胶和塑料制品业	3.768	3.859	3.900	3.908	3.921	3.937
非金属矿物制品业	1.870	2.813	3.078	3.172	3.369	3.352
黑色金属冶炼和压延加工业	2.652	4.373	4.174	4.156	4.192	3.952
有色金属冶炼和压延加工业	3.006	4.096	4.053	4.164	4.208	4.101
金属制品业	3.743	3.894	3.932	3.953	3.956	3.962
通用设备制造业	3.847	3.945	3.960	3.972	3.976	3.991
专用设备制造业	3.849	3.938	3.957	3.989	3.989	4.000
铁路、船舶、航空航天和其他运输设备制造业	3.935	3.958	3.995	3.984	3.991	4.006
电气机械和器材制造业	3.937	3.974	3.980	3.987	3.995	3.998
计算机、通信和其他电子设备制造业	3.974	3.990	3.992	4.005	4.015	3.985
仪器仪表制造业	3.939	3.975	3.985	3.986	3.992	3.999

资料来源：笔者计算得到。

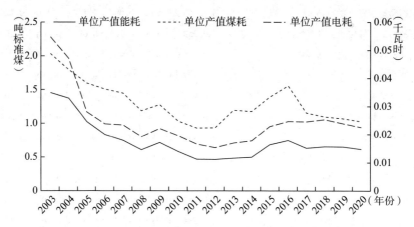

图 6 - 10　2003～2020 年石油加工、炼焦和核燃料加工业能源消费走势
资料来源：历年《中国工业统计年鉴》。

（五）对外开放维度

如表 6 - 10 所示，大部分行业对外开放指数呈缓慢上升趋势，个别行业对外开放指数出现明显下降，比如纺织业、家具制造业、非金属矿物制品业等。通过计算各行业对外开放指数的年均得分发现，计算机、通信和其他电子设备制造业的得分最高，烟草制品业的得分最低，说明制造业各行业对外开放水平存在差距。对外开放作为我国的一项基本国策，我们应该大力推动对外经济技术交流，缩小行业水平差距，加速经济高质量发展。

表 6 – 10　2003～2020 年制造业对外开放指数

行业	2003 年	2008 年	2011 年	2014 年	2017 年	2020 年
农副食品加工业	0.391	0.260	0.246	0.214	0.227	0.227
食品制造业	0.316	0.260	0.227	0.207	0.228	0.228
酒、饮料和精制茶制造业	0.198	0.175	0.162	0.155	0.113	0.113
烟草制品业	0.002	0.001	0.001	0.001	0.005	0.005
纺织业	0.424	0.265	0.222	0.191	0.200	0.200
皮革、毛皮、羽毛及其制品和制鞋业	0.506	0.282	0.281	0.248	0.200	0.200
木材加工和木、竹、藤、棕、草制品业	0.391	0.124	0.108	0.088	0.105	0.105
家具制造业	1.151	0.291	0.247	0.238	0.194	0.194
造纸和纸制品业	0.228	0.285	0.290	0.213	0.223	0.223
印刷和记录媒介复制业	0.168	0.092	0.098	0.127	0.120	0.120
石油加工、炼焦和核燃料加工业	0.053	0.105	0.105	0.092	0.106	0.106
化学原料和化学制品制造业	0.275	0.432	0.466	0.434	0.374	0.374
医药制造业	0.187	0.171	0.168	0.160	0.176	0.176
化学纤维制造业	0.131	0.148	0.154	0.094	0.101	0.101
橡胶和塑料制品业	0.409	0.356	0.301	0.290	0.269	0.269
非金属矿物制品业	0.388	0.199	0.177	0.170	0.143	0.143
黑色金属冶炼和压延加工业	0.197	0.204	0.198	0.153	0.151	0.151
有色金属冶炼和压延加工业	0.190	0.160	0.149	0.152	0.154	0.154
金属制品业	0.482	0.268	0.243	0.222	0.205	0.205
通用设备制造业	0.284	0.316	0.340	0.333	0.344	0.344
专用设备制造业	0.155	0.237	0.260	0.224	0.222	0.222
铁路、船舶、航空航天和其他运输设备制造业	0.247	0.631	0.742	0.877	0.915	0.915
电气机械和器材制造业	0.367	0.446	0.439	0.406	0.401	0.401
计算机、通信和其他电子设备制造业	0.735	1.298	1.412	1.241	1.295	1.295
仪器仪表制造业	0.506	0.270	0.163	0.160	0.138	0.138

资料来源：笔者计算得到。

第四节　主要结论

本章主要从区域和行业层面分别对中国制造业高质量发展效果进行测度及评价。首先，详细分析制造业高质量发展的影响因素。其次，从区域层面和行业层面分别构建合理的指标体系，对制造业高质量发展水平进行测度及分析。

首先，影响制造业高质量发展的因素主要包括技术创新、结构优化、绿色发展、对外开放、产业集聚、人力资本。

其次，从区域层面测度各省（区、市）以及长三角地区、京津冀地区、长江经济带、黄河流域、东北地区的制造业高质量发展水平。从综合角度分析，广东的制造业高质量发展水平最高；在五个主要区域中，长三角地区制造业高质量发展水平最高，长江经济带和京津冀地区处于中等水平，而东北地区和黄河流域次之。从各项一级指标测度结果分析，长三角地区、长江经济带在经济效益、技术创新、结构优化、绿色发展、对外开放五大方面表现良好，京津冀地区处于中等水平，黄河流域、东北地区表现较差。

最后，根据行业层面的测度结果可知，从综合角度分析，高技术行业的高质量发展水平相对传统行业更高。从各项一级指标测度结果分析，经济效益水平最高的是烟草制品业；技术创新水平、结构优化水平以及对外开放水平最高的是计算机、通信和其他电子设备制造业；各行业的绿色发展水平较为接近。

第七章　制造业发展模式比较

本章首先梳理美国、德国、日本、韩国等发达国家制造业的发展模式，其次对国内东北地区、粤港澳大湾区、长三角地区的制造业发展经验进行分析，最后对相关国家或地区的制造业发展经验进行归纳，总结对双循环新发展格局下中国制造业高质量发展的启示。

第一节　发达国家制造业发展模式

一　美国

（一）发展模式

美国是制造大国和制造强国，然而由于美国政府对第三产业的过度追捧，产业空心化现象严重，虚拟经济过热。尤其在 2008 年国际金融危机爆发后，美国的经济遭到沉重打击。如图 7-1 所示，2006~2020 年，美国制造业增加值总体处于上升趋势，2020 年达到 2.34 万亿美元，但是美国制造业增加值占 GDP 的比重不断下降，尤其从 2006 年开始，占比急剧下降，2010 年占比短暂回升，2011 年后又开始走向衰退，近几年占比保持在 11.25% 左右。制造业的衰退让美国政府重新审视制造业的重要性。奥巴马政府为重振制造业提出了制造业回归战略。在采取一系列措施后，美国制造业仍然保持着巨大的竞争力，维持着制造强国的地位。那么，美国是如何重塑制造业优势的？中国制造业又能从中获得哪些启发？

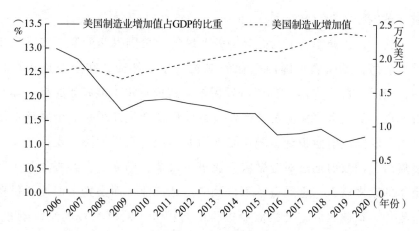

图7-1 2006～2020年美国制造业增加值及其占GDP比重

资料来源：快易数据。

其一，加快推动高端制造业的发展。美国过去推崇的去工业化发展模式，造成制造业生产总值和就业人数下降，让美国政府产生强烈的危机感，意识到发展制造业尤其是高端制造业的重要性，如航空航天、生命技术与医药产业、新能源产业等。美国的制造业回归战略，其目的不是简单地重振传统制造业，而是以发展高端制造业为核心，致力于生产具有高附加值、高技术含量、别国无法生产的制造产品，抢占高端制造业的制高点（杨晓龙等，2012）。此外，美国政府为了推动高新技术与制造业相结合，建立了专门的工程技术中心，制订了专项计划，为促进制造业的发展研发各种先进技术，实现制造业高科技化发展（董书礼，2006）。

其二，为中小企业发展保驾护航。同德国一样，美国的中小企业数量众多，这得益于政府为保护中小企业发展实施的各种政策。为了保护中小企业的发展，美国政府设立专门的机构——美国小企业管理局（SBA），各州成立了小企业发展中心（SBDC），解决中小企业在经营中面临的问题。中小企业要得到更好发展，必须得到足够的资金支持，美国政府通过颁布《社区再投资法案》，要求银行必须承担起为中小企业贷款的义务。而SBA也会为它们提供相应的贷款担保服务。为了促进中小企业进行技术创新，联邦政府通过提供经费鼓励创新（黄宝振，2021）。

其三，强调制造业与金融服务业统筹。美国发达的资本市场位于世界前列，足以满足国内企业的融资需求。然而，在金融危机爆发前，美国"脱实向虚"的经济发展模式造成资本不能有效支持实体经济发展，资金大多流向房地产业，造成房地产泡沫现象。金融危机爆发后，联邦政府意识到金融业必须为实体经济提供服务，支持制造业发展。美国政府通过对金融服务业进行改革，确立了金融资本与生产资本的紧密联系，金融资本不再流向房地产业，而是为工商业提供资金支持。在此之后，美国商业银行纷纷扩大了对制造业的贷款规模，为企业发展提供必要的资金支持（康岳宗，2018）。

其四，建立严密的法律体系。美国能够始终走在科技创新的前列，离不开严密的法律体系。为鼓励创新、增强企业的国际竞争力，美国先后针对激励科技创新、保护知识产权、减免科技创新投资税收等建立了相关法律体系。美国根据经济形势制定了不同的科技创新法律，主要包括促进技术创新和技术成果转化的法律，但是美国始终将发展基础科学研究放在核心位置，这也是美国能够成为科技强国的重要原因。《知识产权法》能够对劳动者的劳动成果进行有效保护，鼓励创新发明。美国不仅为知识产权保护颁布了各种法案，包括《专利法》《商标法》《版权法》等，还建立了严格的法律执行体系，对违反《知识产权法》的企业处以刑事处罚，这显著提升了《知识产权法》的威慑作用（冀瑜、徐爱微，2008）。科技型企业由于自身存在较高的风险，所以难以获得融资。美国为鼓励这类企业进行投资，除了出台相关的税收优惠政策外，还制定了专门的法规，营造良好的投资环境。

（二）发展经验

制造业重振计划作为美国政府一项长期的发展措施，不可避免地会对我国经济发展产生影响，我们应该积极从美国制造业发展模式中吸取经验，制订合乎我国国情的制造业发展计划。

第一，坚持自主创新。改革开放初期，与发达国家相比，我国科技十分落后，主要依靠技术进口并加以改良，再投入我国的生产中，这在一定程度上缓解了我国科技落后的问题，但是核心技术仍然掌握在发达国家手中。因此，我国要始终把坚持自主创新摆在第一位，实现科技强国。

第二，为中小企业的发展保驾护航。中小企业是经济发展的重要活力，是实现高质量发展的关键因素。面临国际经济下行的压力，中小企业的生存与发展面临更为严峻的挑战。因此，我国应该设立专门的机构为中小企业发展提供服务，有效帮助中小企业解决在经营活动过程中面临的问题，为中小企业发展提供有力保障。

第三，加大知识产权保护力度。合理的知识产权保护制度能够激发企业创新活力，助力企业高质量发展。近年来，虽然我国知识产权保护意识不断增强，但是我国仍处于高技术含量的发明较少的困境。因此，国家有关部门应该及时完善知识产权保护的法律法规，大力宣传知识产权保护知识，增强社会公众的知识产权保护意识。

二　德国

（一）发展模式

德国的工业化可以追溯到 19 世纪 30 年代，但由于当时国家处于分裂状态，工业发展十分落后。在二战时期，"德国制造"被世界普遍认为产品质量差。随着第二次工业革命的兴起，德国政府充分把握发展机遇，迎来了制造业快速发展阶段。经过几十年的摸索和努力，德国现在已经成为制造大国和制造强国。甚至在国际金融危机和债务危机中，德国制造业依然有着出色的表现。德国汽车工业强大，其技术水平走在全球前端。2020 年世界 500 强企业中德国有 26 家上榜，其中有 7 家企业进入 100 强（见表 7 - 1）。如表 7 - 1 所示，有 4 家企业涉及汽车制造或汽车技术领域。而中国近几年已经发展成为制造大国，如何顺利转变为制造强国？德国制造业的发展模式值得我们借鉴。

表 7-1 2020 年德国世界 100 强制造业企业

企业名称	行业	简介	企业发展模式
大众汽车（Volkswagen）	汽车制造业	欧洲最大的汽车公司，旗下企业包括兰博基尼、保时捷、奥迪等	秉持为大众服务的理念，掌握汽车生产核心技术，如 TSI 发动机的缸内直喷技术、DSG 的核心部件"双离合器"等
戴姆勒股份公司（Daimler AG）	汽车制造业	全球第一大商用车制造商，亦是全球最大的豪华车生产商和卡车生产商之一	专注全球核心业务，在汽车、金融等领域快速发展；加速拓展前沿领域，如智能网联、自动驾驶、共享出行等
安联集团（Allianz Group）	保险、金融服务业	全世界最大的保险公司之一	加快银行保险的交叉融合，包括产品设计和销售；注重员工激励，业务核算方式明确
宝马集团（BMW Group）	汽车制造业	全世界汽车和摩托车制造领域的领先企业	加快新能源产品研发，降低油耗与排放；重点拓展电动汽车和自动驾驶领域
西门子（Siemens）	电气工程业	全球最大的电子电气工程企业之一	专注于数字化技术发展，目前西门子数字工业部门已经覆盖汽车、制药、化工等领域
德国电信（Deutsche Telekom）	电信业	全球最大的电信运营商之一	关注科技进步，不断将新科技应用于产品和服务中，在智能网络以及 IT、互联网和网络服务方面快速发展
博世集团（Bosch Group）	汽车与智能交通技术、工业技术业	全球最大的汽车技术供应商之一	业务范围广泛，包括汽车技术、电动工具技术等

资料来源：笔者整理。

其一，推进智能化生产方式变革。德国政府一直在推动制造业智能化、数字化发展，分别在 2013 年提出工业 4.0 战略、2016 年提出数字化战略 2025。相较于传统的机械生产方式，智能化生产方式强调将制造等环节通过信息物理系统进行全程控制，实现资源的整合和配置，提高生产效率。德国之所以能够率先进行智能化改革，首先是因为德国智能制造发展历史久远，早在 20 世纪 70 年代，德国很多企业就开始实施自动化生产，这为企业实现智能化生产奠定了重要基础（孟凡达，2018）；其次是因为德国十分重视为制造业发展增添创新活力，推进大学与企业合作，促进企业技术创新，使得德国企业始终保持高技术水平。

其二，注重专业型人才培养。要实现经济高质量发展，需要专业型人才储备。德国除了设立综合大学，还设立了很多工业技术学校，此类学校注重技术应用，提高学生应用能力。为了培养知识型的专业技术工人，德国还建立了"双轨制"职业培训制度。在德国，很多青少年在完成中学学业后就会接受这种职业培训，企业和学校共同培养学生，使学生既掌握理论知识，又能有丰富的实践经验（郑春荣、望路，2015）。此外，德国对于参加职业培训有着明确的法律规定。求职者不管做何种工作，都需要职业培训证明，否则不能找到工作。无论是普通工人还是农民，都必须获得相应的职业培训证明才能工作（周静，2013）。

其三，大力培养中小企业。相较于其他国家仅依赖大企业发展，德国经济发展的重要支撑力量是中小企业。政府为了保证中小企业能够拥有良好的发展空间，一直实施"限大促小"的保护措施，建立专门的委员会，针对大企业的垄断以及对中小企业的不正当打压行为进行禁止（周静，2013）。当然，德国中小企业能够得到政府的支持，与其自身的优秀也有重要关系。相较于其他企业追求大规模生产、产品多样化，德国的中小企业只专注生产单一的产品并做到极致。例如，伍尔特公司只生产螺丝等紧固件，却能够在多个国家设立工厂，这充分展现了德国产品做工精细的特点。

其四，推动发展可再生能源产业。二战后，经济增长带来的化石能源稀缺问题以及造成的环境污染问题，使德国政府意识到必须尽早进行能源转型。早在2000年，德国就出台了《可再生能源法》，该法案通过制订详细的发展计划支持可再生能源产业发展。清洁能源逐渐替代煤电，实现工业绿色发展。德国政府创新性地建立了市场化机制推动可再生能源产业的发展，满足供应商和需求方的利益诉求（孟凡达，2018）。除此之外，德国为确保可再生能源市场的健康发展，还建立了追踪评估机制，对该产业的运行情况进行全方位的监管。

（二）发展经验

第一，坚持实体经济的重要地位。在全球发生金融危机的情况下，德国的经济发展却免遭虚拟经济泡沫的危害。目前，中美贸易摩擦、俄乌战争等造成全球股市动荡，经济发展呈下行趋势。因此，我国必须坚持以实体经济为发展核心，坚持工业智能化发展。当前是数字经济蓬勃发展时期，我国要抓住这次机遇，实现产业数字化改革，实现生产智能化、高附加值化。

第二，提高劳动力素质。虽然我国劳动力数量多，但是缺乏技术性的专业工人，劳动效率低下。而德国的"双轨制"职业培训制度培养了大批优秀的技术工人，工人的劳动素养得到提高。因此，我国应该加快完善人才培养体系，注重培养应用型人才，为企业发展注入新的活力。

第三，坚持绿色发展。我国过去以牺牲环境为代价大力发展经济，造成了资源紧缺和环境污染等问题，这就需要我们尽快实现制造业绿色化转变，使用清洁能源，改进生产技术，早日实现绿色发展。

三　日　本

（一）发展模式

日本作为一个海岛国家，面积狭小，资源相对匮乏，但是自二战后实现了高速的经济增长，经济发展取得的成就令世界震惊。日本制造业凭借其高品质为世界所熟知，无论是汽车还是其他简单的制造产品都赢得了消费者的青睐。如图 7 - 2 所示，日本制造业增加值变化较为稳定，基本保持在 1 万亿美元左右。而在 2008～2011 年，日本制造业增加值占 GDP 比重波动较大，2009 年跌至低谷。2012 年底，日本为摆脱经济低迷困境，实施了一系列刺激经济发展的措施，2015 年后日本制造业增加值占 GDP 比重开始上升，并且保持在 20% 左右，其制造强国的地位依然稳固。那么，日本制造业是如何成功的呢？

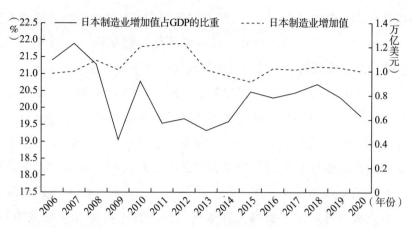

图 7 – 2　2006～2020 年日本制造业增加值及其占 GDP 比重

资料来源：快易数据。

其一，重视人才培养。在平成时代（1989～2019 年）的 31 年间，日本主要进行了四次教育改革，包括教育的"自由化"阶段、"结构改革"阶段、"教育再生"阶段、"教育再生实行"阶段。在这四个阶段中，日本政府的教育改革注重以国家发展为核心，强调培养集体与责任意识，加强学生对日本本土文化的学习，培养学生的爱国意识，甚至对幼儿制定了"亲近国歌""亲近国旗"这样的要求。此外，日本政府还重视对学生的职业教育，在《教育基本法》中要求学校重视培养学生的职业意识。对于低等、中等教育，日本政府主要通过新设有关职业的课程，让学生体验相关的职业情景，认识学习的意义。对于高等教育，其职业教育内容更为丰富，包括资助大学开展各种实践项目、设置职业大学、开设专业学位课程等（臧佩红，2022）。

其二，坚持以"工匠精神"进行生产。日本"工匠精神"确立于江户时期，强调在生产经营过程中秉承敬业、精益、专注等态度。这一精神对日本制造业的发展起到了促进作用，不管是大企业还是小工厂都始终坚持以高标准、高要求进行生产，使高品质成为日本产品的特征之一。在大企业中，丰田以精益的生产方式制造了高品质的汽车并畅销海外。小工厂也秉承"工匠精神"，对于零部件的生产丝毫不懈怠，其品质甚至达到世界级水平（林丽敏，2019）。然而，近年来日本制造业造假事件频发，诸如三菱、东芝、奥林巴斯等知名品牌纷纷陷入造假丑闻（金仁淑、孙玥，2019）。此外，日本老龄化问题加剧、年轻劳动力缺乏、企业经营模式落后等使得日本逐渐失去"工匠精神"。

其三，发挥政府职能，优化制度环境。日本政府在经济发展过程中起着引领性作用。在经济发展早期，日本的技术水平与欧美等发达国家相比有较大差距，日本政府鼓励企业引进国外先进技术，企业根据市场需求对这些技术进行改良和创新。与此同时，日本政府出台相应的法律法规鼓励企业自主创新。此外，日本政府十分关注新兴战略产业的发展，并制定了机器人新战略、第四次工业革命先导战略等。伴随中美贸易摩擦、新冠疫情等一系列动荡因素的增加，日本政府意识到多变的国际环境会对制造业发展产生不利影响，因此积极推进制造业数字化转型，以保持和提高其制造业在全球的重要地位。

其四，加强企业国际化运营。面积狭小、资源匮乏的国情，使得日本注重海外发展。在国内市场趋于饱和且企业实力增强的情况下，日本制造业企业开始寻找新的出路，通过对外投资和建立海外工厂来提高市场份额，同时解决了劳动力、生产原材料短缺等问题。相对于日本国内，发展中国家的劳动力和原材料价格更低，企业国际化运营不仅能够提高利润，也提高了国际知名度（徐梅，2021）。然而这种海外运营并不代表日本制造业出现了"空心化"现象，相反，有关高附加值产品的研发和生产活动仍然在国内进行，企业仍然掌握核心技术。

（二）发展经验

制造业发展的好坏直接关乎国家经济发展情况，是国际竞争力的重要表现。虽然中国已经成为制造大国，但是重要原材料、核心零部件仍然依赖进口。日本制造业的发展模式对中国实现制造业转型升级的目标具有重要的学习意义。

第一，健全教育制度，培养专业型人才。日本的教育模式培养了大批优秀的企业家和科学家，为国家发展提供丰富的人才储备。职业化教育使国民增强职业技能，树立职业化意识。而中国的应试教育模式缺乏对学生能力的培养，只注重书本教育，教育刻板化现象严重。

第二，加强培养"工匠精神"，提高产品质量。日本产品小到日用品大到汽车都深得世界消费者的青睐，这主要归结于消费者对日本产品的认可度，而形成这种认可度离不开其"工匠精神"。中国有着世界上规模最大的内需市场，人们的需求日益呈现多样化，充分扩大内需带动的经济发展已经成为重要的经济增长模式。因此，应该注重培养"工匠精神"，专注产品生产的每一个环节，做到精益求精。

第三，充分发挥政府的作用。政府是国家经济发展的掌舵人，经济的好坏与政府的行为有直接关系。政府应当从大局出发，统筹经济发展规划，通过实施相应政策手段促进资源优化配置，为企业营造良好的制度环境，鼓励企业技术创新，促进企业高质量发展。

四　韩国

（一）发展模式

韩国国土面积十分狭小，仅相当于一个江苏省的大小。然而经过几十年的发展，韩国从传统的农业大国一跃成为新兴工业化国家，被称为"亚洲四小龙"之一，其制造业发展可圈可点，在汽车、船舶、电子等领域的成就令人瞩目。近年来，在中国和日本的制造业不断强大的情况下，韩国制定了《韩国基础产业创新发展战略——第二次基础产业振兴基本计划（2018—2022年）》《制造业复兴发展战略蓝图》等发展方针，以保持其制造业在全球的重要地位。如图7-3所示，2006~2020年韩国制造业增加值占GDP的比重经历了较大波动，2006~2011年占比快速上升，而后开始下降，2020年跌至最低值，但是韩国制造业增加值基本保持稳步上升趋势，表明韩国制造业竞争力仍然强劲。对于正处在制造业转型期的中国来说，韩国制造业发展成功的背后又有哪些经验值得中国学习呢？

其一，注重制造业信息化。韩国政府十分重视将制造业和信息产业融合发展，以此来促进新兴产业的发展。为应对发达国家纷纷振兴制造业、国际竞争加剧的形势，韩国早在2014年就提出"制造业革新3.0"战略，其目标是通过促进制造业信息化，加快新兴产业发展，

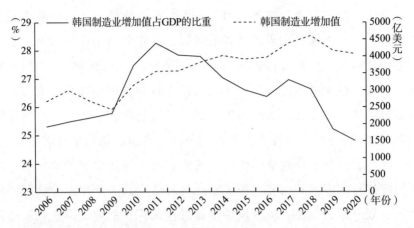

图 7 – 3　2006～2020 年韩国制造业增加值及其占 GDP 比重

资料来源：快易数据。

增强竞争优势。促进信息技术与制造业融合发展，在原有制造产品的基础上进行升级，形成具有高附加值、高技术含量的新产品，满足消费者多样化需求（宋利芳等，2016）。制造业信息化发展能够赋能制造业智能化生产，将先进技术应用于产品生产的各个环节，有效消除传统生产方式的各种弊端。在政府的帮助下，韩国工厂纷纷进行智能化转型。韩国过去的发展政策重点扶持大企业造成小企业发展困难，韩国政府意识到这种不平衡发展政策不利于经济发展，因此重点针对中小企业进行一系列政策扶持，通过拨款等手段支持其智能化改造。

其二，加强制造业国际化品牌建设。韩国在电子、汽车、船舶等行业都有享誉世界的品牌，如耳熟能详的三星重工、大宇造船、现代重工等品牌。品牌是企业的形象，更是一种无形资产，品牌形象与企业发展前景有直接联系。韩国始终大力弘扬民族精神，民族精神已经根深于国民的思想中，即使企业经营面临许多波折，它们依然坚守自己的品牌，打造了一批享誉世界的知名品牌。中国企业为了解决资金和技术问题，过去很多知名国货品牌已经销声匿迹，外国品牌充斥市场，这值得我们反思。韩国政府积极推进"国家品牌"建设，为企业发展做宣传。此外，韩国产品包装设计精良，政府为提升产品外观建立设计中心。韩国企业为了提高品牌价值，加大对产品外观设计的投资。此外，为了应对中国等产品价格低廉的优势冲击，韩国制造业企业迈向高端发展道路，塑造品牌新优势。

其三，创新人才培养方式。为满足经济发展对高端人才的需要，韩国建立了产学研体系，通过企业、科研院所和高等院校的合作，培养知识型高端人才。此外，韩国还实行两套教育体系——职业教育和高等教育，并且分别由劳动部和教育部统管，学习德国的教育经验，设立技术专科大学。同时，信息技术的快速发展为教育行业的发展增添了活力。2001年，韩国首次建立了网络大学，主要为成人提供再教育机会（吴莲姬，2004）。海外优秀人才的不足让韩国政府意识到人才引进政策的重要性，通过构建国际科学中心、研究平台，以及加强配套设施保障来吸引人才、留住人才（李秀珍、孙钰，2017）。

其四，注重人力资本积累。人力资本积累是经济增长的重要源泉之一。人力资本不仅包括劳动力的技术水平，还包括劳动力的知识水平和身体素质等。韩国政府十分重视公共教育，政府预算中优先安排小学和初中教育的所需资金，对职业教育和高等教育也大力扶持，提高国民综合素质（赵玉璞、朴成辉，2010）。"干中学"能够有效提高工人的技术水平，韩国政府鼓励企业对工人进行在职培训，并且建立了职业培训机构，提高工人素质，积累人力资本。此外，韩国的医疗保障水平高，对企业职工参保者和个体经营者进行全覆盖，提供医疗服务和现金优惠，提高了国民的健康水平（丁雯、张录法，2010）。

（二）发展经验

自1964年联合国贸易和发展会议创立以来，韩国是第一个从发展中国家转变为发达国家的国家。2020年韩国GDP高达1.63万亿美元，跻身全球前十大经济体。而中国作为世界最大的发展中国家，韩国经济发展的成功经验值得我们学习。

第一，把建设科技强国摆在重要位置。韩国的发展模式再次向我们证明建设科技强国的重要性，我国许多企业停留在过去传统的经营模式上，缺乏创新能力，生产效能低下，资源浪费现象严重。政府应该出台相应政策鼓励企业智能化、数字化生产，激发企业创新活力。

第二，重视中小企业的发展地位。韩国的发展经验表明，只依靠大企业发展不足以促进经济更好发展，中小企业在发展零部件、原材料领域有重要作用。政府应该营造良好的营商环境支持中小企业发展，鼓励大企业带动中小企业发展。

第三，加强品牌建设和宣传。品牌形象也是国家的一张名片。政府应该加大对优秀、有潜力的品牌的宣传力度，帮助它们提高品牌实力，打响知名度。同时，政府应该加大对知名品牌企业的政策扶持力度，鼓励企业走上世界舞台。

第二节　中国制造业发展模式

一　东北地区制造业发展模式

作为传统老工业基地，东北地区制造业的发展历史在我国最为悠久，可以追溯到19世纪二三十年代。东北地区在我国制造业发展史上做出重要贡献，其中装备制造业是我国制造业的重要支柱。东北地区十分注重基础创新，建立了制造业创新基地、国家工程研究中心、国家重点实验室等。但是20世纪90年代后，东北地区过去的辉煌不再，经济开始衰退。如图7-4所示，从2013年开始东北地区的经济

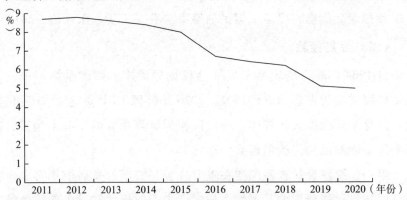

图7-4　2011～2020年东北地区生产总值占全国 GDP 的比重

资料来源：历年《中国城市统计年鉴》。

增长呈下降趋势，2020 年东北地区生产总值占全国 GDP 的比重跌落至 5%。那么造成东北地区制造业衰落的真正原因究竟是什么？我们能够从中吸取什么教训呢？本节主要归结为以下几点。

其一，产业结构不合理。东北地区经济发展主要依靠制造业，尤其是采掘业、重型制造业。企业盲目跟风现象严重，很多企业生产的产品低水平重复，企业之间不能进行专业化分工，造成资源浪费，产能过剩，没有形成完整的产业链，配套和支持产业发展滞后。只依靠大企业的发展不能实现经济长远发展，还需要中小型企业提供零部件等配套服务。由于东北本地缺少这类高质量的中小企业，东北地区制造业企业需要去外地寻求资源，大大增加了生产成本（徐充、张志元，2011）。此外，东北地区在经济发展过程中忽视了其他行业的重要性，如高端制造业、金融业等。企业在发展过程中离不开资金的支持，依靠政府援助是远远不够的，这就需要金融业为其服务，解决融资问题。制造业的确是一国经济的重要支撑力量，但是这并不意味着我们不需要其他产业的发展，相反，推进各个产业协同发展有重要意义。

其二，思想观念较为滞后。企业发展离不开先进的制度理念，但东北地区仍旧受制于计划经济的思想。在我国计划经济时期，东北老工业基地是我国重要的经济支柱，而改革开放后，这种计划经济思想仍然存在，不能根据市场需要灵活调整生产能力，造成东北地区制造业发展呈现衰落态势。同时，计划经济的思想造成企业缺乏先进的管理制度，不能够合理配置资源，劳动效率低下。企业的机器设备、生产技术多依赖进口，自主创新能力弱，不能生产具有高附加值的产品，例如我国钢铁产量居世界首位，但是社会建设所需要的钢材品种依赖进口。

其三，资源开采过度。东北地区自然资源丰富，其土地资源、矿产资源和环境资源都位居全国前列，并且拥有 30 座资源型城市，大约占全国的 1/3。东北地区凭借丰富的资源，大力发展重工业，在我国工业发展过程中占有重要地位，但是这种以牺牲环境来换取经济发展的粗放型发展模式并不持久，造成的破坏性结果主要表现在以下几方面。一是大规模盲目的掠夺性开采、低水平的重复性建设不能够实现资源利用效率最大化；二是丰富的自然资源已经遭到严重破坏，森林资源减少，水土大面积流失，森工产业发展困难；三是对于依赖自然资源的企业来说，资源稀缺造成企业不能持续发展。

我国正处于制造业转型期，东北地区的发展模式具有借鉴意义。一是优化产业结构，不能依靠单一产业发展经济，尽管制造业是经济发展的支柱，但仍然需要其他产业提供配套服务，因此，我们需要合理利用资源，实现效率最大化、各产业协调发展。二是充分发挥市场机制在经济发展中的决定性作用，在依靠"看不见的手"调节生产经营活动的同时，不可忽视政府的作用。改变过去依靠计划经济的思想，充分调动市场活力。三是注重自然资源保护。自然资源的稀缺特性促使我们必须加快制造业转型升级，必须坚持发展低碳经济，通过发展新能源减少资源开采，减少对自然资源的依赖，实现经济长远发展。

二　粤港澳大湾区制造业发展模式

粤港澳大湾区历史悠久，在明清时代，珠三角周边地区构成了当时的广州府。在 2016 年，国务院正式下发文件，要求广州、香港与澳门深化合作，携手推进建设粤港澳大湾区。经过短短几年的发展，粤港澳大湾区凭借综合实力在经济发展中取得巨大成就，为提升国家综合竞争力贡献了重要力量。如图 7－5 所示，2011～2020 年珠三角地区 GDP 占全国的比重基本保持稳定。2011～2016 年，珠三角地区 GDP 占全国的比重呈上升态势，2016 年达到峰值 9.14%，随后占比下降，从 2019 年开始有所回升。那么，作为全国优秀城市群之一，粤港澳大湾区制造业成功的背后又有哪些经验值得学习呢？

其一，工业高级化发展。粤港澳大湾区的制造业发展主要集中在珠三角地区。而香港、澳门都是以发展金融服务业为主，尤其香港已

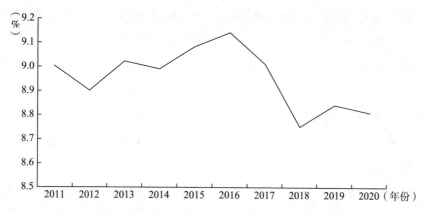

图7-5 2011~2020年珠三角地区GDP占全国的比重

资料来源：历年《中国城市统计年鉴》。

经成为世界十大金融中心之一。《广东统计年鉴》显示，2020年珠三角地区高技术制造业增加值为10411.71亿元，较2011年增加了75%；装备制造业增加值为17466.99亿元，较2011年增加了90%。这得益于两方面原因。一是政府间合理化分工。广州北部、南部地区主要发展装备制造业，包括新能源、生物医药、电子加工等产业。而深圳、珠海等地区主要发展技术密集型产业，包括医疗设备、石油加工及炼焦等产业。广东制造业发展早期也面临产业布局问题，为了实现制造业高质量发展目标，政府将珠三角经济相对发达地区的劳动密集型产业向落后地区转移，如佛山、中山、东莞等地均培育出了特色产业。二是政府为了鼓励高技术产业发展，制定了一系列激励政策调动企业发展积极性，为产业发展营造良好的制度环境。同时，鼓励企业智能化、数字化转型，推动制造业向技术密集型产业发展。

其二，统筹服务业与制造业协调发展。制造业是生产性服务业发展的需求来源，生产性服务业是制造业发展的重要支柱。服务业的发展为制造业转型升级提供了重要保障。制造业发展过程中存在金融、货物运输、生产性租赁等配套服务的需求，这就需要发挥生产性服务业的供给作用。同样，技术密集型产业的发展离不开充裕的资金支持，这有利于高端服务业的发展。2019年，国务院针对粤港澳大湾区的发展规划做出指示，加强制造业和服务业的分工合作，推动经济高质量发展。香港、澳门地区经济发达，服务业占比高，而珠三角地区以发展工业为主，金融业、仓储物流及通信等服务业与制造业相结合，走出了一条"制造 + 服务"的崭新发展路线。以物流业的发展为例，物流业依托物联网等技术形成智慧物流新产业，智慧物流统筹人才、技术、资本等要素配置，实现制造业产业链上下游资源共享。

其三，提高自主创新能力。技术创新是影响制造业高质量发展的关键因素。粤港澳大湾区为推动技术创新，合理规划企业布局，加快培育高技术产业、战略性新兴产业等。同时，通过建立企业技术中心，为企业发展提供技术支持。目前，珠三角地区国家级企业技术中心达到 87 家，企业技术中心已经成为企业创新的重要"加速器"。此外，人力资本是技术创新的重要源泉。一方面，大湾区有优秀的高校资源，仅世界 100 强的大学就有 5 所，各大高校借助大湾区这个平台加强学术交流，科技创新氛围更加浓厚。另一方面，大湾区经济发展潜力巨大，能给予人才更广阔的平台来发挥自身价值，因此，大湾区也吸引了海内外人才的聚集。

三　长三角地区制造业发展模式

2016 年，国务院正式批准建设长三角城市群，涵盖苏浙沪皖三省一市全部地区。经过短短几年的发展，长三角城市群已经成为我国实力雄厚、最具发展潜力的城市群之一。

一是经济规模总量实力雄厚。据国家统计局统计，2020 年，长三角地区生产总值达到 24.5 万亿元，而 2016 年生产总值只有 17.8 万亿元，增长了 38%。二是长三角地区分工格局初步形成。三省一市基于各自发展优势，合理布局产业结构：上海凭借科技和金融优势，在汽车、船舶、航空航天等智能领域具有雄厚实力；江苏制造业总体实力排在区域首位，电子信息、生物科技等行业发展较好；浙江发挥民营经济优势，中小企业已经形成一定规模的产业集群；安徽作为后起之秀，在家电、有色金属等工业领域快人一步。三是产业集群化发展趋势明显。长三角地区天然的产业联系促进产业集群深化发展。良好的交通条件极大便利了长三角的供应链配置。长三角地区在汽车、生物医药、新材料等方面已经发展出一定规模的集群经济。疫情发生以来数字经济爆发式增长，产业集群网络进一步拓展。

长三角地区的发展模式已经取得瞩目的成就，那么，各地区发展模式有哪些值得借鉴的经验呢？

（一）上海

其一，拥有充足的人力资本。高素质人才是实现制造业高质量发展的重要因素。上海凭借经济实力、发展前景，吸引众多海内外优秀人才的目光。此外，上海政府为了引进更多国内外优秀人才，人才落户政策的门槛一再降低。高素质人才保证了制造业发展的人力资本需求，为高端制造业提供了技术创新源泉。

其二，建立优秀产业园区。高端制造业是我国制造业转型升级的目标。上海一直致力于打造世界级产业园区。据上海市经济和信息化委员会介绍，截至 2021 年底，上海先后建立特色产业园区共 40 个，聚焦集成电路、生物医药、人工智能等关键领域核心环节。此外，作为国家级高新技术园区——张江高科技园区在高科技领域的影响力巨大，有"中国硅谷"之称。该园区在生物医药、集成电路、半导体等行业均形成完善的产业链，是拥有自主创新能力的国家级产业基地。

其三，合理使用外资。改革开放 40 多年来，上海积极响应改革开放政策，凭借其"中国经济第一城"的地位，在经济发展过程中吸引了众多外资的目光。据上海市统计局报告，2021 年上海新增外商直接投资企业数高达 6708 家，与上年相比增长 16.6%；外商投资总额达到 225.51 亿美元，与上年相比增长 11.5%。同时，大量跨国公司关注到上海经济的发展优势，纷纷在上海设立地区总部。据新华社报道，截至 2021 年，上海跨国公司地区总部达到 831 家。跨国公司把总部搬迁到上海不仅有利于扩大市场，也能够寻找新的发展机遇。

（二）浙江

一是敢为人先的企业家精神。浙江民营经济的发展壮大，得益于民营企业家的艰苦奋斗。正泰集团、德力西集团的创始人都是从做小买卖起步的，其独特的发展眼光、艰苦奋斗的创业精神造就了全国知名品牌。"浙江制造"已经成为浙江产品高质量的代名词，温州的打火机、永康的衡器、海宁的装饰布在国内甚至海外畅销。

二是注重区域合作。温州、台州两地民营经济的产业结构较为相似，而且都位于长三角地区的边缘地带，相较于其他地区，它们在融入长三角一体化发展中处于劣势地位。而两地通过协调合作，解决产业结构冲突问题，寻找经济新的增长点。此外，宁波携手舟山、台州共同构建宁波都市圈。宁波都市圈不仅是浙江四大都市圈之一，也是长三角六大都市圈之一。这不仅有助于宁波打造国际化都市，也有利于发挥宁波对长三角地区经济发展的促进作用。

三是建立先进产业园区。为促进集群经济的发展，浙江省人民政府办公厅公开的文件显示，到 2021 年为止，浙江已经建立了 134 个开发区。在 2021 年先进制造业百强园区中，浙江占据 9 个席位。《2020 年浙江省高端装备制造业发展报告》显示，浙江在节能与新能源汽车及先进交通装备、高端船舶装备、光伏及新能源装备等领域的总产值稳步提高，其高端装备制造业分布在全省各地市且发展状况良好。

（三）江苏

其一，打造知名制造业品牌。江苏制造业在全国处于领先地位，其制造业规模连续 8 年高居榜首，几乎每个城市都有全国知名品牌，徐州有徐工集团，无锡江阴有海澜之家，苏州常熟有波司登，常州有戚墅堰机厂，盐城有东风悦达起亚。目前，整个江苏一共规划了 24 个先进制造业集群。江苏的核心制造领域主要包括通用设备制造、专用设备制造与铁路电气等基建制造。

其二，坚持创新发展。江苏坚持创新发展理念，以创新驱动新兴产业发展，在新材料产业、生物医药产业、新兴服务业、物联网产业等领域攻克一系列"卡脖子"核心技术难题，处在全国领先地位。为推动集群经济更好发展，江苏一直致力于推进建设制造业创新中心，采取政府支持、股权合作、成果共享的市场化运作机制模式，已建设8个集群8家试点省级制造业创新中心。同时，加大对生产性服务业的支持力度，如现代物流、工业设计、节能环保等生产性服务业。生产性服务业是制造业发展的保障，通过建立完善的产业链上下游体系，助力制造业高质量发展。

（四）安徽

其一，政府的大力支持。安徽制造业在长三角地区中处于弱势地位，但经过政府扶持后，其制造业发展可圈可点，制造业总量和质量均取得较大进步。京东方、长鑫存储、蔚来汽车等企业都通过安徽政府的资本助力渡过了经营难关。蔚来汽车落户合肥，带来的不仅仅是投资收益，更带动了合肥新能源产业的迅速发展。政府借此机会力争将合肥打造成全国新能源汽车之都。龙头企业的发展需要相应的配套设施，进一步促进中小企业的发展。除了政府的资金支持，安徽省政府制定"链长制"规则，一个领导班子负责一个产业链，由省领导带头负责产业发展。同时，安徽制造业越来越注重科技创新的力量，生物制造、类脑科学、下一代人工智能等新兴产业都已经成为安徽制造业的发展方向。数字化、智能化已经融入部分企业的生产经营中（张道刚等，2021）。

其二，抓住国家政策机遇。安徽既是长三角区域腹地，又处于全国经济发展的战略要冲。安徽虽然被纳入长三角地区，但是与沪苏浙相比，在经济发展方面仍然存在一定差距。国家发展改革委于2021年印发了《沪苏浙城市结对合作帮扶皖北城市实施方案》，基于资源禀赋、区位条件、主导产业等，确定沪苏浙8个主要中心城市对口帮扶安徽皖北8市。对口帮扶政策不仅给安徽带来新的发展机遇，而且对于长三角中心城市来说也是一次发展良机。长三角中心城市在经历快速发展后面临一定发展瓶颈，如土地资源匮乏、产业转型阵痛、劳动力缺失等问题，而安徽皖北8市通过承接产业转移能够缓解这类发展问题。

第三节　双循环新发展格局下制造业高质量发展启示

一　发达国家制造业发展经验总结

（一）有效发挥政府作用

制造业能否实现高质量发展，政府在其中扮演着重要角色。美国政府建立了激励科技创新、保护知识产权、减免科技创新投资税收等严密法律体系，不断加强知识产权保护，有效激发企业创新活力。日本政府通过一系列产业政策与制度保障，刺激企业进行技术创新。韩国政府为提升本国制造业国际竞争力，先后出台一系列政策规划，促进信息技术与制造业融合发展。一方面，政府应该从国情出发，深刻把握发展大局，为实体经济服务，制定适宜本国发展的经济政策。另一方面，更好发挥政府作用绝不是"一刀切"，相反，政府不再直接干预微观经济主体的运行，而是把重心放在如何保持宏观经济的稳定上。政府应当从大局出发，减少盲目性的干预，增强其服务性、社会性的职能，统筹经济发展规划，促进企业高质量发展。

（二）注重高端人才培养

人才是制造业高质量发展的第一资源，是决定制造业发展的关键所在。注重人才培养不仅局限于传统意义上的知识型人才，更要以应用能力为导向，培养应用型、复合型、创新型人才。人才培养机制在一定程度上决定了我国人力资本水平。一方面，要注重基础知识的普及。普及基础知识是面向未来发展的基本要求，是实现进阶学习的大前提。因此，应当继续坚持和巩固九年义务教育，普及基础知识，提高国民整体文化水平。另一方面，鼓励人才多样化发展，建立各具特色的人才培养机制。德国在人才培养方面取得重要成就，建立"双轨制"职业培训制度，企业和学校共同培养学生，使学生更好地将理论与实践相结合，为企业提供高素质人才。我国应该充分吸取经验，建立符合本国国情的人才培养机制，继续推动高等教育以培养知识型人才，鼓励发展职业教育以培养实用型人才，强化产学研合作以培养创新型人才。

（三）支持中小企业发展

与大企业相比，中小企业虽然在规模、盈利能力等方面有弱势，但是却广泛分布于各行各业，在经济发展中发挥着举足轻重的作用。在德国，中小企业做到小而强也能取得杰出成就，"隐形冠军"企业才是"德国制造"的支柱和骨干。同时，支持中小企业发展有利于提高产业配套能力，形成完整的产业链，更好实现大中小企业协调发展。因此，我们应当充分释放市场活力，激发中小企业发展潜力。一方面，建立和完善中小企业发展政策，设立专门服务机构，切实帮助企业解决在经营发展中面临的实际问题，同时加大政府补助力度，激发创新创业活力。另一方面，加快完善中小企业法律法规，保护企业自身利益。通过为企业提供良好的营商环境，为企业发展保驾护航。技术创新是企业竞争力的体现，通过制定知识产权保护制度，保护企业创新成果，增强企业创新意愿。

二 国内先发地区制造业发展经验总结

（一）增强自主创新能力

增强自主创新能力是实现制造业高质量发展的关键举措之一。综合分析国内先发地区的发展经验，各地区无一例外地把创新发展放在重要位置。首先，人才是创新之本，是创新的核心所在。因此，地方政府应该积极实施人才引进政策，吸引并留住国内外优秀人才，加强人力资本积累。其次，完善创新激励机制。一方面，政府应该对技术密集型行业加大政府补助力度，支持企业研发和创新。同时，鼓励银行等金融机构积极为创新型企业提供更便利的金融支持，改善企业融资环境。另一方面，深入构建产学研合作体系，加快培养创新型人才，推动教育、经济、科技融合发展，实现社会资源合理配置。最后，加快完善知识产权保护制度，保护知识产权就是保护创新，严格的知识产权保护制度能有效增强企业的创新意愿和创新能力。

（二）推进产业结构优化升级

产业结构失衡不仅会直接制约我国经济长远发展，甚至会造成一系列经济与社会问题。我国部分地区正面临产业结构失衡、产业内部发展不平衡、产业区域布局不合理等问题。同时，粗放式发展造成资源浪费、生产效率低下、供需结构失衡等问题。因此，推进产业结构优化升级是实现制造业高质量发展的重要举措。首先，加快可再生能源产业发展，能源污染是经济发展必须解决的重要问题之一，以往依赖化石能源的生产方式给环境带来巨大损害，通过粗放式发展实现经济发展不是长久之计。因此，必须加快新能源产业发展以实现经济可持续发展。其次，统筹生产性服务业与制造业协调发展。制造业作为经济发展的命脉，也离不开生产性服务业的支持，必须更好地发挥金融、物流、信息等服务的配套作用。最后，积极建立产业园区，鼓励高新技术企业合作发展，形成集聚效应，进一步实现高质量发展。

（三）抓住政策契机

各地区资源禀赋不同，优势产业不同，必须积极响应国家政策，以实现自身的转型升级。凭借地区现有的发展优势，如自然资源、传统工业、高新技术等，实现产业结构转型、资源合理化使用、产业布局优化。以长三角地区为例，在加入长三角之初，安徽省与其他三个省市相比，在经济水平、营商环境、人才储备等方面都存在一定差距，安徽各市通过与沪苏浙城市深入合作，深化产业合作与承接产业转移，形成独具特色的优势产业，尤其合肥更是成为经济发展中的一匹"黑马"。同时，沪浙苏中有些城市已经陷入发展陷阱，面临产业转型阵痛、劳动力缺失、土地资源匮乏等问题，地方政府应抓住国家政策机遇，加快高质量发展步伐。

三　双循环新发展格局下制造业高质量发展启示

（一）推进区域协调发展

中央政府因地制宜，先后制定了京津冀地区、长三角地区、粤港澳大湾区三大一体化区域发展战略。通过为区域内城市提供更多合作机会，实现经济的合作共赢。但是由于要素禀赋、地理环境、经济水平等客观因素，不同区域间的创新发展水平存在巨大差距，进而导致各区域制造业发展水平的差距也被拉大，"一枝独秀"的现象引起社会不满。制造业是我国实体经济的命脉，也是供给侧结构性矛盾的主要对象。因此，如何实现全国制造业共同进步成为重要问题。一方面，中央政府应该从大局出发，统筹规划区域协调发展政策，发挥各地的要素禀赋，打破地方保护主义对制造业发展的技术封锁。另一方面，地方政府应当积极响应区域协调发展政策，主动在区域内外寻找制造业产业的合作机会，通过促进要素自由流动、地区优势互补，打破地区制造业现有的发展瓶颈，鼓励制造业共同进步，实现产业结构优化升级。

（二）增强自主创新能力

自改革开放以来，我国制造业取得令世界瞩目的成就，但是其关键技术主要依靠进口，发达国家在高端制造业领域对我国仍采取封锁措施，增强自主创新能力成为提高我国制造业国际竞争力和影响力的关键举措。此外，我国目前经济发展的矛盾主要体现在供给结构不能适应需求的变化，多样化、个性化、高端化需求与日俱增。因此，在促进经济大循环的过程中，增强制造业自主创新能力起到关键作用。一方面，政府作为经济发展的掌舵人，应当努力营造增强自主创新能力的良好环境，充分发挥政府的引导和推动作用，加大创新资金投入力度，完善和落实激励自主创新的政策。另一方面，企业是市场的重要组成部分，创新能力是衡量企业发展水平的关键因素，企业应当积极响应国家政策，充分把握发展机遇，解决"卡脖子"技术难题，加强工艺技术管理，提高产品制造水平。

（三）融合发展国内外市场

20世纪80年代，我国打破传统闭关自守的经济发展模式，实行改革开放政策，使我国制造业加快发展。而在今天，开放对于制造业也同样重要。2020年，习近平总书记提出构建国内国际双循环相互促进的新发展格局，充分发挥经济优势，促进国内外市场畅通。一是积极参与世界经济大循环。积极推进我国制造业从劳动密集型向技术密集型转变，加快高端制造业发展，实现我国制造业在全球价值链上的地位不断攀升。同时，企业通过参与更多国际贸易往来，抓住发展机遇，提高自身国际化水平。二是继续推进全球经济一体化建设。"一带一路"倡议是我国在全球经济发展的背景下提出的，该倡议不仅仅有助于加快我国制造业转型升级，更有助于完善全球治理体系，坚持自由贸易、多边主义，推动构建人类命运共同体。此外，我国还积极推动亚洲基础设施投资银行建设，支持亚洲基础设施建设与经济一体化发展。我国制造业应当充分把握发展机会，通过参与基础设施建设提高技术效率，不断实现技术创新和技术进步。

第三篇

国内大循环与制造业高质量发展

第八章 产业链关联与制造业
高质量发展

第一节 产业链关联对制造业高质量发展的
影响机制

一 问题提出

当前，我国制造业面临着错综复杂的国际环境和任重道远的国内改革发展任务，制造业发展的内外环境也呈现出不同于以往的特征。首先，全球产业格局遭遇重大冲击，对我国制造业的发展和国际产业链的构建都产生了不利的影响。2008 年国际金融危机后，全球经济疲软，外需明显放缓，全球跨国投资下降，贸易萎缩，各国纷纷出台"再制造"战略，试图提高本国在全球价值链中的地位，提升国际竞争力，进而拓展延伸产业链以抢占市场份额，国际竞争加剧。2020 年新冠疫情的发生降低了我国原本布局在全球的产业链的对接度和匹配度，成为全球产业链供应链重构的催化剂（唐艳、张庆，2021）。其次，贸易保护主义进一步加剧、贸易规则不断调整。近年来，经济全球化遭遇逆流、部分国家保护主义和单边主义盛行，一些资本主义中心国家为了维护在世界经济的中心地位不断对我国施压，试图阻碍中国参与全球分工。伴随发达国家制造业回流，加之中低收入国家对生产加工环节转移的争夺，我国制造业面临严峻的外部形势。再次，新一代科技革命与产业变革使制造业发展面临着重大挑战。以"互联网＋"、云计算、大数据、3D 打印等为主的信息技术对制造业生产模式和组织业态有着重大影响，使得制造业向智能化、数字化、绿色化等方向不断升级。最后，国内资源要素约束收紧，我国制造业发展面临的资源和要素成本上升，环境压力不断增大。在我国制造业原有优势不断削减，现有优势暂不明朗之前，我国必须加快改革，推动制造业的高质量发展。

在生产碎片化的情形下，产业链关联对制造业高质量发展的作用日渐重要。产业链关联度的提高意味着我国制造业产业链上的孤链、断链能够被有效连接（刘贵富、赵英才，2006），资源得到更充分的利用，生产循环会更加畅通。并且随着原有的产业链不断向上下游拓展延伸，产业链关联度逐渐提高。产业链条进入上游的研发设计和基础产业环节，同时延伸至下游的品牌营销等高附加值环节，提高本国整体制造业的技术水平和附加价值，不断推动制造业高质量发展。同时，产业链上企业合作变得更加紧密，能够及时传递产品和市场信息，降低交易成本和生产成本，实现知识、技术的溢出，激发创新活力，提高生产效率，提升我国制造业整体的技术水平，使我国制造业的发展提质增效。关于具体的作用机制将在第二节的理论假设中予以详细阐述。

基于对我国制造业面临的新形势的精准认识，习近平总书记提出要"逐步形成以国内大循环为主体、国内国际双循环相互促进的新发展格局"。以国内大循环为主是指主要建好完善的国内产业体系，形成相互联通、相互匹配的国内产业链条，防范国际经济的波动给我国带来的冲击。国内国际相互促进则要在打造国内产业体系的同时兼顾国内国际产业链的协同发展，让国际产业链关联为国内产业链关联赋能，共同使我国经济的发展提质增效。通过产业链关联度的提高，产业各部门的生产循环能够得到畅通，链条上下游企业间的供给与需求可以及时得到匹配和满足，进而作用于制造业发展质量的提高，实现"需求牵引供给，供给创造需求"的更高水平的动态发展。那么产业链关联度是如何影响制造业高质量发展的呢？国内产业链关联度和国际产业链关联度对制造业高质量发展的影响如何？产业链关联度对于不同类型的制造业高质量发展会有不同的作用效果吗？不同类型的产业链关联度对制造业高质量发展会有不同的作用效果吗？这一系列问题值得我们深入分析。

二　产业链国内关联与制造业高质量发展

（一）积极效应

将生产分工布局在国内能有效提高国内生产结构的复杂度，有利于打造完善的国内产业链条、构建完备的国内产业体系以夯实制造业发展的基础。因此国内产业链关联度的提高对制造业高质量发展有着十分关键的作用。首先，国内产业链关联度的提高意味着产业链条上各企业之间联系互动的加强，上下游企业能通过垂直示范效应获得溢出的知识和技术（魏如青等，2021），有利于彼此相互学习先进的管理运营经验，提升产品质量，改善产品结构，增强我国产品的出口竞争力，以获得更多贸易中的附加价值用于国内产业的建设，推动制造业的高质量发展。其次，国内产业链关联程度的加深伴随生产分工的细化，企业可以将非核心环节外包给国内在生产上具有比较优势的其他部门，自身通过专业化生产提高资源利用率和劳动生产率，以推动制造业生产效率和附加值的提高（倪红福等，2016）。最后，国内产业链关联度的提高会使国内要素更加自由的流动，从而使得企业间交易成本降低，企业将拥有更多的资金用于研发投入，激发创新活力，有利于提高制造业整体的技术水平。

（二）消极效应

在国内产业链条并不健全、产业链间的配套能力较为薄弱的早期，国内产业链关联度对我国制造业的发展质量并不一定会产生积极作用，主要原因如下。第一，早期市场发育程度较低，产业链配套能力不足，虽然国内产业链有所延长，但是交通运输、金融法律、信息物流等生产性服务业的配套并不健全，导致产业链上的企业以及产业链间的协同能力较弱，此时生产分工的细化会使得生产成本增加、生产效率降低，不利于制造业的高质量发展。第二，外资企业在本土的产业链关联也属于国内关联。外资企业的进入会提高国内生产结构的复杂度，提高国内产业链关联度，但是外资企业的进入会侵占部分同类型本土企业的市场份额，不利于内资企业的创新积累，同时外资企业往往会为了防止核心技术的泄露而只将低技术含量的加工组装等环节放在东道国生产，对东道国的技术溢出有限（陈爱贞等，2021）。第三，在全球生产分工体系中，我国主要凭借劳动力资源禀赋优势从事加工装配业务，处于全球价值链较低的位置，获取的分工利益有限（吕越等，2018），因此在产业链关联发展过程中由于缺乏充足的资金用在创新研发环节上，越来越多的资源用于低端产品的生产，高端产品的生产会受到资源的限制和低端产品的市场挤出作用，不利于制造业的创新发展。

三 产业链国际关联与制造业高质量发展

（一）积极效应

在国内产业配套不足、产业链关联较弱时，我国制造业可以通过对外开放进入国际市场，参与全球价值链生产，提高国际产业链关联度，提高制造业的生产力。改革开放以来，我国积极参与全球化生产，使得制造业有了飞速发展并获取了价值链上一定的分工利益。因此产业链国际关联对制造业的高质量发展至关重要，主要体现在三个方面。第一，通过参与全球价值链，我国制造业能够开拓国际市场，有效扩大市场规模，形成规模经济；并且通过接入国际产业链所带来的多样且低价的进口中间品能够使企业的成本降低，增加制造业的经济效益，同时激发企业的创新动力。第二，产业链国际关联最主要的两种方式是中间品进出口和外商直接投资。无论是中间品进出口还是外商直接投资都能实现知识和技术的溢出，我国企业可以通过吸收国外先进技术、学习国外先进管理运营经验以及改善生产流程来提高国内制造业的技术水平，巩固创新基础，进而提高制造业的全要素生产率，助推制造业高质量发展（王静，2020）。第三，在接入国际市场以扩大市场规模的同时，我国制造业也面临着来自国际市场的竞争压力，一些企业为了规避国际产业链上同类型企业的竞争会进行自主创新，提高自身技术水平，相对落后的企业为了不被淘汰也会加大创新研发投入，共同提高制造业的整体技术水平，促进制造业的高质量发展。

（二）消极效应

产业链国际关联虽然可以从上述三个方面促进制造业的高质量发展，但是近年来不断有学者发现接入全球产业链会对制造业的高质量发展产生一些负面影响。首先，我国制造业的国际产业链关联程度越深就会越依赖国际市场的中间品进出口。一方面，企业会过分依赖国外零部件、机器设备和技术，长此以往会阻碍自身的研发创新；另一方面，国际市场的不稳定性增大了我国制造业面临的风险，近年来中美贸易争端不断，加之突如其来的新冠疫情，我国的产业链供应链面临着断裂的危机，不利于制造业的长期稳定发展。其次，我国制造业对国际产业链上知识和技术溢出的吸收能力有限，国内部分地区的人力资本水平并没有达到有效吸收技术溢出的程度，因此外溢的技术并不一定能转化成本国制造业的创新能力（吕越等，2018）。最后，我国制造业在实现向产业链价值链高端攀升的过程中容易受到发达国家的低端锁定。我国是以低成本优势的简单加工贸易方式参与全球生产分工的，对产业链价值链的掌控能力不足，这样的模式很容易受到价值链上主导型国家的约束。在我国制造业试图实现价值链攀升时，发达国家往往利用其市场势力将我国制造业封锁在低附加值环节（王玉燕等，2014）。长期进行低端环节的生产制造十分不利于产业结构的升级，对我国制造业高质量发展有阻碍作用。

产业链国内关联和产业链国际关联对制造业高质量发展的作用都受到两方面的影响，若积极效应大于消极效应，那国内产业链关联度和国际产业链关联度对制造业的高质量发展有促进作用；反之，有阻碍作用。同时，整体产业链关联受到产业链国内关联和产业链国际关联的双重作用，可能为促进作用，也可能为阻碍作用。

第二节　产业链关联对制造业高质量发展影响的
实证检验

一　基准回归分析

（一）模型设定

本章构建如下模型验证产业链关联对我国制造业高质量发展的
影响：

$$hqd_{it} = \alpha + \beta_1 PL_{it} + \beta_2 Z_{it} + \mu_i + \gamma_t + \varepsilon_{it} \qquad (8-1)$$

其中，i 代表行业，t 代表年份。hqd_{it} 表示制造业高质量发展指
数。PL 表示产业链关联度，包括国内产业链关联度（npl）、国外产业
链关联度（epl）和整体产业链关联度（pl），Z_{it} 为控制变量，μ_i、γ_t
分别为行业和年份的固定效应，ε_{it} 为随机误差项。

（二）变量选取

被解释变量：制造业高质量发展指数（hqd）。采用由指标评价体
系测算出的制造业高质量发展综合指数表示。

核心解释变量：国内产业链关联度（npl）、国际产业链关联度
（epl）和整体产业链关联度（pl）。由第五章的测算方法测度得出。

控制变量：本章考察了对制造业高质量发展可能存在较大影响的
变量并加以控制，根据现有文献选取了研发支出（exp）、行业规模
（ind）、外商投资水平（fdi）和金融发展水平（fin）。研发支出对制
造业的技术进步有着决定性作用，本章用 R&D 经费投入强度表示；
行业规模不同，产生的成本和效益也不同，对制造业发展的作用也不
同，本章用各行业的固定资产总值表示；外商投资会引入国外的资金
和技术，作用于国内制造业的发展，本章用外商资本金的对数表示；
金融发展水平通过影响行业的资金供给来影响发展的质量，用存贷款
余额表示。

（三）　数据说明

由于 WIOD 数据库中的世界投入产出表只更新到 2016 年，故本章选取 2003~2014 年制造业细分行业的大中型工业企业数据进行分析，经济效益相关数据主要来源于《中国工业统计年鉴》，并由《中国统计年鉴》进行补充；创新相关数据主要来源于《中国科技统计年鉴》；绿色发展数据来源于《中国统计年鉴》；测算生产阶段数的数据来源于 WIOD 数据库中的世界投入产出表。其中，2004 年缺失的工业指标数据由全国经济普查数据进行补充；2008 年以及 2012 年以后缺失的大中型工业企业数据由规模以上工业企业数据计算得出，其他缺失数据用插值法得出（王玉燕、王婉，2020）。另外，由于中国工业行业分类标准和世界投入产出表中的分类并不一致，故将 ISIC Rev 4.0 和 GB/T 4754—2011 进行匹配，合并得到 16 个制造业细分行业（见第三章表 3 - 4）。

（四）　回归结果分析

本章采用双向固定效应模型进行 OLS 估计，实证结果见表 8 - 1。模型一探究了国内产业链关联度对我国制造业发展的影响，可以看出其系数显著为正，国内产业链关联度每提高 1 个单位，我国制造业高质量发展指数将上升 0.229 个单位。这说明国内产业链关联度对制造业高质量发展的积极效应大于消极效应，产业链关联度的提高将有利于制造业发展质量的提升。一方面，随着国内生产分工的细化与配套产业的发展，国内循环的加强将带动整个产业链条上制造业各部门的生产与发展；另一方面，国内产业链关联度的提高意味着国内产业链上下游以及各产业链条之间的联系更加畅通，有助于打通产业链堵点，构建完善的国内产业链体系，为制造业的高质量发展助力。模型二显示了国际产业链关联度在 1% 的显著性水平下对我国制造业的高质量发展具有不利影响，国际产业链关联度每提高 1 个单位，制造业高质量发展指数将下降 0.337 个单位，这表明虽然近年来我国制造业凭借劳动力优势在国际市场上获取了一定的分工利益，发展速度有所提高，但由于我国制造业处于全球价值链中低端并且遭受到来自发达国家的低端锁定，提高国际产业链关联度反而会对我国制造业的创新不利，进而影响我国制造业发展质量的提升。模型三综合考虑了国内与国际两方面因素后，发现整体产业链关联度对我国制造业发展质量的影响为正。这表明产业链国内关联和国际关联之间存在互补作用。一方面，国内产业链关联度的提高可以充分整合国内市场资源、夯实制造业基础，为我国制造业更高水平参与全球价值链助力；另一方面，随着国际产业链关联度的提高，我国可以学习其他国家的管理优势、开拓国际市场，更好地打造由我国主导的产业链价值链，为国内产业发展助力。

表 8 – 1　产业链关联对制造业高质量发展的检验结果

变量	被解释变量（hqd）		
	模型一	模型二	模型三
npl	0.229 *** (0.041)		
epl		– 0.337 *** (0.069)	
pl			0.169 *** (0.055)
ind	– 0.060 * (0.032)	– 0.069 ** (0.033)	– 0.041 (0.033)
exp	0.079 *** (0.014)	0.074 *** (0.014)	0.069 *** (0.015)
fdi	0.034 *** (0.012)	0.040 *** (0.011)	0.023 ** (0.011)
fin	0.020 *** (0.002)	0.022 *** (0.002)	0.020 *** (0.002)
常数项	– 1.324 *** (0.231)	– 0.694 *** (0.189)	– 1.043 *** (0.253)
行业固定效应	是	是	是
年份固定效应	是	是	是
观测值	192	192	192

注：* 、** 、*** 分别表示 10%、5%、1% 的显著性水平，括号内为标准误。

二　异质性检验

（一）行业技术异质性

考虑到不同行业产业链关联水平对制造业发展质量可能存在异质性，我们将 16 个细分行业按照研发强度分为高技术行业和低技术行业进行检验（王高凤、郑玉，2017），结果如表 8 - 2 所示。从高技术行业的回归结果来看，国内产业链关联度和整体产业链关联度每提高1 个单位，制造业高质量发展指数分别上升 0.124 个单位和 0.161 个单位，而国际产业链关联度每提高 1 个单位，制造业高质量发展指数则下降 0.382 个单位，与基准回归结果基本一致；从低技术行业的回归结果来看，国内产业链关联度与整体产业链关联度在 10% 的显著性水平下对制造业高质量发展都有明显的促进作用，但国际产业链关联度对其的负向影响却不显著。这可能是因为我国制造业在参与全球价值链分工体系时，由于低技术行业与国际先进技术水平差距较大，更易受到发达国家跨国公司的技术转移和知识溢出影响，但高技术行业在参与国际产业链价值链的过程中往往会受到来自发达国家的技术封锁，所以实现制造业升级和高质量发展的难度较大（杨以文等，2020）。

表 8 - 2　不同技术水平异质性检验

变量	被解释变量（hqd）					
	低技术行业			高技术行业		
	模型一	模型二	模型三	模型四	模型五	模型六
npl	0.161 * (0.090)			0.124 ** (0.061)		
epl		- 0.025 (0.182)			- 0.382 *** (0.082)	
pl			0.205 * (0.103)			0.161 ** (0.082)
ind	- 0.015 (0.077)	0.001 (0.079)	- 0.003 (0.075)	- 0.059 (0.047)	- 0.059 (0.042)	- 0.049 (0.047)
exp	0.034 (0.034)	0.018 (0.034)	0.032 (0.033)	0.075 *** (0.023)	0.069 *** (0.020)	0.059 ** (0.023)

续表

变量	被解释变量（hqd）					
	低技术行业			高技术行业		
	模型一	模型二	模型三	模型四	模型五	模型六
fdi	0.027	0.020	0.019	0.024	0.030 **	0.019
	(0.028)	(0.029)	(0.027)	(0.017)	(0.015)	(0.017)
fin	0.022 ***	0.022 ***	0.021 ***	0.009	0.000	0.015
	(0.003)	(0.003)	(0.003)	(0.021)	(0.019)	(0.021)
常数项	− 0.403	0.238	− 0.548	− 0.965 **	− 0.451	− 0.064
	(0.523)	(0.388)	(0.547)	(0.412)	(0.291)	(0.475)
行业固定效应	是	是	是	是	是	是
年份固定效应	是	是	是	是	是	是
观测值	84	84	84	108	108	108
R^2	0.683	0.666	0.687	0.482	0.571	0.464

注：*、**、***分别表示10%、5%、1%的显著性水平，括号内为标准误。

（二）国际来源异质性

在如今经济全球化的时代，中国与各国的贸易往来频繁且密切，各国发展情况的不同对中国国内的发展也存在不同的影响。在基准回归中我们得出产业链国际关联与制造业高质量发展呈负向关系，但这种关系是否存在不同贸易来源地的异质性值得我们进一步去探究。于是本章参考各学者的分类标准，根据2016年WIOD投入产出表区分两种不同类型的贸易来源地，即G5发达国家（英国、美国、德国、日本、法国）与世界银行以收入划分的三个亚洲发展中国家（印度尼西亚、印度和塞浦路斯），以这两种不同的经济体为研究对象得到如表8-3所示的回归结果。从表中可以看出，在与发达经济体的生产循环中，国际产业链关联度越高对国内制造业发展质量的提升越不利，国际产业链关联度每提高1个单位，我国制造业高质量发展指数将下降0.381个单位。这可能与发达国家会对我国实行技术封锁以及产生的贸易摩擦相关。而我国与亚洲发展中国家的生产循环对我国制造业高质量发展的提升有显著且较大的促进作用，其关联水平每提高1个单位，制造业高质量发展指数将上升2.678个单位，表明我国向发展中国家拓展延伸产业链有利于制造业发展质量的提高。

表 8 - 3　国际来源异质性检验

变量	被解释变量（hqd）	
	发达经济体	亚洲发展中国家
epl	− 0. 381 ** (0. 188)	2. 678 ** (1. 276)
ind	− 0. 054 *** (0. 013)	− 0. 057 *** (0. 013)
exp	0. 004 *** (0. 001)	0. 004 *** (0. 001)
fdi	0. 034 *** (0. 012)	0. 034 *** (0. 012)
fin	0. 021 *** (0. 002)	0. 021 *** (0. 002)
常数项	0. 801 *** (0. 102)	0. 731 *** (0. 101)
行业固定效应	是	是
年份固定效应	是	是
观测值	192	192

注：**、*** 分别表示 5%、1% 的显著性水平，括号内为标准误。

（三）人力资本异质性

制造业内不同程度的人力资本水平决定了其消化吸收能力、研发创新能力的不同，进而对制造业高质量发展的影响不同。为了探究不同人力资本水平下产业链关联对制造业高质量发展的异质性作用，本章利用研发人员占比表示人力资本水平，将人力资本水平分为高低两组进行回归，结果见表 8 - 4。从回归结果可以看出，产业链国内关联无论是在高人力资本水平还是在低人力资本水平下对制造业高质量发展的作用都显著为正，而产业链国际关联在低人力资本水平下对我国制造业发展质量有显著的负向作用，但是在高人力资本水平下对制造业发展质量不存在显著影响；整体产业链关联度在高人力资本水平下才对制造业高质量发展有显著的正向作用，在人力资本水平较低时作用不明显。

这可能是由于高人力资本对国外技术的消化吸收能力较强，同时自身的学习和创新能力也较强，能减弱产业链国际关联中的消极作用。

表 8-4　不同人力资本水平异质性检验

变量	被解释变量（hqd）					
	高人力资本水平			低人力资本水平		
	模型一	模型二	模型三	模型四	模型五	模型六
pl	0.189 * (0.109)			0.112 (0.083)		
npl		0.111 ** (0.046)			0.166 ** (0.071)	
epl			-0.107 (0.083)			-0.179 * (0.106)
ind	-0.040 * (0.023)	-0.034 ** (0.013)	-0.029 ** (0.013)	0.003 (0.031)	0.005 (0.030)	-0.002 (0.031)
exp	0.003 * (0.002)	0.003 *** (0.001)	0.002 ** (0.001)	0.009 (0.016)	0.006 (0.016)	0.004 (0.016)
fdi	0.028 (0.028)	0.031 * (0.016)	0.032 * (0.017)	0.046 ** (0.018)	0.057 *** (0.018)	0.056 *** (0.019)
fin	0.030 *** (0.003)	0.030 *** (0.003)	0.030 *** (0.003)	0.016 *** (0.003)	0.017 *** (0.003)	0.017 *** (0.003)
常数项	-0.013 (0.362)	0.608 *** (0.169)	0.919 *** (0.124)	-0.180 (0.362)	-0.327 (0.319)	0.215 (0.240)
行业固定效应	是	是	是	是	是	是
年份固定效应	是	是	是	是	是	是
观测值	87	87	87	105	105	105
R^2	0.618	0.879	0.871	0.534	0.555	0.540

注：*、**、*** 分别表示 10%、5%、1% 的显著性水平，括号内为标准误。

三　稳健性检验

（一）内生性检验

在产业链关联度影响制造业高质量发展的同时，制造业发展质量的提高也会相应影响到产业链关联度的变化。为了解决模型可能存在的双向因果问题，本章参考刘维刚等（2017）的做法，选取日本的国内和整体产业链关联度指标作为中国国内和整体产业链关联的工具变量；选取印度的国际生产阶段数作为中国产业链国际关联的工具变量。首先，日本和印度的生产阶段数是基于其本国的投入产出表计算得出的，与中国的制造业发展并不直接相关，满足外生性的要求。其次，由于日本与中国在地理位置上邻近，贸易相关性较高，采用日本的国内和整体产业链关联度作为工具变量具有合理性。印度作为与中国同样拥有充裕劳动力要素的亚洲发展中国家，在以劳动力要素参与全球分工的过程中也面临着与我国同样的问题，因此印度的国际生产阶段数与我国的国际生产阶段数具有很强的相似性，满足了相关性的要求。进一步对工具变量进行 DM 检验和弱工具变量检验，表 8-5 的检验结果显示，工具变量都满足外生性和相关性的要求。在进行了内生性检验之后，发现产业链国内关联、国际关联和整体关联对制造业高质量发展的作用方向还是与基准回归结果一致，只是影响程度有所不同，这表明基准回归结果具有稳健性。

表 8-5 内生性检验结果

变量	被解释变量（hqd）		
	模型一	模型二	模型三
npl	0.272 *** (0.0776)		
epl		-0.571 ** (0.237)	
pl			0.615 ** (0.283)
ind	-0.063 * (0.035)	-0.088 ** (0.041)	-0.039 (0.042)
exp	0.082 *** (0.016)	0.082 *** (0.018)	0.087 *** (0.022)
fdi	0.0359 *** (0.012)	0.0513 *** (0.017)	0.0216 (0.014)
fin	0.021 *** (0.002)	0.023 *** (0.003)	0.019 *** (0.003)
常数项	-1.311 *** (0.345)	-0.415 ** (0.208)	-2.460 ** (1.015)

续表

变量	被解释变量（hqd）		
	模型一	模型二	模型三
工具变量 p 值	0.000	0.000	0.000
DM 检验	0.000	0.001	0.005
行业固定效应	是	是	是
年份固定效应	是	是	是
观测值	192	192	192

注：*、**、*** 分别表示 10%、5%、1% 的显著性水平，括号内为标准误。

（二）替换因变量

为了进一步检验实证结果的稳健性，将被解释变量用制造业的全要素生产率（TFP）进行替代，采用包含非期望产出的 SBM 模型，将人员、固定资产和能源作为投入，将总产值和专利数作为期望产出，将废气、废水和固体废物作为非期望产出，利用 DEA-SOLVER Pro 5.0 测算得出。从表 8 - 6 模型一至模型三检验结果可以看出，产业链国内关联的作用效果依旧为正，产业链国际关联的作用效果依旧为负，验证了实证结果的稳健性。

表 8 - 6　替换因变量与自变量的回归结果

变量	TFP			hqd	
	模型一	模型二	模型三	模型四	模型五
npl	0.329 *** (0.094)				
epl		- 0.368 ** (0.164)			
pl			0.169 * (0.093)		
kpl				1.049 *** (0.233)	
jpl					- 1.049 *** (0.233)
ind	- 0.051 *** (0.013)	- 0.048 *** (0.014)	- 0.057 *** (0.014)	- 0.044 *** (0.013)	- 0.044 *** (0.013)

续表

变量	TFP			hqd	
	模型一	模型二	模型三	模型四	模型五
exp	0.033 (0.034)	0.028 (0.036)	0.026 (0.036)	0.054 *** (0.016)	0.054 *** (0.016)
fdi	0.031 ** (0.015)	0.039 ** (0.015)	0.034 ** (0.016)	0.043 *** (0.011)	0.043 *** (0.011)
fin	0.017 (0.027)	0.026 (0.028)	0.020 (0.029)	0.022 *** (0.002)	0.022 *** (0.002)
常数项	− 0.996 * (0.528)	0.040 (0.458)	− 0.498 (0.548)	− 0.887 ** (0.368)	0.161 (0.253)
观测值	96	96	96	192	192
R^2	0.541	0.498	0.485	0.656	0.656

注：*、**、*** 分别表示10%、5%、1%的显著性水平，括号内为标准误。

（三）替换自变量

进一步将产业链国内关联与国际关联占制造业产业链整体关联之比分别表示为 *kpl* 与 *jpl*，将 *kpl* 作为产业链国内关联的替代变量，将 *jpl* 作为产业链国际关联的替代变量，检验上述回归结果的稳健性，从表8-6模型四、模型五中我们可以看出，替换自变量后结果依然是稳健的。

（四）子样本回归

由于2008年国际金融危机给我国产业链关联度带来了很大的影响，我们将样本区间分为两个阶段，分别为2003～2008年和2008～2014年。表8-7中模型一至模型三表示危机之前产业链关联对制造业的影响，模型四至模型五表示危机之后的影响，可以看出，无论是危机前还是危机后的结果都与基准结果方向一致，表明本章实证结果是稳健的。

表8-7　子样本检验结果

变量	被解释变量（hqd）					
	模型一	模型二	模型三	模型四	模型五	模型六
pl	0.191 ** (0.081)			0.169 * (0.093)		

续表

变量	被解释变量（*hqd*）					
	模型一	模型二	模型三	模型四	模型五	模型六
npl		0.103 *** (0.075)			0.329 *** (0.095)	
epl			-0.333 * (0.185)			-0.368 ** (0.164)
ind	0.123 ** (0.054)	0.125 ** (0.056)	0.100 * (0.055)	-0.057 *** (0.014)	-0.051 *** (0.013)	-0.049 *** (0.014)
exp	0.028 (0.026)	0.024 (0.026)	0.023 (0.026)	0.026 (0.037)	0.033 (0.035)	0.028 (0.037)
fdi	0.085 *** (0.025)	0.085 *** (0.026)	0.059 ** (0.027)	0.034 ** (0.016)	0.031 ** (0.015)	0.039 ** (0.016)
fin	0.022 *** (0.002)	0.022 *** (0.002)	0.022 *** (0.002)	0.020 (0.0293)	0.018 (0.028)	0.027 (0.029)
常数项	-1.597 *** (0.551)	-1.253 ** (0.549)	-0.833 * (0.456)	-0.498 (0.548)	-0.996 * (0.528)	0.040 (0.458)
观测值	96	96	96	96	96	96
R^2	0.710	0.695	0.701	0.485	0.541	0.498

注：*、**、*** 分别表示 10%、5%、1% 的显著性水平，括号内为标准误。

第三节　结论与建议

本章将产业链关联分为产业链国内关联和产业链国际关联，探讨国内、国际以及整体的产业链关联水平对我国制造业高质量发展的作用，研究发现，国内产业链关联度的提高有助于我国制造业发展质量的提高，而国际产业链关联度与制造业高质量发展呈现负向作用，整体产业链关联度综合国内和国外的共同作用对制造业高质量发展具有正向影响；区分高技术行业和低技术行业后发现，整体和国内产业链关联度对低技术行业的促进作用相比高技术行业而言更大，而国际产业链关联度对低技术行业的负向作用不明显；区分产业链国际关联的来源后发现，与 G5 发达国家的产业链关联不利于我国制造业的高质量发展，与亚洲发展中国家的国际关联反而能显著提高我国制造业的发展质量；进一步区分人力资本水平后发现，产业链国内关联无论是在高人力资本水平还是在低人力资本水平下对制造业高质量发展的作用都显著为正，而产业链国际关联在低人力资本水平下对我国制造业发展质量有显著的负向作用，但是在高人力资本水平下对制造业发展质量不存在显著影响，产业链整体关联在高人力资本水平下才对制造业高质量发展有显著的正向作用，在人力资本水平较低时作用不明显。本章根据以上结论可以提出以下几点政策建议。

第一，以国内大循环为主体，深化产业间的分工与联系，提高产业链国内关联水平，不仅能够有效应对国际市场的波动，保障我国经济安全，更能深化我国制造业产业基础，促进经济质量和效率的提升。因此我们要重视现代化产业分工体系的构建，打造完善的国内供应链、价值链与创新链，畅通国内生产循环；同时培育基于内需的国内产业链，通过"需求引致创新"提高供给的质量，驱动制造业向高级化发展。

第二，技术创新始终是一个国家经济发展的原动力，也是制造业高质量发展的题中之义。因此，适度加大制造业研发资金与创新型人力资本的投入，突破高精尖技术的瓶颈制约，摆脱来自发达国家的技术封锁，同时提高各行业的整体发展水平，以技术创新促进国内大市场的深度循环。另外也要注重资源调配，合理布局产业链，充分发挥市场竞争作用，共同推动制造业发展提质增效。

第三，加快提升制造业人力资本水平，培养高素质创新型高精尖人才。高水平人力资本对破解发达国家的低端锁定、实现制造业高质量发展以及经济高质量发展的目标有重要意义。因此加大基础教育投入，改革教育体制，加快创新型人才培养，建立健全人才管理机制，完善相关配套制度，激发人才创新活力，为制造业的高质量发展赋能。

第四，加强与亚洲发展中国家的合作与贸易，着力推进"一带一路"建设，将我国产业链向下拓展延伸，构建由我国主导的产业链分工体系。同时，让国际大循环更好地为国内大循环助力，更好地为我国制造业高质量发展助力。在统筹两个分工循环的过程中，实现国内大循环和国际大循环的相互促进，构建我国经济更高水平的动态平衡。

第九章 数字经济驱动制造业高质量发展

新冠疫情在世界各地蔓延，美国、欧盟等发达经济体加速推进制造业回流，工业逆全球化趋势进一步加剧，全球经济陷入衰退，国际战略局势复杂严峻。毫无疑问，以丰富的自然资源和廉价劳动力为主的装配加工产业增长空间有限，"两头在外，大进大出"的国际外向型发展战略不再适用，同时我国内部生产体系循环不畅和产业链供应链脱节现象凸显。双循环战略是适应我国经济阶段性变化的主动选择，其要求发展应更多依靠创新驱动和自主可控，不断提高供给质量和水平，在以高水平的对外开放参与国际分工的同时强有力地启动国内经济大循环。在疫情防控常态化时期，以人工智能、区块链、大数据、5G 通信和物联网等数字技术为代表的数字经济蓬勃发展，有序推动着企业复工复产，数字经济赋能制造业并推动其高质量发展的重要性日益凸显。本章旨在厘清数字经济的发展特征及现状，明确数字经济赋能制造业高质量发展的路径，为数字经济赋能实体经济提出相应的政策建议，助力制造业高质量发展。

第一节 数字经济发展历程及现状

一 数字经济发展历程

（一）数字经济萌芽

数字经济的前身是信息经济，早期对信息经济的研究侧重于信息产品和信息服务的概念范畴和测度体系等基础理论，以及应用信息通信技术给经济社会带来的效益。美国经济学家 Machlup（1962）在《美国的知识生产与分配》中正式提出了"知识产业"一词，并界定了其一般范畴和分类，创建了对美国知识生产与分配的测度体系，即 Machlup 信息经济测度范式，这为后续扩大国内生产总值的核算范畴奠定了基础。美国经济学家 Porat 和 Rubin（1977）在研究报告《信息经济》中给出了信息经济的基本概念和系统框架，界定了信息活动、信息资本和信息劳动者等信息产业的相关概念，并将信息部门分为两类。其中，一级信息部门是直接为政府或企业提供信息商品的部门，是信息市场的主体；二级信息部门则主要指为满足市场主体的内部消费需求而提供信息生产与服务的部门，由于各市场主体内部存在对信息产品的供求，故二级信息部门的提出丰富了信息技术融合其他产业的内涵。Porat 和 Rubin（1977）根据两大部门对国民经济的贡献，对美国经济中的信息产业活动进行了测算，其测算方法为世界范围内信息经济的测度提供了经验借鉴。总体来看，信息通信技术、信息产品和服务是信息经济的核心内容，逐渐扩大的信息产业规模和持续创新的信息通信技术促使其与经济运行方式不断融合，促进了信息经济的发展。

（二）数字经济提出

美国计算机科学家 Negroponte（1996）在《数字化生存》一书中描述了信息技术的基本概念、未来发展趋势及可能的应用场景，并指出数字化生存是一种应用数字技术开展工作、学习的全新生产生活方式，此书的流行和传播一时间掀起了跨入数字化新世界的潮流，成为公众对数字科技的认知启蒙。美国经济学家 Tapscott（1996）在《数字经济：网络智能时代的前景与风险》一书中正式提出数字经济的概念，他指出数字经济是指在经济系统中广泛地应用信息通信技术，并且指明了广泛应用信息通信技术对未来经济发展可能产生的影响，书中写道"数字革命使数字经济成了人类智力联网时代的新经济"。此后，数字经济这一概念被越来越多的人接受并迅速流行开来。

（三）数字经济发展

伴随计算机硬件系统的改造升级和编程语言的持续发力，互联网技术得到广泛应用，以互联网为媒介衍生出的新闻资讯、电玩娱乐、电子商务等一系列数字化内容层出不穷，"互联网＋"不断赋能传统产业，推动实体经济实现数字化转型升级。如今，物联网、大数据、人工智能、5G 通信等数字技术日新月异，数字经济更是呈现出蓬勃发展的繁荣景象。数字经济逐渐成为构建现代化经济体系的重要引擎，世界主要研究机构纷纷围绕数据、数字技术、数字产品与服务、数字产业和商业模式等不断丰富数字经济的内涵，构建数字经济的范畴体系与产业分类，并积极探索数字经济测算方法。

联合国贸易与发展会议（UNCTAD）于 2007 年制定了关于信息通信技术指标的核心清单，主要用来反映信息通信技术获取和使用的变化，此后定期更新，并逐渐加入了在信息通信技术支持下的商品和服务，用于编制国际可比统计数据并鼓励各国使用。经济合作与发展组织（OECD）在《衡量数字经济：一个新的视角》中列示了包括信息通信技术产业、数字用户、数字基础设施等多方面的指标，提供了测度各国数字经济发展的完整图谱，其结果便于国际比较。二十国集团（G20）在《二十国集团数字经济发展与合作倡议》中也对数字经济的关键生产要素和重要载体进行了界定。国际货币基金组织（IMF）则呼吁开展全球合作，建立数据管理的全球性原则，促进跨境数据流动，减少国家间数据隔绝和断层，同时做好数据隐私保护，防范网络风险。中国信息通信研究院（CAICT）长期跟踪全球数字经济发展态势和典型国家数字经济发展模式，从数字产业化和产业数字化的增加值角度建立数字经济测算框架，比较分析了各发展阶段、各地理区位国家的数字经济发展现状。

通过梳理数字经济这一概念的演变脉络不难发现，继农业经济、工业经济后兴起的数字经济是一种萌芽于信息经济、发展于"互联网＋"，并随着数字技术的发展，与国民经济各行业融合越发充分条件下的新型经济社会形态。起初，得益于以二进制为主的电子信息技术的进步,信息通信技术行业得到发展,一系列信息产品与服务、知识产业也相伴而生。而后"互联网+"不断赋能传统产业,带来更高的效益和价值,推动实体经济实现数字化转型升级。近年来,物联网、大数据、人工智能、5G通信等数字技术日新月异,与国民经济各行各业深度融合,其内涵和范围更加丰富和拓展,其衍生的新产品、新业态和新模式增多,数字经济逐渐成为构建现代化经济体系的重要引擎。

二 数字经济典型特征

(一)数据生产要素

数据即数字化的知识和信息,如同土地、劳动力、资本一样,数据是数字经济时代最关键的生产要素。一方面,随着物联网、智能传感器、移动互联网、云计算、人工智能等信息技术集群的迅猛发展,数据的存储、传输和处理能力得到大幅提升,技术进步为深度挖掘数据价值提供了可能。另一方面,我国制定了一系列与大数据相关的发展举措和战略规划,力争获取竞争新优势,发展大数据的相关内容自2014年起连续8年被写入政府工作报告,并于党的十八届五中全会上正式上升为国家战略,在党的十九大报告上则进一步深化为供给侧结构性改革和建设现代化经济体系的重要举措。在相关技术快速发展和国家政策积极鼓励的双重推动下,数据开始渗透到人们生产生活的各个方面,数据生成的规模和速度亦呈现爆发式增长,虚拟化的数据开始成为实体经济中关键的生产要素,充分挖掘数据价值、释放数据要素活力将会为经济社会发展创造新的价值。

数据的本质是一种有价值的信息资产。相比其他生产要素,数据资源具有超大容量、超多类型、方便复制分享、无限供给的特点。更为重要的是,应用数据可以精准调控其他实体资源。数据要素可以赋能劳动力、资金、技术等其他要素,使其生产效率放大、叠加、倍增,各类要素共同发挥创造经济价值的作用。企业在生产过程中使用数据要素,一方面,通过挖掘和分析数据可以获得关于宏观经济状况、产业供求变化、微观市场条件等海量数据信息,有助于企业分析经济环境形势，做出最优生产管理决策，同时数据要素价格低廉，其无限增长和供给的特点为企业带来了成本上的竞争优势，为企业利用数据要素持续发力提供了可能；另一方面，应用数据提高了企业内部各组织之间的信息传递效率，借助数据可以精准传递信息，提升管理效率，有效降低企业的生产经营成本。

（二）数字技术集群

数字技术是一种以大数据、云计算、区块链、生物识别、机器学习等为基础的底层通用目的技术。数字技术作为数字经济的技术基础，其与经济社会各部门的深度融合，能助推产业结构数字化调整，促进生产方式、生活方式和治理方式等各方面的数字化转型。数字技术的大范围深层次应用将重塑产业形态和经济格局。

数字技术具有渗透性、替代性和协同性的特点。首先，数字技术作为一种通用目的技术，其基础性的特点使其能够嵌入并结合到各种技术类型的生产活动中。其次，数字技术的发展遵循摩尔定律（Moore's Law），即当价格不变时，集成电路上可容纳的元器件数目每隔 18～24 个月就增加一倍，性能也随之翻番。这一定律反映了数字技术更新迭代的速度，换言之，不变价格下的性能提升，使得数字技术的相对价格下降，各部门对数字技术的需求量会大幅提升，进而拉动数字技术相关投资增长，数字技术资本对传统资本的替代又会进一步提高资本质量，推动资本深化进程，实现数字技术对原有技术的更新迭代。最后，在数字技术应用于传统产业并对其进行数字化改造的过程中，数字技术与其他生产要素的协同应用，将会带来更高的价值，催生一系列新产品、新业态、新模式，如互联网平台与零售结合产生的平台化商业生态、大数据与人工智能技术融合下的智能制造生产模式等，数字技术正在开辟新的经济增长空间。

（三）新型基础设施

新型基础设施指包括信息基础设施、融合基础设施、创新基础设施等在内的新一代数字基础设施。新型基础设施的普及应用为数字经济的发展、新旧动能转换提供了强大支撑和外在保障。统筹推进新型基础设施建设，实现信息网络整体传输效率的提升，有助于促进相关上下游产业对数据要素的吸纳，打造一个完备高效、实用可靠的现代化基础设施体系。

新型基础设施具有普惠性、对传统要素依附性弱、边际价值递增的特点。首先，新型基础设施为新旧动能转换提供了外在先决条件，大规模的数字基础设施保障了海量数据的实时处理，为传统产业的数字化改造升级、核心业务甚至全流程业务的在线化发展提供了保障，新型基础设施能够发挥"一业带百业"的普惠作用。比如，城市物联网基础设施的建设有助于供水、供电、供气等公共服务基础设施的智能化升级；5G基站的建设和应用不仅有利于提高商用、家用信息的传输效率，还能支撑工厂智能制造和工业互联网的发展。其次，新型基础设施对土地等资源要素的依附性较弱，更加注重对数字技术、数字化人才、数字化应用场景等高级要素的需求。这为地理位置偏僻、传统要素资源欠发达的地区带来了发展红利，这些地区可通过新型数字基础设施建设，培育数字经济新业态，拉动当地经济发展。最后，根据梅特卡夫定律（Metcalfe's Law），一个网络的价值等于该网络内节点数的平方。也就是说，随着入网用户数的增加，整个网络和该网络内数字设备的价值呈指数级增长，数字基础设施网络效应凸显。

三　数字经济发展现状

（一）数字经济规模迅速扩大

中国数字经济规模快速扩大。过去几年间，国际形势中不稳定不确定因素增多，新冠疫情在世界各地蔓延，美国、欧盟等发达经济体加速推进制造业回流，工业逆全球化趋势进一步加剧，全球经济陷入衰退。反观我国，在疫情防控常态化期间，以人工智能、区块链、大数据、5G通信和物联网等数字技术为代表的数字经济蓬勃发展，有序推动着企业复工复产，数字经济为中国经济注入了新的活力。2021年，我国数字经济规模达到了45.53万亿元，占GDP的比重高达 39.8%（见图 9 - 1）。其中，2015~2019 年数字经济快速发展，实现规模翻番，由 2015 年的 18.60 万亿元扩大至 2019 年的 35.80 万亿元，占 GDP 的比重从 27.0% 上升至 36.3%；自 2020 年新冠疫情发生以来，数字经济依然保持蓬勃发展态势，占 GDP 比重逐年上升。

图 9 - 1　2015~2021 年中国数字经济规模及其占 GDP 比重
资料来源：中国信息通信研究院。

从数字经济增速分析，2015~2021 年数字经济增速明显高于同期 GDP 增速（见图 9 - 2）。其中，2020 年受疫情冲击，二者增速均达到各自历史低位，但数字经济增速依然保持 9.7% 的高位水平，是 GDP

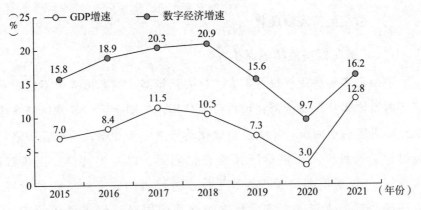

图 9 - 2　2015~2021 年中国数字经济增速与 GDP 增速
资料来源：中国信息通信研究院。

增速的 3 倍左右；2021 年数字经济和 GDP 增速有所回升，这与疫情防控成为数字经济发展的"催化剂"有关。在疫情防控常态化时期，无人配送、远程医疗、在线文娱、电商直播经济的走红，带动了数字经济的发展。数字化的经济形态一方面可以有效减少空间集聚，降低相关人员患疫风险，另一方面可以大幅降低实体经济运行成本，显著提升产业链供应链运行效率，数字经济逐渐扛起支撑疫情防控和稳定经济增长的大旗。

（二）数字经济结构加快优化

数字经济结构进一步优化，产业数字化成为数字经济发展的主力军。如图 9-3 所示，2021 年产业数字化规模达到 37.18 万亿元，占数字经济的比重为 81.7%，是数字产业化规模的 4 倍多。2015～2021年，二者规模呈扩大趋势，其中产业数字化占比逐步提升，且其规模始终大于数字产业化的规模。一方面，数字产业化总体实力进一步增强，人工智能、大数据、物联网、云计算、5G 等新型数字技术日新月异、蓬勃发展，产业生态体系更加完备；另一方面，传统产业的数字化为数字经济的发展开创了广阔空间，也为数字产业化带来了发展红利，数字产业利用数据资源、数字技术和新型基础设施建设全链条地赋能其他产业数字化升级，提升要素配置效率。

图 9-3　2015～2021 年产业数字化和数字产业化规模

资料来源：中国信息通信研究院。

（三）新型基础设施投资提速

新型基础设施投资提速换挡，网络基础设施优化升级。如图9-4所示，截至2021年底，全国共建成移动电话基站996万个，其中4G基站590万个，5G基站142.5万个。《2021年通信业统计公报》显示，2021年，全国新建光缆线路长度319万公里，光缆线路总长度达5488万公里。面向数字经济高质量发展的建设需要，加快5G基站、光缆线路等新型数字基础设施投资建设，对接产业数字化转型需求，赋能网络架构持续优化，打造全方位、立体化的网络布局。

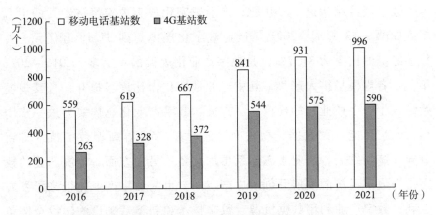

图9-4 2016~2021年移动电话基站数和4G基站数

资料来源：《2021年通信业统计公报》。

（四）终端用户规模持续扩大

移动终端用户规模持续扩大。2016~2021年，我国移动电话普及率逐渐上升，固定电话普及率则呈缓慢下降趋势，二者差距越发明显（见图9-5）。截至2021年底，我国电话用户总数达到18.24亿户，其中移动电话用户规模达16.43亿户，普及率升至116.3部/百人，高于全球的104.3部/百人。移动电话在固定电话功能的基础上，可以通过一系列软件实现在线互动文娱、教育医疗、远程商务办公等多种功能，几乎成为居民生活的标配。如今在5G技术的带动下，经济社会的数字化转型进程正在加速，数字化业务的移动终端用户规模也变得越来越大。

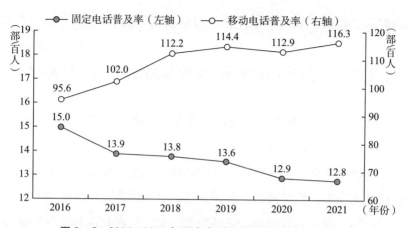

图 9 - 5　2016～2021 年固定电话及移动电话普及率情况

资料来源:《2021 年通信业统计公报》。

百兆及以上接入速率用户占比稳步提升。据工信部数据,截至 2021 年底,三家基础电信企业的固定互联网宽带接入用户总数达 5.36 亿户,全年净增 5224 万户。其中,1000Mbps 及以上接入速率的用户为 3456 万户,100Mbps 及以上接入速率的用户达 4.98 亿户,在总用户中占比高达 93.0%(据图 9 - 6 计算)。百兆、千兆及以上接入速率的用户比例逐渐增大,映射出用户对信息传递速率和性能有着较

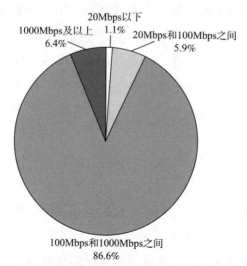

图 9 - 6　2021 年固定互联网宽带各接入速率用户占比情况

资料来源:《2021 年通信业统计公报》。

高的需求，移动互联网应用创新的市场前景广阔。

第二节　数字经济赋能制造业高质量发展的路径

　　"十四五"规划提出，促进数字技术与实体经济深度融合，把赋能传统产业转型升级作为我国经济社会发展的工作重点。党的二十大报告指出，坚持把发展经济的着力点放在实体经济上，推进新型工业化，加快建设制造强国、质量强国、航天强国、交通强国、网络强国、数字中国。建设制造强国是我国现阶段的主要目标，然而我国制造业面临着外部全球制造业回流、工业逆全球化趋势加剧，以及生产内部的劳动力成本上升、原料等资源环境约束进一步加剧的问题，双重压力下制造业应如何把握数字化发展契机，抓住数字化转型政策红利，通过制造业与数字经济融合创新，实现制造业高质量发展已成为相关研究的重点。

　　数字经济时代下，数据、数字技术和新型基础设施等数字创新要素可以多角度、全链条地赋能传统产业，从制造业研发设计、生产管理到营销售后等环节，助力制造业实现数字化转型升级，打造制造业发展的核心竞争力，推动制造业提质增效，开辟新的经济增长空间。数据作为关键生产要素，在制造业生产过程中不同生产环节间实现实时交换，提高资源配置效率，赋能劳动力、资本、技术、土地等传统投入要素，使其生产效率倍增。数字技术作为一种通用目的技术，能够嵌入各种技术类型的生产活动中，协同各种生产要素实现对原有技术的更新迭代，加速传统制造向数字化制造的转变，实现生产的各环节价值增值。数字基础设施的普及应用大幅提升信息互联互通的效率，为传统产业的数字化改造升级、核心业务甚至全流程业务的在线化发展提供了保障。数字化网络平台的应用实时汇聚信息，降低了供产销环节的信息不对称程度，极大降低了制造业生产经营的信息成本。数字经济通过深度嵌入实体经济，赋能传统制造业研发设计、生产加工、经营管理、销售服务等全产业链的数字化变革与重塑，进而推动制造业全要素生产率提升，实现制造业高质量发展。

一　协同化研发实现价值攀升

国际环境一系列不稳定因素对中国制造业产生了较大冲击，价值链攀升显得较为艰难，突破难点在于自主创新能力薄弱，尤其是传统制造业价值链高端环节参与率低，创新要素的资源整合效率低，进而阻碍了制造业的创新效率。数字经济时代下，数字技术的基础性、渗透性和协同性特点，以及数据要素对劳动力、资金、人才、技术的赋能，使得相关科技创新能够快速应用于制造业，为制造业研发设计、品牌培育环节带来科技创新增长空间，助力我国制造业突破低端锁定困境，实现制造业价值链攀升。

数字经济的迅猛发展，催生出便利多个主体的协同设计、研发创新模式。首先，借助海量数据和互联网平台生态，可以解决传统制造业研发时的研发者信息与消费者需求不匹配、技术研发成果无法有效转化的问题。一方面，企业研发设计部门借助数据挖掘技术，低成本地即时采集海量数据，建立消费者画像，精准捕捉和定位消费需求信息；另一方面，消费者作为消费商角色通过互联网平台主动参与到产品研发中，消费者的购前需求调查和用后体验反馈，为前端开发设计环节提供了借鉴和参考，使研发端和需求端紧密衔接，以消费者需求为导向的研发创新更有效率，能够降低创新风险，加速创新成果转化，从而助力制造业快速完成产品的升级换代。其次，数字化平台多端口的特性为更多企业进入研发环节创造了便利，研发设计的资本与技术门槛的降低，激发制造业企业的创新活力和潜力，使得企业自主完成的研发创新演变成与多家企业的协同创新，进一步提高制造业企业研发创新效能。

二　智能化生产实现效率升级

近年来，我国制造业发展之路困难重重。一方面，我国加工生产、代工组装行业面临来自印度、柬埔寨等国家廉价劳动力的威胁，传统的低劳动力成本比较优势日渐削弱；另一方面，随着新冠疫情在世界各地蔓延，工业逆全球化趋势进一步加剧，美国、欧盟等发达经济体加速推进制造业回流，中国制造业向高端制造迈进之路困难重重。数字经济时代下，智能制造等数字技术的快速发展和应用，为传统制造业实现数字化、自动化、智能化生产提供了新的突破点，为我国制造业实现全球价值链中高端攀升提供了绝佳契机。

首先，在加工环节，企业引入大数据、云计算等数字技术和自动化生产装备，打造数字化工厂，便利了制造流程中从研发设计到生产销售的实时连接；线下实体工厂与线上数字工厂的无缝对接，使传统流水线式的加工组装变成自动化、智能化的智能制造，能够及时调整要素区位配置，纠正工序中产生的问题，确保生产线稳定运行和产品质量稳定，为中间生产装配制造环节带来更大的价值增值空间，缩小制造业产业链中"微笑曲线"的极值差异。其次，数字技术与制造业的深入融合，优化了制造生产结构，个性化制造兴起，柔性化生产是制造业企业应对客户多样性需求的必然选择。最后，随着一系列数字技术与制造业的深度融合，服务制造业迅猛发展，制造业服务化水平不断提升，数字化服务助推制造业资源配置效率提升。

三　数字化管理实现结构优化

我国拥有全球规模最庞大、产业结构最复杂的制造业，在当前产品复杂度提升、产品快速迭代的情况下，制造业管理效率的提升成为制造业转型升级的关键所在。通过数字技术将生产要素数据化，打造网络空间的数字孪生体，智能连接物理世界和实体世界，帮助管理者通过数字孪生体了解生产状况，面对突发情况时能够快速响应、精准决策，提高非生产环节和生产环节的决策效率，缓解信息滞后及管理者主观非理性带来的不良后果。数字经济赋能制造业管理效率提升，也是深化我国制造业供给侧结构性改革的举措之一。

以大数据、物联网、云计算为代表的数字技术将生产要素数据化，进一步地，信息能够超越时空界限在各个主体间传输共享，这增强了制造过程的协同管控能力，使得成本精细化调控、产品在线质检成为现实。数字化管理下，制造业的加工生产对各区位资源条件的敏感度下降，同时对邻近地理空间的依赖性也下降，以追求知识溢出、规模经济、范围经济和规避交易成本为动机的地理空间形态集聚，逐渐演变为网络虚拟集聚。如数字孪生技术可以反映出物理实体的真实状态，各类数据为管理者从多维度精准化制定决策提供了有效支撑；数字化供应链管理平台的出现，实现了原材料采购、产品订货、仓储交付过程的智能联合，实现了对其来源和去向过程的追溯，大幅拓展了供应链网络，节省了时间成本，提高了产能利用效率。

四　一体化销售实现消费升级

随着数字经济时代的到来，制造业销售模式包括从获取客户需求到完成交货售后的过程都发生了深刻变革。在数字技术的支撑下，线上线下一体化，数字经济赋能传统产业的实体销售新模式孕育而生，激发消费需求，促进消费升级，服务用户能力得以提升。首先，企业借助数字技术对海量数据和资源进行汇总、整合、分析，借助互联网销售平台精准识别消费者潜在需求，并实时跟踪客户需求偏好变化情况，获得即时互动反馈，量身定制销售方案，销售过程及售后服务环节附加价值随之提升，产品生命周期的可追溯性增强。其次，网络平台交易不但使得消费者不必局限于特定时间和空间，而且企业可以低成本、高效率、个性化、多样化地提供产品，将范围经济发挥到极致。最后，通过布局线下终端实体店，满足消费者对产品或服务的体验需求，做好品牌宣传，同时利用大数据等技术为制造业企业搭建网络化服务平台，提供远程维护保养、高效专业的故障解决方案和线上技术服务支撑，推动制造业企业销售服务模式创新。

第三节　数字经济驱动制造业高质量发展对策

一　强化数字技术研发战略规划

数字化制造在很大程度上要依托数字技术的发展，掌控关键的数字技术，将为制造业高质量发展提供新动能。疫情重构了全球创新格局，数字技术以其渗透性、替代性和协同性的特点，在各国培育数字经济新兴业态以及抢占新时期国际经济、科技和产业竞争制高点的过程中发挥着关键作用。

一是继续推进数字产业技术创新。数字产业作为产业数字化的实现基础，其重要性不言而喻。提前布局一批具有前瞻性的发展政策和支持项目，加大面向未来数字技术创新需求的先行投资，专注机器人、物联网、数据挖掘等关键前沿数字技术产业的深度研发，支持政企开展产业研究合作，共同打造数字技术创新孵化平台，部署一批基础性、通用性数字技术产品和服务工程，着力构建数字技术创新发展业态，持续地为制造业数字化转型提供动能。

二是强化产业的数字化转型。产业数字化作为数字经济发展的主力军，也为数字产业化带来了发展红利。数字产业利用数据资源、数字技术和新型基础设施建设全链条地赋能其他产业的数字化升级，提升要素配置效率。数字技术应围绕产业数字化的需求调整研发方向，着力于数字技术在制造业中的规模化推广应用，加快技术研发成果的有效转化。如此才能有助于赋能传统产业实现产业数字化转型，全力推动制造业的高质量发展，以数字技术带动我国全要素生产率提升。

二　注重新型基础设施投资建设

疫情防控无意中成了数字经济的"催化剂"，展示了 5G 基站、工业互联网、物联网等数字基础设施在助推中小企业复工复产过程中的巨大潜力。在疫情防控常态化时期，打造功能齐全、系统完备、高效便捷的新型数字基础设施，充分挖掘数据价值，提升全国网络覆盖率和信息化水平，对实现制造业提质增效至关重要。

一是积极部署数字基础设施建设投资。系统谋划以大数据、人工智能、物联网等为代表的新型数字公共基础设施建设，注重数字基础设施标准的建设，考虑与现有传统基础设施的衔接，使多平台能够有效地互联互通。同时要发挥财政资金在投资中的引导作用，通过财税政策引导、政府采购等激励机制来调动资本的力量，鼓励企业主体遵循市场机制开展数字基础设施投资建设，鼓励共建共享，提高资源配置效率。

二是防范投资风险。新基建的技术要求含量高、投资回报周期长，因此应做好投资前的技术可行性和经济效益分析，在实施过程中应始终围绕数字基础设施建设目标，靶向性地进行监管和成本收益评估，确保投资风险可控，谨防出现盲目投资、重复建设等问题。

三　聚焦企业数字化转型升级

企业数字化转型指企业借助大数据、人工智能、物联网等先进数字技术，将经营的实物属性符号化，通过获取、分析及利用数据提高生产经营效率，最终实现商业模式转型的过程。新冠疫情给企业上了一堂生动的数字化培训课。用数字技术革新生产方式，用数字思维更新管理理念，实现疫情下的企业复工复产，并推动经济可持续发展。数字化转型是当前背景下企业顺应经济发展形势的选择，也是降本增效的必由之路。

一是统筹协调建立产业数字化发展标准，培育一批数字技术和数字资源服务提供商及龙头企业，培育推广数字化平台生态。制定并推广工业关键共性数字技术的发展应用标准，构建基础性、通用性产品体系和服务体系。鼓励龙头企业发挥数字化改造示范引领作用，同时培育一批提供测试评估和咨询服务的第三方平台，为中小企业解决数字化转型中遇到的技术和安全问题。培育系统化、多层次的工业互联网平台生态，鼓励平台企业探索互联网服务新模式，为企业数字化转型提供研发设计、生产、运维、管理、服务等全流程的数字化服务。

二是加大对制造业企业数字化转型的财税支持力度，培养新型数字化复合人才。当前数字化浪潮席卷全球，中小企业面临着不敢转、不能转的困境，对于在人才、资金、管理等方面都相对落后的中小企业来说，企业数字化转型有着较大的技术与成本挑战。通过设置专项资金、给予金融扶持等奖补政策，激励中小微企业提升数字化水平。另外，探索符合我国国情的数字化复合人才的培养机制，构建数字素养教育和评估框架，以满足企业数字化转型的人才需求。

三是优化营商环境，创新数字经济监管模式，加强数据资产产权保护。遵循"鼓励创新、包容审慎"原则，积极推进放管结合，加强分类指导，企业要根据自身情况量体裁衣，要因地制宜地进行数字化转型，积极探索符合自己的转型模式。加强对数字产品和服务的产权保护，探索数据确权及定价方法，构建统一的标准规范和数据大市场，建立健全数据资产化体系和数据安全管理体系。

第四节　主要结论

本章首先梳理数字经济的发展历程、典型特征和发展现状，然后分析了数字经济对制造业全链条的赋能路径，最后就数字经济驱动制造业高质量发展提出了相应的对策建议。本章主要得出以下结论。

第一，数字经济是一种萌芽于信息技术、发展于"互联网＋"，并随着数字技术的发展，与国民经济各行业融合越发充分条件下的新型经济社会形态。数字经济主要围绕数据资源，以底层通用目的技术为驱动，以新型基础设施为保障。我国数字经济规模在迅速扩大，占GDP比重逐年上升，产业数字化规模约占数字经济规模的八成，传统产业数字化转型升级为数字经济发展提供了广阔空间，新型基础设施建设投资提速，终端用户规模不断扩大。

第二，从制造业全链条视角深入剖析数字经济的赋能机制。企业通过数字化平台由原先自主研发演变成与消费者及多家企业协同参与产品研发设计，降低研发风险，提升创新效能。数字化智能装备的引进，优化了制造业生产结构，让个性化制造成为可能，为我国制造业实现全球价值链中高端攀升提供了绝佳契机。通过数字技术将生产要素数据化，智能连接物理世界和实体世界，有利于管理者根据网络空间的数字孪生体快速响应、精准决策，提高管理决策效率。数字技术支撑下的线上线下一体化销售新模式，进一步激发消费需求，促进消费升级，倒逼制造业高质量发展。

　　第三，为进一步强化数字经济赋能制造业高质量发展提出了相应建议。首先，讨论了数字技术战略规划布局，掌控关键的数字技术将为制造业数字化提供新动能；其次，从新型基础设施投资建设视角，提出在做好投资风险防控的同时加强前瞻布局和系统谋划，打造功能齐全、高效便捷的数字基础设施，推动智慧城市、智能家居及智能制造等应用场景和商业模式的快速迭代；最后，从优化营商环境、创新监管模式、建立产业数字化发展标准、培育数字化平台生态、给予企业财税和数字化人才支持、加强数据产权保护等方面支持和引导企业进行数字化转型。

第十章 营商环境优化与制造业高质量发展

第一节 中国营商环境发展现状

一 中国营商环境发展现状

（一）中国营商环境制度建设现状

营商环境是指市场主体从进入、生产经营到退出全过程所面临的政务环境、市场环境、法治环境以及人文环境等各种外部环境的总和。党的十八大以来，优化营商环境受到中共中央、国务院以及各级政府的高度重视。2018年，国务院成立优化营商环境专题组，并先后发布《关于部分地方优化营商环境典型做法的通报》《关于聚焦企业关切进一步推动优化营商环境政策落实的通知》等一系列与优化营商环境相关的政策文件。2019年国务院总理李克强签署国务院令，《优化营商环境条例》正式公布。2020年，为了进一步激发市场竞争活力和增强内生发展动力，国务院发布《关于进一步优化营商环境更好服务市场主体的实施意见》。

（二）中国营商环境变化趋势

为了能够充分地了解中国营商环境发展现状及其全球地位，本章通过世界银行公布的《全球营商环境报告》，具体分析中国营商环境发展现状；同时选取新西兰、新加坡、美国、韩国和日本五个国家与中国营商环境进行比较分析。其中新西兰和新加坡长期位于全球营商环境排名前列，美国是世界传统发达国家代表，日本与韩国是亚洲发达国家代表。对以上国家进行分析，对优化中国营商环境、提升中国营商环境水平具有很好的借鉴作用。因此选取 2020 年新西兰、新加坡、美国、韩国和日本营商环境与中国进行对比分析。

图 10 - 1 为 2015～2020 年中国营商环境全球排名变化趋势。随着中国持续深化"放管服"改革和优化营商环境，中国营商环境得到了明显改善，全球排名明显上升。中国营商环境得分从 2015 年的 60.8 分上升至 2020 年的 77.9 分，上升了 28%，中国营商环境全球排名从 2015 年的第 90 位上升至 2020 年的第 31 位，上升了 59 位。这说明在中国各级政府的共同努力下，中国营商环境获得了巨大的改善。

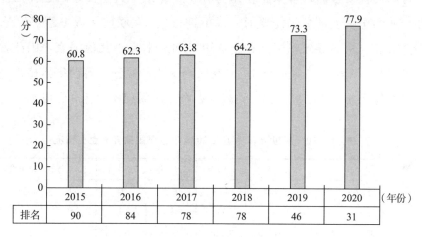

图 10 - 1　2015～2020 年中国营商环境得分及排名

资料来源：世界银行发布的历年《全球营商环境报告》。

（三）中国营商环境分项指标分析

随着中国持续深化"放管服"改革和优化营商环境，中国营商环境各分项指标也逐渐改善，在全球分项指标中的排名也不断提升。表10 - 1 为 2015～2020 年中国开办企业分项指标的变化情况及 2020 年主要国家开办企业的具体情况，中国开办企业分项指标全球排名从 2015 年的第 128 位上升至 2020 年的第 27 位，上升了 101 位，其中所需程序从 2015 年的 11 个缩减到 2020 年的 4.55 个，缩减了 6.45 个程序，用时也从 2015 年的 31.35 天缩减到 2020 年的 8.55 天，缩减了

22.80 天，但是成本方面变化较小。主要原因是我国开办企业需要的所有流程可通过一站式服务实现，这大大缩减了开办企业所需程序和时间。

与国际主要国家相比，中国在开办企业方面与优质营商环境国家相比仍有较大差距，与开办企业全球排名第一的新西兰相比，中国开办企业所需程序比新西兰多 3.55 个，成本是新西兰的 5.5 倍，耗时更是比新西兰多 8.05 天；与传统发达国家美国相比，中国开办企业程序比美国少 1.45 个，所需费用差别不大，但是耗时比美国多 4.35 天。通过以上对比分析发现，我国在开办企业该分项指标中所需程序和时间与优质营商环境国家相比仍有一定差距。其主要原因是我国开办企业的手续大部分仍需要通过线下进行，"互联网 + 政务服务"未完全落实，从而导致我国开办企业用时和成本高于其他国家。因此我国仍需要持续深化"证照分离""互联网 + 政务服务"等改革措施，进一步优化开办企业办事流程，缩减开办企业所需程序、耗时和成本。

表 10 - 1　2015 ～ 2020 年中国及 2020 年主要国家开办企业情况

中国	2015 年	2016 年	2017 年	2018 年	2019 年	2020 年
排名	128	136	127	93	28	27
程序（个）	11	11	9	9	5	4.55
时间（天）	31.35	31.35	28.9	24.9	8.55	8.55
成本占人均收入比重（%）	0.9	1.7	1.6	1.5	1.2	1.1
国家	中国	新西兰	新加坡	韩国	美国	日本
2020 年排名	27	1	4	32	55	106
程序（个）	4.55	1	2	3	6	8
时间（天）	8.55	0.5	1.5	8	4.2	11.15
成本占人均收入比重（%）	1.1	0.2	0.4	14.6	1	7.5

资料来源：根据世界银行发布的历年《全球营商环境报告》整理得到。

表 10 - 2 为 2015 ～ 2020 年中国办理施工许可证分项指标的变化情况及 2020 年主要国家办理施工许可证的具体情况，中国办理施工许可证获得了巨大成就，全球排名从 2015 年的第 179 位上升至 2020 年

的第 33 位，上升了 146 位，其中办理程序从 2015 年的 28.55 个缩减到 2020 年的 18 个，简化了超 10 个程序，且用时也从 2015 年的 265.9 天缩减至 2020 年的 110.875 天，缩减了 155 天，成本从 2015 年人均收入的 8.9% 缩减到 2020 年人均收入的 2.8%，其中建筑质量控制指数获得了满分 15 分的高分。主要原因是我国对一些低风险工程建设项目的施工许可进一步简化，从而减少其办理施工许可所需时间和程序。

与国际主要国家相比，中国办理施工许可证该分项指标所需程序、用时远高于其他五个国家，所需成本也较高。以新西兰为例，2020 年新西兰办理施工许可证所需程序为 11 个，比我国少 7 个程序，用时为 93 天，比我国少 18 天，新西兰办理施工许可证的费用为人均收入的 2.2%，比我国少了 0.6 个百分点。通过以上对比分析发现，虽然我国在建筑质量控制指数上得了满分 15 分，但是中国在办理施工许可证所需程序、耗时和成本方面仍有较大的进步空间，因此中国仍需要持续深化"放管服"改革，进一步简化施工许可证办理手续，减少不必要的产品生产许可证和产品强制性认证种类，缩短行政审批周期。

表 10 - 2　2015 ~ 2020 年中国及 2020 年主要国家办理施工许可证情况

中国	2015 年	2016 年	2017 年	2018 年	2019 年	2020 年
排名	179	176	177	172	121	33
程序（个）	28.55	28.55	28.55	28	20.35	18
时间（天）	265.9	265.9	265.9	261.8	154.65	110.875
成本占人均收入比重（%）	8.9	8.4	8.2	7.8	2.9	2.8
国家	中国	新西兰	新加坡	韩国	美国	日本
2020 年排名	33	7	5	12	24	18
程序（个）	18	11	9	10	15.8	12
时间（天）	110.875	93	35.5	27.5	80.6	108.35
成本占人均收入比重（%）	2.8	2.2	3.3	4.4	0.7	0.5
建筑质量控制指数（0 ~ 15）	15	15	13	12	12.4	13

资料来源：根据世界银行发布的历年《全球营商环境报告》整理得到。

　　表 10 - 3 为 2015 ~ 2020 年中国获取电力分项指标的变化情况及 2020 年主要国家获取电力的具体情况，中国在获取电力方面取得了巨大成就，其排名提升速度较快。中国获取电力分项指标全球排名从 2015 年的第 124 位上升至 2020 年的第 12 位，上升了 112 位，其中办理手续从 2015 年的 5.45 个简化至 2020 年的 2 个，用时从 2015 年的 143.2 天缩减至 2020 年的 32 天，减少了 111.2 天，而成本从 2015 年人均收入的 459.4% 直接降至 2020 年的 0。中国获取电力所需程序的简化、所用时间的压缩以及费用降为 0 的主要原因是，近些年我国逐渐实施线上用电服务，针对居民和小微企业用电，基本实现了"零上门、零审批、零投诉"，通过"互联网 +"线上办电即可实现足不出户就能用电；用电大户企业可以通过线上办电，减少企业的办电程序，降低企业办电成本，但是在用时方面仍然需要较多时间，可能原因是我国幅员辽阔、地势复杂，难以在较短时间内完成电力输送。

表 10 - 3　2015 ~ 2020 年中国及 2020 年主要国家获取电力情况

中国	2015 年	2016 年	2017 年	2018 年	2019 年	2020 年
排名	124	92	97	98	14	12
程序（个）	5.45	5.45	5.45	5.45	3	2
时间（天）	143.2	143.2	143.2	143.2	34	32
成本占人均收入比重（%）	459.4	413.3	390.4	356	0	0
国家	中国	新西兰	新加坡	韩国	美国	日本
2020 年排名	12	49	19	2	65	14
程序（个）	2	5	4	3	4.8	2.35
时间（天）	32	58	26	13	89.6	80.9
成本占人均收入比重（%）	0	67.9	22	34.3	21.7	0
供电可靠性和电费透明度指数（0~8）	7	7	7	8	7.2	8

资料来源：根据世界银行发布的历年《全球营商环境报告》整理得到。

　　表 10 - 4 为 2015 ~ 2020 年中国财产登记分项指标的变化情况及 2020 年主要国家财产登记的具体情况，中国财产登记程序从 2015 年

的 5 个缩减至 2020 年的 3.55 个，缩减了 1.45 个程序，用时从 2015 年的 23.45 天压缩至 2020 年的 9 天，减少了 14.45 天，成本从人均收入的 4.9% 降低至 4.6%，降低了 0.3 个百分点。中国登记财产用时比新西兰、新加坡和韩国分别多 5.5 天、4.5 天和 3.5 天，成本占人均收入比重更是比新西兰、新加坡和美国分别多 4.5 个百分点、1.7 个百分点和 2.2 个百分点。这说明我国在财产登记方面仍有待提升，例如，通过大力推广不动产登记电子证照，通过"互联网＋""区块链＋"等技术减少财产登记程序和时间，从而降低人民财产登记成本，提高财产登记效率。

表 10－4　2015～2020 年中国及 2020 年主要国家财产登记情况

中国	2015 年	2016 年	2017 年	2018 年	2019 年	2020 年
程序（个）	5	5	5	5	3.55	3.55
时间（天）	23.45	23.45	23.45	23.45	9	9
成本占人均收入比重（%）	4.9	4.9	4.9	4.6	4.6	4.6
国家	中国	新西兰	新加坡	韩国	美国	日本
2020 年排名	28	2	21	40	39	43
程序（个）	3.55	2	6	7	4.4	6
时间（天）	9	3.5	4.5	5.5	15.2	13
成本占人均收入比重（%）	4.6	0.1	2.9	5.1	2.4	5.3

资料来源：根据世界银行发布的历年《全球营商环境报告》整理得到。

　　表 10－5 为 2015～2020 年中国纳税分项指标的变化情况及 2020 年主要国家纳税的具体情况，中国纳税分项指标全球排名从 2015 年的第 120 位上升至 2020 年的第 105 位，上升了 15 位，纳税次数从 2015 年的 9 次减少到 2020 年的 7 次，用时从 2015 年的 261 小时缩减至 2020 年的 138 小时，总税费率从 2015 年的 68.6% 降低至 2020 年的 59.2%。这主要归功于近几年中国持续对中小企业实施所得税优惠政策和降低企业增值税税率，同时不断完善电子纳税申报和缴纳系统，从而降低企业成本。与国际主要国家相比，中国企业 2020 年纳税次数比新加坡多 2 次，纳税时间更是比新加坡多 74 个小时，总税费率

比这五个国家都高，比新加坡高 38.2 个百分点。这表明一方面中国需要继续推动纳税流程和税制改革，建立健全中国纳税体系；另一方面应建立全国统一的纳税公共服务平台，持续简化我国的纳税流程，减少纳税办理时间。

表 10 - 5　2015～2020 年中国及 2020 年主要国家纳税情况

中国	2015 年	2016 年	2017 年	2018 年	2019 年	2020 年
排名	120	132	131	130	114	105
纳税次数（次）	9	9	9	9	7	7
时间（小时）	261	261	258.95	248.3	142	138
总税费率（%）	68.6	67.9	68.2	66.5	64	59.2
国家	中国	新西兰	新加坡	韩国	美国	日本
2020 年排名	105	9	7	21	25	51
纳税次数（次）	7	7	5	12	10.6	19
时间（小时）	138	140	64	174	175	128.5
总税费率（%）	59.2	34.6	21	33.2	36.6	46.7

注：总税费率指总税费占商业净利润比重。
资料来源：根据世界银行发布的历年《全球营商环境报告》整理得到。

表 10 - 6 为 2015～2020 年中国跨国贸易分项指标变化情况及 2020 年主要国家跨国贸易的具体情况，中国跨国贸易分项指标全球排名从 2015 年的第 98 位上升至 2020 年的第 56 位，上升了 42 位，出口用时和进口用时分别从 2015 年的 21.2 小时和 65.7 小时缩减至 2020 年的 8.6 小时和 12.8 小时，分别缩减了 12.6 个小时和 52.9 个小时，出口成本和进口成本分别从 2015 年的 84.57 美元和 125.89 美元降低至 2020 年的 73.57 美元和 77.25 美元，分别降低了 11.00 美元和 48.64 美元。主要原因是中国不断简化进出口程序、优化海关行政管理措施、完善港口基础设施等。但是从国际对比角度来看，中国出口用时和进口用时远高于其他国家。以韩国为例，中国出口用时和进口用时比韩国分别多 7.6 个小时和 11.8 个小时，同时中国出口成本和进口成本比韩国分别高 62.47 美元和 50.45 美元。这说明我国在跨国贸易方面仍有较大的提升空间，通过简化进出口审批事项和通关流

程、规范收费标准、降低通关成本、建立健全国际贸易与口岸相关业务办理一站式服务等方式缩短进出口时间，降低进出口成本。

表 10-6 2015~2020 年中国及 2020 年主要国家跨国贸易情况

中国	2015 年	2016 年	2017 年	2018 年	2019 年	2020 年
排名	98	96	96	97	65	56
出口用时（小时）	21.2	21.2	21.2	21.2	8.63	8.6
进口用时（小时）	65.7	65.7	65.7	65.7	24	12.8
出口成本（美元）	84.57	84.57	84.57	84.57	73.57	73.57
进口成本（美元）	125.89	125.89	125.89	125.89	77.25	77.25
国家	中国	新西兰	新加坡	韩国	美国	日本
2020 年排名	56	63	47	36	39	57
出口用时（小时）	8.6	3	2	1	1.5	2.4
进口用时（小时）	12.8	1	1	1	7.5	3.4
出口成本（美元）	73.57	67	37	11.1	60	54
进口成本（美元）	77.25	80	40	26.8	100	107

资料来源：根据世界银行发布的历年《全球营商环境报告》整理得到。

表 10-7 为 2015~2020 年中国执行合同分项指标的变化情况及 2020 年主要国家执行合同的具体情况，中国执行合同分项指标全球排名从 2015 年的第 35 位上升至 2020 年的第 5 位，上升了 30 位，平均耗时为 496.25 天，成本占索赔金额的 16.2%，2020 年司法程序质量指数为 16.5。这说明近些年我国在执行合同方面取得了巨大进步，尤其是在司法程序质量指数方面超过其他国家，为我国营商环境全球排名做出了巨大贡献，但是在耗时和费用方面仍有较大的提升空间。以韩国为例，中国执行合同平均耗时比韩国多 206.25 天，成本占索赔金额比重比韩国高 3.5 个百分点。这说明中国需要进一步规范执行合同制度，在所需程序和耗时方面，制定严格的审批期限，通过繁简分流、快慢分道等方式提高商业纠纷办案效率，缩短办案时间；在成本方面，通过"互联网+"的方式提高执行合同便利度，降低执行合同所需成本。

表 10 - 7　2015～2020 年中国及 2020 年主要国家执行合同情况

中国	2015 年	2016 年	2017 年	2018 年	2019 年	2020 年
排名	35	7	5	5	6	5
时间（天）	496.25	496.25	496.25	496.25	496.25	496.25
成本占索赔金额比重（%）	16.2	16.2	16.2	16.2	16.2	16.2
国家	中国	新西兰	新加坡	韩国	美国	日本
2020 年排名	5	24	1	2	18	50
时间（天）	496.25	216	164	290	444	360
成本占索赔金额比重（%）	16.2	27.2	25.8	12.7	30.5	23.4
司法程序质量指数（0～18）	16.5	9.5	15.5	14.5	14.6	7.5

资料来源：根据世界银行发布的历年《全球营商环境报告》整理得到。

表 10 - 8 为 2015～2020 年中国办理破产分项指标的变化情况及 2020 年主要国家办理破产的具体情况。近些年，中国办理破产分项指标变化幅度较小，整体排名处于第 50 位和第 65 位之间。以 2020 年为例，中国办理破产平均用时 1.7 年，耗费成本占资产的比重高达 22%，回收率仅为 36.9%，破产框架力度指数为 13.5。通过以上分析发现，中国除破产框架力度处于较高水平外，其他指标仍有较大提升空间。以日本为例，日本办理破产所需时间为 0.6 年，比中国少了 1.1 年，成本占资产比重仅为 4.2%，比中国少 17.8 个百分点，回收率更是高达 92.1%，比中国高 55.2 个百分点。这说明中国企业办理破产所需时间较长，所需成本较高，回收率较低，因此中国在办理破产领域仍需继续优化。中国需要加快建立企业破产工作协同机制，精简办理破产流程，压缩办理破产时间，降低办理破产成本，从而提高办理破产审判效率，进而为市场竞争清除障碍。

表 10 - 8　2015～2020 年中国及 2020 年主要国家办理破产情况

中国	2015 年	2016 年	2017 年	2018 年	2019 年	2020 年
排名	53	55	53	56	61	51
时间（年）	1.7	1.7	1.7	1.7	1.7	1.7
成本占资产比重（%）	22	22	22	22	22	22

国家	中国	新西兰	新加坡	韩国	美国	日本
2020 年排名	51	36	27	11	2	3
时间（年）	1.7	1.3	0.8	1.5	1	0.6
成本占资产比重（%）	22	3.5	4	3.5	10	4.2
回收率（%）	36.9	79.7	88.7	84.3	81	92.1
破产框架力度指数（0~16）	13.5	8.5	8.5	12	15	13

资料来源：根据世界银行发布的历年《全球营商环境报告》整理得到。

二　中国营商环境指标体系的构建

（一）营商环境综合指标体系的构建

关于营商环境综合指标体系的构建，本章主要分析国内省份层面营商环境优化对制造业高质量发展的影响。由于世界银行发布的《全球营商环境报告》主要探讨全球范围内主要城市的营商环境状况，例如，世界银行针对中国营商环境的分析主要是针对中国北京、上海和香港等几个重要城市。同时《全球营商环境报告》主要侧重于政府政策制度方面，且其关注点在中小企业的发展上，因此世界银行发布的《全球营商环境报告》中营商环境指标体系并不适用于中国省份或者城市层面营商环境的研究。近几年，随着营商环境对中国经济发展越来越重要，针对国内营商环境的相关研究也逐渐多起来，中国城市营商环境评价研究课题组（2021）基于生态系统理论构建了包含公共服务、人力资源、市场环境、创新环境、金融环境、法治环境以及政务环境7项一级指标的中国城市层面营商环境指标体系；张三保等（2020）基于中国省级层面构建营商环境指标体系，具体指标包含市场环境、政务环境、法律政策及人文环境。

本章参考国内学者针对中国区域层面营商环境的研究，同时结合《优化营商环境条例》及中国国情构建营商环境指标体系。同时考虑到数据的可得性和连续性，本章在以上学者的基础上对部分指标进行调整，构建 2010~2020 年省级层面营商环境指标体系，该指标体系尽可能涵盖了营商软环境和营商硬环境。

本章构建的营商环境具体包括政务环境、人力资源环境、金融环境、公共服务环境、市场环境、创新环境及法治环境。具体来看，政务环境是衡量政府对市场经济的调控能力。人力资源环境反映了一个地区劳动力市场的供求水平，其中城镇单位就业人员反映了地区劳动力供给状况，高校在校人数表示高素质人力资源供给状况，平均工资水平则是反映劳动力市场的重要因素，直接影响到劳动力供给和流动情况。金融环境的优劣直接决定企业的融资难度和融资成本，其中金融业城镇单位就业人员能够有效反映金融业规模，融资服务则反映了企业的融资规模和融资难度。公共服务环境是企业生产经营的基本需求。市场环境是制造业考虑的重要因素之一，其中经济状况和进出口水平直接反映了国内外市场规模。创新环境是企业实现转型升级的决定性因素，企业通过技术创新实现进步，提高生产效率。良好的法治环境可以为企业提供一个公平、公正的竞争条件，保护企业知识产权，因此选取律师人数和城镇失业率来衡量法治环境。具体营商环境指标体系如表 10 - 9 所示。

表 10 - 9　营商环境指标体系

一级指标	二级指标	三级指标
政务环境	政府支出	一般预算支出（万元）
人力资源环境	资源储备	高校在校人数（人）
		城镇单位就业人员（万人）
	工资水平	平均工资水平（元）
金融环境	从业规模	金融业城镇单位就业人员（万人）
	融资服务	银行业金融机构各项贷款（万元）
		银行业金融机构各项存款（万元）
公共服务环境	供水能力	供水量（万吨）
	供气能力	供气量（万立方米）
	供电能力	用电消费量（万千瓦）
	医疗状况	每万人医疗机构床位数（张）

续表

一级指标	二级指标	三级指标
市场环境	经济状况	人均 GDP（元）
		固定资产投资总额（万元）
	进出口水平	外商投资企业投资总额（百万美元）
		外商投资企业进出口总额（千美元）
	企业机构	规模以上工业企业数（个）
创新环境	创新投入	地方财政科学技术支出（万元）
	创新产出	国内专利申请授权量（项）
法治环境	司法条件	律师人数（万人）
	社会稳定	城镇失业率（%）

资料来源：笔者整理。

（二）中国营商环境评价结果分析

本章通过熵值法计算 2010～2020 年中国营商环境综合指数，并绘制全国整体及五个不同区域营商环境综合指数变化趋势图，结果如图 10-2 所示。从全国整体水平来看，全国营商环境综合指数从 2010 年的 0.235 上升至 2020 年的 0.244，说明我国整体营商环境水平较为稳定，有上升态势但幅度较小。从不同区域分析，长三角地区营商环境综合指数位于第一梯队，其营商环境综合指数远优于其他地区，并且高于全国平均水平。长江经济带和京津冀地区营商环境综合指数高于全国平均水平，但是低于长三角地区，主要原因是长江经济带和京津冀地区虽然拥有上海、浙江、江苏、北京以及天津等营商环境较好地区，但是这两大地区也包含了云南、贵州和河北等营商环境欠发达地区，从而导致两大地区营商环境整体上低于长三角地区。黄河流域和东北地区营商环境综合指数低于全国平均水平，黄河流域营商环境整体水平较低可能是因为青海、甘肃、内蒙古及宁夏等省区地理位置偏远，人力资源缺乏，创新能力较弱，市场环境不够完善，导致其营商环境综合指数较低；东北地区营商环境综合指数位于五个区域末位，主要原因是近些年东北地区人才流失较多、产业结构较单一、创新能力较薄弱。

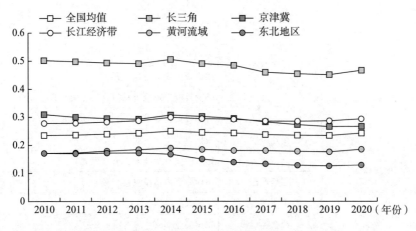

图 10 - 2   2010 ~ 2020 年营商环境综合指数变化趋势

资料来源：采用熵值法计算得出。

第二节   营商环境与制造业高质量发展的理论机制

一   营商环境对制造业高质量发展的直接作用机制

营商环境对制造业高质量发展的直接作用机制主要体现在以下几个方面。一是提升技术创新能力。首先，优化营商环境能够提高企业的自主创新活力。企业通过自主创新提高生产效率和进行产品升级，然而在这个过程中必然会产生技术外溢，出现"搭便车"行为，从而降低企业自主创新活力。而通过优化营商环境完善企业知识产权保护制度，能够有效减少"搭便车"行为，有利于提高企业自主创新的积极性。其次，由于企业技术创新具有风险不确定性、周期性长等特点，所以企业在技术创新过程中需要大量资金支持，而优化营商环境能够拓宽企业融资渠道，降低企业融资难度（陈宝东、崔晓雪，2022），从而为企业技术创新提供充足的资金支持。最后，政府是营商环境优化的主导者，政府通过一系列税收优惠政策、人才引进政策有力促进了企业的技术创新。二是激发市场竞争活力。优化营商环境能够有效激发市场竞争活力。首先，良好的营商环境能够为市场经济主体提供一个公平、公开、透明的市场环境（霍春辉、张银丹，2022）。一个良好的市场环境可以降低企业进入门槛，有利于新企业的加入，激发市场竞争活力，从而迫使在位企业提高产品质量和生产效率。其次，营商环境的优化可以解决企业在市场竞争中所面临的信息不对称问题，能够有效避免企业之间的道德风险和逆向选择问题，从而提高市场竞争活力。最后，市场竞争活力的提升有利于传统企业克服生产结构单一、创新活力不足等问题，加快推进传统产业的转型升级，实现传统制造业的高质量发展。三是降低生产经营成本。营商环境的优化能够降低制度性交易成本和企业生产经营成本（夏后学等，2019），从而有利于制造业转型升级。首先，优化营商环境能够降低制度性交易成本。一方面，营商环境的优化能够提高政府行政效率，简化政府行政审批程序与制度，从而降低制度性交易成本；另一方面，良好的营商环境可以减少政府对市场经济的不必要干预，企业生产经营过程更加公开透明，从而有效消除寻租行为。其次，良好的营商环境可以为企业节省生产经营成本。良好的公共服务环境是推动营商环境优化的重要组成部分，良好的营商环境必然包含完善的基础设施。营商环境优化可以为制造业企业产业链之间提供便利的生产运输条件，减少不必要的生产运输成本，提高资源配置效率；同时，营商环境的优化有利于地区吸引更多企业入驻，形成产业集聚，有利于企业之间的信息交流，降低企业的信息传递成本。四是缓解融资约束。优化营商环境能缓解制造业转型升级过程中所面临的融资约束问题。增加企业的创新投入、引进国外先进设备和技术是制造业提高生产效率和实现转型升级的重要途径，而在此过程中必然会面临融资约束问题，优化营商环境能够有效解决这个问题。一方面，优化营商环境能够提升政府行政效率，改善政府与企业之间关系，降低企业融资成本和融资难度，增加企业的融资渠道；另一方面，企业与金融机构之间的信息不对称问题也是造成企业融资约束难的重要原因之一。由于涉及商业机密，企业不愿意过多透露其相关信息，使得金融机构难以获取更多的相关信息，从而导致企业融资难度增加。优化营商环境能够有效缓解信息不对称问题，降低融资难度，为制造业高质量发展提供资金支持。

二　人力资本的间接作用机制

人力资本是营商环境推动制造业高质量发展的重要间接作用机制。一方面，人力资本的提升，尤其是高技能人力资本和高素质人力资本的提升能够提高制造业创新能力和生产效率，进而推动制造业高质量发展；另一方面，随着人力资本质量和存量的提升，人力资本劳动报酬得到明显提升，因此其消费结构也会逐渐升级，而消费者对产品需求的提升会倒逼企业加快新产品的研发和产品质量的提升，从而助推制造业高质量发展。良好的营商环境可以对劳动力产生更大的吸引力，从而提高人力资本积累。一是良好的营商环境能够带来稳定的收入、健全的医疗体系和完善的教育体系等，从而降低人力资本的不确定性风险，提高人力资本流入。二是随着营商环境的持续优化，教育体系不断完善，教育质量不断提升，人力资本的整体素质和创新能力不断提高，能够有效提高人力资本质量，增加高技能和高素质人力资本数量，进而推动制造业高质量发展。三是由于优化营商环境的主导者是政府，政府通过实施人才引进和人才补贴等一系列政策措施会影响到人力资本积累，尤其是高素质和高技能人力资本的积累；同时，优化营商环境能够提高政府行政效率，完善市民保障体系，从而吸引更多的人力资本流入。四是良好的法治环境是营商环境优化的重要体现。良好的法治环境是影响人力资本尤其是创新型人力资本的重要因素，能够为人力资本提供知识产权保护，能够提高人力资本的技能水平和知识水平，从而提高人力资本的生产效率和创新能力。

营商环境与制造业高质量发展的理论机制如图 10 - 3 所示。

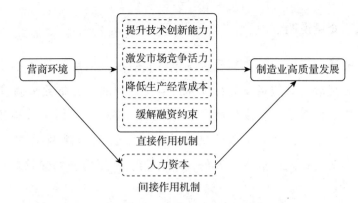

图 10 – 3　营商环境与制造业高质量发展的理论机制

资料来源：笔者绘制。

第三节　营商环境与制造业高质量发展的作用机制检验

一　模型构建

为了更好地分析营商环境对制造业高质量发展的作用，本章构建以下理论模型：

$$\ln hqd_{it} = \alpha_0 + \alpha_1 \ln ei_{it} + \alpha_2 control_{it} + \lambda_i + \gamma_t + \varepsilon_{it} \qquad (10-1)$$

根据上述理论机制了解到人力资本是重要的间接作用机制，因此，本章通过中介效应模型进一步验证人力资本的间接作用。具体中介效应模型如下：

$$\ln hc_{it} = \varphi_0 + \varphi_1 \ln ei_{it} + \varphi_2 control_{it} + \lambda_i + \gamma_t + \varepsilon_{it} \qquad (10-2)$$

$$\ln hqd_{it} = \eta_0 + \eta_1 \ln ei_{it} + \eta_2 \ln hc_{it} + \eta_3 control_{it} + \lambda_i + \gamma_t + \varepsilon_{it} \qquad (10-3)$$

其中，$\ln hqd_{it}$ 表示 i 省 t 时期制造业高质量发展水平，$\ln ei_{it}$ 表示 i 省 t 时期营商环境综合指数，$\ln hc_{it}$ 表示 i 省 t 时期 的人力资本水平。$control_{it}$、λ_i、γ_t 和 ε_{it} 分别表示控制变量、省份固定效应、年份固定效应和随机扰动项。

二　变量说明

被解释变量：制造业高质量发展（lnhqd），采用根据本书第六章省级层面制造业高质量发展指标体系测算得到的综合指数来衡量。

核心解释变量：营商环境（lnei），采用根据本章第一节构建的中国营商环境指标体系并选取熵权法测算得到的综合指数来衡量。

中介变量：人力资本（$lnhc_{it}$），采用省份层面平均受教育年限来衡量。

控制变量：为使营商环境对制造业高质量发展的研究更具客观性，本章还控制了如下影响因素：资产负债率（lnalr），用总负债占总资产的比重来衡量；消费水平（lncon），用居民消费价格指数来衡量；科技支出水平（lncre），用科学技术支出占一般预算支出的比重来衡量；产业结构（lnind），用第三产业增加值占 GDP 的比重来衡量。

三　样本数据来源

本章样本数据来自《中国统计年鉴》《中国工业统计年鉴》《中国能源统计年鉴》等。另外，选取插补法对缺失数据进行补充。由于缺失西藏、香港和澳门相关数据，因此本章的实证分析不包括这三个区域。具体变量描述性统计结果如表 10 - 10 所示。

表 10 - 10　描述性统计结果

变量	观测值	均值	标准差	最小值	最大值
lnhqd	330	- 1.388	0.565	- 2.82	- 0.112
lnei	330	- 1.703	0.747	- 3.356	- 0.105
lnhc	330	2.21	0.1	1.912	2.548
lnalr	330	- 0.547	0.099	- 0.866	- 0.273
lncon	330	4.631	0.011	4.611	4.667
lncre	330	- 4.087	0.628	- 5.55	- 2.695
lnind	330	3.819	0.198	3.353	4.43

资料来源：笔者计算。

四　实证结果分析

本章在进行实证检验前进行 Hausman 检验，检验结果显示，采用固定效应模型进行实证分析更为合理，具体实证结果如表 10 - 11 所示。第（1）列是营商环境对制造业高质量的实证结果，实证结果显示，优化营商环境能够显著推动制造业高质量发展；为了进一步确认其促进作用，第（2）~（5）列依次纳入控制变量，回归结果依然显著为正。其中第（5）列是纳入全部控制变量时营商环境对制造业高质量发展的回归结果，营商环境在 1% 的水平下显著为正，即当营商环境每提升 1 个单位时，制造业高质量发展提升 13.8% 个单位。这说明一方面优化营商环境可以促进制造业高质量发展，主要原因是营商环境的优化能够简化行政审批程序，提高政府服务效率，降低制度性交易成本，有利于企业转型升级；另一方面，良好的营商环境能够为企业之间原材料和产品的销售提供便利的交通运输渠道，节约其生产运输成本和时间成本，提高生产效率。此外，营商环境的优化能激发市场竞争活力，提高市场资源配置效率，为制造业高质量发展提供一个公平透明的市场环境。

从控制变量回归结果来看，资产负债率（lnalr）对制造业高质量发展的影响在 1% 的水平下显著为负，这说明资产负债率对制造业发展质量产生了抑制作用，主要原因是资产负债率的提升会挤压企业对研发资金的投入，从而不利于企业的技术创新。消费水平（lncon）与制造业高质量发展之间呈显著正向关系，这与现有文献研究结果一致，主要原因是随着居民消费水平的不断提升，消费者的需求结构也发生变化，使企业不得不加快产品质量的提升和新产品的研发进程，以满足消费者的需求，这种由于消费者需求结构的变化倒逼企业进行产品升级的机制有利于制造业的发展。提高科技支出水平（lncre）能显著促进制造业高质量发展，这说明随着政府对技术创新的重视程度不断加深，政府加大科技支出，能够有效提高技术创新水平，从而加快制造业高质量发展进程。产业结构（lnind）对制造业高质量发展具有显著的正向推动作用，这说明第三产业的快速发展，有利于我国制造业高质量发展。

表 10 - 11　基准回归结果

变量	(1) lnhqd	(2) lnhqd	(3) lnhqd	(4) lnhqd	(5) lnhqd
lnei	0.139 *** (0.0523)	0.132 ** (0.0514)	0.145 *** (0.0509)	0.124 ** (0.0514)	0.138 *** (0.0514)
lnalr		- 0.458 *** (0.135)	- 0.430 *** (0.133)	- 0.453 *** (0.133)	- 0.562 *** (0.141)
lncon			4.242 *** (1.421)	4.320 *** (1.412)	4.495 *** (1.404)
lncre				0.0307 ** (0.0138)	0.0319 ** (0.0137)
lnind					0.244 ** (0.110)
常数项	- 1.192 *** (0.0951)	- 1.453 *** (0.121)	- 21.10 *** (6.580)	- 21.40 *** (6.537)	- 23.14 *** (6.541)
时间固定效应	是	是	是	是	是
地区固定效应	是	是	是	是	是
N	330	330	330	330	330
R^2	0.175	0.206	0.230	0.243	0.256

注：* $p < 0.1$，** $p < 0.05$，*** $p < 0.01$，括号内为标准误。下同。

五　稳健性检验

（1）考虑到营商环境与制造业高质量发展之间可能存在互为因果的关系，即制造业高质量发展水平越高的地区，其创新能力越强，市场环境越完善，从而使得营商环境越好。因此，本章采用核心解释变量的滞后一阶作为工具变量，并采用两阶段最小二乘法（2SLS）进行内生性检验。对于工具变量的选取，LM 统计量和 Cragg - Donald Wald F 统计量（CDW - F 统计量）分别拒绝了"工具变量识别不足"和"存在弱工具变量"的原假设，因此该工具变量选择是合理的。回归结果如表 10 - 12 模型 1 所示，营商环境仍在 5% 的水平下显著促进制造业高质量发展，说明基准回归结果稳健。

（2）替换核心解释变量。部分文献采用王小鲁等（2021）编制的省级市场化指数作为营商环境的替换指标，因此本章选取 2010 ～

2020 年省级市场化指数作为营商环境的替换指标。表 10 - 12 模型 2 为改变核心解释变量后营商环境对制造业高质量发展的回归结果，结果在 1% 的水平下显著为正，因此可以证明回归结果是稳健的。

（3）对样本数据进行缩尾处理。为了防止异常值对回归结果产生影响，本章对营商环境和制造业高质量发展在 5% 的分位数上进行双边缩尾处理。表 10 - 12 模型 3 回归结果在 5% 的水平下显著为正，所以回归结果是稳健的。

（4）剔除部分样本。考虑到我国幅员辽阔，区域之间制造业高质量发展和营商环境水平的差异性会导致回归结果失真，因此本章进一步剔除北京、上海、广东、江苏、浙江五个经济发达地区，回归结果如表 10 - 12 模型 4 所示，在剔除区域性可能带来的影响后，回归结果依然稳健。

表 10 - 12　稳健性检验

变量	2SLS	替换核心解释变量	缩尾处理	剔除部分样本
	模型 1 lnhqd	模型 2 lnhqd	模型 3 lnhqd	模型 4 lnhqd
lnei	0. 207 ** (0. 0966)	0. 231 *** (0. 0772)	0. 127 ** (0. 0498)	0. 116 * (0. 0597)
lnalr	− 0. 431 *** (0. 160)	− 0. 593 *** (0. 141)	− 0. 485 *** (0. 140)	− 0. 638 *** (0. 161)
lncon	1. 738 *** (0. 624)	4. 947 *** (1. 419)	4. 283 *** (1. 354)	4. 905 *** (1. 722)
lncre	0. 0131 (0. 0109)	0. 0376 *** (0. 0135)	0. 0237 * (0. 0131)	0. 0308 * (0. 0160)
lnind	0. 130 ** (0. 0619)	0. 207 * (0. 109)	0. 0844 (0. 0976)	0. 202 (0. 130)
常数项		− 25. 79 *** (6. 639)	− 21. 57 *** (6. 296)	− 25. 11 *** (8. 021)
N	300	330	330	275
R²	0. 047	0. 261	0. 235	0. 264
LM 统计量	42. 46 ***			
CDW - F 统计量	335. 089			

注：CDW-F 统计量 10% 的临界值为 16. 38。

六　人力资本中介效应

根据前文分析，营商环境可以通过人力资本间接影响制造业高质量发展，为了验证人力资本在营商环境与制造业高质量发展之间的内在机制关系，本章通过中介效应进行检验分析，表 10 - 13 第（2）、第（3）列是中介变量人力资本的回归结果。其中第（2）列显示营商环境在 1% 的水平下显著推动人力资本提升，即营商环境每提升 1 个单位，人力资本会提升 2.7% 个单位，这说明营商环境的优化有利于人力资本水平的提升。第（3）列是营商环境和人力资本对制造业高质量发展的检验结果，其中营商环境对制造业高质量发展的影响在 5% 的水平下显著为正，其回归系数为 0.115，并且低于第（1）列的回归系数；而人力资本对制造业高质量发展的影响在 5% 的水平下显著为正，这说明人力资本在营商环境优化促进制造业高质量发展的过程中发挥着重要的中介效应。主要原因是一方面营商环境优化有助于人力资本质量的提升，从而增强产业技术创新能力和技术吸收转化能力，进而促进制造业高质量发展；另一方面，随着营商环境的不断优化，我国教育体系不断完善，对创新能力的资金投入不断增加，这不仅有利于我国人力资本存量的积累，而且会提高人力资本的质量。

表 10 - 13　人力资本中介效应检验

变量	(1) lnhqd	(2) lnhc	(3) lnhqd
lnei	0.138 *** (0.0514)	0.0274 *** (0.00867)	0.115 ** (0.0519)
lnhc			0.844 ** (0.349)
lnalr	-0.562 *** (0.141)	-0.0366 (0.0238)	-0.531 *** (0.140)
lncon	4.495 *** (1.404)	-0.0271 (0.237)	4.518 *** (1.393)
lncre	0.0319 ** (0.0137)	0.00517 ** (0.00231)	0.0275 ** (0.0137)

续表

变量	(1) ln*hqd*	(2) ln*hc*	(3) ln*hqd*
ln*ind*	0.244** (0.110)	-0.00268 (0.0186)	0.246** (0.109)
常数项	-23.14*** (6.541)	2.292** (1.102)	-25.07*** (6.535)
时间固定效应	是	是	是
地区固定效应	是	是	是
N	330	330	330
R^2	0.256	0.890	0.271

七　区域异质性分析

由于中国幅员辽阔，区域之间差异性较大，不同区域营商环境对制造业高质量发展的影响可能会存在差异性，因此为了进一步剖析营商环境对制造业高质量发展的区域异质性特征，本章分别对长三角、长江经济带、京津冀、东北地区及黄河流域进行回归分析，具体回归结果如表 10－14 所示。长三角、京津冀和长江经济带营商环境优化能够显著推动制造业高质量发展，主要原因是这三大区域营商环境的优化能够充分有效地提高技术创新活力，激发市场竞争活力，降低产业生产经营成本，缓解制造业转型升级所面临的融资约束问题，从而推动制造业高质量发展。具体来看，长三角地区的营商环境对制造业高质量发展的推动作用最强，京津冀地区次之，而长江经济带营商环境对制造业高质量发展的影响系数低于以上两大区域。主要原因是长江经济带包含了安徽、湖南、云南、贵州等省份，营商环境水平较低，从而影响到长江经济带营商环境对制造业高质量发展的促进作用。就东北地区而言，营商环境在 10% 的水平下对制造业高质量发展产生了抑制作用，可能原因是东北地区市场经济体制不够完善、政府对市场主体干预较多以及市场监督不完善，使得营商环境水平较低，同时其创新能力较弱、人才流失以及产业结构单一等问题使得东北地区制造业高质量发展滞后于发达地区，从而阻碍了营商环境对制造业高质量发展的促进作用。黄河流域营商环境也能够促进制造业高质量发展，但不显著，主要原因是黄河流域中青海、宁夏、内蒙古、甘肃等省区一直属于经济欠发达地区，该区域营商环境水平较低，从而使黄河流域营商环境对制造业高质量发展的促进作用无法得到充分释放。

表 10 - 14   区域异质性分析

变量	长三角 ln*hqd*	长江经济带 ln*hqd*	京津冀 ln*hqd*	东北地区 ln*hqd*	黄河流域 ln*hqd*
ln*ei*	0.947 *** (0.160)	0.411 *** (0.0698)	0.718 ** (0.316)	- 0.822 * (0.447)	0.105 (0.131)
ln*alr*	- 0.988 * (0.517)	0.543 * (0.280)	0.723 (0.463)	- 1.880 (1.225)	- 0.524 ** (0.240)
ln*con*	1.338 (1.899)	3.781 ** (1.846)	1.201 (3.811)	25.38 * (12.55)	0.0299 (2.949)
ln*cre*	0.0360 (0.0513)	0.00268 (0.0172)	0.105 (0.0665)	0.111 (0.136)	- 0.000994 (0.0256)
ln*ind*	0.0238 (0.203)	0.165 (0.114)	- 0.134 (0.328)	0.843 (0.574)	0.288 (0.222)
常数项	- 6.689 (8.611)	- 18.51 ** (8.502)	- 4.510 (17.63)	- 124.7 * (59.10)	- 3.012 (13.60)
N	44	121	33	33	99
R^2	0.872	0.665	0.753	0.592	0.316

第四节   结论与建议

一   主要结论

本章通过《全球营商环境报告》中的具体数据比较分析中国与世界主要国家营商环境之间的差异性，进一步了解中国营商环境发展的短板；同时为了进一步了解国内区域间营商环境的差异性，本章通过构建 2010 ~ 2020 年省份层面营商环境指标体系，剖析中国省份之间和不同区域之间营商环境差异性。本章分别从政务环境、人力资源环境、金融环境、公共服务环境、市场环境、创新环境和法治环境七个方面构建中国省级层面的营商环境综合指标体系，并采用熵值法测算2010～2020年中国省级层面营商环境综合指数，并对中国省级层面营商环境以及五个不同区域营商环境变化趋势进行评价分析。本章系统阐述了营商环境对制造业高质量发展的作用机制，并通过实证结果进一步验证作用机制，并得出以下结论。

第一，中国营商环境仍有较大的发展提升空间。当前中国营商环境的全球排名得到了较大提升，但是与世界主要国家营商环境相比仍有提升空间。例如，中国开办企业所需时间是新西兰的17.1倍；中国办理施工许可证耗时高达110.875天，而新加坡和韩国仅需1个月左右；中国纳税时间高达138小时，是新加坡的2倍多，中国总税费率为59.2%，比新加坡高38.2个百分点。

第二，区域间营商环境差距较大。就省份而言，我国不同省份之间营商环境差异性较大，营商环境最好省份（广东为0.856）与最差省份（宁夏为0.048）相差近17倍。就五大区域而言，区域之间差异性较大，长三角地区营商环境水平高于全国平均水平，而东北地区营商环境水平长期低于全国平均水平。这说明我国营商环境存在较大区域差异性，严重影响到我国营商环境的协调发展。

第三，优化营商环境有利于促进制造业高质量发展。本章基于营商环境对制造业高质量发展的理论分析，通过实证结果验证了营商环境对制造业高质量发展的促进作用。研究结果表明，优化营商环境可以显著推动我国制造业高质量发展。也就是说，优化营商环境有利于技术创新水平的提升，激发市场竞争活力，降低生产经营成本，缓解融资约束，从而推动制造业高质量发展。同时通过中介效应检验分析发现，人力资本在营商环境优化促进制造业高质量发展的过程中具有中介作用。

第四，区域异质性导致不同地区营商环境对制造业发展质量的促进作用存在差异性。本章为了进一步了解长三角、京津冀、长江经济带、黄河流域以及东北地区营商环境对制造业高质量发展的影响，进行了实证检验。实证结果显示，长三角、长江经济带和京津冀营商环境对制造业高质量发展具有显著的正向推动作用，但是长江经济带和京津冀营商环境对制造业高质量发展的促进作用要弱于长三角地区。东北地区营商环境对制造业高质量发展具有显著的抑制作用。黄河流域营商环境对制造业高质量发展具有正向促进作用，但不显著，可能原因是黄河流域内的青海、甘肃、宁夏和内蒙古等省区营商环境较差，使黄河流域营商环境对制造业高质量发展的促进作用无法得到充分释放。

二　政策建议

（一）持续深化简政放权、放管结合、优化服务改革

一是减少政府对市场活动和市场资源配置的不必要干预，强化和规范政府监管职能，提升政府服务水平，有效降低制度性交易成本；二是进一步简化企业成立、施工许可证、生产经营、纳税以及破产等一系列办理手续，减少企业办理时间；三是依照法律法规设立政府性基金、行政事业性收费、保证金以及经营性收费，建立目录清单并实时对外公开；四是完善政府办理政务服务事项，精简办理手续，压缩办理时间，规范办理行为，提高办理效率，为人民群众提供一站式政务服务；五是加快建设一体化政府服务平台，整合政务信息系统，完善政务程序，推动全国范围内实现跨地区、跨部门数据共享和业务办理。

（二）继续加强营商环境的优化

一是进一步完善金融环境，为制造业高质量发展提供资金支持。首先，完善金融环境，拓宽金融机构融资渠道，降低企业融资成本，减少审核程序，为企业转型升级、实现高质量发展提供资金支持；其次，建立健全多层次的经济市场，拓宽民营企业和中小企业的融资渠道，同时各地政府应加大创业资金投入，鼓励支持大学生创业创新；最后，取消金融机构向企业收取的各种违规手续费和附加费，降低企业尤其是民营企业和中小企业的融资成本。二是加快完善公共服务设

施体系。一方面，优化企业基础设施报装流程，减少报装办理时间，同时公开水、电、气等公共服务收费标准，提供安全可靠、报装便捷和收费合理的公共服务；另一方面，充分利用互联网、大数据和云计算等先进技术，建设民生信息服务系统，在教育、医疗和社会保障等领域为人民群众提供更加便捷、高效的公共服务。

（三）继续强化我国技术创新能力

只有坚定不移地走创新驱动发展战略，才能使我国实现由"制造大国"向"制造强国"的转变。首先，提高企业技术创新能力。不断激发企业的自主创新活力，为创新型企业提供资金支持和政策支持，提高企业自主创新能力。其次，充分发挥市场对资源配置的决定性作用。减少政府对市场机制的不必要干预，发挥市场机制的导向作用，提高创新资源配置效率。最后，加强产学研深度融合。以政府为主导，以企业为主体，加强企业与高校协同创新，共同促进技术创新、突破核心技术、实现成果转化，共同推动制造业高质量发展。

（四）重视我国区域协调发展

第六章和本章以省份层面数据为基础对制造业高质量发展和营商环境进行评价分析，研究发现，黄河流域和东北地区是我国制造业发展质量和营商环境水平的短板。在优化营商环境方面，要适当向东北地区和黄河流域有所侧重，重视营商环境薄弱地区，促进我国区域协调发展。

第十一章　区域融合、基础设施建设
与高新技术产业创新效率

　　高质量发展是我国经济进入新常态后经济社会发展的重要特征，推进高新技术产业的高质量发展是应有之义。高新技术产业具有创新能力强、附加值高的特点，是提高各个国家自主创新能力、转变经济发展方式及产业结构优化调整的重要基础，推动高新技术产业发展能力提升尤为重要。提升高新技术产业发展动能的关键在于提高高新技术产业创新能力，高新技术产业创新效率的提升是产业创新能力提高的基础和保障，这要求我们以提升高新技术产业创新效率为导向，不仅要在投入端增加要素供给，还要在产出端增加产品产出，提高高新技术产业创新效率，以产业创新驱动高质量发展。

　　与此同时，我国区域一体化的进程不断加快。2016 年，中共中央印发《长江经济带发展规划纲要》，要求以长江水道为依托带动长江流域高质量发展；2018 年，习近平总书记在首届中国国际进口博览会上宣布支持长三角一体化，并将其上升为国家战略；2019 年，《粤港澳大湾区发展规划纲要》公布，要求积极推进泛珠三角区域合作，共同打造粤港澳大湾区，一系列国家区域发展战略的实施使区域融合发展进入"快车道"。区域融合作为区域一体化发展的重要环节，能发挥区域集聚效应和规模经济效应，在促进经济发展和基础服务设施建设等方面具有重要作用，对各经济主体产业尤其是高新技术产业的发展具有重要意义。区域融合程度的加深有利于搭建区域共建共享基础设施服务平台，能有效提升高新技术产业创新效率。一方面，交通、通信、能源供应等传统基础设施建设能有效减少高新技术企业生产成本，增加创新资本投入；另一方面，教育、医疗、环境卫生等福利性基础设施服务体系的完善能够增强科研人员生活幸福感，增强高新技术人才集聚吸引力，有利于促进高新技术产业创新能力和创新效率的提高。近年来，国家在推进区域一体化的进程中不断加大基础设施投资力度，在补齐传统基础设施建设短板的基础上积极推进新基建，采用新方式、引入新主体、投入新领域，为我国高新技术产业发展奠基，为产业创新能力迸发赋能。探究区域融合、基础设施建设和高新技术产业创新效率之间的关系，为把握区域融合的产业创新效果、提升高新技术产业创新效率及促进我国经济的高质量发展等问题提供了很好的思路。

第一节　区域融合、基础设施建设与高新技术产业创新相关理论与研究假设

一　相关文献回顾

高新技术产业是我国经济社会发展的支柱性产业，也是我国建设创新型国家的主力军（罗雨泽等，2016）。当前学界对高新技术产业的研究比较充分，研究议题多集中于如何评价高新技术产业创新效率以及哪些因素会对高新技术产业创新效率产生影响。陈伟等（2017）基于 DEA – Malmquist 指数对全国 28 个省份高新技术产业创新效率进行测度，发现考察期内我国高新技术产业创新效率呈逐步增长的趋势。易明等（2019）基于 SFA 方法对我国高新技术产业创新效率进行测算后发现，我国高新技术产业创新效率总体水平不高，但区域间高新技术产业创新效率呈现波动上升的趋势。刘伟（2015）基于三阶段 DEA 模型，对控制了环境变量的高新技术产业研发创新效率进行测度，发现存在规模效率高估和纯技术效率低估的问题。也有学者将高新技术产业创新分解为技术研发和成果转换两个阶段来分析考察期内效率值的变化情况（刘凤朝等，2020）。还有学者认为影响高新技术产业创新效率的因素主要包括创新要素、产业组织、产业集聚和

产业开放等（李盛楠、范德成，2020）。技术进步是提高高新技术产业创新效率的源泉（阮文婧等，2020），劳动效率对高新技术产业创新效率的贡献大于资金效率（李新春等，2010），不同条件下R&D经费存量和R&D人力资本存量对高新技术产业创新效率的影响不一致（易明等，2019）。

区域融合也是影响高新技术产业创新效率的重要因素。区域融合指的是区域内各经济主体开展合作、整合资源、寻求发展契机的经济态势，对区域内高新技术产业的发展产生重要影响，能显著提高高新技术产业研发效率（袁茜等，2019）。区域融合促进了要素的自由流动和区域大市场的形成，使区域内各主体能充分享受规模经济效应带来的利好因素（曹吉云、佟家栋，2017），能在更广阔的市场和空间重新配置资源，实现高新技术产业创新能力和创新效率的整体提升。高新技术产业创新效率的提升以技术进步为保障，一体化进程的加快、区域融合程度的加深使得区域内各主体技术积累程度和技术溢出程度不断提高（沈能，2009）。高新技术企业能以更低的技术研发投入获得技术进步，进而依靠技术创新效率的提升带动高新技术产业创新效率的提升。此外，区域融合对基础设施建设也具有重要影响，通过协调区域内各主体基础设施建设标准，推动共建共享基础设施服务平台的搭建，进而减少各创新主体在基础设施建设上的重复投资，避免基础设施建设对企业研发投入的大量挤出（蔡晓慧、茹玉骢，2016），保证了区域内高新技术产业的创新要素投入，有利于提高高新技术产业创新效率。

目前，很多学者认为完善的基础设施建设在科学发展、人才培养和要素集聚等方面能发挥重要作用，从而对高新技术产业创新效率的提高具有重要意义（王贻芳、白云翔，2020；马涛等，2020）。基础设施涵盖教育、交通、医疗、环保等诸多方面。郭凯明和王藤桥（2019）指出基础设施建设有利于促进企业创新，对产业结构转型升级和要素收入分配格局产生了深远影响。此外，基础设施建设能显著降低制造业企业库存成本，进而提高高新技术企业盈利能力，为高新技术产业创新效率的提高提供资金支持（刘秉镰、刘玉海，2011）。

通过对上述文献的梳理可以发现，学者们对区域融合、基础设施建设以及高新技术产业创新效率问题的研究均有所涉及，也取得了阶段性的成果，但并未在一个统一的框架下讨论三者之间的关系，也未从定量的角度对有关问题进行深入研究，存在较大局限性。通过梳理相关文献，我们发现学界目前对如下问题尚未形成有信服力的结论：区域融合对提升高新技术产业创新效率有何作用？基础设施建设在区域融合对高新技术产业创新影响中扮演着什么样的角色？基础设施的作用机制是否存在明显的地区差异？带着疑问，本章对三者之间的关系进行了实证检验，在解决自身疑惑的基础上期望向学术界贡献边际价值。为此，本章设立基础设施中介效应检验模型，一方面，从理论上验证"区域融合—基础设施建设—高新技术产业创新效率"的正向传导机制是否存在，进而为新基建政策的施行提供理论支持；另一方面，从实践的角度为提升高新技术产业创新能力提供合理建议，提升产业创新效率，为产业结构优化升级奠定基础。此外，我们还应该指出此研究中的不足：尽管我们用高新技术产业行业层面数据来研究创新效率，但受限于数据可得性，数据搜集停留在省级层面。这一点是我们今后重点改进的方向。

二 区域融合对高新技术产业创新效率的作用机理

区域融合发展是提升高新技术产业创新效率的重要路径，能有效发挥地区的规模经济效应（袁茜等，2019）、技术外溢效应和示范带动效应等，为高新技术产业的发展创造有利条件。①规模经济效应。区域融合使得区域市场趋于统一，扩大了每一个市场主体的服务范围，市场对高新技术产业的服务需求急剧扩张，高新技术产业在更大规模上进行生产，享受规模报酬红利。当高新技术企业将更多的规模报酬红利投入产品开发全过程时，就会促进高新技术产业创新效率的提升。与此同时，区域融合还扩大了创新要素流动范围，降低了流动成本，能大大提升要素区域流动频率，突破单一主体创新资源要素匮乏的壁垒，实现技术进步产出的最大化。②技术外溢效应。技术进步是提高高新技术产业创新效率的源泉，具有空间外溢的特点，区域融合能有效推动区域主体间减少竞争性技术封锁，通过建立共赢目标机制，实现技术成果共享，进而提升高新技术产业创新效率。③示范带动效应。区域内技术进步会形成引力强大的示范带动效应。一方面，创新主体会激励其他主体改进原有技术，创新研发、产出等环节；另一方面，创新主体会倒逼技术落后企业和主体提高自主创新能力，提升技术创新效率。④竞争活力效应。区域融合削弱了产品区域流通壁垒，且由于区域内不同主体产品替代性强，产品近乎同质，各主体的产品市场竞争压力增大，企业为了提高产品竞争力、提升持续经营能力，就需要增加技术研发投入、提升产品技术水平，进而有利于提高高新技术产业创新效率。因此我们提出如下假设。

假设1：区域融合程度的加深能有效提升高新技术产业创新效率。

三　基础设施建设对高新技术产业创新效率的作用机理

基础设施建设对高新技术产业创新效率的影响主要体现在以下三个方面。①成本优化效应。社会发展所需的基础设施一般由政府供给，除此之外，高新技术产业的发展也需要具备行业特征的基础设施建设投资，如医疗制造业的发展就需要级别较高的实验室建设投资。这些基础设施建设投资的主体一般为高新技术企业，这就使得单个高新技术企业的创新成本增加，放眼整个高新技术产业，相同属性基础设施的重复建设也会造成资源的浪费，效率低下。基础设施共建共享平台的搭建减少了资源浪费，能有效提高资源利用效率。此外，覆盖全面的水陆空交通网大大降低了各研发主体之间投入品和产成品的运输成本，水、电和其他能源的充足供应保障了各创新主体创新活动的有效开展，有利于提高高新技术产业创新效率。②产业集聚效应。高新技术产业创新是一个多投入多产出的生产环节，涉及多个产业部门，产业内企业经营以营利为目的，降低生产成本是实现盈利的重要途径，企业会自发向基础设施更加完善的区域转移和集聚，进而形成高新技术产业及相关产业的集群，有利于发挥产业集聚效应。这不仅能降低高新技术企业生产经营成本，还能最大限度地激发高新技术企业生产集群的创新活力，能有效提升高新技术产业创新效率。③人力资本提升效应。科创人员的数量和质量对高新技术产业创新具有重要影响，教育、医疗等相关基础设施的完善能够满足科创人员自身及其家属的现实质量需要，形成对科创人员的极大引力，有利于区域主体引进高新技术人才，对提高高新技术产业创新效率的效果明显。在此基础上，我们提出如下假设。

假设 2：基础设施建设完善对高新技术产业创新效率具有正向作用。

四　区域融合与基础设施建设对高新技术产业创新效率的作用机理

如上所述，基础设施可以通过成本优化效应、产业集聚效应和人力资本提升效应提高高新技术产业创新效率，区域融合与基础设施建设的协同进一步促进了高新技术产业创新效率的提升，其关系如图11－1所示。①投资节约效应。区域融合对基础设施建设具有投资节约效应，能有效减弱基础设施建设对高新技术产业研发投入的挤出作用。蔡晓慧和茹玉骢（2016）指出基础设施建设对创新投入存在挤出效应，导致短期内创新效率提高缓慢甚至降低。区域融合推动了基础设施建设标准的统一，能够扩大区域内基础设施建设成果的应用范围，提升基础设施使用效率，进而降低区域内各主体在基础设施上重复建设的投入，节约更多的人力、物力和资本投入高新技术产业的发展上。高新技术产业研发投入的增多，为高新技术产业创新效率提升提供了保障，消除了基础设施建设对高新技术产业创新效率提升的负向抑制作用。长期来看，基础设施建设有利于高新技术产业创新潜能的迸发，并不会阻碍高新技术产业创新效率提升。②质量提升效应。区域融合对基础设施建设具有质量提升效应，随着区域融合程度的不断加深，区域内不同主体的经济社会联系更加密切，对区域内基础设施建设的数量和基础设施服务体系的质量提出了更高的要求。这迫使区域内各主体在搭建共建共享基础设施服务平台和制定基础设施投资建设规划时，不仅要考虑到当前经济社会发展的需要，还要充分考虑到经济社会发展的趋势，以发展的眼光和更高的标准指导当前基础设施建设投资，使其满足经济社会发展的质量和数量需要。鉴于此，我们提出第三个假设。

假设3：区域融合与基础设施建设的协同能提升高新技术产业创新效率。

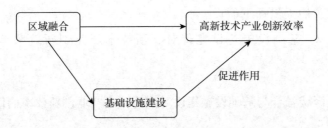

图 11 – 1　区域融合、基础设施建设与高新技术产业创新效率关系
资料来源：笔者绘制。

第二节　区域融合、基础设施建设与高新技术产业创新关系的模型构建与变量选择

一　模型构建

根据分析，我们认为区域融合会通过基础设施建设影响高新技术产业创新效率，为识别这一机制是否真的存在，本章构建如下两个模型。

1. 基准模型

在控制产业结构（ins）、企业规模（ens）、政府支持（gos）、金融环境（fis）及对外开放程度（ope）等因素的基础上，检验区域融合与高新技术产业创新效率的关系，并作为基准回归结果。

$$TIE_{it} = C + \alpha_0 REI_{it} + \sum_{j=1}^{n} \alpha_j control^j_{it} + \varepsilon_{it} \qquad (11-1)$$

式（11-1）中，i、j代表不同省份，t表示不同时间，C为截距项，ε_{it}为随机扰动项，TIE_{it}代表各省份的高新技术产业创新效率，REI_{it}代表各省份区域融合情况，$control_{it}^j$是控制变量集合。

2. 中介效应检验模型

进一步地，在基准回归的基础上，检验区域融合是否会通过基础设施建设对高新技术产业创新效率产生影响，为此，构建如下递归方程：

$$TIE_{it} = C_1 + \alpha_{01} REI_{it} + \sum_{j=1}^{n} \alpha_{0j} control_{it}^j + \varepsilon_{it} \tag{11-2}$$

$$INF_{it} = C_2 + \alpha_{11} REI_{it} + \sum_{j=1}^{n} \beta_{1j} control_{it}^j + \varepsilon_{it} \tag{11-3}$$

$$TIE_{it} = C_3 + \alpha_{21} REI_{it} + \alpha_{22} INF_{it} + \sum_{j=1}^{n} \delta_{2j} control_{it}^j + \varepsilon_{it} \tag{11-4}$$

其中，INF_{it}为中介变量，表示各省份不同年度的基础设施建设情况，其余变量含义与式（11-1）相同。

根据中介效应模型的检验顺序，首先对式（11-2）进行回归，判断在不包括中介变量的情况下区域融合对高新技术产业创新效率的总效应，若α_{01}显著为正则说明总效应存在；其次对式（11-3）进行回归，判断区域融合对基础设施建设的影响；最后对式（11-4）进行回归，探究在包含中介变量的情况下区域融合对高新技术产业创新的直接效应与基础设施建设的中介效应。若α_{11}和α_{22}均显著，说明中介效应是存在的。在此基础上，若α_{11}和α_{22}均显著，但α_{21}不显著，说明是完全中介效应，若α_{21}也显著，则说明存在部分中介效应，此时中介效应为$\alpha_{11}\alpha_{22}/(\alpha_{21} + \alpha_{11}\alpha_{22})$；若$\alpha_{11}$和$\alpha_{22}$中至少有一个不显著，则需要进一步进行Sobel检验以对中介效应进行判定，检验公式为$Z = \hat{\alpha}_{11}\hat{\alpha}_{22}/\sqrt{\hat{\alpha}_{11}^2 s_{22}^2 + \hat{\alpha}_{22}^2 s_{11}^2}$，其中$s_{11}$、$s_{22}$分别为$\alpha_{11}$、$\alpha_{22}$对应的标准误。

二　变量选择

1. 被解释变量：高新技术产业创新效率（TIE）

高新技术产业创新效率的测度有参数法和非参数法，较为流行的方法是运用 DEAP 软件或 Matlab 等编程软件计算各省份不同时期的效率值。本章沿袭上述方法，在运用 DEA – SOLVER 软件基础上，基于超效率 SBM 模型①计算出产业创新效率值，将该效率值取对数后作为该年度各主体高新技术产业创新效率的衡量指标。此外，在高新技术产业创新效率测算过程中涉及的另一重要问题就是高新技术产业创新投入与产出往往存在时滞效应，为保证测算结果的客观性，本章参考刘凤朝等（2020）的方法，最终选择各省份当年高新技术产业新产品销售收入、主营业务收入和专利申请数作为产出导向的指标，选择上年高新技术产业 R&D 人员折合全时当量、R&D 经费内部支出、新产品开发经费支出和年末新增固定资产作为投入导向的指标。

2. 解释变量：区域融合（*REI*）

区域融合指的是区域内各经济主体开展合作、整合资源、寻求发展契机的经济态势，本质上是区域一体化的过程，城市群是区域融合的外在表现和空间组织形式。区域融合程度的评价方法众多，包括价格法、生产法、贸易法和指标体系法等。相较而言，价格法以"一价原理"为基础，是反映市场差异最直接、最高效的指标，能更真实有效地衡量各主体的融合程度。鉴于此，本章在参考毛其淋和盛斌（2012）、陆铭和陈钊（2009）研究方法的基础上以价格法构建全国范围内 29 个省份 2004 ~ 2018 年的区域融合指数，选择粮食、菜、燃料等 8 类产品价格指数作为基础数据，区域融合指标的构建步骤如下。

第一步，构建省份间相对价格差异：

$$\Delta Q_{ijt}^{k} = |\ln(P_{it}^{k}/P_{jt}^{k}) - \ln(P_{i,t-1}^{k} - P_{j,t-1}^{k})| \quad (k=1,2,\cdots,8) \qquad (11-5)$$

第二步，去均值处理：

$$\Delta q_{ijt}^{k} = \Delta Q_{ijt}^{k} - \Delta \overline{Q_{t}^{k}} \qquad (11-6)$$

---

① 本章也尝试用 DEA – SOLVER 软件基于不同模型以及用 DEAP 2.1 软件基于 BCC 和 CCR 模型对各省份高新技术产业创新效率进行测算，但均无法在效率值为 1 时进行有效区分，因此采用超效率 SBM 模型进行测算。

第三步，将去均值后的相对价格变化取方差，并按照省份平均，得到市场分割指数：

$$var(q_{nt}) = \left[\sum_{i \neq j} var(q_{ijt}) \right] / N \qquad (11-7)$$

第四步，以市场分割指数为基础，构造区域融合指数：

$$REI_{it} = \ln\left[1/var(q_{nt})^{1/2} \right] \qquad (11-8)$$

其中，i、j、n 代表地区，t 代表年份，N 代表省份组合数。

3. 中介变量：基础设施建设（INF）

基础设施建设大致可以分为"硬基建"和"软基建"两个不同的方面。所谓"硬基建"，即有利于经济社会发展的有形基础设施建设投资，涵盖交通、通信、能源供应等诸多方面；所谓"软基建"，即有利于提升人民福利水平的无形基础设施建设投资，包括教育、医疗、环境卫生、社会保障等方面。参考李雪松和孙博文（2015）的方法，我们选取道路、铁路、海运里程与区域面积指标构建的交通密度指标对"硬基建"进行衡量，采用千人中小学专任教师数、研究机构数、卫生技术人员数和人均垃圾清运量等指标作为"软基建"的替代指标，通过变异系数法构建指标体系①，进而对基础设施建设情况进行衡量。指标构建方法如下。

第一步，计算各指标的均值和标准差：

$$\overline{X}_j = \frac{1}{n} \sum_{i=1}^{n} x_{ij}, \delta_j = \sqrt{\sum_{i=1}^{n} (x_{ij} - \overline{X}_j)^2 / n}(j = 1, 2, \cdots, 17; \quad i = 1, 2, \cdots, 29)$$

第二步，计算每个指标的变异系数和权重：

---

① 指标体系中软基建包括 $x1$ 每千人小学数、$x2$ 每千人小学专任教师数、$x3$ 每千人初中数、$x4$ 每千人初中专任教师数、$x5$ 每千人高中数、$x6$ 每千人高中专任教师数、$x7$ 每千人卫生机构数、$x8$ 每千人医疗机构床位数、$x9$ 每千人卫生技术人员数、$x10$ 每千人高等学校数、$x11$ 每千人研究机构数、$x12$ 每千人研究机构从业人员数、$x13$ 人均垃圾清运量、$x14$ 每千人无害化垃圾处理厂数、$x15$ 人均垃圾无害化处理量、$x16$ 省会城市空气质量达到或好于二级的天数比重；硬基建包括 $x17$ 交通密度综合指标（公里/公里^2）。

$$V_j = \bar{X}_j / \delta_j, \quad w_j = V_j / \sum_{j=1}^{n} V_j \quad (j = 1, 2, \cdots, 17)$$

第三步，计算各主体基础设施建设指标值：

$$INF_i = \ln\left(\sum_{j=1}^{n} x_{ij} w_j \right)$$

4. 控制变量（control）

为使研究成果更具客观性，在参考前人研究成果的基础上我们还控制了能对产业创新效率产生影响的其他因素，主要包括 5 种。①产业结构（ins）[①]，产业结构的优化调整会引导技术和资本等要素在产业部门之间重新分配，会在要素投入端对高新技术产业创新效率的提升发挥作用。为控制产业结构对高新技术产业创新效率的影响，本章用第三产业产值在 GDP 中的比重对数对产业结构进行衡量。②企业规模（ens），企业生产规模越大越有利于企业发挥内部规模经济，有利于降低成本、增加产出。企业规模可以从营业收入、从业人员数量和资产总额三个维度进行度量（方大春等，2016）。从业人员数量作为一种可变成本投入，是高新技术企业生产过程中重要的考量因素。本章用各地区与全国高新技术产业平均从业人员的比值对数来衡量企业规模。③政府支持（gos），高新技术产业关乎国家竞争力和经济命脉，各级政府都积极制定政策助推高新技术产业的发展，但不同主体不同时期甚至同一主体在不同时期的经济管理效果可能存在差异，本章用高新技术产业中 R&D 经费来源中政府资金比重对数进行衡量。④金融环境（fis），高新技术产业创新往往需要较大的人力、物力和财力投入，银行和金融机构的支持有利于高新技术企业从事创新活动，本章用银行业金融机构各项存贷款余额与生产总值的比值对数来衡量。⑤对外开放程度（ope），国内外高新技术产业创新需求对提升高新技术产业创新效率具有驱动作用。此外，市场环境越成熟，经济

---

① 用第三产业产值在 GDP 中的比重衡量产业结构更加合理。此外，本章也采用第二产业产值在 GDP 中的比重对产业结构进行度量，在各阶段回归中除系数符号存在个别差异外，系数显著性并无明显差异。

往来越密切，高新技术产业创新的效率也会越高，本章采用单位（或发货）所在地计量的进出口总额在生产总值中的比重对数来衡量。各变量描述见表 11 - 1。

表 11 - 1 变量描述

变量类型	符号	变量说明
被解释变量	TIE	产出：当年高新技术产业新产品销售收入、主营业务收入、专利申请数
		投入：上年 R&D 人员折合全时当量、R&D 经费内部支出、新产品开发经费支出、年末新增固定资产
解释变量	REI	基于 8 类产品测算的价格指数
中介变量	INF	基于"硬基建"和"软基建"共 17 个指标构建的指标体系
控制变量	ins	第三产业产值比重，取对数
	ens	各地区与全国高新技术产业平均从业人员比值对数
	gos	高新技术产业中 R&D 经费来源中政府资金比重对数
	fis	银行业金融机构各项存贷款余额与生产总值的比值对数
	ope	单位（或发货）所在地计量的进出口总额在生产总值中的比重对数

资料来源：笔者整理。

三 数据来源与描述性统计

本章使用的数据是全国 29 个省份（不包括港澳台、西藏和新疆）2004～2018 年的面板数据。数据来源于 2005～2019 年《中国统计年鉴》、2005～2017 年和 2019 年《中国高技术产业统计年鉴》、2005～2019 年《中国教育统计年鉴》、2005～2019 年《中国科技统计年鉴》和 2005～2019 年《中国金融年鉴》，并在此基础上补全部分指标某些年份的缺失值。

从表 11 - 2 中可以看出，本章研究的核心变量在考察期间变动较大。高新技术产业创新效率的均值为 - 0.4756，最小值为 - 3.9219，最大值为 2.4725，最大差异达到 6.3944，这说明省份间高新技术产业创新实力悬殊，资源配置存在不合理之处。区域融合指数的均值为

4.0086，最小值与最大值的差异为 2.1691，这说明我国区域融合具有明显的地区差异，各省份主体的区域融合处于不同发展阶段。基础设施建设的均值为 -0.3434，最大值和最小值分别为 1.1096 和 -0.9433，表明全国各省份基础设施建设水平差异明显。此外，产业结构、企业规模、政府支持等有关变量也呈现出相同特征，地区差异明显。

表 11 - 2　变量描述性统计

变量	均值	标准差	最小值	最大值	观测值
TIE	-0.4756	0.9250	-3.9219	2.4725	435
REI	4.0086	0.3896	2.6122	4.7813	435
INF	-0.3434	0.3277	-0.9433	1.1096	435
ins	-0.8696	0.1925	-1.2512	-0.2109	435
ens	-4.3066	1.4380	-7.8141	-1.0909	435
gos	-2.3843	0.9442	-5.1655	-0.5640	435
fis	0.9800	0.3286	0.3368	2.1658	435
ope	-1.6964	1.0019	-4.0850	0.6113	435

第三节　区域融合、基础设施建设与高新技术产业创新关系的实证分析

一　变量适用性分析

在进行实证分析之前要保证所使用数据不存在多重共线性和单位根等情况，以免模型估计失效造成结果失真，鉴于此，我们进行了相关性检验。

从表 11 - 3 可以看出，除产业结构（*ins*）与金融支持（*fis*）的相关系数为 0.7661 外，其余变量间的相关系数均小于 0.7，绝大多数变量之间的相关系数小于 0.4，结合方差膨胀因子 VIF 均小于 4，我们认为上述变量并不存在多重共线性。

表 11 - 3　变量相关性分析

变量	REI	INF	ins	ens	gos	fis	ope	VIF
REI	1.0000							1.19
INF	0.1063	1.0000						2.28
ins	0.2301	0.6631	1.0000					3.04
ens	0.1291	0.1895	- 0.1208	1.0000				2.08
gos	0.0956	- 0.0739	0.0866	- 0.2404	1.0000			1.34
fis	0.0587	0.6964	0.7661	- 0.0147	0.0766	1.0000		3.28
ope	- 0.0427	0.4643	0.4578	0.6191	- 0.3795	0.4195	1.0000	3.13

表 11 - 4 展示了各变量基于 LLC 和 Fisher - ADF 检验方法的单位根检验结果，各变量均拒绝存在单位根的原假设，这表明本章所用数据适用于面板数据模型的分析，不会造成伪回归的问题。

表 11 - 4　面板数据单位根检验

变量	LLC	p 值	Fisher - ADF	p 值	检验结果
TIE	- 8.2139 ***	0.0000	158.7425 ***	0.0000	平稳
REI	- 11.3822 ***	0.0000	177.3196 ***	0.0000	平稳
INF	- 2.5135 ***	0.0060	107.6770 ***	0.0001	平稳
ins	- 5.4967 ***	0.0000	142.9005 ***	0.0000	平稳
ens	- 1.4390 *	0.0751	136.6477 ***	0.0000	平稳
gos	- 6.8400 ***	0.0000	151.2347 ***	0.0000	平稳
fis	- 10.3029 ***	0.0000	160.8477 ***	0.0000	平稳
ope	- 3.1795 ***	0.0007	133.3547 ***	0.0000	平稳

注：* 、*** 分别表示在 10% 、1% 的水平下显著。

二　区域融合对高新技术产业创新效率影响的基准回归分析

表 11 - 5 列出了四个模型的基准回归结果，模型（1）和模型（2）为 Pooled OLS 回归结果，其中模型（1）不包含控制变量，模型（2）包含控制变量；模型（3）和模型（4）为双向固定效应①模型回

① 通过 Hausman 检验来判定是否使用固定效应模型，下同。

归结果，其中模型（3）不包含控制变量，模型（4）包含控制变量。从四个模型整体来看，区域融合对高新技术产业创新效率的影响均显著为正，系数分别为 0.283、0.401、0.343 和 0.185，这与我们的预期是一致的，因此假设 1 成立，即区域融合程度的加深能有效提升地区高新技术产业创新效率。区域融合一方面会减少要素流动的成本，以更低成本获得创新要素投入，使得高新技术产业规模经济得到充分发挥；另一方面，区域融合会推动地方政府间、企业间以及政府与企业间建立合作共赢机制，进而实现高新技术产业创新成果共享。因此，区域融合程度越深，高新技术产业创新效率也会越高。

面板数据下 OLS 容易受到序列相关和异方差的影响，导致估计失效（邱斌等，2008），因此模型（1）和模型（2）的回归结果仅供读者参考，本章将对模型（3）和模型（4）的回归结果进行细致分析。对比模型（3）和模型（4）可以发现，核心解释变量区域融合的显著性并无明显变化，模型（3）在 1% 的水平下显著，模型（4）在 5% 的水平下显著，但模型（4）的系数小于模型（3）的系数，说明控制变量对高新技术产业创新效率也会产生一定程度的影响，且加入控制变量后区域融合对高新技术产业创新效率的影响更加贴合实际。此外就是控制变量的显著性及系数大小差异，根据模型（4）可以发现：产业结构（ins）的系数为正但不显著，这可能是由产业结构调整对高新技术产业创新要素投入的挤出导致的，当前我国正处于产业结构优化升级的关键期，产业结构高级化及合理化的进程不断加快，第三产业在国民经济中的地位不断攀升，在服务业快速发展的同时形成了对创新要素的虹吸效应，对技术、资本和劳动力等要素形成不同程度的挤出，短期内抑制了高新技术产业创新效率的提升；企业规模（ens）的系数为 0.280，且在 5% 的水平下显著，说明企业生产规模越大，企业规模经济作用特征就越明显，越有利于高新技术产业创新效率的提高；政府支持（gos）的系数为负但不显著，说明考察期内政府行为对高新技术产业创新效率的影响微弱，过多的市场干预有可能适得其反，高新技术产业创新更多地依靠行业自发成长，政府要为高新技术产业的发展扫清障碍而不是对高新技术产业的发展强加干预；金融环境（*fis*）和对外开放程度（*ope*）的系数均为正，且均在1%的水平下显著，这说明高新技术产业创新效率与金融市场稳定性息息相关，宽松的信贷政策有利于缓解高新技术企业融资难的困境，进而有利于激发高新技术企业创新活力。此外，高新技术产业的发展不仅与国内经济和产业发展水平有关，还受到国外需求和世界经济的影响。产品是技术进步的重要载体，中国与世界其他国家的贸易往来越密切，越有利于吸收其他国家的技术进步成果，从而推动高新技术产业创新效率不断提高。

表 11 - 5　区域融合对高新技术产业创新效率的影响

变量	模型（1）TIE	模型（2）TIE	模型（3）TIE	模型（4）TIE
REI	0. 283 ** (0. 130)	0. 401 *** (0. 127)	0. 343 *** (0. 116)	0. 185 ** (0. 085)
ins		0. 357 (0. 356)		0. 051 (0. 376)
ens		- 0. 162 *** (0. 042)		0. 280 ** (0. 124)
gos		- 0384 *** (0. 047)		- 0. 008 (0. 047)
fis		0. 669 *** (0. 223)		1. 067 *** (0. 296)
ope		0. 105 (0. 067)		0. 357 *** (0. 121)
常数项	- 1. 638 *** (0. 539)	- 3. 898 *** (0. 844)	- 1. 865 *** (0. 467)	- 0. 442 (0. 911)
时间固定效应	YES	YES	YES	YES
F	3. 69 **	27. 07 ***	6. 08 ***	9. 99 ***
R^2	0. 019	0. 295	0. 062	0. 149
N	435	435	435	435
Hausman			4. 03 **	43. 29 ***

注：* 、** 、*** 分别表示在10%、5%、1%的水平下显著；括号内为 Robust 稳健标准误。下同。

三 稳健性检验

我们应该考虑到区域融合与高新技术产业创新效率之间可能存在的内生性问题。一方面，区域融合与高新技术产业创新效率之间可能存在如下的互动关系。区域融合的范围越大、程度越深，越有利于高新技术企业集聚，高新技术产业创新效率水平也可能越高；高新技术产业的发展、创新效率的提高会促进产业的融合发展，进而能从产业层面推进区域融合的进程。另一方面，模型中尚不能穷尽所有与高新技术产业创新效率有关的影响因素，可能会存在遗漏变量的问题。为消除区域融合内生性对回归结果的影响，使结果更加稳健，本章用区域融合的一阶滞后项作为工具变量，运用两阶段最小二乘法对上述关系进行检验。本章也有考虑区域融合、基础设施建设与高新技术产业创新效率之间的空间关联性，通过空间杜宾模型回归检验后发现关键变量空间滞后项系数均不显著，回归结果限于篇幅没有列出。在此基础上，我们认为空间关联性不会对本章研究结论的客观性产生影响。

表 11-6 模型（5）和模型（6）汇报了工具变量法的回归结果，其中模型（5）不包括时间固定效应，模型（6）包括时间固定效应。两个模型中区域融合对高新技术产业创新效率的影响系数分别为0.694 和 0.678，且均在 5% 的水平下显著，这说明上文基准模型的回归结果具有稳健性，考虑内生性后并不改变区域融合与高新技术产业创新效率之间的客观关系，区域融合对高新技术产业创新效率依然具有显著的正向推动作用。两个模型中产业结构（ins）系数显著性存在一定差异，模型（6）中产业结构的系数在 10% 的水平下显著为负，模型（5）中产业结构的系数为负但不显著，这说明产业结构升级在短期内确实存在对高新技术产业创新投入的挤出效应，其余控制变量的系数符号和显著性较为一致。

表 11 – 6　稳健性检验

变量	模型（5） *TIE*	模型（6） *TIE*	模型（7） *TIE*	模型（8） *TIE*
REI	0.694 ** （0.351）	0.678 ** （0.382）	0.239 ** （0.095）	0.137 ** （0.058）
ins	− 0.729 （0.525）	− 0.869 * （0.445）		0.259 （0.379）
ens	0.358 ** （0.145）	0.342 ** （0.138）		0.313 ** （0.136）
gos	0.029 （0.051）	0.022 （0.055）		0.021 （0.049）
fis	0.911 *** （0.305）	1.016 ** （0.437）		0.979 *** （0.305）
ope	0.291 ** （0.132）	0.300 ** （0.133）		0.434 *** （0.132）
时间固定效应	NO	YES	YES	YES
N	406	406	435	435
F	8.58 ***	8.52 ***	8.66 ***	4.48 ***
Hausman	52.69 ***	51.07 ***	5.36 **	48.08 ***
DM p 值	0.0301	0.0238		
CDW – F 统计量	28.769	26.823		

注：CDW – F 统计量 10% 临界值为 16.38。

为进一步说明基准回归中区域融合对高新技术产业创新效率具有正向促进作用这一结论的稳健性，我们参考王宋涛等（2016）、黄赜琳和姚婷婷（2020）的方法，用资本市场分割指数构建区域融合的替代变量进行回归。之所以用资本市场分割指数是因为资本要素的流动性较强，它是经济活动主体从事生产活动的重要考量，可以通过资本要素价格差异的大小反映区域融合的情况，达到与产品市场分割指数相同的效果。回归结果参见表 11 – 6 模型（7）、模型（8），其中模型（7）不包括控制变量，模型（8）包括控制变量。通过观察两个模型可以发现，区域融合的影响系数分别为 0.239 和 0.137，且均在 5% 的水平下显著，区域融合对高新技术产业创新效率的正向促进作用依然稳健。与基准回归相比，政府支持（gos）对高新技术产业创新效率的影响系数符号虽由负转正，但并不显著，说明高新技术产业创新效率的提高更多依靠行业自身的发展，政府对产业发展的引导作用尚未有效发挥，其余变量对高新技术产业创新效率影响系数的符号和显著性与基准回归较为一致，再次验证了基准回归结果的稳健性。

四　基础设施建设中介效应分析

在明确了区域融合对高新技术产业创新效率具有显著正向影响之后，为了考察区域融合是否会通过基础设施建设对高新技术产业创新效率施加影响，我们选择基础设施建设（INF）作为中介变量进行中介效应检验。[①]

表 11 – 7 模型（9）～（14）检验了基础设施建设的中介效应，其中模型（9）～（11）为不包括时间固定效应的中介效应检验模型，模型（12）～（14）为包括时间固定效应的中介效应检验模型。根据中介效应检验规则，第一步要检验区域融合对高新技术产业创新效率的总效应是否存在；第二步要检验区域融合对基础设施建设的影响是否显著；第三步将区域融合与基础设施建设放到同一模型中，检验其对高新技术产业创新效率的影响是否显著。若三步检验中区域融合与基础设施建设的系数均显著，则中介效应显著，且为部分中介效应；若第一步、第二步检验中区域融合影响系数均显著，第三步中基础设施建设影响系数显著但区域融合影响系数不显著，则为完全中介效应；若第一步检验为真，第二步检验中区域融合影响系数和第三步检验中基础设施建设影响系数均不显著，则中介效应不存在；若第一步检验为真，第二步检验中区域融合影响系数和第三步检验中基础设施建设影响系数有一个不显著，则需要通过 Sobel 检验进一步验证。

---

① 本章对中介效应也进行了内生性检验，考虑内生性后结果仍然支持基础设施建设在区域融合与高新技术产业创新效率之间的中介效应，限于篇幅未列举展示。

表 11 - 7　基础设施建设中介效应检验

变量	模型（9）TIE	模型（10）INF	模型（11）TIE	模型（12）TIE	模型（13）INF	模型（14）TIE
REI	0.219*** (0.083)	0.057*** (0.018)	0.114 (0.077)	0.185** (0.085)	0.080*** (0.018)	0.201** (0.080)
INF			1.837*** (0.212)			1.674*** (0.214)
ins	0.344 (0.336)	- 0.385 (0.073)	0.415 (0.309)	0.051 (0.376)	- 0.038 (0.071)	0.410 (0.305)
ens	0.323*** (0.122)	0.071*** (0.026)	0.192* (0.113)	0.280** (0.124)	0.063** (0.026)	0.178 (0.111)
gos	0.010 (0.461)	0.014 (0.010)	- 0.015 (0.042)	- 0.008 (0.047)	0.015 (0.10)	- 0.009 (0.042)
fis	0.851*** (0.269)	0.382*** (0.058)	0.150 (0.260)	1.067*** (0.296)	0.384*** (0.057)	0.221 (0.257)
ope	0.345*** (0.121)	- 0.005 (0.026)	0.354*** (0.111)	0.357*** (0.121)	0.022 (0.026)	0.443*** (0.113)
常数项	0.111 (0.854)	- 0.649*** 0.185	1.303 (0.796)	- 0.442 (0.911)	- 0.737*** (0.182)	0.906 (0.794)
时间固定效应	NO	NO	NO	YES	YES	YES
F	11.11***	20.64***	22.06***	9.99***	21.52***	21.28***
R²	0.143	0.236	0.279	0.149	0.274	0.299
N	435	435	435	435	435	435
Hausman	47.12***	20.29***	95.86***	43.29***	18.06***	81.21***
Sobel 检验		Z = 2.989			Z = 3.864	
中介效应		完全中介效应			0.3999	

　　观察表 11 - 7 可以发现，无论哪种模型都具有一致的结论，即基础设施建设的中介效应显著存在，但中介效应的大小存在差异，不包含时间固定效应的中介效应为完全中介效应，包含时间固定效应的中介效应为部分中介效应，基础设施建设的中介效应约为 39.99%。以包含时间固定效应的模型为例，模型（12）的区域融合系数为 0.185，

在 5% 的水平下显著，这说明区域融合对高新技术产业创新效率的总效应为正，当区域融合水平提升 1 个单位时，产业创新效率约能提升 18.5% 个单位，区域融合能够有效推动高新技术产业创新效率提升。模型（13）检验了区域融合对基础设施建设的影响，根据回归结果可以发现，区域融合对基础设施建设的影响系数为 0.080，且在 1% 的水平下显著，这说明区域融合能够很好地推进地区基础设施建设，完善交通运输体系，促进教育、医疗、卫生和环境条件的改善，因此假设 2 成立。模型（14）检验了区域融合及基础设施建设对高新技术产业创新效率的影响，从回归结果来看，区域融合对高新技术产业创新效率的影响系数显著为正，系数值为 0.201；基础设施建设对高新技术产业创新效率的影响系数为 1.674，且在 1% 的水平下显著，这说明其对高新技术产业创新效率提升具有显著促进作用。结合模型（12）~（14）可以看出，基础设施建设对高新技术产业创新效率提升的中介效应显著，因此假设 3 成立。

五 中介效应异质性检验

我国幅员辽阔，经济社会发展梯度明显，地区间区域融合效果差异较大，基础设施建设水平和高新技术产业创新效率也存在较大差距。为使研究结果更具客观性和科学性，我们对全国范围内 29 个省份按照是否属于三大城市群①进行分类研究，进而获得更有针对性的研究结论。表 11-8 进一步展示了区域融合对高新技术产业创新效率的影响及基础设施建设的中介效应，其中模型（15）~（17）为三大城市群样本回归结果，模型（18）~（20）为非三大城市群样本回归结果。

分指标来看，不同属性样本下，区域融合对高新技术产业创新效

---

① 三大城市群指的是京津冀、长三角和珠三角城市群，共包括北京、天津、河北、上海、江苏、浙江、安徽、广东共 8 个样本主体，不包括山西、内蒙古、辽宁、吉林、黑龙江、福建、江西、山东、河南、湖北、湖南、广西、海南、重庆、四川、贵州、云南、陕西、甘肃、青海、宁夏共 21 个样本主体。

率的影响系数均显著为正，其中城市群内部各省份区域融合对高新技术产业创新效率的影响系数为 0.488，其余样本主体的影响系数为 0.299，这说明区域融合能显著提升高新技术产业创新效率，且区域融合程度越高，其对高新技术产业创新效率的推动作用越大，这主要是因为区域融合程度越高，越能享受融合带来的技术外溢等利好因素，从而降低高新技术企业生产成本，有利于增大创新研发投入强度。不同属性样本下，区域融合对基础设施建设的影响存在差异，考察期内，城市群内部各省份区域融合对基础设施建设的影响系数为正但不显著，这可能是由于京津冀、长三角和珠三角城市群各主体发展起步早，基础设施建设快，考察期内基础设施建设已具备相当规模，基础设施服务体系已初步完善，区域一体化过程中区域融合对基础设施建设的需求动能释放殆尽；非城市群主体各省份区域融合对基础设施建设的影响系数显著为正，说明在区域融合处于较低水平时，区域融合能加快基础设施建设速度，促进基础设施服务体系的完善。不同属性样本下，基础设施建设对高新技术产业创新效率的影响均显著为正，说明基础设施建设能够促进高新技术产业创新效率的提升，但提升效果存在较大差异，区域融合程度越高，基础设施建设助力高新技术产业创新效率提升的作用越小。

表 11 - 8　分样本中介效应检验

变量	模型（15） TIE	模型（16） INF	模型（17） TIE	模型（18） TIE	模型（19） INF	模型（20） TIE
REI	0.488 *** (0.120)	0.037 (0.038)	0.442 *** (0.112)	0.299 *** (0.104)	0.096 *** (0.021)	0.128 (0.099)
INF			1.256 *** (0.288)			1.833 *** (0.269)
ins	-0.682 (0.602)	0.101 (.0.189)	-0.809 (0.557)	0.730 * (0.394)	-0.064 (0.081)	0.847 ** (0.369)
ens	0.753 *** (0.227)	0.182 ** (0.071)	0.525 ** (0.216)	0.226 (0.139)	0.043 ** (0.018)	0.147 (0.130)

续表

变量	模型（15）TIE	模型（16）INF	模型（17）TIE	模型（18）TIE	模型（19）INF	模型（20）TIE
gos	0.086 (0.062)	0.006 (0.019)	0.079 (0.057)	0.011 (0.059)	0.020* (0.012)	−0.026 (0.055)
fis	1.910*** (0.345)	0.3103*** (0.108)	1.520*** (0.331)	0.462 (0.332)	0.397*** (0.068)	−0.266 (0.326)
ope	0.527** (0.253)	−0.041 (0.079)	0.579** (0.234)	0.482*** (0.141)	0.034 (0.029)	0.418*** (0.132)
常数项	−2.058 (1.309)	−0.036 (0.410)	−2.013* (1.209)	0.549 (1.037)	−0.893*** (0.211)	2.186** (0.993)
时间固定效应	YES	YES	YES	YES	YES	YES
F	12.21***	5.98***	14.91***	8.35***	16.20***	14.27***
R²	0.449	0.285	0.534	0.169	0.283	0.285
N	120	120	120	315	315	315
模型选择	FE	FE	FE	FE	FE	FE
Sobel 检验	Z = 0.950			Z = 3.796		
中介效应	中介效应不显著			完全中介效应		

从中介效应大小来看，三大城市群内部区域融合对高新技术产业创新效率的影响系数在1%的水平下显著为正，说明城市群内部各省份区域融合对高新技术产业创新效率的总效应是存在的，但模型（16）中区域融合对基础设施建设的影响系数虽为正但不显著。在此基础上，按照中介效应分步检验规则，当模型（16）中区域融合对基础设施建设的影响不显著，模型（17）中区域融合对基础设施建设的影响系数显著为正时，要进行 Sobel 检验，检验结果为0.950，小于0.97的临界值，因此城市群内部各省份基础设施建设的中介效应不显著。非城市群样本主体区域融合对高新技术产业创新效率和基础设施建设的影响系数均显著，说明基础设施建设对高新技术产业创新效率的总效应是存在的，且考察期内区域融合能够促进基础设施服务体系的建设，但模型（20）中区域融合的影响系数不再显著，说明在非城市群主体内部，区域融合对高新技术产业创新效率的影响主要通过基础设施建设来实现，基础设施的中介效应为完全中介效

应，此时的 Sobel 检验结果为 3.796，表明这一结论是稳健的。对比上述两个中介效应检验结果可以发现，基础设施建设在区域融合对高新技术产业创新效率影响中的中介效应随着区域融合程度的不断提升而减弱。

第四节　结论与建议

本章基于 2004～2018 年省级面板数据，实证分析了区域融合对高新技术产业创新效率的影响及基础设施建设在二者之间的作用。回归结果表明，区域融合能够显著提升高新技术产业创新效率，城市群内部区域融合对高新技术产业创新效率提升的影响大于非城市群主体；基础设施建设在区域融合对高新技术产业创新效率的影响中发挥了重要作用，交通运输等传统基础设施建设和教育、医疗、环境等福利性基础设施能间接提升高新技术产业创新效率水平，但基础设施建设的中介效应受到区域融合程度的影响，融合效果越好，中介效应越弱。

基于上述结论，为更好地提升我国高新技术产业发展水平、提升高新技术产业创新效率，本章提出以下建议。

第一，区域融合对高新技术产业创新效率的积极作用已得到本章的充分验证，高新技术产业的发展要在区域融合的过程中推进，挖掘利用区域融合带来的利好因素。与此同时，区域之间应当建立高新技术产业合作共赢机制，共创目标一致、成果共享的高新技术产业创新研发和成果转化平台。

第二，基础设施建设是区域融合作用于高新技术产业创新效率的有效传导机制，在创新效率动能不足的紧要关头，一方面要补足传统基础设施建设领域的短板，增加市场供给数量，提高服务质量；另一方面要加快健全教育、医疗、科技发展、环保等社会基础服务体系，通过扩展新领域、引导新主体、创新基建投资新方式等途径提升基础设施综合服务水平。

第三，基础设施建设的中介效应存在明显的主体属性差异，因此

要改善区域融合现状。一方面，积极推进中西部城市区域一体化发展
进程，有针对性地加强基础设施投资建设，推进建立健全覆盖生产、
生活、学习的全方位的基础设施服务体系，充分激发区域融合对基础
设施建设的需求动能；另一方面，注意防范城市群一体化发展过程中
基础设施建设重复低效的问题，避免资源浪费。

第十二章　产业协同集聚与工业高质量发展

2020 年全球深受疫情的冲击，我国工业增速呈现"止升回落"的明显态势，虽通过举国之力疫情得到有效控制，但产业的发展弊端充分显现。制造业以数量、速度为主要特征的发展模式已难以把握经济新常态的要求。在全球工业快速发展的环境下，制造业作为国家的支柱性产业，应将其提升至国家战略高度。工业发展是中国经济高质量发展的基础和实现社会主义现代化建设目标的关键。进一步有效推进工业转型升级、提高传统工业产业质量，应是应对疫情带来的经济下行压力和"十四五"期间各项工业工作开展的基本出发点和落脚点。想要避开"中等收入陷阱"，离不开工业实体经济的高质量发展（郭朝先，2019）。

高质量发展自中央经济工作会议提出以来深受社会各界主体的一致关注，其中工业作为国民经济的主导产业，促进工业的高质量发展成为解决社会主要矛盾的重要突破口。根据相关学者的研究发现，针对工业高质量发展的研究角度主要包括工业发展问题与未来经济发展之间的关系、如何通过生产要素和对外开放等方式促进工业向高质量发展转型、环境规制对工业高质量发展的非线性影响以及不同区域间工业高质量发展的衡量与比较等。关于产业协同集聚对工业高质量发展的影响效果研究目前尚属薄弱环节。然而伴随近些年城市群和都市圈政策的实施，各省份纷纷建立工业园区，一体化发展和产业集群成为经济发展的新方向。集聚经济通过同类型产业之间的集聚来提高行业企业间的信息交流速度和知识的扩散效应，从而提高生产效率和生产质量；也通过不同产业部门之间的协同集聚促进创新技术的相互融合，并通过缩短生产环节的距离作用于生产效果（江静等，2007）。

一方面，产业的协同集聚，带来集聚区内企业数量的增加以及规模的显著扩张，对劳动力、市场、土地等要素的需求会进一步增加，对城镇化水平提升的要求随之而来；另一方面，充分发挥产业间协同力量，加强信息交流和沟通的便捷性，降低交易成本，势必会提高对信息市场发展的新要求。因此，本章在以往集聚带来的效应基础上探索城镇化的程度以及信息化市场的发展是否成了产业协同集聚作用发挥的新途径。基于此，本章旨在理论分析产业协同集聚水平对工业高质量发展的影响，与此同时，考察城镇化进程以及信息化市场在其中所发挥的传导作用，并进行实证检验。不拘泥于生产要素方面的探讨，在技术知识难关难以突破的同时，另辟蹊径，缓解工业高质量发展压力，以期得出更加全面的传导路径，为各地区促进工业高质量发展提供政策建议。

第一节　产业协同集聚与工业高质量发展的理论机制和研究假设

一　产业协同集聚与工业高质量发展

产业协同集聚带来产业部门之间的竞争效应，企业为抢占市场份额争相为工业提供物美价廉的产品与服务，从而节约工业成本。工业企业成本的降低缓解了生产环节的资金周转压力，企业抵抗风险和创新的能力得到提升；产业的协同集聚通过专业化效应和技术溢出效应使产业部门之间信息和技术得到充分交流，并在循环累积的推动下，形成良好的知识溢出与学习相结合的互动局面；产业的协同集聚所形成的规模效应和劳动力"蓄水池"能力，吸纳多类型劳动力，对内提升劳动生产率，对外营造出良好的市场和投资环境，产生虹吸效应，吸引更多的外来投资和高素质人才流入。人力资本的不断积累与技术创新能力的不断突破，为工业的高质量发展提供持久动能，协同集聚效应的发挥则正向依赖当地人力资本状况和技术创新能力（郝永敬、程思宁，2019）。工业高质量发展重在"质"的发展，绿色环保成为其重要组成部分。随着同类型产业集聚度的上升，各地面临着生产要素竞争和环境污染问题，但不同产业协同集聚的发展对环境污染存在明显的改善作用，且协同集聚效应的增强，可缓解贸易开放所带来的污染问题（周明生、王帅，2018；蔡海亚、徐盈之，2018）。综合而言，产业的协同集聚弥补了同类型产业集聚的不足和缺陷，加强了产业间的沟通和联系，丰富了各类知识的溢出方式，促进了工业企业对新发展理念的准确把握。据此，本章提出假设1。

假设1：产业协同集聚在整体上有利于工业高质量发展。

二　产业协同集聚、城镇化与工业高质量发展

集聚经济促进了工业的快速发展，而其中传导机理就成了产业协同集聚对工业高质量发展产生作用的间接因素。集聚促进是城市形成和发展的基本动力。集聚经济因此也被称为"城镇化经济"。从集聚劳动力角度来看，城市的成长主要体现在第二、第三产业的成长上，第二、第三产业的发展提供了城镇化水平提升的经济基础和人员保障。产业协同集聚吸引农村劳动力的迁移，通过劳动力"蓄水池"效应为劳动力就业提供市场和机会，缓解当地就业压力，减少省份尤其是欠发达省份的劳动力流出现象，间接为城市建设保留劳动力并与城镇空间格局之间具有长期的耦合关联（曹炳汝、孙巧，2019）。产业协同集聚通过分工和技术的溢出产生创新效果，提高城市生产效率，且与城市空间结构形成之间的因果作用不断强化（陈建军等，2016）。从加强产业分工角度来看，集聚度的上升可通过分工显著降低地区资本错配指数，提高劳动生产率，改善劳动错配情况（季书涵等，2016；崔书会等，2019）。产业协同集聚规模的不断扩大，使得城市面积不断扩张，伴随产业集聚意识的形成，将会通过细化当地的产业分工，在自身产业发展的同时带动其他产业扩大和升级，以达到延长和拓展产业链、增强产业竞争实力的最终目的，也有助于形成良好的文化创新

环境，增强城市的综合实力。从城市规模角度来看，产业的协同集聚通过优化资源配置和扩大市场规模成为提高城市创新水平的重要力量（纪祥裕、顾乃华，2020），城市中人口的增多会进一步带动当地企业和市场的繁荣，增加对工业产品的需求，从而激发工业企业转型升级的潜力。但由集聚产生的创新作用存在一定的触发条件，在城市规模的约束下，产业集聚对产业结构升级起到促进作用主要是由于其集聚的波特外部性，只有当城市人口规模或人均 GDP 达到一定门槛时，马歇尔外部性和雅各布斯外部性的作用才会由抑制转向推动（于斌斌，2019；纪玉俊、孙红梅，2020）。产业协同集聚通过扩大就业市场、优化劳动分工和提升城镇化水平等方面的相互协助，强化集聚产业的"集体经济"和"外部经济"，创造良好的发展环境，从而实现产业良性发展和转型升级。据此，我们提出假设 2。

假设 2：产业协同集聚可通过提升城镇化水平的方式对工业高质量发展产生积极作用。

三　产业协同集聚、信息化与工业高质量发展

Marshall（1982）所强调的形成产业集聚的三个关键因素包括供应商间的联系、市场信息共享和加强信息交流。实证研究证实国外厂商在中国进行区位选择时，较传统的生产成本而言，信息成本是更加重要的因素。赵伟和王春晖（2013）将贸易成本区分为显性成本（运输成本）和隐性成本（交易费用），并从中发现，隐性成本较显性成本而言与产业集聚之间存在更加密切的互动关系。交易费用相较于生产成本费用而言，对工业高质量发展的促进作用更为突出。交易费用的高低在一定程度上取决于信息的流通情况。从降低企业决策风险角度来看，区域间文化差异、诚信问题所导致的较高交易费用显著不利于产业高质量发展（He，2006）。信息市场服务能力的提升，提高了市场不同主体间的信息透明度，降低了工业企业决策失误的概率。从加强技术信息流动角度来看，信息技术的不断升级为企业的发展提供了新动能，在降低厂商间交易费用的同时成为知识

溢出和学习效应的物质载体。从整合市场秩序角度来看，信息化市场的发展能够在金融环境的改善、交易制度的建立、便捷中间产品与服务的搜寻以及增强市场法规的严肃性等方面提供保障，改善投资和营商环境。由于信息流通行业的产品和服务具有普遍适用性，该行业的快速发展会提高整个市场的信息透明度，与此同时，随着信息流通便捷性的增强，产业协同集聚产生的知识溢出效应得到了物质载体的支撑，提升了集聚区内创新能力，间接推动了工业转型。据此，我们提出假设3。

假设3：产业协同集聚通过提升信息化市场水平的方式对工业高质量发展产生积极作用。

第二节　产业协同集聚与工业高质量发展的模型设计和数据来源

一　模型设计与说明

1. 基准回归模型

基于前文理论分析，本章构建以下基准模型考察产业协同集聚对工业高质量发展的影响：

$$\ln HQD_{it} = \alpha_0 + \alpha_1 \ln R_{it} + \alpha_2 X_{it} + v_i + \mu_t + \varepsilon_{it} \qquad (12-1)$$

其中，下标 i 表示 30 个省份（不包括西藏及港澳台），t 表示年份，R 表示产业协同集聚程度，HQD 表示工业高质量发展水平，X 表示控制变量组。

2. 中介机制检验

本章重点考察产业协同集聚作用于工业高质量发展的中间路径，因此采用中介模型进行检验，构建如下方程：

$$\ln W_{it} = \lambda_0 + \lambda_1 \ln R_{it} + \lambda_2 \ln X_{it} + v_i + \mu_t + \varepsilon_{it} \qquad (12-2)$$

$$\ln HQD_{it} = \beta_0 + \beta_1 \ln R_{it} + \beta_2 \ln W_{it} + \beta_3 X_{it} + v_i + \mu_t + \varepsilon_{it} \qquad (12-3)$$

W 代表中介效应变量。首先进行基准回归，若 α_1 通过显著性检验则表明产业协同集聚对工业高质量发展存在显著作用；其次进行中介效应检验，当 λ_1 通过显著性检验且系数大于零时，说明解释变量对中介变量存在积极促进效应，反之，当系数小于 0 时则存在抑制作用。

二　变量选取

1. 被解释变量

基于上述理论分析，本章构建工业高质量发展指标体系（见表 12-1）。基于数据的可得性和指标涉及范围的合理性，主要分为经济效益、结构优化、技术升级、绿色环保和对外开放五个部分（王玉燕、张雨雪，2021）。HQD 作为工业高质量发展得分，根据本章构建的指标体系，采取熵值法计算出各个省份每年工业高质量发展综合得分。根据工业高质量发展的最后得分可以看出，绝大多数省份得分呈上升趋势，符合高质量发展理念的提出和落实情况，也从侧面反映出工业高质量发展指标体系构建的合理性。

表 12-1　工业高质量发展指标体系

一级指标	二级指标	三级指标	单位	方向
经济效益	就业状况	工业人员占比	%	+
	收入水平	人均工业年收入	元	+
		人均工业利润总额	元	+
结构优化	产权结构	非国有经济占比	%	+
		港澳台投资工业企业占比	%	+
	资产结构	规模以上工业流动资产在总资产中的占比	%	+
		资产负债率	%	-
技术升级	创新产出	技术合同成交额	亿元	+
		有效发明专利数	件	+
	创新投入	规模以上工业办科技机构个数	个	+
		R&D 经费	亿元	+

续表

一级指标	二级指标	三级指标	单位	方向
绿色环保	环境治理	工业固体废物利用率	%	+
		工业废水处理能力	万吨	+
	资源利用	规模以上工业电力使用总量/GDP	万千瓦时/万元	−
		规模以上工业能源消费总量/GDP	万吨标准煤/万元	−
对外开放	对外输出	工业新产品出口	万元	+
		新产品出口收入/新产品销售收入	万元	+
	吸收引进	外商和港澳台投资工业企业主营业务收入	亿元	+
		外商直接投资	%	+

2. 解释变量

R 作为产业协同集聚的代理变量，参照学者蔡海亚和徐盈之（2018）的做法表示，具体公式如下：

$$R_{ij} = \frac{S_{ij}}{S_i} \qquad (12-4)$$

$$R_{mpj} = 1 - \frac{|R_{mj} - R_{pj}|}{R_{mj} + R_{pj}} \qquad (12-5)$$

其中，S 代表就业人数，i 表示产业，j 表示省份，R_{mj} 和 R_{pj} 分别代表用区位商衡量的 j 省制造业 m 和生产性服务业 p 的集聚程度。

随着社会分工的深化和产品专业化要求的提升，生产性服务业从制造业生产环节中脱离出来并形成独立的行业部门。自生产性服务业受到重视并大力发展以来，学者逐渐关注生产性服务业与工业之间的良性互动关系。利用交通运输、仓储及邮政业，金融业，房地产业，信息传输、软件和信息技术服务业，租赁和商务服务业，科学研究和技术服务业六个细分行业数据作为生产性服务业的数据来源。

3. 中介变量

城镇化水平（Urban）。本章采用两个指标衡量城镇化发展程度。首先，劳动人口依照工作岗位所在地进行安家居住，产业协同集聚的发展提供了更多类型的工作岗位，使得城市常住人口比重不断上升，城市常住人口在该地区人口中所占比重（*Urban*1）可近似衡量城镇化水平。其次，产业协同集聚也会提高对空间和土地面积的要求，因此选取城市建成区面积（*Urban*2）作为城镇化水平的另一指标。

信息化市场（*Infor*）。信息是厂商制订战略计划、进行技术引进、改革生产方式等的重要依据。互联网已成为现阶段信息交流的主要方式和传播手段，以每万人宽带接入用户数（*Infor*1）作为互联网普及度的近似衡量指标；参考学者徐维祥等（2015）的方法，引入邮电业务指数（*Infor*2）指标，完善对信息市场发展的整体衡量。

4. 控制变量

工业企业利润总额（*Pro*）。利润总额体现了一个企业的经营发展状况，资本积累成为企业发展壮大的充分条件。只有当企业处于盈利状态时，企业才更加愿意承担创新和技术改造所带来的资金投入风险。因此企业利润总额是衡量企业转型发展情况的重要指标，本章采用规模以上工业企业利润衡量。

工业企业劳动生产率（*Lab*）。在工业企业高质量发展过程中，工业从业人员的增速趋于放缓，提升生产效率更是企业在人口红利消失后的明智做法。生产效率的提升成为促进价值链攀升和工业高质量发展的重要力量。

人均教育经费（*Edu*）。创新作为高质量发展中极其重要的方面，也是产业转型和持续发展的首要因素。

外贸依存度（*Fdi*），采用规模以上外商投资额占工业生产总值比重衡量。外商投资能够将境外生产要素投入工业生产过程中，促进企业发展，但高端技术的国外封锁又会抑制工业高质量发展的进程。外贸依存度从正反两方面影响着工业高质量的发展。

城市群政策实施（*Gov*）。区域经济一体化是实现地区间优势互补的方式，城市群的不断规划拉近城市之间的距离，加快产业集聚的进程。以国务院批复和印发时间为准，将城市群所涉及的省份进行赋值。由于政策的落实和产业集聚之间存在时滞效应，所以根据批复和印发时间是否为上半年进行赋值，如果是上半年，即在本年及以后年份赋值为 1；若批复和印发时间为下半年，即在下一年及以后年份赋值为 1，否则为 0。

三 数据来源及处理

涉及价格因素的指标以 2009 年为基期进行价格因素剔除，保证指标更加标准化。工业高质量发展指标体系所选取的大部分三级指标以及控制变量中工业企业利润总额、工业企业劳动生产率来源于各个省份 2010～2019 年的统计年鉴，工业人员占比、人均工业年收入来源于《中国统计年鉴》，技术市场成交额数据来自《中国科技统计年鉴》。根据工业高质量发展指标体系，运用熵值法得出各个省份 2009～2018 年工业高质量发展的最终得分。根据熵值法的得分结果综合整理可得，得分前五的省份均属于东部地区，分别为广东、江苏、浙江、上海和北京；得分后五的省份主要位于西部地区，分别为贵州、云南、新疆、宁夏和青海。

第三节 产业协同集聚与工业高质量发展的实证分析

一 基准回归

根据 Hausman 检验结果，并考虑序列相关对回归结果的影响，选用固定效应方法进行模型分析。为减小异方差和异常值对实证回归结果的影响，本章对除政策实施控制变量以外的所有变量进行取对数处理。在表 12－2 中，分别使用最小二乘法（OLS）和固定效应模型（FE）进行实证分析。

表 12－2 产业协同集聚与工业高质量发展基准回归

变量	OLS		FE	
	（1）	（2）	（3）	（4）
$\ln R$	0.642 *** (0.0693)	0.144 *** (0.0524)	0.464 *** (0.212)	0.496 *** (0.151)

变量	OLS		FE	
	（1）	（2）	（3）	（4）
ln*Pro*		0.145 *** （0.0100）		0.269 *** （0.0395）
ln*Lab*		− 0.0490 （0.0470）		− 0.120 ** （0.0571）
ln*Edu*		0.232 *** （0.0543）		0.125 ** （0.0563）
ln*Fdi*		0.0592 *** （0.0211）		− 0.0239 （0.0266）
Gov		0.103 *** （0.0257）		0.0180 （0.0418）
常数项	− 1.586 *** （0.0442）	− 3.754 *** （0.310）	− 1.657 *** （0.141）	− 4.005 *** （0.605）
时间 - 省份	—	—	控制	控制
R²	0.239	0.707	0.504	0.684
样本数	300	300	300	300
F 值	85.66 ***	88.92 ***	13.53 ***	23.21 ***

注：*、**、*** 分别表示在 10%、5%、1% 的水平下显著，括号内为标准误。下同。

从回归结果来看，表 12 - 2 第（2）列、第（4）列分别是在第（1）列、第（3）列的基础上加入控制变量。首先，观察 OLS 的回归结果，产业协同集聚程度对工业高质量发展产生显著的正向促进作用。加入控制变量后核心解释变量的系数有所下降，由 0.642 下降至 0.144，即产业集聚程度每上升 1%，会给工业高质量发展带来约 0.144% 的促进作用。其次，通过 Hausman 检验，本章的面板数据更加倾向于使用固定效应进行回归。从第（3）列的回归结果来看，协同集聚对工业高质量发展有较为显著的促进作用，加入控制变量后此正向促进作用依旧显著，回归系数调整至 0.496，较 OLS 回归结果更为合理。

就控制变量而言，工业企业利润总额对工业高质量发展具有显著的正向作用，原因可能在于，企业获得更多的利润后会增加在新产品研发方面的投入，促进工业在创新方面的发展；与此同时，企业会依据绿色发展方向，进行原生产方式的升级改革，降低电力能源的消耗和工业废气废水的排放，多方面促进工业高质量发展。人均教育经费的逐年上升，对工业高质量发展也起到了积极的促进作用，人均教育经费在工业高质量发展中所起到的促进作用显著为 0.125。外贸依存度系数为负，说明国外技术的封锁压力依旧存在，单纯依靠国外提升技术水平不利于顺利突破发展瓶颈，增强自身的科技实力始终是最可靠的发展方式。

二　中介作用机制检验

上述内容表明产业协同集聚对工业高质量发展具有显著的直接促进作用，下文将对协同集聚效应通过城镇化水平和信息化市场两个方面间接对工业高质量发展产生的影响进行验证。中介作用检验结果见表 12 - 3。

表 12 - 3　产业协同集聚与中介变量对工业高质量发展影响

变量	城镇化水平				信息化市场			
	ln$Urban$1	lnHQD	ln$Urban$2	lnHQD	ln$Infor$1	lnHQD	ln$Infor$2	lnHQD
ln$R$	0.0988 *	0.356 **	0.107 *	0.433 ***	0.497 **	0.412 ***	0.252 **	0.442 ***
	(0.0515)	(0.146)	(0.0572)	(0.115)	(0.227)	(0.174)	(0.117)	(0.148)
lnPro	0.023 *	0.237 ***	0.027 **	0.253 ***	0.052	0.260 ***	0.081 **	0.251 ***
	(0.0125)	(0.0347)	(0.0138)	(0.0324)	(0.0660)	(0.0359)	(0.0375)	(0.0356)
lnLab	− 0.0180	− 0.095 **	0.0203	− 0.132 **	− 0.098	− 0.103 *	0.132 ***	− 0.149 ***
	(0.0144)	(0.0460)	(0.0252)	(0.0515)	(0.0624)	(0.0570)	(0.0411)	(0.0498)
lnEdu	0.031	0.081 **	0.055 **	0.092 **	0.143 *	0.100 **	0.0243	0.119 **
	(0.0206)	(0.0331)	(0.0213)	(0.0450)	(0.0754)	(0.0482)	(0.0577)	(0.0472)
lnFdi	− 0.006	− 0.016	− 0.014	− 0.016	− 0.036	− 0.018	0.028	− 0.030
	(0.0054)	(0.0233)	(0.0087)	(0.0254)	(0.0262)	(0.0403)	(0.0200)	(0.0263)
Gov	− 0.011	0.034	− 0.050 ***	0.048	0.005	0.017	0.051	0.007
	(0.0166)	(0.0327)	(0.0157)	(0.0363)	(0.0690)	(0.0403)	(0.0537)	(0.0401)
中介变量		1.418 ***		0.588 ***		0.171 **		0.218 **
		(0.322)		(0.144)		(0.0657)		(0.0951)
常数项	3.496 ***	− 8.961 ***	6.185 ***	− 7.643 ***	4.202 ***	− 4.722 ***	− 2.837 ***	− 3.387 ***
	(0.205)	(1.215)	(0.181)	(1.162)	(0.580)	(0.594)	(0.518)	(0.559)
时间 – 省份	控制				控制			

变量	城镇化水平				信息化市场			
	ln*Urban*1	ln*HQD*	ln*Urban*2	ln*HQD*	ln*Infor*1	ln*HQD*	ln*Infor*2	ln*HQD*
R^2	0.817	0.731	0.847	0.709	0.863	0.697	0.960	0.688
样本数	300	300	300	300	300	300	300	300
中介效应	显著，占总比重的 28.24%		显著，占总比重的 12.69%		显著，占总比重的 17.1%		显著，占总比重的 11.05%	

从回归结果来看，首先，产业协同集聚可促进城镇化水平的提高，系数分别为 0.0988 和 0.107，均通过 10% 的显著性检验，与前文假设一致，产业协同集聚通过规模经济、吸引劳动力等一系列作用，推动城镇化水平的提高。将中介变量纳入模型中，通过回归结果可以看出，产业协同集聚对工业高质量发展的作用依旧显著为正，系数分别为 0.356 和 0.433，分别通过 5% 和 1% 的显著性检验，系数小于基准回归结果，即中介变量削弱了核心解释变量的促进作用。除此之外，从城镇化水平对工业高质量发展的系数来看，其通过 1% 的显著性检验，经计算，中介效应占比分别为 28.24% 和 12.69%。其次，产业协同集聚在促进城镇化水平提升的同时也推动了信息化市场的发展，提高了市场透明度。根据计量结果可以看出，协同集聚度每提升 1% 可带来 0.497% 互联网行业和 0.252% 邮电业的发展，且均通过 5% 的显著性检验。加入中介变量后，产业协同集聚对工业高质量发展的作用系数由基准回归的 0.496 分别下降至 0.412 和 0.442，信息化市场对被解释变量的促进作用显著存在，即随着信息化市场的发展，市场透明度提高，可通过降低工业企业交易成本和促进知识技术的传播等方式推动工业高质量发展。

三 异质性检验

1. 按照工业高质量多方面进行异质性分析

由于高质量发展是考虑多方面的综合性指标，因此产业协同集聚对高质量发展不同方面的促进作用可能存在差异，此部分将高质量发展按照一级指标划分为五个方面，分别考察产业协同集聚在其

中的作用（见表 12 - 4）。根据以往文献可知，产业集聚会带来一定
程度的拥挤作用。与此同时，工业高质量发展在绿色环保方面还存
在不足之处，虽然显著性还有待提升，但系数为正也说明了产业协
同集聚在绿色环保方面已经有所改进，环境治理方面的投入还未达
到预期效果，潜力尚未充分释放。

表 12 - 4　工业高质量发展层面异质性分析

变量	经济效益	结构优化	技术升级	绿色环保	对外开放
$\ln R$	1.158 ***	0.486 **	0.479 *	0.127	1.022 ***
	(0.229)	(0.195)	(0.266)	(0.155)	(0.339)
控制变量	控制				
省份 - 年份	控制				
R^2	0.830	0.738	0.862	0.654	0.561

2. 按照我国东中西部进行地域异质性分析

根据表 12 - 5 回归结果可以看出，协同集聚对东部、中部地区
的作用较为显著，对西部地区虽有正向作用，但显著性较差，且系
数较小。东部地区一直以来都是我国经济聚集和城镇化水平较高的
地区，服务业整体发展水平较高。中部地区生产性服务业与工业的
发展水平随着产业的集聚得到快速上升，充分释放工业高质量发展
潜力，作用较东部地区更强。反观西部地区由于地理位置、自然环
境和生产要素流动问题，生产性服务业和工业的发展以及集聚程度
都有待加强。

表 12 - 5　我国东中西部异质性分析

变量	东部	中部	西部
$\ln R$	0.607 **	0.774 ***	0.264
	(0.255)	(0.096)	(0.254)
控制变量	控制		
年份 - 省份	控制		
R^2	0.643	0.795	0.820

四　内生性及稳健性检验

1. 内生性检验

本章通过工业高质量发展指标体系求得综合得分，工业高质量发展的影响因素较多，无法排除存在遗漏变量的情况，因此需考虑内生性问题。本章主要通过采用解释变量的滞后期作为工具变量进行内生性问题处理。考虑内生性问题之后核心解释变量与被解释变量之间的关系以及显著性依旧稳健 [见表 12 - 6 第（1）列]，且回归结果大于基准回归中的系数，这就表明如果不考虑内生性问题，产业协同集聚对工业高质量发展的积极作用会被低估。

2. 稳健性检验

首先，采用国内产业集聚常用的区位熵法，分别算出生产性服务业与工业的集聚情况，并将两者加总用以表示协同集聚的情况。鉴于数据的可得性，生产性服务业以交通运输、仓储和邮政业以及金融业和房地产业三个行业近似模拟，运用行业的增加值进行衡量，回归结果如表 12 - 6 第（2）列所示。根据更换解释变量方法得出的实证结果依旧与假设相符。其次，采用系统 GMM 的计量方法作为稳健性的再次检验。由表 12 - 6 第（3）列回归结果可知，产业协同集聚对工业高质量发展的正向促进作用依旧显著。

表 12 - 6　内生性及稳健性检验

变量	内生性	稳健性	
	（1）	（2）	（3）
$\ln R$	0.570 **	0.364 ***	0.172 **
	(0.248)	(0.127)	(0.0863)
控制变量	控制	控制	控制
年份 - 省份	控制	控制	
R^2	0.882	0.689	
DM 检验	0.0684		
F 值	34.805		
工具变量 p 值	0.001		

续表

变量	内生性	稳健性	
	（1）	（2）	（3）
AR（1）			0.030
AR（2）			0.608
Sargan 检验			0.613

注：DM 检验为检验内生性的 Davidson-MacKinnon 检验结果；F 值为检验弱工具变量的 Cragg-Donald F 的统计结果。

第四节　结论与建议

一　研究结论

本章基于各省份生产性服务业和工业数据，利用城镇化水平和信息化市场作为传导机制，研究了产业协同集聚水平对工业转型升级的影响。结果表明，产业协同集聚会显著促进工业的转型升级。机制检验分析表明，产业协同集聚水平的提升通过推动城镇化和信息化市场建设对工业高质量发展产生作用。根据门槛检验得出，城镇化水平和信息化市场水平的不断提高，能够强化产业协同集聚所带来的积极效应。此外，就本章结论来看，西部地区比东中部地区更亟待加强生产性服务业与工业的协同快速发展，以便更好地承接产业转移并带动当地工业的高质量发展，缩小与东中部地区之间的发展差距。

二　对策建议

综合上述结论，本章提出以下建议。

第一，积极规划来自其他省份的产业转移。本章研究结果表明，西部地区可利用当地充足的劳动力和较低地租，提高省份城市之间的交流频率，取长补短，以充分发挥产业集聚所带来的效应。此外，产业集聚必定会带来相应的环境污染问题，虽然较多企业已充分遵循环保的发展理念，但针对一些具有公共性质的环节在利润驱使下可能存在未达标行为，政府应加大监管力度并通过财政手段进行适度干预。

第二，扩大城市区域面积，加快完善城市基础设施，推动城镇化快速发展。城镇化水平不断提升带来基础设施的不断完善，一方面可吸引外来产业的集聚，另一方面可为城市的发展挽留劳动力，进而形成产业协同集聚与劳动力富足之间的良性互动，推动该地区工业快速转型升级。

第三，加快形成求同存异、合作共赢的市场发展模式。同行业之间的集聚可带来知识和技能的外溢，相互学习，攻克发展难关，有助于提高企业上下游交流频率，减少原材料的搜寻成本和交易费用，使企业的边际收益得到上升；还可提高企业的谈判能力，以较低的价格从政府或其他公共机构手中争取到更多的产品或服务。

第四，降低信息软件业的融资门槛，推动信息产业发展并制定战略性目标。根据市场环境中产业协同集聚趋势不断加剧的情况，协助有市场远见的信息通信企业尽快占据市场，抢先形成品牌意识和市场意识，为工业高质量发展奠定信息流通基础。

第四篇

高水平对外开放与制造业高质量发展

第十三章　中美贸易摩擦与中国制造业高质量发展

　　制造业是国民经济的主体，是立国之本、兴国之器、强国之基。制造业的蓬勃发展，是世界制造大国崛起的必经之路。改革开放 40 多年来，中国制造业通过发展加工贸易和国际外包，深入参与发达国家或跨国公司主导的价值链条，发挥"干中学"效应，吸收借鉴发达国家先进的生产管理经验，使外向型经济获得快速发展。供给侧结构性改革夯实了中国内部基础设施建设，"一带一路"建设加强了中国与周边国家的交流，一内一外，相辅相成，完美契合，为中国制造业全球价值链地位的攀升提供了新的思路。

　　中国制造业的腾飞发展引起了美国的猜忌，为了制约中国的壮大，美国推行一系列贸易保护政策。特别是金融危机之后，为了应对危机冲击和走出衰退困境，美国提出"再工业化"战略。"再工业化"战略使中美制造业竞争日益激烈，进一步拉大中美技术差距，倒逼中国产业转型。并且随着"再工业化"战略的提出，一系列针对中国的遏制措施的力度和频率明显上升，中美贸易摩擦也因此升级。2018 年 3 月 23 日，美国以技术转移、知识产权等为由宣布拟对约 30 亿美元中国商品加征 25% 关税，新一轮贸易摩擦由此开始。Rosyadi 和 Widodo（2017）运用 GTAP 9.0 数据库分析发现，中美两国互相加征关税，会导致两国贸易额大量减少。如果两国互相加征的关税为 45%，那么将导致全球贸易额减少三分之一（Dixon，2017）。一直以来，经贸合作是中美两国关系的压舱石和稳定器，但是随着贸易往来的深入，摩擦不断，合作关系破裂，中美贸易关系越来越紧张（郭晴，2019）。2018 年 4 月 4 日，美国针对中国 1333 项价值约 500 亿美元的商品加征 25% 关税，至此中美之间的贸易摩擦愈演愈烈，不断升级。中美两国是世界上最大的两个经济体，贸易摩擦使得这两个最大经济体在全球价值链中的直接分工路径转变为间接路径，遏制两国制造业价值链地位的攀升，尤其是中国。美国对中国高新技术行业采取技术封锁，限制对中国的技术出口，导致国内相关行业因缺乏生产原件而陷入供应链断裂的窘境，制约相关制造业价值链地位的攀升（李敏、吴莲香，2019）。

虽然中国制造业在国际上取得显著成就，但是整体上大部分行业仍处于价值链中低端，迈向价值链中高端一直以来都是中国制造业的愿景。美国总统特朗普上台后频繁对华制造贸易摩擦，而从征税清单中发现其主要针对的是中国制造业重点发展领域，意图打破中国依托制造业腾飞实现伟大复兴的中国梦（洪俊杰、杨志浩，2019）。之后，中美两国虽然进行了谈判，贸易关系有所缓和，但贸易摩擦的长期性、反复性特点仍然存在，因此我国仍需高度重视中美贸易摩擦的进展及其带来的后续影响，以便研究应对策略。本章重点研究贸易摩擦与全球价值链的动态博弈过程，在现有文献基础上分析中美贸易摩擦对中国制造业价值链地位的影响。

第一节　中美贸易发展历程与现状

一　中美贸易发展历程

作为世界上最大的发展中国家和发达国家，中国与美国之间的贸易关系非常密切。联系多了、交往多了、贸易量大了，摩擦自然也就多了（贾海基、李春顶，2006）。根据中美贸易关系的特征，中美贸易发展历程可以分为以美国为主导的贸易关系、中美互补型的贸易关系以及中美竞争型的贸易关系这三个主要阶段。

1. 以美国为主导的贸易关系（1978～1992 年）

1978 年是我国历史上具有深远意义的伟大转折点，是中国经济发展史的里程碑，揭开了社会主义改革开放的序幕，此时，中国已经建立了较为完整的制造业体系。1979年，中国与美国建立外交关系，签订《中美贸易关系协定》，美国宣布中国是美国的普惠国。这时美国需要开拓新的市场，而当时正值改革开放且与之建立外交关系的中国正合适；而中国急需先进的管理经验和技术创新来摆脱"文革"和"大跃进"遗留下来的影响，但是中国当时的经验不足，正需要向发达国家借鉴学习，吸收美国先进的发展理念与技术创新经验正合适。中美贸易本质上就是以技术换取市场的交易，美国想要进入中国市场，而中国希望从美国引进技术和设备。这时的中美贸易由美国主导，中国对美国的出口额远远小于进口额。

2. 中美互补型的贸易关系（1993～2008年）

1994年，国务院提出对我国外贸体制进行改革，不断适应国际经济通行规则，该政策的提出强化了中国加入国际分工合作的体制机制，壮大了我国的外贸行业。西部大开发、东北老工业基地振兴和中部崛起等战略的提出，快速提升我国经济发展水平，全面夯实我国内部基础。特别是2001年中国加入WTO之后，随着关税的下降和非关税壁垒的逐步削减，运输成本大大下降，国际产品流动性增强。不仅原先向美国提供劳动密集型产品的日本、韩国、新加坡、中国台湾等国家和地区的份额转移到中国大陆地区，美国本土企业也把劳动密集型产品生产和加工转移到中国大陆，再返销到世界各地。此时不仅美国需要中国这个全球制造工厂和庞大的需求市场，而且中国也需要美国提供的先进技术和管理模式，形成了一种互补型的市场交换技术的贸易特征，为两国关系长期繁荣稳定奠定了基础。

3. 中美竞争型的贸易关系（2009年至今）

在国际金融危机爆发之后，中美两国经济都遭遇重创。美国深陷其中难以自拔，制造业"空心化"，失业率居高不下，制造业外流严重。而中国通过国内经济体制机制改革，深化改革开放，扩大招商引资渠道，迅速攀升成为世界上仅次于美国的第二大经济体。美国的贸易保护主义倾向不断加剧，并且根据美国国际贸易委员会（USITC）的统计数据可知，美国从金融危机至今发起的几百项"双反"调查中，大部分是专门针对中国的。此时的中美贸易关系由互补型转化为竞争型。美国对中国出口商品加征关税，在双方谈判无果之后，中国对美国出口商品也加征关税。近年来中国制造业不断攀向价值链中高端，摆脱跨国集团的掌控，势必会与发达国家发生争议，特别是美国。为了保护本国的利益与大国地位，美国针对中国发动"301调查"，使得中美贸易中竞争性的成分增加、互补性的成分减少。

二　中美贸易发展现状

1. 中美贸易情况

图13-1显示，2000～2018年中国对美国货物出口额和进口额整体上都呈现增长的趋势，其中出口额由2000年的520.99亿美元增加到2018年的4783.96亿美元，增长了8倍多，进口额由2000年的223.63亿美元增加到2018年的1551.23亿美元，增长了不到6倍。出口额增长速度远远超过进口额，导致了中国对美国的顺差和美国对中国的逆差逐年拉大，中美贸易差额整体上呈现上升的趋势。美国总统特朗普以此为由对中国挑起贸易争端，认为巨额的贸易逆差使得美国遭受严重的损失。但由于中国有很多行业在国际分工中还处于价值链中下游环节，而美国凭借高技术占据价值链高端，因此其实"顺差在中国，利益在美国"。

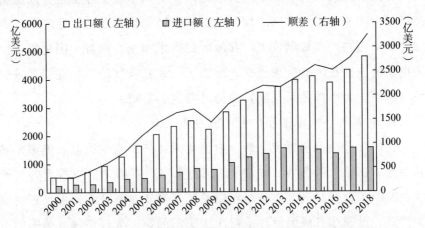

图13-1　2000～2018年中国对美国的货物进出额以及贸易顺差

资料来源：历年《中国统计年鉴》。

　　图 13 - 2 和图 13 - 3 表明中国是美国的第三大出口市场、第一大进口来源国。2018 年美国对加拿大、墨西哥和中国的出口额分别为 2987 亿美元、2650 亿美元和 1203 亿美元，从中国、墨西哥、加拿大的进口额分别为 5395 亿美元、3465 亿美元和 3185 亿美元。对于出口额，美国仅对中国的出口金额有所下降，同比下降 7.4%，这在很大程度上是受中美贸易问题的影响。而对于进口额，美国从中国的进口额占美国进口总额的 21.2%，可见美国货物进口额在很大程度上受到中国的影响。

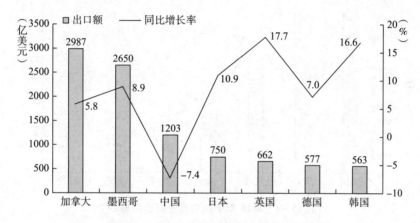

图 13 - 2　2018 年美国货物主要出口国家

资料来源：美国商务部与前瞻产业研究院。

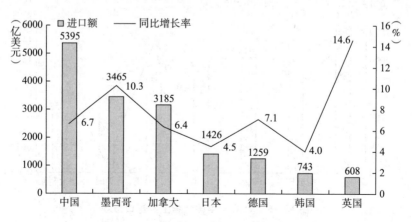

图 13 - 3　2018 年美国货物主要进口来源国

资料来源：美国商务部与前瞻产业研究院。

　　图 13 - 4 和图 13 - 5 表明美国是中国的第一大出口市场和第六大

进口市场。2018 年中国对美国、欧盟和东盟的出口额分别为 4784 亿美元、4451 亿美元和 3192 亿美元，从东盟、欧盟和韩国的进口额分别为 2686 亿美元、2371 亿美元和 2046 亿美元。其中中国对美国的出口额最多，占中国出口总额的 19.2%，可见中美贸易关系恶化对中国影响颇大。而中国从美国的进口额增长率最小，仅为 0.8%，这在很大程度上是由中美互相征收高额关税导致的。

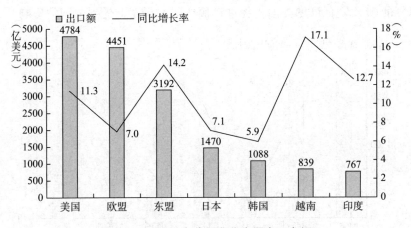

图 13 - 4　2018 年中国货物主要出口市场

资料来源：中国商务部。

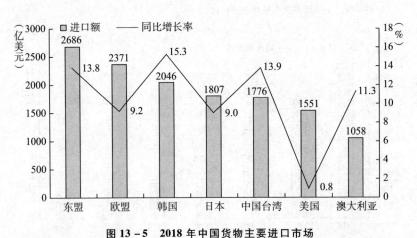

图 13 - 5　2018 年中国货物主要进口市场

资料来源：中国商务部。

2. 中美主要产品贸易情况

由图 13 - 6 和图 13 - 7 可知，2018 年美国对中国出口最多的产品种类为运输设备、机电产品、化工产品和光学钟表医疗设备，金额分别为 276.8 亿美元、270.4 亿美元、123.5 亿美元和 98.4 亿美元。这四类产品的出口额超过了美国对中国出口总额的一半，比重为 64%。2018 年美国从中国进口最多的产品种类为机电产品、家具玩具、纺织品及原料和贱金属及制品，金额分别为 2685.4 亿美元、649.3 亿美元、405.0 亿美元以及 282.0 亿美元。这四类产品的进口额占据了美国自中国进口总额的 74.5%，其中机电产品就占据了美国自中国进口总额的 49.8%。

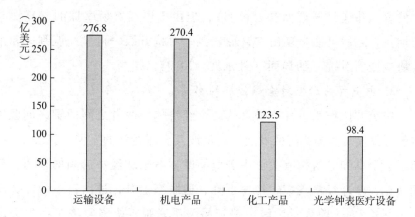

图 13 - 6　2018 年美国对中国出口的产品分析（前 4 位）

资料来源：美国商务部。

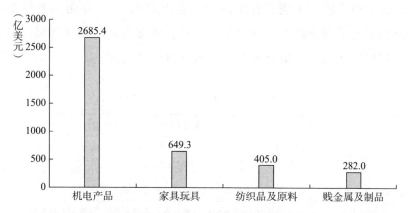

图 13 - 7　2018 年美国从中国进口的产品分析（前 4 位）

资料来源：美国商务部。

　　美国挑起贸易争端，对中国商品征收高额关税，在双方谈判无果后，中国反击，也征收美国商品高额关税。那么美国对中国进出口额最多的八类产品势必首先受到冲击，特别是中国的机电产品几乎占据了美国自中国进口总额的一半，而其恰恰为中国制造业的重点发展领域。并且从美国对中国商品征收关税的产品领域看，有医疗器械、高铁设备、生物医药、新材料、农机装备、工业机器人、信息技术、新能源汽车以及航空设备。这表明美国挑起贸易争端的目的是限制中国制造业的茁壮发展。虽然之后中美双方代表团就贸易问题开启谈判，并发表《中美经贸磋商联合声明》，但由于中美贸易摩擦的反复性与长期性，之后可能呈现出"磋商谈判—对抗升级—再磋商谈判—和平妥协或全面对抗"的局面（杜永红，2019）。

　　3. 中美贸易摩擦对全球经济的影响

　　中美两国作为世界上最大的两个经济体，两者之间的贸易问题影响的不仅仅是两国经济的发展，甚至波及全球经济的发展。如表 13 - 1 所示，全球知名机构有关于中美贸易摩擦对全球经济影响的预测，显而易见，全球经济萎缩，增速下降，通胀率上升，进出口下滑。德国经济部长 Peter 曾表示，因中美贸易关系紧张，德国经济正在失去动力，国内经济增长受到限制。欧盟在中美经贸关系中扮演着桥梁的角色，很难也不能在中美贸易摩擦中"坐山观虎斗"。中美贸易摩擦的加剧势必会使两国的产品转向第三市场，欧盟无疑是最佳选择，但是这将打破欧盟原有的贸易平衡，冲击欧盟的外贸行业。

表 13 - 1　中美贸易摩擦对全球经济的影响

预测机构	贸易摩擦对全球经济的影响
世界贸易组织	若关税回到关税总协定/世界贸易组织之前的水平，全球经济将立即收缩 2.5%，全球贸易量削减 60% 以上
国际货币基金组织	增加关税的措施将导致全球经济增速下降大约 0.5 个百分点
巴克莱资本	全球经济增速下降 0.6 个百分点，全球通胀率上升 0.7 个百分点
标准普尔	全球经济增速或下滑 1%

预测机构	贸易摩擦对全球经济的影响
英国央行	如果美国和所有贸易伙伴的关税提高 10%，美国国内生产总值可能降低 2.5%，全球经济可能降低 1%
法国央行	一国对进口加征 10% 关税，将使其贸易伙伴国的出口下降 13% ~ 15%

资料来源：《关于中美经贸摩擦的事实与中方立场》。

第二节　中美贸易摩擦与中国制造业高质量发展的理论机制和研究假设

一　基础性理论分析

作为全球最大的两个经济体，中美贸易依存度比较高，发生摩擦也在所难免。适度的摩擦有利于中美两国经济的发展，但是随着美国贸易代表办公室一系列征税清单的出台，中美两国的贸易关系越来越紧张，两国经济受到的损害也越发严重。本节主要从中美贸易摩擦产生的"寒蝉效应""破窗效应""蝴蝶效应"等方面分析其对中国制造业价值链地位的直接影响。

（一）寒蝉效应

自 1978 年建交以来，中美两国之间的贸易关系日益紧密，利益关系错综复杂，相互依存度也日益提高，形成"你中有我、我中有你"的格局（国纪平，2019）。中美两国作为世界上最大的两个经济体，发生贸易摩擦属于正常现象，并且适度的摩擦有利于两国经济的发展。适度的摩擦给予两国一定的压力，增强防范意识。一定的摩擦促使两国为产业发展营造良好的投资环境，为产业结构升级提供有力支撑，保障产业发展所需的人才。在一定的贸易摩擦中，中国致力于在自主创新中实现竞争优势，提高先进生产技术与劳动生产率，保证产品质量，扩大对外贸易规模，增加中国制造业在国际分工中的国内附加值，从而促使中国制造业全球价值链地位不断攀升。但是随着贸易的深入，中美贸易摩擦愈演愈烈，两国经济遭受的损失也越来越严重。这就犹如"寒蝉效应"①，过犹不及。中美贸易摩擦已经不是一朝一夕形成的了，而是中美两国长期博弈的结果，一旦贸易争端升级，中国和美国都可能遭受巨大损失（张智威，2018；史长宽，2019）。贸易争端的升级突破了两国的承受能力，两国之间相互征收高额关税，提高了产品的生产成本，国际竞争力下降，限制了两国的进出口规模，损害中间投入品的数量与质量，从而阻碍制造业价值链地位的提升。过度的中美贸易摩擦使得中国制造业在国际分工中举步维艰，中美贸易摩擦的"寒蝉效应"削弱了中国制造业价值链地位的提升。

（二）破窗效应

在摩擦的手段上，近年来可谓层出不穷，反倾销、反补贴、保障措施、技术性贸易壁垒等交替使用、轮番上阵（李春顶，2007）。犹如"破窗效应"②的心理，不良现象如果被放任存在，会诱使人们效仿，甚至变本加厉。一旦通过摩擦手段得到利益，美国就会采取更多的摩擦手段。而这些摩擦手段对中国制造业价值链地位的影响主要有以下几个方面。一是全面性，美国增加摩擦手段，使得征税范围扩大，由原来的传统产业扩张到航空航天、信息通信、机械产品等战略性新兴产业，牵涉中国制造业的各个行业。美国增加摩擦手段，全面提升了我国制造业的生产成本，损害产品质量，限制出口，从而阻碍我国制造业迈向价值链中高端。二是快捷性，美国利用各种摩擦手段，更加快捷地对中国制造业征税，迅速减少中国制造业的出口，切断中国制造业依靠外贸提升价值链地位的路径，使中国制造业被锁定在价值链低端。三是破坏性，贸易摩擦的主要手段是反倾销，而反倾销可以通过降低国内附加值率使相关行业的价值链地位指数最高下降

---

① "寒蝉效应"最初是一个法律用语，指对言论自由的阻吓作用，即使法律没有明确禁止。此处用来说明一旦贸易摩擦形成，将对中美两国正常的贸易竞争与合作产生阻碍作用。

② "破窗效应"是一个犯罪学理论，指一旦对环境中的不良现象放任不管，将会诱导人们效仿，甚至变本加厉。此处用来说明一旦中美在某个行业形成贸易摩擦，将会蔓延至其他行业或者引来其他国家的效仿。

28.6%（王孝松等，2017）。那么摩擦手段的增多势必会通过降低国内附加值率加速相关行业的价值链地位指数下降，所造成的危害无法估计。中美贸易摩擦以摩擦手段的多样化冲击了中国制造业的发展，其"破窗效应"遏制了中国制造业价值链地位的提升。

（三）蝴蝶效应

全球价值链国际分工就是把产品的生产过程分割成研发、设计、制造、组装加工、销售、售后服务等环节，并按照比较优势原则被不同的经济体承接。全球化发展至今，各国产业链已深度融合，互相组成上下游产业链的关系。其中一个分工生产环节遭到破坏之后会迅速影响到其他分工生产环节，产生"蝴蝶效应"，势必会冲击整个价值链。美国加征中国商品关税，最大限度地提升生产成本，降低产品质量，损害了中美之间的贸易往来。而中国与美国是目前世界上最大的两个经济体，其在全球价值链国际分工中占据着半壁江山。中美贸易摩擦对两国所造成的影响，不仅仅冲击两国在全球价值链中的地位，还将损坏甚至斩断全球价值链，冲击国际产品流动和资源配置，并通过各国互相关联、互相影响产生普遍的负面溢出效应，降低全球的生产效率，影响各国在价值链中的地位。由于当前全球经济已深度一体化，各国在全球价值链中地位的下降势必会冲击中国市场，阻碍中国与其他国家的交流与合作，反过来影响中国制造业价值链地位。全球化的发展造就了各个国家的相互制约，中美贸易摩擦的"蝴蝶效应"制约了中国制造业价值链地位的提升。

二　拓展性理论分析

"引进来"和"走出去"一直以来都是中国赖以生存的发展战略，其中出口是拉动中国经济发展的重要引擎，外资是产业发展中不可或缺的驱动力，并且中国制造业融入全球价值链所从事的主要是外资企业主导的出口导向型加工贸易（文东伟、冼国明，2010）。因此中美贸易摩擦除了通过上述三种效应对中国制造业产生影响之外，最有可能对中国出口输出型供应链和外资输入型供应链产生明显冲击，从而遏制中国制造业价值链地位的提升。所以本章接下来主要从出口效应和外资效应来探讨中美贸易摩擦对中国制造业价值链地位的间接影响。

（一）出口效应

虽然中国凭借廉价的劳动力和自然资源优势加入由发达国家掌控的全球价值链生产分工体系中，但是中国主要依靠跨国集团进口先进机器设备、原材料等中间投入品，从而借鉴和学习发达国家先进的技术和管理经验。并且为了满足本国消费需求，主导企业还会通过质量、环保等高标准要求倒逼代工企业进行学习，逐步追赶发达国家企业技术、管理、组织能力。代工企业组装加工之后将产品出口到发达国家进行后续环节。而出口是拉动经济增长的"三驾马车"之一，长期以来被学界广泛关注，中国制造业价值链地位的攀升也主要依靠出口贸易。但是美国对中国商品高筑关税壁垒，增加了中国商品的生产成本，中国的优势出口产业链因此失去竞争优势。由于中美两国贸易关系紧密，各个行业错综复杂、互相渗透，中美贸易摩擦将对中国的各行各业都产生极大的冲击与影响（纪然，2019）。并且在一些细分领域下，中国的工业品出口还对美国制造业创新产生冲击（李平、刘楚楠，2019）。特别是中美贸易摩擦中，美国增加了对中国高新技术产品出口的限制，损害中国的出口规模，阻碍中国制造业发展进程，进而对中国制造业供应链造成严重影响，这是对中国在全球价值链中地位攀升最直接的遏制（黎峰等，2019）。王亚飞和郑明慧（2008）也证明中美贸易摩擦频发的根本原因就是中国出口规模的迅速扩大。中美贸易摩擦中受到影响比较严重的行业主要是信息通信、航天航空、机器人、医药、机械等行业，不巧的是这些行业恰恰是中国制造业的重点发展领域。可见美国挑起贸易争端主要是为了限制中国制造业重点发展的战略性新兴产业，阻碍中国制造业价值链地位攀升。美国针对中兴通迅和华为实施打压，相关产业的芯片等关键部件进口受到限制，也使得中国相关产业发展受到约束，价值链条完整性被破坏，阻碍了中国制造业价值链地位的提升。

（二）外资效应

外资流入对中国制造业价值链地位攀升的影响一直都是国内学者比较关注的话题。马野青等（2017）基于技术溢出效应和低端锁定效应分析外商直接投资对中国制造业全球价值链地位的影响。李怡和李平（2018）分析了外商直接投资对价值链地位升级的异质性影响，回归结果显示，外商直接投资显著促进了中国价值链地位的提升。赏书燕（2019）将 FDI 和 OFDI 纳入同一框架，系统地考察了 FDI 和 OFDI 对我国制造业价值链升级的影响，研究发现，FDI 和 OFDI 显著促进了制造业价值链地位的提升。因此中国一直秉持"引进来"和"走出去"两大发展战略，并且自加入 WTO 之后，中国制造业引进外资与对外投资大规模地扩张。因此特朗普就任总统后，美国政府打着"美国优先"的旗帜，掀起贸易保护主义狂潮，限制对外直接投资。中美贸易摩擦对我国利用外资的负面影响初显，其中对制造业企业外商投资的影响较大（何曼青，2019）。中国制造业融入全球价值链国际分工体系，依靠发达国家外商直接投资的技术溢出效应和"干中学"效应来促进价值链地位的提高。而美国挑起贸易争端阻断对中国制造业的外商直接投资，直接损毁中国制造业迈向价值链中高端的依托。并且中美贸易摩擦使得中国制造业的投资布局发生巨大变化，投资区位转移。美国挑起贸易争端试图使制造业回流，阻断更多的外资流入我国或迫使外资企业流出我国，将我国从全球价值链的国际分工中分离出去，切断我国与其他国家在全球价值链中的联系（卢进勇等，2019）。

第三节　中美贸易摩擦与中国制造业高质量发展的实证研究

一　模型设定、变量说明及数据来源

（一）模型设定

改革开放 40 多年来，中国发生了翻天覆地的变化，特别是作为国民经济命脉的制造业取得了举世瞩目的成就。中国拥有全球最完整的产业体系，成为世界第一制造大国，但是整体上大部分行业仍处于价值链中低端，从事低附加值的组装加工环节。中国制造业在"一带一路"建设和中国制造业发展战略性政策的帮扶下，立足全球竞争格局，重构全球价值链。这无疑冲击了原本占据全球价值链主导位置的发达国家的利益，首先就是美国。为了保护本国的霸权地位，美国不断挑起对中国的贸易争端，征收高额关税，首先受到影响的就是中国对美国的出口产品（大部分为制造业产品）。中美贸易摩擦阻碍中国制造业发展，而中国制造业首要任务就是迈向价值链中高端，那么中美贸易摩擦有可能切断中国制造业价值链地位攀升的路径。因此本章构建模型如下：

$$GVC_{it} = \alpha + \beta FQ_{it} + \gamma Z_{it} + \varepsilon_{it} \qquad (13-1)$$

其中，i 表示行业，按 WIOD 数据库投入产出表中的行业分类，并将国民经济行业分类和国际标准行业分类进行匹配①。t 表示时间，由于对外经济贸易大学全球价值链研究院 UIBE - GVC 数据库 2016 版的时间跨度为 2000 ~ 2014 年，所以本章的研究范围为 2000 ~ 2014 年。

（二）变量说明

1. 制造业价值链地位指数（GVC）

KWW/KPWW 方法只能分解一国总出口，不适用于双边贸易，所

---

① 国内的 C13 农副食品加工业，C14 食品制造业，C15 酒、饮料和精制茶制造业以及 C16 烟草制品业加总起来对应国际上的 C10 ~ C12，国内的 C17 纺织业，C18 纺织服装、服饰业和 C19 皮革、毛皮、羽毛及其制品和制鞋业对应国际上的 C13 ~ C15；国内的 C20 木材加工和木、竹、藤、棕、草制品业，C22 造纸和纸制品业，C23 印刷和记录媒介复制业，C25 石油加工、炼焦和核燃料加工业，C27 医药制造业，C29 橡胶和塑料制品业，C30 非金属矿物制品业，C33 金属制品业，C38 电气机械和器材制造业分别对应国际上的 C16、C17、C18、C19、C21、C22、C23、C25 和 C27；而国内的 C26 化学原料和化学制品制造业和 C28 化学纤维制造业对应国际上的 C20；国内的 C31 黑色金属冶炼和压延加工业、C32 有色金属冶炼和压延加工业对应国际上的 C24；国内的 C34 通用设备制造业和 C35 专用设备制造业对应国际上的 C28；国内的 C39 计算机、通信和其他电子设备制造业，C40 仪器仪表制造业对应国际上的 C26；国内的 C36 汽车制造业，C37 铁路、船舶、航空航天和其他运输设备制造业加总起来为交通运输业对应国际上 C29 和 C30 的加总。

以本章借鉴 WWZ 方法。

$$GVC_{it} = \ln\left(1 + \frac{IV_{it}}{E_{it}}\right) - \ln\left(1 + \frac{FV_{it}}{E_{it}}\right) \tag{13-2}$$

$$= \ln\left(1 + \frac{DVA\_REX_{it}}{E_{it}}\right) - \ln\left(1 + \frac{FVA\_FIN_{it} + FVA\_INT_{it}}{E_{it}}\right) \tag{13-3}$$

其中，GVC_{it} 为 t 时期 i 行业的全球价值链地位指数，IV_{it} 为被直接进口国生产向第三国出口所吸收的中间出口带来的国内增加值，FV_{it} 为国外增加值，E_{it} 为总出口额。DVA_REX_{it} 为被直接进口国生产向第三国出口所吸收的中间出口，FVA_INT_{it} 为以中间品出口的国外增加值，FVA_FIN_{it} 为以最终品出口的国外增加值。$\frac{IV_{it}}{E_{it}}$ 表示上游参与度，用 UP_{it} 表示；$\frac{FV_{it}}{E_{it}}$ 表示下游参与度，用 $DOWN_{it}$ 表示。

2. 中美贸易摩擦（FQ）

反倾销是贸易摩擦的主要手段，所以本章借鉴余振等（2018）的方法，将美国对中国某行业发起反倾销调查后正在生效的贸易摩擦案件数表示为中美贸易摩擦。

3. 控制变量

技术进步（TFP）：技术进步是推动价值链分工地位向上攀升的重要力量，有助于提高生产效率（张玉、胡昭玲，2016）。技术进步使传统产业采用新技术、新工艺、新设备，提高技术水平，改变生产观念，促进原有生产零部件和产品的更新换代。技术进步为全球价值链的形成及其运作机制的优化提供了条件，影响着跨国公司的全球生产配置，推动了全球价值链重构（葛顺奇、谭人友，2015；梁碧波，2017）。本章参考王玉燕等（2014）的索洛残差法，利用全要素生产率来衡量技术进步。生产函数为：

$$Y = AK^{\alpha}L^{\beta} \tag{13-4}$$

其中，Y 为生产总值，A 代表技术进步，K 是资本要素投入，L 是劳动要素投入。

一般情况下，我们假设规模报酬不变，即 $\alpha + \beta = 1$，所以有：

$$\ln \frac{Y}{L} = \ln A + \alpha \ln \frac{K}{L} \qquad\qquad (13 - 5)$$

然后根据广义最小二乘法（FGLS）进行回归，得到系数 α 的具体数值，$\beta = 1 - \alpha$，最后求出技术进步（TFP）的数值。

物质资本（MC）：物质资本是产业发展的物质基础，其他资本要借助物质资本作为附着物来实现积累。物质资本通过优化资源和出口结构，为制造业全球价值链升级奠定基础（郑展鹏、王洋东，2017）。本章参考王玉燕等（2014）、钱学锋等（2011）的研究用固定资产和流动资产净值年平均余额之和表示，但是部分年份数据缺失，故采用行业总资产表示。

劳动力（L）：随着人口老龄化进程的不断加快、人口红利的逐渐消失，劳动力成本优势渐渐丧失。劳动力可能不再有利于促进中国制造业价值链地位攀升，转而阻碍中国制造业价值链地位提升。而且廉价的劳动力结果是低素质的劳动力，低素质的劳动力也不利于学习和模仿发达国家的核心技术。本章参考阳立高等（2014）的研究采用分行业从业人员数衡量各行业劳动密集度，并用分行业从业人员的对数来表示。

制度质量（SYS）：制度是经济增长模型中一个重要的决定性因素，制度质量还通过激励、约束和协调个体行为作用于对外贸易。因而，通过降低交易成本，制度质量可以参与分工的上游生产环节，有利于价值链地位的提升。本章参考钟昌标等（2006）的研究采用非国有经济发展水平来反映我国制造业的制度质量。

各变量的描述性统计与相关系数结果分别见表 13-2 和表 13-3。可以看出，绝大多数变量之间相关系数低于 0.7，且各变量间 VIF 指数均小于 10，说明不存在明显的多重共线性。变量 GVC 和 FQ 之间的相关系数为正，说明中美贸易摩擦与中国制造业价值链地位存在正向相关关系。由图 13-8 可以发现，变量 GVC 和 FQ 之间的关系前期为负相关，后期为正相关，最终的相关关系还需进一步研究。

表 13 - 2　变量的描述性统计

变量	样本量	均值	标准差	最小值	最大值
GVC	225	- 0.0121	0.0666	- 0.182	0.176
UP	225	0.128	0.0612	0.0192	0.302
DOWN	225	0.141	0.0438	0.0671	0.311
FQ	225	27.69	63.97	0	393
TFP	225	2.083	1.113	0.999	8.123
MC	225	9.323	1.056	6.544	11.31
L	225	5.765	0.804	3.913	7.233
SYS	225	0.199	0.157	0.0132	0.684

表 13 - 3　变量之间的相关系数

变量	GVC	FQ	TFP	MC	L	SYS
GVC	1					
FQ	0.36 ***	1				
TFP	- 0.42 ***	- 0.17 **	1			
MC	- 0.28 ***	0.27 ***	0.43 ***	1		
L	- 0.42 ***	0.12 *	0.28 ***	0.87 ***	1	
SYS	0.22 ***	0.12 *	- 0.13 *	0.04	- 0.02	1

　　注：由于篇幅问题，没有统计 UP 和 DOWN 的相关系数。* 、** 、*** 分别表示 10%、5% 、1% 的显著性水平。

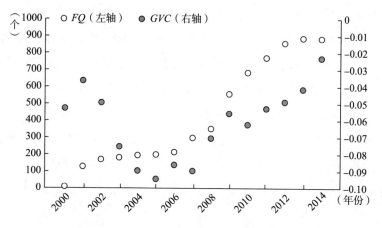

图 13 - 8　GVC 和 FQ 之间的散点图

资料来源：笔者计算得到。

（三）数据来源

全球价值链地位指数的数据来源于对外经济贸易大学全球价值链研究院的 UIBE – GVC 数据库，该数据库使用扩展的 WWZ 公式把其双边贸易额分解为 16 项，而在实际展示的指标中，又把 16 项分解结果合并为 8 项。反倾销的数据来源于临时性贸易壁垒数据库（TT-BD）。由于临时性贸易壁垒数据库是以 HS 进行编码，需要与世界投入产出数据库的 ISIC 行业代码进行匹配①。技术进步中的资本要素投入和劳动要素投入数据来源于 SEA 数据库，而其他控制变量的数据来源于《中国统计年鉴》。

二　中美贸易摩擦对价值链地位指数影响的回归结果

（一）基准回归

本章采用面板数据，首先对模型进行 Hausman 检验，结果 p 值在 1% 的水平下显著，表明拒绝原假设，接受备择假设，最终使用固定效应模型进行分析。但是为了保证实证结果的可靠性，本章也采用了随机效应模型。虽然中美贸易摩擦对制造业价值链地位的攀升有一定的影响，但是反过来制造业价值链地位的攀升对中美贸易摩擦也存在催化剂和润滑剂等效应影响，所以中美贸易摩擦和制造业价值链地位之间存在着反向因果的内生性问题。为克服内生性可能的影响以及观察中国制造业价值链地位的动态趋势，本章采用系统 GMM 模型将制造业价值链地位指数的滞后一期纳入模型进行内生性回归分析。系统 GMM 估计结果显示，AR（2）统计量不显著，表明不存在二阶以上序列相关，并且 Sargan 检验结果 p = 0.367，表明接受工具变量合理性的假设。

表 13 – 4 模型（1）和模型（3）分别是 FQ 对 GVC 影响的固定效应和随机效应，从回归结果可以看出，中美贸易摩擦 FQ 的回归系数均在 1% 的水平下显著为负，与上述相关系数恰恰相反。这说明在控

---

① 由于反倾销数据的可得性，去掉了石油加工及炼焦业，将机动车、拖车和半挂车制造业和其他运输设备制造业统一合并为交通运输业。

制其他变量的效应之后,中美贸易摩擦对中国制造业全球价值链地位的提升起到了一定的阻碍作用,并且中国受到的负面影响会随着中美贸易摩擦规模的扩大而叠加,甚至对全球供应链和产业链产生冲击(戴翔、张二震,2018;吕越等,2019)。模型(2)和模型(4)分别是加入 FQ^2 的固定效应和随机效应,结果表明,中美贸易摩擦 FQ 与制造业价值链地位指数 GVC 存在倒"U"形关系,与散点图恰恰相反。这说明在控制其他变量的效应之后,中美贸易摩擦对制造业价值链地位的影响符合"寒蝉效应"。模型(5)是以中国制造业价值链地位指数的滞后一期为工具变量的系统 GMM 回归结果,结果显示,中美贸易摩擦 FQ 的回归系数依然在5%的水平下显著为负,这表明排除了中美贸易摩擦和中国制造业价值链地位指数的内生性干扰之后,中美贸易摩擦对中国制造业价值链地位的提升依然有阻碍作用。

以模型(2)为例,在控制变量中,技术进步 TFP 的回归系数在10%的水平下显著为正,表明技术进步能够有效促进我国制造业价值链地位的攀升。张玉和胡昭玲(2016)的研究也发现技术创新是推动价值链分工地位向上攀升的重要力量,有助于提高生产效率。物质资本 MC 的回归系数在1%的水平下显著为正,表明物质资本能够促进我国制造业价值链地位的攀升。阳立高等(2014)基于制造业细分行业面板数据发现,物质资本积累对制造业升级具有明显的促进作用。劳动力 L 的回归系数在1%的水平下显著为负,表明中国制造业整体上劳动力比较优势确实正逐步丧失。制度质量是国家发展的基础,是创造制造优势的基石,能够促进制造业价值链地位的提升。戴翔和郑岚(2015)采用静态面板和动态面板进行计量分析,结果发现,制度质量的完善程度对中国全球价值链地位攀升具有显著的正面影响,而本章回归结果中制度质量 SYS 在1%的水平下显著为正也证明了这一点。

表 13 - 4　中美贸易摩擦对制造业价值链地位指数的回归结果

变量	(1) FE-GVC	(2) FE-GVC	(3) RE-GVC	(4) RE-GVC	(5) GMM-GVC
FQ	- 0. 0002 *** (0. 0000)	0. 0001 (0. 4879)	- 0. 0002 *** (0. 0000)	0. 0001 (0. 1724)	- 0. 0001 ** (0. 0000)

续表

变量	（1）FE-*GVC*	（2）FE-*GVC*	（3）RE-*GVC*	（4）RE-*GVC*	（5）GMM-*GVC*
FQ^2		− 0.0000 ***		− 0.0000 ***	
		（0.0011）		（0.0002）	
TFP	0.0045 *	0.0047 *	0.0048 *	0.0050 **	0.0028 *
	（0.0815）	（0.0639）	（0.0627）	（0.0440）	（0.0016）
MC	0.0430 ***	0.0362 ***	0.0413 ***	0.0341 ***	− 0.0222 **
	（0.0000）	（0.0000）	（0.0000）	（0.0000）	（0.0089）
L	− 0.0396 ***	− 0.0346 ***	− 0.0499 ***	− 0.0430 ***	0.0069
	（0.0028）	（0.0080）	（0.0000）	（0.0003）	（0.0088）
SYS	0.1980 ***	0.1848 ***	0.1664 ***	0.1579 ***	0.0332
	（0.0000）	（0.0000）	（0.0000）	（0.0000）	（0.0238）
常数项	− 0.2274 ***	− 0.1948 ***	− 0.1479 ***	− 0.1240 ***	0.1737 **
	（0.0000）	（0.0002）	（0.0017）	（0.0085）	（0.0787）
N	225	225	225	225	210
F	21.5785 ***	20.6699 ***	82.9497 ***	105.1173 ***	11723.74 ***

注：① * p<0.1，** p<0.05，*** p<0.01；②括号内数值为 p 值；③固定效应模型和系统 GMM 模型中加入时间和行业虚拟变量，随机效应模型则没有加入。下同。

（二）稳健性检验

为了检验实证结果的稳健性，将美国对中国某行业发起反倾销调查到最终确定存在倾销行为的年份时长 *FQ'* 替换 *FQ* 指标。表 13 − 5 回归结果显示，*FQ'* 的回归系数依然在 1% 的水平下显著为负，验证了中美贸易摩擦对中国制造业价值链地位提升具有阻碍作用的稳健性，从侧面佐证了中美贸易摩擦通过"破窗效应"对中国制造业价值链地位产生负面影响。

表 13 − 5　中美贸易摩擦对价值链地位的稳健性回归结果

变量	（1）FE-*GVC*	（2）RE-*GVC*	（4）GMM-*GVC*
FQ'	− 0.0002 ***	− 0.0002 ***	− 0.0001 ***
	（0.0000）	（0.0000）	（0.0000）
TFP	0.0040	0.0044 *	0.0025
	（0.1167）	（0.0877）	（0.0016）
MC	0.0443 ***	0.0425 ***	− 0.0212 **
	（0.0000）	（0.0000）	（0.0087）

变量	（1）FE-GVC	（2）RE-GVC	（4）GMM-GVC
L	-0.0406 ***	-0.0507 ***	0.0063
	(0.0021)	(0.0000)	(0.0087)
SYS	0.1984 ***	0.1668 ***	0.0328
	(0.0000)	(0.0000)	(0.0236)
常数项	-0.2333 ***	-0.1532 ***	0.1682 **
	(0.0000)	(0.0011)	(0.0778)
N	225	225	210
F	22.7669 ***	86.8988 ***	11921.93 ***

（三）行业异质性检验

从表 13-6 模型（1）和模型（2）回归结果可知，劳动密集型行业和资本密集型行业的 FQ 系数都显著为负，表明中美贸易摩擦对两种类型制造业价值链地位的攀升都起到了遏制作用。但是模型（3）中，技术密集型行业的 FQ 系数不显著，但是方向为正向，这可能是因为，美国主要针对中国的高新技术行业进行限制，但是中国采取反制措施之后，反而促使中国高新技术行业迈向价值链中高端。在模型（4）中，FQ 的系数显著为负，而 FQ^2 的系数显著为正，可见中美贸易摩擦主要针对中国的高新技术产业进行限制。

表 13-6　行业异质性检验

变量	劳动密集型	资本密集型	技术密集型	技术密集型
	（1）FE - GVC	（2）FE - GVC	（3）FE - GVC	（4）FE - GVC
FQ	-0.0001 *	-0.0002 ***	0.0000	-0.0016 **
	(0.0980)	(0.0002)	(0.9310)	(0.0208)
FQ^2				0.0000 **
				(0.0136)
TFP	0.0472 ***	-0.0012	0.0057	0.0048
	(0.0001)	(0.8775)	(0.1121)	(0.1666)
MC	0.0448 ***	0.0374 ***	0.0532 ***	0.0694 ***
	(0.0001)	(0.0009)	(0.0003)	(0.0000)
L	-0.0454 **	-0.0549 **	-0.0654 **	-0.0844 ***
	(0.0109)	(0.0164)	(0.0190)	(0.0029)

变量	劳动密集型	资本密集型	技术密集型	技术密集型
	（1）FE－GVC	（2）FE－GVC	（3）FE－GVC	（4）FE－GVC
SYS	0.2588 ***	0.2135 ***	0.2134 ***	0.2014 ***
	(0.0000)	(0.0000)	(0.0000)	(0.0000)
常数项	－ 0.2693 ***	－ 0.0327	－ 0.2393 ***	－ 0.2665 ***
	(0.0084)	(0.6678)	(0.0071)	(0.0023)
N	75	60	90	90
F	11.1579 ***	26.2849 ***	6.4206 ***	6.7780 ***

（四）上游参与度与下游参与度检验

参与全球价值链分工的程度以及价值链地位的高低，会影响参与价值链分工国家的创新能力和资本流动（林玲、容金霞，2016）。发达国家凭借技术与品牌优势位居价值链高端环节，既获得高附加值并控制着标准制定权，而大部分发展中国家缺乏核心技术与高端人才，只能凭借廉价的劳动力进入全球价值链的下游环节，并被发达国家锁定在低端环节。那么，中美贸易摩擦对不同嵌入环节有着怎样的影响呢？本部分将进一步检验中美贸易摩擦对不同价值链嵌入环节的作用机制。从表 13 - 7 模型（1）和模型（2）可以看出，FQ 的系数在1% 的水平下均显著为负，模型（3）和模型（4）FQ 的系数均不显著，但是方向是正向的，说明中美贸易摩擦对上游参与度起到阻碍作用，对下游参与度的促进作用没有表现出来。美国紧紧掌控全球价值链的上游环节，阻碍其他国家，特别是中国向上游环节的攀升，使中国陷入全球价值链参与度下降和分工地位不高的双重困境（张明志、岳帅，2019）。一方面，美国加征中国商品关税，直接减少了中国对美国的出口，中国商品生产率下降也降低了中国对美国上游环节中间投入品的需求。另一方面，中国反击，加征对美国商品的关税，直接提升了中间投入品的进口成本，进而影响美国上游环节中间投入品的供给。因而在全球价值链国际分工中，中美贸易摩擦通过影响中美两国中间品贸易从而阻碍中国制造业进入上游环节。

表 13 - 7 中美贸易摩擦对上下游参与度的回归结果

变量	(1) FE-*UP*	(2) RE-*UP*	(3) FE-*DOWN*	(4) RE-*DOWN*
FQ	- 0.0002 ***	- 0.0002 ***	0.0000	0.0001
	(0.0000)	(0.0000)	(0.1623)	(0.1839)
TFP	- 0.0013	- 0.0010	- 0.0070 ***	- 0.0049 **
	(0.3476)	(0.4636)	(0.0031)	(0.0344)
MC	0.0144 ***	0.0150 ***	- 0.0356 ***	- 0.0269 ***
	(0.0000)	(0.0000)	(0.0000)	(0.0000)
L	- 0.0045	- 0.0073	0.0418 ***	0.0374 ***
	(0.5303)	(0.2991)	(0.0006)	(0.0002)
SYS	0.0571 ***	0.0562 ***	- 0.1756 ***	- 0.1184 ***
	(0.0001)	(0.0001)	(0.0000)	(0.0000)
常数项	0.0166	0.0268	0.2796 ***	0.2090 ***
	(0.5511)	(0.3851)	(0.0000)	(0.0000)
N	225	225	225	225
F	20.3416 ***	95.0389 ***	15.6904 ***	45.6625 ***

三 中美贸易摩擦对价值链地位影响的间接效应

(一) 间接效应分析思路

上述回归结果已经证明中美贸易摩擦对中国制造业价值链地位提升的直接影响，但是中美贸易摩擦对中国制造业价值链地位的间接影响还需进一步研究。上文详细论述了中美贸易摩擦主要通过出口效应和外资效应对中国制造业价值链地位产生影响。而出口和外资作为中介变量是中介效应的执行者，主要揭示了一种因果关系的内在机制。所以本章接下来主要运用中介效应理论验证中美贸易摩擦对中国制造业价值链地位攀升的间接影响。

根据中介效应理论，模型构建如下：

$$M_{it} = \alpha + \beta FQ_{it} + \gamma Z_{it} + \varepsilon_{it} \tag{13 - 6}$$

$$GVC_{it} = \alpha + \beta_1 FQ_{it} + \beta_2 M_{it} + \gamma Z_{it} + \mu_{it} \tag{13 - 7}$$

本章的中介变量 *M* 为出口和外资，分别用贸易开放度和对外投资力度表示。其中贸易开放度 (*OPEN*) 用行业出口交货值的对数表示，对外投资力度（*FDI*）为外商和港澳台投资工业企业主要经济指标中的总资产与规模以上工业企业主要经济指标中的总资产之比。

（二）中介效应回归结果

从表13-8模型（1）和模型（2）的回归结果可知，中美贸易摩擦*FQ*对贸易开放度*OPEN*具有显著负向影响，说明中美贸易摩擦严重削弱我国的出口，制约我国制造业外贸的发展。模型（3）和模型（4）的回归结果显示，中美贸易摩擦*FQ*对对外投资力度*FDI*的负向影响不显著，这与理论分析不一致，可能有两方面的原因。一是对外投资力度的数据来源于《中国工业统计年鉴》，分行业数据收集受限，并没有区分出只来源于美国的外商直接投资，可能受到其他国家波动的影响；二是虽然中美贸易摩擦冲击了外商投资，但是资本是制造业发展的基础，国家之间资本流动关系错综复杂，不仅仅是表明上看到的"你来我往"的关系。

表13-8　中美贸易摩擦对出口和外资的回归结果

变量	(1) FE-*OPEN*	(2) RE-*OPEN*	(3) FE-*FDI*	(4) RE-*FDI*
FQ	-0.0018 ***	-0.0018 ***	-0.0001	-0.0001
	(0.0000)	(0.0000)	(0.1369)	(0.1144)
TFP	0.0498 **	0.0481 **	0.0163 ***	0.0140 ***
	(0.0361)	(0.0382)	(0.0007)	(0.0034)
MC	0.4116 ***	0.4087 ***	-0.0690 ***	-0.0661 ***
	(0.0000)	(0.0000)	(0.0000)	(0.0000)
L	0.5845 ***	0.6512 ***	-0.0472 *	-0.0193
	(0.0000)	(0.0000)	(0.0523)	(0.3940)
SYS	-2.8234 ***	-2.6688 ***	-0.5939 ***	-0.5129 ***
	(0.0000)	(0.0000)	(0.0000)	(0.0000)
常数项	0.6152	0.2296	1.3054 ***	1.1065 ***
	(0.1901)	(0.6099)	(0.0000)	(0.0000)
N	225	225	225	225
F	611.7350 ***	2989.2460 ***	36.6800 ***	145.3304 ***

从表13-9模型（1）和模型（2）的回归结果可知，中美贸易摩擦*FQ*和贸易开放度*OPEN*的回归系数均显著，说明存在部分中介效

应。具体来看，中美贸易摩擦 FQ 对制造业价值链地位指数 GVC 的回归系数在1%的水平下均显著为 -0.0003，和基准回归结果差距不大，中美贸易摩擦对中国制造业价值链地位具有直接的负向抑制作用。同时，通过贸易开放度产生中介效应，贸易开放度对中国制造业价值链地位的回归系数在1%的水平下分别显著为 -0.0508、-0.0521，这样可以计算得出中介效应占总效应的比重分别为45.72%、46.89%。由于表13-8模型（3）和模型（4）中中美贸易摩擦 FQ 的系数均不显著，所以需要进行 Sobel 检验，检验结果 p 值为0.0033，所以拒绝原假设，接受备择假设，存在中介效应，表13-9计算得出中介效应占总效应的比重为8.84%、10.34%。贸易开放度 $OPEN$ 和对外投资力度 FDI 的中介效应占总效应的比重表明中美贸易摩擦确实可以通过出口和外资抑制中国制造业价值链地位的攀升，但是外资的作用程度比较有限，主要是通过出口渠道发挥显著作用。出口作为拉动经济增长的"三驾马车"之一，在经济发展的过程中扮演着至关重要的角色。相关数据显示，出口方面，中国制造业所受影响最大，并且美国挑起贸易争端的手段是加征中国制造业相关商品的关税，提高制造业生产成本，压制中国制造业发展，阻挠中国制造业迈向价值链中高端。

表 13-9 中美贸易摩擦对价值链地位的中介效应回归结果

变量	（1）FE-GVC	（2）RE-GVC	（3）FE-GVC	（4）RE-GVC
FQ	-0.0003 *** (0.0000)	-0.0003 *** (0.0000)	-0.0002 *** (0.0000)	-0.0002 *** (0.0000)
$OPEN$	-0.0508 *** (0.0000)	-0.0521 *** (0.0000)		
FDI			-0.1768 *** (0.0000)	-0.2067 *** (0.0000)
TFP	0.0070 *** (0.0025)	0.0074 *** (0.0012)	0.0074 *** (0.0035)	0.0077 *** (0.0014)
MC	0.0639 *** (0.0000)	0.0631 *** (0.0000)	0.0308 *** (0.0000)	0.0280 *** (0.0000)
L	-0.0100 (0.4174)	-0.0131 (0.2558)	-0.0480 *** (0.0002)	-0.0524 *** (0.0000)

变量	（1）FE-*GVC*	（2）RE-*GVC*	（3）FE-*GVC*	（4）RE-*GVC*
SYS	0.0547 * （0.0642）	0.0369 （0.1822）	0.0930 *** （0.0042）	0.0658 ** （0.0208）
常数项	−0.1962 *** （0.0000）	−0.1589 *** （0.0002）	0.0034 （0.9597）	0.0680 （0.2360）
N	225	225	225	225
F	32.4767 ***	180.0338 ***	24.0557 ***	140.0948 ***
中介效应占比	45.72%	46.89%	8.84%	10.34%

综合上述回归结果可得，中美贸易摩擦对中国制造业全球价值链地位的直接影响显著为负，并且内生性检验之后结果依然不变。但存在行业异质性，负向作用在劳动密集型和资本密集型行业尤为显著，而在技术密集型行业不显著。在技术密集型行业回归分析中加入中美贸易摩擦的平方项后发现，一次项系数显著为负，二次项系数显著为正，表明中美贸易摩擦程度低时，中美贸易摩擦遏制中国高技术制造业价值链地位的攀升；而中美贸易摩擦程度高时，中国开始采取反制措施，中美贸易摩擦反而提升了中国高技术制造业价值链地位。化整为零，从各嵌入环节来看，中美贸易摩擦对中国制造业价值链上游参与度起到阻碍作用，对下游参与度作用不显著。美国紧紧掌控全球价值链的上游环节，阻碍其他国家特别是中国向上游环节的攀升，把中国锁定在价值链低端环节。最后，采用中介效应模型检验中美贸易摩擦对中国制造业价值链地位的间接影响，结果表明，中美贸易摩擦的确能够通过出口和外资抑制中国制造业价值链地位的攀升，但是出口效应较为明显，而外资效应有限。

第四节　结论与建议

一　主要结论

本章使用 2000~2014 年 TTBD 数据库和对外经济贸易大学全球价值链研究院的 UIBE-GVC 数据库研究中美贸易摩擦与中国制造业价

值链地位之间的动态变化。首先描述中美贸易关系与中国制造业价值链地位发展现状，然后构建中美贸易摩擦对中国制造业价值链地位的直接影响与间接影响的理论模型，最后进行实证分析。基于以上分析，本章的主要结论如下。

第一，随着时间的推移，中美贸易关系由美国主导型转变为中美互补型，进而转变为中美竞争型，并且两国互为重要贸易伙伴，因此两国贸易关系的恶化对两国影响非常严重。同时中国制造业价值链地位处于上升阶段，由 2000 年的第 17 位上升至 2014 年的第 7 位，而美国处于下降阶段。

第二，中美贸易摩擦对中国制造业价值链地位的影响显著为负，其中中美贸易摩擦对劳动密集型和资本密集型行业的影响依然显著为负，但对技术密集型行业的影响却不显著，原因可能是过多的中美贸易摩擦反而对中国制造业价值链地位攀升有促进作用。运用中美贸易摩擦的平方项验证发现，中美贸易摩擦平方项的系数显著为正，说明在技术密集型行业中，中美贸易摩擦对中国制造业价值链地位的影响呈"U"形。

第三，中美贸易摩擦对上游参与度起到阻碍作用，对下游参与度的作用不显著。这说明美国制造的贸易摩擦主要是针对中国高新技术行业，限制中国高新技术行业占据价值链上游环节，同时又想保住中国这个"后方加工厂"。

第四，在固定效应模型中，贸易开放度和对外投资力度的中介效应占总效应的比重分别为 45.72% 和 8.84%，在随机效应模型中分别为 46.89% 和 10.34%，表明中美贸易摩擦确实可以通过出口效应和外资效应抑制中国制造业价值链地位的攀升，但是外资的作用程度比较有限，主要是通过出口渠道发挥显著作用。

二　政策建议

1. 辩证看待贸易摩擦

虽然贸易摩擦阻碍了中国制造业价值链地位的攀升，但是适度的摩擦增强了竞争优势，改善了国内经济环境，促进了制造业发展，提升了价值链地位。因此我们需要辩证地看待中美贸易摩擦。在面对贸易摩擦的挑战时，中国需沉着应对、化险为夷，把摩擦化为前进的动力。更重要的是在摩擦的风雨中不断发展壮大，实现从站起来、富起来到强起来的伟大跨越。面对"山雨欲来风满楼"，中国展现"千磨万击还坚劲"的发展韧性，坚信中国应对外部冲击的能力。面对各种风险和挑战，中国有信心砥砺前行、化危为机，开拓一片新天地。

2. 加强自主全球价值链的构建

全球价值链上游生产环节是兵家必争之地，中国作为新兴经济体，迈向价值链中高端是一直以来的夙愿。美国试图通过贸易摩擦阻断中国制造业迈向价值链中高端环节，把中国锁定在附加值低的下游组装加工环节。而中国制造业要想向价值链中高端迈进，就要打破跨国集团主导的国际分工格局，掌握自己的生产命运，立足全球竞争格局，加强自主全球价值链的构建。自主全球价值链的构建应该抓住全球价值链重构的良好机遇，结合自身资源优势，推动外贸行业的发展。坚定不移走中国特色自主创新道路，结合本国经济环境，加强统筹管理，促进创新合力的形成。提高制造业的自主创新能力，扭转对主导企业的技术依赖和追随的不利局面，避免竞争效应和挤出效应，取得核心技术上的赶超，并成为部分细分领域价值链分工的主导企业。

3. 加强自主创新

技术是中国制造业价值链地位提升的关键，然而我国大部分产业由于缺"芯"往往大而不强，核心技术受制于人。并且美国制造的贸易摩擦主要是针对中国高新技术产业，高筑关税壁垒，这无疑给中国制造业迈向价值链中高端发展的道路上增添了"拦路虎"。中国制造业要加大自主研发投入，加快建设创新平台，加强科技成果孵化，通过政府相关支持政策以及优化相关配套服务，不断提升制造业企业自主创新能力。加快完善经济体制改革。围绕市场在资源配置中起决定性作用这个核心，深化经济体制改革，处理好"有形的手"和"无形的手"的关系，改善政府现阶段对微观经济干预过多的情况，使市场在资源配置中的作用得到充分发挥，实现效益和效率的最大化。

4. 全面深化改革开放

出口是制造业迈出国门之路。面对美国想遏制中国发展的诡计，我们要将外部的威胁、挑战和压力变为全面深化改革的动力，进一步加大对外开放的力度。中国的发展得益于对外开放，要将这份胜利成果与世界人民一起分享，反哺世界经济的发展，通过合作共赢的方式，构建与共建"一带一路"国家的经济伙伴关系，与其进行更深入的贸易合作，释放经济合作的潜能，为世界经济的发展提供新动力，为全球治理机制的完善提供新的思路。放开民营资本进入相关领域的限制，营造公正、公平的市场经济环境，降低企业成本，深化供给侧结构性改革。同时我们也要加强与国际贸易规则的连接，营造高水平的国际营商环境，吸引国外优质资源，提高外资的利用水平，使中国成为各国投资的"热土"。

第十四章　传统生产要素与制造业全球价值链地位

随着全球化的不断推进，国际分工从产业间到产业内再到产品内逐步细化，全球价值链（Global Valve Chain，GVC）由此形成。改革开放以来，中国以劳动力比较优势深度参与全球价值链分工，经济取得飞速发展。然而，中美贸易摩擦的持续和"对华贸易备忘录"的签署无疑给中国制造业带来巨大压力，不断抬高中国制造业的成本。与此同时，以越南为代表的东南亚国家利用更为廉价的劳动力，吸引部分外资企业离开中国，挤压中国制造业。那么，在发达国家和发展中国家的双重挤压下，中国制造业该如何应对？如何迈向价值链中高端，实现价值链国际分工地位的攀升呢？劳动力、资本和技术等传统生产要素能否继续推动中国制造业价值链地位上升？毫无疑问，对这些问题的解答直接关乎中国制造业的未来发展以及国际竞争力。

国内外学者就全球价值链分工的利益分配以及价值链地位的决定因素展开了一系列研究。Hummels 等（2001）提出垂直专业化指数，用以衡量一国加入全球价值链的分工地位。但这种方法存在重复计算问题。为了避免重复性计算，Koopman 等（2014）把出口分解为国内增加值与国外增加值，通过比较国内增加值和国外增加值的大小计算 GVC 地位指数，从而确定该行业在价值链中的位置。王岚（2014）研究发现，中国的制造业被跨国集团"俘获"，被锁定在价值链低端环节。国内学者就如何摆脱锁定效应、促进价值链地位攀升开展了较为系统的研究。FDI 是产业发展中不可或缺的驱动力，因此 FDI 流入对中国制造业价值链地位攀升的影响一直都是国内学者比较关注的话题。然而就 FDI 和制造业价值链地位的关系研究存在很大的分歧：一是认为 FDI 能够促进制造业价值链地位的攀升或者具有间接促进作用（孙晓华等，2012；李怡、李平，2018）；二是认为 FDI 对制造业价值链地位攀升极为不利，虽然外商直接投资能够提升我国出口产品的国内附加值，但是嵌入 GVC 后这一影响变得并不显著（杨高举、黄先海，2013；唐宜红、张鹏杨，2017）。

关于中国价值链现状的研究，国内外大多数学者关注的焦点仍然是外部因素，而忽视了内部因素，如国内技术进步、物质资本和人力资本的作用。改革开放 40 多年来，中国经济发展进入新常态，由外需驱动发展模式转向内需主导的发展模式，制造业也步入高质量发展阶段。在传统廉价劳动力优势逐步丧失的背景下，中国亟须通过内部力量建立起新的比较优势来夯实发展基础，提升价值链地位。为此，本章以附加值为基础，测算中国制造业价值链地位，探究劳动力、资本以及技术等传统生产要素对中国制造业国际分工地位的影响，并进一步分析这些生产要素在价值链上下游不同环节对价值链地位的作用机制。

第一节　传统生产要素与制造业全球价值链地位的理论描述和研究假设

一　技术进步与制造业价值链地位

在发达国家和发展中国家的双重挤压下，中国正逐步丧失廉价劳动力这个传统优势，迫切需要寻求新的竞争优势来参与全球价值链国际分工。技术创新是推动价值链分工地位向上攀升的重要力量，有助于提高生产效率（张玉、胡昭玲，2016）。技术创新改变了传统产业的生产方式，提高其技术进步水平，促进原有组装加工环节的更新换代。世界经济发生结构性变化，技术进步水平决定接包国是否具备承接发包国发包任务的能力，为全球价值链的形成及其运作机制的优化提供了条件，影响跨国公司的全球生产配置，推动了全球价值链重构。为此我们提出假设 1。

假设 1：技术进步能够有效提升中国制造业价值链地位。

二　物质资本与制造业价值链地位

物质资本是产业发展的物质基础，其他资本要借助物质资本作为附着物来实现积累。其中技术进步依靠资本实现"干中学"效应。

柯布 - 道格拉斯生产函数为：

$$Y_t = K_t^\alpha \left[A_t L_t \right]^{1-\alpha}, 0 < \alpha < 1 \tag{14-1}$$

不考虑资本折旧，资本的变化量为：

$$\dot{K}_t = sY_t \tag{14-2}$$

"干中学"的核心理念是技术进步不是刻意的努力，而是生产活动的副产品。用公式表达为：

$$A_t = BK_t^\gamma \tag{14-3}$$

其中，γ 表示技术生产函数中资本对技术的贡献率，这里我们假设资本对技术的贡献率会随着资本存量的增加而递减，$0 < \gamma < 1$。

将式（14-3）代入式（14-1），得：

$$Y_t = B^{1-\alpha} K_t^{\alpha+\gamma(1+\alpha)} L_t^{1-\alpha}, 0 < \alpha < 1 \tag{14-4}$$

资本的增长率为：

$$g_K = \frac{\dot{K}_t}{K_t} = B^{1-\alpha} K_t^{(1-\alpha)(\gamma-1)} L_t^{1-\alpha} \tag{14-5}$$

对式（14-5）求微分可得：

$$\dot{g}_K = (1-\alpha)(\gamma-1)g_K^2 + (1-\alpha)ng_K \tag{14-6}$$

当 g_K 小于 $n/(1-\gamma)$ 时，$\dot{g}_K$ 就大于 0，则说明 g_K 增加；当 g_K 大于 $n/(1-\gamma)$ 时，$\dot{g}_K$ 就小于 0，则说明 g_K 减少，如图 14-1 所示。

$g_A = \gamma g_K$，说明资本表现出两种推动经济增长的效应，一种是增加资本能提高产出，另一种是技术进步来自生产中的资本，从而再影

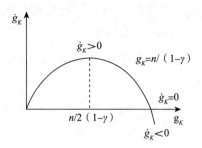

图 14 – 1 "干中学"模式效应

响产出，这就是"干中学"思想。物质资本优化资源配置和出口结构，为价值链攀升奠定基础。为此我们提出假设 2。

假设 2：物质资本积累能够促进中国制造业价值链地位的攀升。

三 人力资本与制造业价值链地位

随着知识经济的到来，人力资本在工业发展中发挥着不可替代的作用。人力资本是产业经济发展的一大助力，为产业发展营造良好的投资环境，为产业结构升级提供支撑环境，保障产业发展所需的人才，使中国制造业向价值链中高端发展。人力资本积累能够提高我国劳动力素质，而高素质劳动力将会提升制造业劳动生产率，增加制造产品生产，不断提升出口产品的国内附加值，从而推动制造业向中高端升级。阳立高等（2018）基于制造业细分行业面板数据，得出人力资本积累对制造业升级具有明显的促进作用的结论，研究还发现人力资本的积累在促进制造业升级方面具有显著的地域差异。因此我们提出假设 3。

假设 3：人力资本优化能够促进中国制造业价值链地位的攀升。

四 劳动力与制造业价值链地位

改革开放以来，中国凭借低廉的劳动力成本优势成为"世界工厂"，在价值链分工中占据了一席之地。然而，随着中国人口老龄化的加快、人口红利的逐步消失，劳动力成本不断上升，多家跨国公司纷纷撤离中国，转移到劳动力价格更加低廉的东南亚国家，更严重的是中国可能面临落入"中等收入陷阱"的风险。表 14 - 1 所示的全球知名品牌于 20 世纪 90 年代末都曾在中国设厂，发达国家掌握着核心技术，中国负责组装加工，对带动中国相关产业的发展和解决就业问题具有重要作用。但短短十几年都因为生产成本的增加纷纷撤离中国，中国因此失去了大量的外包订单。而且廉价劳动力的结果是低素质的劳动力，低素质的劳动力也不利于学习和模仿发达国家的核心技术。为此我们提出假设 4。

假设 4：劳动力要素不再是中国加入全球价值链的比较优势，不再促进中国制造业价值链地位的攀升。

表 14 - 1　全球知名企业撤离中国的情况

企业	企业简介	撤出原因
微软诺基亚	生产移动通信产品的知名跨国公司	东南亚劳动力成本较为低廉
西铁城	全球知名腕表品牌	劳动力成本上升
希捷	全球最大的硬盘、磁盘和读写磁头制造商	土地、税收、用人成本提高
松下	日本跨国性家用电器公司	用人成本增加

资料来源：笔者整理。

第二节　传统生产要素与制造业全球价值链地位的模型设定和变量说明

一　模型设定

根据理论假设构建以下模型：

$$GVC\_pos_{it} = \alpha + \beta_1 TFP_{it} + \beta_2 MC_{it} + \beta_3 HC_{it} + \beta_4 LAB_{it} + \gamma Z_{it} + \varepsilon_{it} \qquad (14-7)$$

二　变量说明

1. 全球价值链地位指数与参与指数

Koopman 等（2014）的方法只能分解一国总出口，不适用于双边贸易，所以本章参照王直等（2015）提出的多个层面分解方法来衡量全球价值链地位指数和参与指数。

$$GVC\_pos_{it} = \ln\left(1 + \frac{IV_{it}}{E_{it}}\right) - \ln\left(1 + \frac{FV_{it}}{E_{it}}\right) =$$

$$\ln\left(1 + \frac{DVA\_REX_{it}}{E_{it}}\right) - \ln\left(1 + \frac{FVA\_FIN_{it} + FVA\_INT_{it}}{E_{it}}\right) \qquad (14-8)$$

$$GVC\_par_{it} = \frac{IV_{it}}{E_{it}} + \frac{FV_{it}}{E_{it}} = \frac{DVA\_REX_{it}}{E_{it}} + \frac{FVA\_FIN_{it} + FVA\_INT_{it}}{E_{it}} \qquad (14-9)$$

其中，GVC_pos_{it} 为 t 时期 i 行业的全球价值链地位指数，GVC_par_{it} 为 t 时期 i 行业的全球价值链参与指数，IV_{it} 为被直接进口国生产向第三国出口所吸收的中间出口带来的国内增加值，FV_{it} 为国外增加值，E_{it} 为总出口额，DVA_REX_{it} 为被直接进口国生产向第三国出口所吸收的中间出口，FVA_INT_{it} 为以中间品出口的国外增加值，FVA_FIN_{it} 为以最终品出口的国外增加值。数据来自 WIOD 数据库[①]。

2. 技术进步

参考王玉燕等（2014）的索洛残差法，利用全要素生产率来衡量技术进步。生产函数为：

$$Y = AK^{\alpha}L^{\beta}M^{\gamma} \qquad (14-10)$$

其中，Y 为生产总值，A 代表技术进步，K 是资本要素投入，L 是劳动要素投入，M 表示中间投入品。数据来自 WIOD 数据库。

一般情况下，我们假设规模报酬不变，即 $\alpha + \beta + \gamma = 1$，所以有：

$$\ln \frac{Y}{L} = \ln A + \alpha \ln \frac{K}{L} + \gamma \ln \frac{M}{L} \qquad (14-11)$$

然后根据广义最小二乘法（FGLS）进行回归，得到系数 α 和 γ 的具体数值，$\beta = 1 - \alpha - \gamma$，最后求出技术进步（$TFP$）的数值。

3. 物质资本

MC 为物质资本，参考王玉燕等（2014）和钱学锋等（2011）的

---

① 具体行业分类参照本书第三章表 3-4。

方法用固定资产和流动资产净值年平均余额之和表示，但是部分年份数据缺失，故采用行业总资产的对数表示，数据来源于《中国工业统计年鉴》。

4. 人力资本

HC 为人力资本，代表我国劳动力技术知识水平，所以我国学者大多使用受教育年限来表示人力资本，但是分行业数据缺失，所以本章采用 R&D 人员在行业从业人员中的占比来表示，数据来源于《中国科技统计年鉴》。

5. 劳动力

LAB 为劳动力，参考阳立高等（2014）的方法采用分行业从业人员数衡量各行业的劳动密集度，并用分行业从业人员的对数来表示，数据来源于《中国工业统计年鉴》。

6. 控制变量

Z_{it} 为控制变量，外商投资力度（FDI）用外商和港澳台投资工业企业总资产比上规模以上工业企业总资产表示；贸易开放度（EXP）用行业出口交货值的对数表示；CI 为碳排放力度，具体计算公式为：

$$CO_2 = \sum_{i=1}^{8} CO_{2i} = \sum_{i=1}^{8} \left[E_i \times NCV_i \times CEF_i \times COF_i \times (44/12) \right] \quad (14-12)$$

其中，CO_2 为估算的 CO_2 排放总量，$i = 1, 2, \cdots, 8$ 分别表示 8 类一次能源，E_i 表示能源消费量，NCV_i 表示各类能源的平均低位发热量，CEF_i 代表各类能源碳排放系数（单位热值含碳量），COF_i 为各类能源的碳氧化因子，44/12 为 CO_2 与 C 的分子量比。

第三节　传统生产要素与制造业全球价值链地位的实证结果分析

为防止异方差和序列相关可能的干扰，本节首先进行 Hausman 检验，然后进行异方差 Wald 检验以及序列相关 Wooldridge 检验，显示固定效应时，则加入行业与时间虚拟变量，采用 FGLS 的固定效应模型估计。

一　基准回归

为了消除各个解释变量之间的多重共线性，对劳动力、资本及技术等要素进行逐步回归，结果如表 14 - 2 的第（1）～（3）列。可以看出，TFP 变量系数至少在 5% 的水平下显著为正，表明技术进步能够有效促进我国制造业价值链地位的攀升，符合假设 1。中国可以通过加强自主创新、提高研发能力、掌握核心技术来实现制造业价值链地位的攀升。人力资本 HC 变量系数在 1% 的水平下显著为正，物质资本 MC 变量系数却不显著，表明人力资本能够促进我国制造业价值链地位的攀升，而物质资本的作用不显著。劳动力 LAB 变量系数在 5% 的水平下显著为负，表明中国制造业整体上劳动力比较优势确实正逐步丧失。工资的快速上涨导致中国廉价劳动力的传统优势逐步消失，要素禀赋结构发生了根本性的逆转，人口老龄化导致的劳动力供给下降和制造业劳动力需求的快速增长，使得劳动力成本上升，限制了我国制造业国际竞争力的进一步提高。

从控制变量回归结果来看，外商投资力度 FDI 变量系数显著为负，表明目前随着 FDI 的不断增加，中国制造业企业可能遭受到外资企业的控制，被锁定在代工生产环节，导致价值链地位"低端"固化（张鹏杨、唐宜红，2018）。碳排放力度 CI 变量系数同样显著为负，表明碳排放的不断增加限制了中国制造业价值链地位的提升。贸易开放度 EXP 变量系数显著为正，表明中国制造业不断扩大开放能够获得一定的学习机会，从而提升价值链地位。

表 14 - 2　传统生产要素对制造业价值链地位影响的基准回归结果

变量	被解释变量：GVC_pos		
	FGLS	FGLS	FGLS
	(1)	(2)	(3)
TFP	0. 0045 **	0. 0081 ***	0. 0100 ***
	(0. 0258)	(0. 0000)	(0. 0000)

变量	被解释变量：GVC_pos		
	FGLS	FGLS	FGLS
	(1)	(2)	(3)
MC		-0.0079 (0.4785)	0.0003 (0.9774)
HC		1.1924 *** (0.0000)	1.1342 *** (0.0000)
LAB			-0.0251 ** (0.0264)
FDI	-0.1234 *** (0.0000)	-0.1039 *** (0.0001)	-0.1279 *** (0.0000)
CI	-0.0303 *** (0.0000)	-0.0240 *** (0.0001)	-0.0214 *** (0.0008)
EXP	0.0186 *** (0.0000)	0.0125 ** (0.0478)	0.0128 ** (0.0410)
常数项	0.0521 (0.3038)	0.1005 (0.2053)	0.1612 * (0.0525)
时间固定效应	是	是	是
行业固定效应	是	是	是
N	240	240	240
chi2	4265.6093 ***	5092.3566 ***	5201.8704 ***
Hausman 检验	11.31 **	19.17 ***	18.77 ***
Wald 检验	156.57 ***	1191.14 ***	354.83 ***
Wooldridge 检验	141.597 ***	146.955 ***	130.207 ***

注：① * $p<0.1$，** $p<0.05$，*** $p<0.01$；②括号内数值为 p 值。下同。

二　内生性估计

以上基准回归模型可能并不是严格外生的，并且制造业价值链地位存在动态效应。如若确实存在内生性问题，那么基准回归结果可能是有偏的。为克服内生性可能的影响以及观察中国制造业价值链地位的动态趋势，本章采用动态面板数据的 GMM 模型，将被解释变量的滞后项（L. GVC_pos）纳入模型进行内生性动态估计。表 14 - 3 的第（1）列和第（2）列分别为全样本差分 GMM 和系统 GMM 估计结果，

AR（2）统计量均不显著，表明不存在二阶以上序列相关，并且Sar-gan检验结果显示在10%的显著性水平下接受工具变量合理性的假设。内生性估计结果显示，滞后一期的价值链地位指数在1%的水平下显著为正，回归系数接近0.7，表明中国制造业价值链地位指数存在明显的动态效应。并且技术进步 TFP 系数显著为正、物质资本 MC 系数不显著、人力资本 HC 系数显著为正、劳动力 LAB 系数显著为负，与基准回归结果完全一致，充分表明基准结果的稳健性。

表14-3 内生估计结果（GMM）

变量	被解释变量：GVC_pos	
	DIF - GMM	SYS - GMM
	（1）	（2）
L. GVC_pos	0.6801 ***	0.6951 ***
	(0.0000)	(0.0000)
TFP	0.0082 ***	0.0086 ***
	(0.0001)	(0.0014)
MC	-0.0059	0.0038
	(0.6646)	(0.8581)
HC	0.3326 *	0.7222 **
	(0.0525)	(0.0270)
LAB	-0.0310 **	-0.0354 *
	(0.0288)	(0.0741)
FDI	-0.1028 ***	-0.0619 **
	(0.0001)	(0.0308)
CI	0.0053	0.0061
	(0.3649)	(0.2763)
EXP	0.0123 **	0.0038
	(0.0398)	(0.5953)
AR（1）	-4.89 ***	-4.45 ***
	(0.000)	(0.000)
AR（2）	-1.07	-1.11
	(0.286)	(0.268)
Sargan 检验	132.11 *	25.33
	(0.084)	(0.233)

三　行业异质性分析

不同要素密集型产业的要素依赖特征不同，可能对制造业价值链地位产生不同的影响。为了探索传统生产要素对我国制造业价值链地位影响的异质性，根据要素密集的特点，将我国制造业分为劳动密集型、资本密集型和技术密集型三类。表14-4是分行业生产要素对制造业价值链地位的影响结果。可以看出，在对价值链地位的影响中，技术进步的作用在资本密集型行业最为显著，在劳动密集型行业不显著；物质资本的作用在劳动密集型和资本密集型行业显著为负，表明在这两大类行业中物质资本对价值链地位的提升呈现负向作用；人力资本的作用在资本密集型和技术密集型行业显著为正，尤其是在技术密集型行业最为明显；劳动力的作用在劳动密集型行业不显著，而在资本密集型和技术密集型行业显著为负。劳动密集型行业一般是传统制造业，生产效率低，高污染高能耗，基础设施比较薄弱，虽然引进了发达国家的先进技术，但是国内配套服务设施跟不上，因此劳动生产要素难以在该行业发挥对价值链地位的作用。技术与人力资本要素在资本密集型和技术密集型行业对提升价值链地位发挥了积极作用。

表14-4　分行业样本的回归结果

变量	被解释变量：GVC_pos		
	劳动密集型	资本密集型	技术密集型
	(1)	(2)	(3)
TFP	0.0113 (0.3112)	0.0267 *** (0.0000)	0.0038 ** (0.0465)
MC	-0.1037 *** (0.0001)	-0.0677 *** (0.0000)	0.0218 (0.2357)
HC	-1.1206 (0.1736)	0.8791 * (0.0605)	0.9255 *** (0.0000)
LAB	0.0190 (0.4124)	-0.0330 * (0.0946)	-0.0265 ** (0.0260)
FDI	-0.1511 *** (0.0003)	-0.2661 *** (0.0040)	-0.2193 *** (0.0000)

续表

变量	被解释变量：*GVC_ pos*		
	劳动密集型	资本密集型	技术密集型
	（1）	（2）	（3）
CI	0.0269 *** （0.0019）	− 0.0191 （0.1465）	− 0.0265 *** （0.0004）
EXP	− 0.0437 *** （0.0000）	0.0388 *** （0.0000）	0.0093 （0.4416）
常数项	0.9307 *** （0.0000）	0.6160 *** （0.0000）	− 0.0150 （0.8942）
N	75	75	90
F − chi2	2571.4146 ***	3163.1973 ***	6655.1987 ***
时间固定效应	是	是	是
行业固定效应	是	是	是
Hausman 检验	44.71 ***	47.01 ***	57.51 ***
Wald 检验	60.96 ***	11.91 **	13.36 **
Wooldridge 检验	28.558 ***	141.471 ***	60.035 ***

第四节　不同嵌入环节的生产要素作用机制

参与全球价值链不仅影响参与国的国际分工状况，还根据参与程度影响收入差距、外贸出口和就业等基本国情，并进一步影响国家的创新能力和资本流动。并且嵌入位置是决定国际分工地位的关键因素，发达国家凭借核心技术及高端人才处于价值链上游环节，不仅可以获得更高的附加值，还可以控制下游环节的生产，从而有权制定国际生产标准，更加有利于本国价值链地位的攀升。而发展中国家大多缺乏核心技术与高端人才，只能凭借廉价的劳动力处于全球价值链的下游环节，并被发达国家锁定在低端环节。那么，不同嵌入环节对价值链地位有怎样的影响？不同嵌入环节上传统生产要素的作用机制有何区别？本部分将进一步检验不同价值链嵌入环节的生产要素作用机制。

$$GVC\_pos_{it} = \alpha + \theta X_{it} + \beta_1 TFP_{it} + \beta_2 MC_{it} + \beta_3 HC_{it} + \beta_4 LAB_{it} + \rho_1 X_{it} \times TFP_{it} +$$

$$\rho_2 X_{it} \times MC_{it} + \rho_3 X_{it} \times HC_{it} + \rho_4 X_{it} \times LAB_{it} + \gamma Z_{it} + \varepsilon_{it} \qquad (14-13)$$

其中，X_{it} 分别为 UP_{it} 和 $DOWN_{it}$，UP_{it} 为上游参与度，计算公式为 $\dfrac{IV_{it}}{E_{it}}$，表示被直接进口国生产向第三国出口所吸收的中间出口带来的国内增加值比重；$DOWN_{it}$ 为下游参与度，计算公式为 $\dfrac{FV_{it}}{E_{it}}$，表示出口中包含的国外增加值比重。

表 14-5 第（1）、第（2）列分别是传统生产要素在价值链上游环节和下游环节的作用机制检验结果。从中可以发现，上游参与度系数显著为正，下游参与度系数显著为负，符合价值链环节与价值链地位关系逻辑，与陈立敏和周材荣（2016）的研究结论一致。两个模型中技术进步的系数都显著为正，与上文一致，但技术进步与上游参与度交互项系数显著为正，与下游参与度交互项系数显著为负，表明嵌入上游环节能强化而嵌入下游环节会弱化技术进步对价值链地位的推动作用。物质资本系数在上游环节显著为负，在下游环节则显著为正，但与下游参与度交互项系数显著为负，表明嵌入下游环节程度的加深会弱化物质资本的正向作用。人力资本及其与上下游参与度交互项的系数均显著为正，表明无论在上游环节还是下游环节，随着嵌入程度的加深，人才的作用越来越重要。劳动力及其与上游参与度交互项系数显著为负，而与下游参与度交互项系数显著为正，表明在价值链上游环节劳动力的作用正逐步被技术等其他要素代替，而在下游环节仍是被依靠的重要因素，在加工组装环节仍发挥重要的作用。

表 14-5　不同价值链嵌入环节作用机制检验结果

变量	被解释变量：GVC_ pos	
	上游嵌入机制	下游嵌入机制
	(1)	(2)
UP/DOWN	1.0349 ***	-1.1915 ***
	(0.0000)	(0.0000)

续表

变量	被解释变量：GVC_pos	
	上游嵌入机制	下游嵌入机制
	（1）	（2）
TFP	0. 0070 ***	0. 0043 ***
	（0. 0000）	（0. 0071）
UP × TFP/ DOWN × TFP	0. 1010 ***	− 0. 0311 *
	（0. 0072）	（0. 0537）
MC	− 0. 0187 ***	0. 0124 **
	（0. 0026）	（0. 0492）
UP × MC/ DOWN × MC	− 0. 0063	− 0. 2005 ***
	（0. 8715）	（0. 0001）
HC	0. 1833 *	0. 3888 ***
	（0. 0732）	（0. 0002）
UP × HC/ DOWN × HC	4. 2597 ***	2. 1663 *
	（0. 0011）	（0. 0809）
LAB	− 0. 0140 **	0. 0017
	（0. 0213）	（0. 7857）
UP × LAB/DOWN × LAB	− 0. 3064 ***	0. 1450 **
	（0. 0000）	（0. 0171）
FDI	− 0. 0483 ***	− 0. 0183
	（0. 0020）	（0. 2516）
CI	− 0. 0125 ***	0. 0045
	（0. 0002）	（0. 2031）
EXP	0. 0088 **	− 0. 0011
	（0. 0133）	（0. 7562）
常数项	0. 1738 ***	− 0. 1053 **
	（0. 0002）	（0. 0340）
N	240	240
F − chi2	20229. 6364 ***	19168. 8870 ***
时间固定效应	是	是
行业固定效应	是	是
Hausman 检验	67. 65 ***	34. 29 ***
Wald 检验	142. 27 ***	1073. 10 **
Wooldridge 检验	354. 432 ***	15. 327 ***

第五节　结论与建议

中美贸易摩擦的持续以及东南亚各国吸引外资企业离开中国，引发了社会各界对中国制造业价值链地位的深思。本章摒除外部因素，从内部力量深入探讨技术进步、物质资本、人力资本、劳动力等传统生产要素对中国制造业价值链地位的影响。研究发现，劳动力要素投入系数显著为负，表明劳动力成本的上升的确使得中国传统劳动力禀赋优势日渐丧失；而技术与人力资本正替代劳动力成为制造业价值链攀升的新源泉，可以显著提升中国制造业价值链地位。另外，传统生产要素对价值链地位的影响具有明显的行业异质性特征，技术进步的作用在资本密集型行业最为显著，物质资本的作用在劳动密集型和资本密集型行业显著为负，人力资本的推动作用尤其在技术密集型行业最为明显，劳动力的作用在劳动密集型行业不显著，而在资本密集型和技术密集型行业显著为负。最后，不同嵌入环节的生产要素作用机制检验结果显示，上游参与度加深能强化技术进步、人力资本对价值链地位的推动作用，而下游参与度加深会弱化技术进步、物质资本对价值链地位的推动作用。无论上游环节还是下游环节，人力资本的作用都越来越重要。上游环节劳动力作用显著为负，但下游环节劳动力仍是值得依赖的要素之一。

本章提出如下政策建议。首先，辩证看待中国制造业劳动力禀赋优势丧失的问题。虽然整体而言，劳动力对中国制造业价值链地位的作用正逐步转为负向，但在不同行业以及价值链嵌入环节均呈现出异质性。在劳动密集型行业以及下游环节，劳动力禀赋仍发挥着重要的作用。因此对劳动力禀赋优势丧失的问题不能一概而论，应当辩证地看待。其次，继续加大研发投入，不断提升制造业企业自主创新能力。技术创新对提升制造业价值链地位的作用不言而喻，然而我国大部分产业由于缺"芯"往往大而不强，核心技术受制于人，加之中美贸易摩擦持续，关税壁垒的高筑无疑给中国制造业迈向价值链中高端发展的道路上增添了"拦路虎"。要继续深化创新驱动发展战略，加大自主研发与创新的投资力度，搭建创新平台，优化配套服务体系，加快实施政府税费减免等优惠政策，不断提升制造业企业自主创新能力。再次，加强高端人才培养，变"人口红利"为"人力资本红利"。劳动力供求的变化导致中国人口红利正不断下降，并且制造业发展中劳动力素质不高、缺乏高端人才的弊端正逐步凸显。要继续加大教育投资力度，实施"科教兴国、人才强国"战略，加强高端人才的培养和引进，充分发挥人力资本积累效应，逐步变数量型"人口红利"为质量型"人力资本红利"。最后，紧抓发展新契机，加快推动制造业迈向价值链中高端。当前新一轮科技革命和产业变革正如火如荼地进行，资源要素在全球范围内加速流动，中国制造业发展面临新契机。中国要在轨道交通装备等制造业重点领域突破技术壁垒，打造国际知名品牌，培育具有国际竞争力的领军企业，加速推进中国制造业迈向全球价值链中高端。

第十五章 全球价值链嵌入、创新型人力资本与制造业高质量发展

　　党的二十大报告指出，高质量发展是全面建设社会主义现代化国家的首要任务。发展是党执政兴国的第一要务。没有坚实的物质技术基础，就不可能全面建成社会主义现代化强国。而制造业作为国民经济支柱及实体经济核心，推动制造业高质量发展、提升制造业国际竞争力，是我国提升综合国力、实现经济高质量发展的必经之路。改革开放以来，我国现代化工业体系全面建立，制造业取得了巨大成就。一方面，制造业增加值早在2000年、2006年、2010年分别超过德国、日本和美国，规模位居世界第一，占据全球1/4的份额；另一方面，中国制造在"上天"、"入地"、"下海"、高铁等领域都展现出强大创新力，居全球领先地位。但是中国制造业整体仍大而不强，面临着自主创新能力不足、部分重点领域核心技术缺失、品牌质量与产品档次有待提高以及国际化经营能力较弱等问题，制造业发展质量不容乐观。与此同时，伴随发达国家高端制造回流以及以东南亚为代表的中低收入国家对生产制造环节转移的争夺，中国制造在国际市场上面临"双向挤压"的严峻挑战。因此，中国制造业必须加快转型升级步伐，加大创新发展力度，积极应对复杂竞争环境，实现由大到强的高质量发展。

　　毫无疑问，中国制造业取得的巨大成就，很大程度上得益于在经济全球化和国际产业分工不断深入的背景下，我国制造业凭借廉价劳动力与自然资源禀赋优势全面融入全球价值链分工体系。应当注意的是，虽然可以借助价值链知识扩散效应推动制造业升级，又或通过新建、并购海外研发机构获取国外的智力资源和研发资源，提高我国制

造业技术创新水平，进而促进制造业高质量发展，但是发达国家为保证其制造业的国际竞争优势和主导地位，会对中国制造业企业通过参与全球价值链提升技术创新能力的路径进行封锁，导致我国制造业陷入低端锁定状态（张小蒂、朱勤，2007），从而阻碍我国制造业高质量发展进程。那么，嵌入全球价值链到底对制造业高质量发展是推动作用还是抑制作用？不同的嵌入环节以及价值链参与方式对制造业高质量发展的影响效应是否一致？如果不一致，在创新型人力资本的作用下，这种正向或负向影响效应是否得到增强或者减弱？深入研究这些问题对探索我国制造业高质量发展的实现路径具有重要意义。

为此，本章在经济开放视角下考察全球价值链分工与制造业高质量发展的关系。同时将创新型人力资本纳入研究范畴，探讨在创新型人力资本的作用下，全球价值链嵌入对制造业高质量发展的作用机制。本章接下来的安排如下：第一节理论机制和研究假设，剖析全球价值链分工对制造业高质量发展的直接作用机制以及在创新型人力资本作用下的影响；第二节研究设计和数据说明；第三节实证结果分析；第四节门槛效应和异质性分析；第五节结论与建议。

第一节　全球价值链嵌入、创新型人力资本与制造业高质量发展相关理论机制和研究假设

一　相关文献综述

制造业高质量发展是一个前沿问题，相关文献较少，已有文献大都集中于对制造业转型升级的研究。探讨 GVC 嵌入、创新型人力资本与制造业转型升级的相关文献包括以下几个方面。

第一，GVC 与创新型人力资本相互关系的研究。一方面，嵌入全球价值链会增加我国对创新型人力资本的需求。这主要是由于嵌入全球价值链能够吸引外商投资，随着外商资本流入规模的扩大与质量的提高，FDI 会集中投向知识与技术密集型行业，因而会增加对高技能劳动力的需求（蒋为、黄玖立，2014）。另一方面，创新型人力资本

通过技术溢出效应和知识扩散效应能够有效促进价值链地位攀升（陈开军、赵春明，2014），是影响价值链升级的重要因素之一。

第二，GVC 嵌入影响制造业转型升级的研究。目前学界有两种不同的观点。一种观点认为嵌入全球价值链能够显著促进我国制造业转型升级。潘秋晨（2019）针对中国装备制造业的分析，发现 GVC 嵌入能够推动中国装备制造业的转型升级且呈现边际递增趋势。王玉燕和林汉川（2015）则基于整个工业面板数据进行实证研究，结果显示，随着 GVC 嵌入程度的不断深化，参与全球价值链对劳动密集型以及高技术工业的转型升级具有显著推动作用。还有部分学者持相反观点，认为 GVC 嵌入会阻碍我国制造业转型升级。中国嵌入 GVC 后，跨国公司的封锁行为导致我国企业被锁定于低端状态（卢福财、胡平波，2008），造成代工企业不能实现功能升级与价值链升级（刘志彪、张杰，2009），从而陷入"悲惨增长"境地（卓越、张珉，2008），不利于制造业转型升级。由此可见，大多数学者只注重探讨全球价值链对制造业的直接影响，而对其中的作用机制没有深入研究。

第三，创新型人力资本影响制造业升级的研究。研究人力资本对产业升级的文献较多，大多学者较一致地认为人力资本能够积极推动制造业升级。人力资本是决定和影响产业高度的核心要素（卢福财、罗瑞荣，2010）。人力资本不仅能够决定一国技术水平（Romer，1986；代谦、别朝霞，2006），而且具有较强的外部性（Lucas，1988），能够有效提高企业创新效率以及研发部门和生产部门的运行效率，进而促进制造业转型升级。张国强等（2011）基于增长回归框架展开分析，采用 GMM 方法实证检验得出人力资本能够显著促进产业结构升级。王健和李佳（2013）则基于人口红利视角，利用面板数据进行实证分析，同样验证了二者之间的正向关系。可见大部分学者聚焦人力资本对制造业的影响，鲜有学者站在人力资本异质性角度，探讨具有更高质量的创新型人力资本的相关问题。

第四，制造业高质量发展的研究。自 2018 年 12 月中央经济工作会议提出"推动制造业高质量发展"之后，学界开始逐步对制造业的高质量发展展开研究。从研究现状看，学者们对制造业高质量发展的研究主要侧重于以下两个方面。一是关于制造业高质量发展评价指标体系的构建。张文会和乔宝华（2018）构建了涵盖创新驱动、结构优化、速度效益、要素效率、品质品牌、融合发展与绿色发展七个方面的评价指标体系。江小国等（2019）则从经济效益、技术创新、绿色发展、质量品牌、两化融合、高端发展六个方面出发，构建了区域制造业高质量发展评价指标体系。以上都是基于区域层面构建的评价指标体系，关于行业层面的指标体系尚待补充和完善。二是关于制造业高质量发展的困境与对策研究。中国制造业当前面临着传统规模优势逐渐减弱、参与全球产业竞争的核心能力缺乏、技术创新能力不强等问题（吕铁、刘丹，2019）。新时代下，我国制造业需要以工业化战略、创新驱动发展战略、智能化战略、新动能培育战略、改革发展战略以及品牌提升战略为主导战略推动制造业高质量发展（任保平，2019）。

综上，现有文献大都侧重于研究制造业转型升级。尽管近年来有部分学者对中国制造业高质量发展展开研究，但只停留在对其指标体系的构建和国内现状的评述上，还鲜有学者基于全球化视角探讨中国制造业高质量发展的相关问题。从创新型人力资本角度出发，考察GVC嵌入对制造业高质量发展的文献更是少之又少。因此本章的创新点如下：第一，基于制造业行业层面，在深入理解制造业高质量发展内涵的基础上构建出较为全面的制造业行业高质量发展评价指标体系，而现有文献大部分是区域层面的评价指标体系；第二，基于全球化视角探讨我国制造业高质量发展的相关问题，考察参与全球价值链分工对我国制造业高质量发展的影响，而现有文献多聚焦国内现状分析和评述；第三，考虑到新时代背景下创新型人力资本的重要性，从创新型人力资本视角考察GVC嵌入与制造业高质量发展的关系。

二 嵌入全球价值链与制造业高质量发展效应分析

（一）全球价值链嵌入对我国制造业高质量发展的推动作用分析

嵌入全球价值链推动我国制造业高质量发展可能的主要作用机制

如下。

1. 产业关联效应

参与全球价值链分工能够通过产业前后向关联，接触、学习到先进生产技术和工艺，为中国制造业企业带来新知识和新技术，从而推动制造业高质量发展。

2. 技术创新效应

在参与全球价值链分工过程中，一方面，我国在承接来自发达国家的制造、加工等业务时，通过学习、模仿和消化吸收，提升企业自主创新能力，为我国制造业高质量发展提供核心力量；另一方面，来自国外产品质量等方面的高标准和要求，倒逼代工制造业企业实现产品升级，助推我国制造业向高质量发展目标迈进。

3. 绿色驱动效应

绿色驱动效应可分为直接驱动效应和间接驱动效应。一方面，嵌入全球价值链通过跨国企业的绿色技术转移为我国学习和使用环境友好型生产技术和污染治理技术提供了条件，直接促进我国制造业绿色发展；另一方面，GVC 嵌入通过倒逼机制能够间接驱动制造业的绿色创新。GVC 主导企业对能源使用与环保标准的要求较高，因此能够倒逼我国代工企业提高能源生产率与降低环境污染（王玉燕等，2015），驱动制造业绿色发展。

（二）全球价值链嵌入对我国制造业高质量发展的抑制作用分析

现阶段，我国人口红利和资源要素优势正在逐步消失，制造业企业自主创新能力不强、技术吸收能力有限等问题日益突出。这可能会导致我国在参与全球价值链分工过程中，极易受到低端锁定效应、"俘获效应"、"污染天堂效应"等消极效应的负向影响，从而对我国制造业高质量发展进程产生阻碍。

1. 低端锁定效应

以低成本优势嵌入全球价值链的制造业企业相对而言自主创新能力不足，在一定程度上依赖高质量和高技术的进口中间投入，从而形成对价值链的过度依赖而陷入低端锁定状态。低端锁定会严重抑制我国制造业核心竞争力的塑造，并成为发达国家获取暴利的工具（陶锋、李诗田，2008；吕越等，2018）。而市场的自发性会进一步恶化这种关系，因此会严重阻碍我国产业链升级，对制造业高质量发展产生不利影响。

2. 俘获效应

在发展中国家由价值链低端向高端攀升的过程中，一方面，发达国家跨国公司的知识产权保护和技术出口管制，导致我国嵌入全球价值链的产业关联效应受到制约；另一方面，发达国家为了保证自己制造业的主导地位，利用其垄断地位建立不对称的价值链治理关系，并对发展中国家设置技术转移门槛，从而达到将发展中国家"俘获"在价值链低端的目的。发达国家的"俘获效应"使我国制造业企业依靠自身能力很难突破低端锁定困境，对我国制造业高质量发展产生一定阻碍。

3. 污染天堂效应

Markusen 和 Maskus（2001）提出"污染天堂假说"（也称"污染避难所假说"），指出在贸易自由化条件下，污染企业会倾向于在环境规制程度较低的国家设厂生产以将污染转移，这些国家便成了污染企业的"污染避难所"。参与全球价值链会产生"污染天堂效应"：大多发展中国家为拉动国内经济增长，会放松对环境的管制以吸引更多外商直接投资。此时，发达国家便乘虚而入，将高耗能、高排放和高投入生产制造环节转移给这些环境标准较低的发展中国家，从而对发展中国家的环境造成污染。王文治和陆建明（2011）、林季红和刘莹（2013）通过实证分析证实了"污染天堂假说"在中国是成立的。

从以上分析可以看出，我国嵌入全球价值链对制造业高质量发展的影响具有不确定性，应依据我国制造业具体情况而定。现阶段，我国嵌入全球价值链能否促进制造业高质量发展？本章将在实证部分进行检验并给出明确结论。因此提出假设1。

假设1：参与全球价值链分工对制造业高质量发展具有多重效应，具体作用方向具有不确定性。

三　GVC、创新型人力资本与制造业高质量发展影响机制分析

在全球化分工背景下，嵌入全球价值链一方面通过要素的国际流动直接影响本土企业创新型人才存量；另一方面，FDI 的技术溢出效应能够显著激发一国创新意识，激励国家加快对创新型人力资本的培育，从而间接提升一国创新型人力资本存量。人力资本存量的增加，有利于"干中学"效应和技术创新效应积极有效地发挥作用，为我国实现制造业高质量发展创造有利条件。

1."干中学"效应

全球化背景下，"干中学"效应是指在参与全球价值链分工过程中，人力资本能够积累生产产品和提供服务的经验，并从经验中获得知识，有助于提高生产效率和知识总量。本章从要素效益角度分析，一方面，创新型人力资本作为一种高端生产要素，可以通过特有的新知识和新技术实现要素自身的递增收益，提高研发部门的知识存量积累，扩大"干中学"效应；另一方面，创新型人才在开发新知识的过程中，由于知识的溢出效应，其他生产要素如资本、劳动也能够实现收益的递增，使"干中学"效应得到进一步强化。"干中学"效应的深化有利于我国改善生产要素禀赋结构，提高创新和生产效率，促进我国价值链向中高端迈进，从而提高产品科技含量，实现制造业的高质量发展。

2.技术创新效应

创新型人力资本具有技术创新作用，刘智勇和张玮（2010）利用实证客观地论证了创新型人力资本通过技术创新能够显著促进技术进步。技术进步将有利于技术创新效应有效发挥，缓解我国制造业嵌入全球价值链的消极影响。本章从价值链升级角度分析，首先，技术进步通过改进制造业的生产设备、中间投入品以及制造工艺，能够实现以低成本创造高附加值，对 GVC 地位攀升发挥重要作用，从而有助于我国突破低端锁定困境，实现制造业高质量发展；其次，技术进步通过作用于产品质量的提高使我国价值链增值能力和控制能力得以提升，有利于我国实现完整的价值链升级，摆脱国际买家的"俘获"，

为我国制造业的高质量发展助力；最后，创新型人力资本通过实现治污技术的创新突破，能够有效解决在价值链分工过程中的污染转移问题，促进我国制造业绿色发展，助推制造业高质量发展。

对我国制造业而言，面对要素条件的变化，需要不断积累创新型人力资本，以实现要素禀赋的结构升级和价值链的高端嵌入，进而实现从"制造大国"向"制造强国"的转变。在全球价值链分工背景下，创新型人力资本能够通过"干中学"效应和技术创新效应提高产品的科技含量和质量标准，促进价值链地位的攀升，使制造业高质量发展的目标得以实现。由此提出假设2。

假设2：创新型人力资本能够增强我国全球价值链嵌入的正向效应，从而增强GVC嵌入对制造业高质量发展的正向效应，削弱负向效应。

第二节　全球价值链嵌入、创新型人力资本与制造业高质量发展的研究设计和数据说明

一　模型设定和变量选取

（一）实证模型设定

为验证全球价值链嵌入对制造业高质量发展的影响，设定模型如下：

$$HQD_{it} = \alpha + \gamma_1 GVC\_par_{it} + Z_{it} + \varepsilon_{it} \qquad (15-1)$$

由理论分析可知，GVC嵌入对制造业高质量发展具有不确定性，因此两者可能存在"U"形或者倒"U"形关系。因此，为验证此猜想，设定以下非线性模型：

$$HQD_{it} = \alpha + \beta_1 GVC\_par_{it} + \beta_2 GVC\_par_{it}^{2} + Z_{it} + \varepsilon_{it} \qquad (15-2)$$

同时，为了考察创新型人力资本对制造业高质量发展的直接影响以及在创新型人力资本作用下GVC嵌入对制造业高质量发展的影响，

分别在式（15 - 1）中加入创新型人力资本和交互项：

$$HQD_{it} = \alpha + \theta_1 GVC\_par_{it} + \theta_2 IHC_{it} + Z_{it} + \varepsilon_{it} \qquad (15 - 3)$$

$$HQD_{it} = \alpha + \varphi_1 GVC\_par_{it} + \varphi_2 IHC_{it} + \varphi_3 GVC\_par_{it} \times IHC_{it} + Z_{it} + \varepsilon_{it} \quad (15 - 4)$$

其中，i 表示行业，t 表示时间。HQD_{it} 是制造业高质量发展指数，GVC_par_{it} 表示全球价值链参与指数，IHC_{it} 表示创新型人力资本存量，Z_{it} 为控制变量，ε_{it} 为扰动项。

（二）变量选取

1. 被解释变量

本章的被解释变量为制造业高质量发展指数（HQD）。本章基于对制造业细分行业数据可得性的考虑，从新发展理念出发，以科技创新、结构优化、绿色发展、对外开放和产出效益五个维度作为衡量制造业发展质量的五大方面，构建出我国制造业高质量发展的评价指标体系，并利用熵值法确定各指标权重和综合得分，并将综合得分结果作为衡量制造业高质量发展的指数。

表 15 - 1 列示了部分年份制造业行业①高质量发展指数综合得分，可以看出各行业的高质量发展指数呈现出增长趋势，平均年均增长率达到 5.3%。传统制造业高质量发展指数年均增长率为 5.24%，比高技术制造业低 0.204 个百分点。其中，造纸和纸制品业，计算机、电子产品和光学产品制造业两个行业 2003~2014 年高质量发展指数年均增长率超过 10%，分别为 12.00% 和 10.36%。传统制造业造纸和纸制品业的年均增长率要高于属于高技术制造业的计算机、电子产品和光学产品制

---

① 基于对数据可得性的考虑，本章对中国制造业行业和国际制造业行业进行整合，并删除了两个行业（其他制造业和机械设备修理安装制造业），合并了两个行业（汽车、挂车和半挂车制造业和其他运输设备制造业），经处理后最终为 16 个行业：P1 食品饮料及烟草业，P2 纺织服装及皮革制造业，P3 木材加工业，P4 造纸和纸制品业，P5 印制和记录媒介复制业，P6 焦炭和精炼石油制造业，P7 化学品及化学制品业，P8 医药制造业，P9 橡胶和塑料制品制造业，P10 非金属矿物制造业，P11 基本金属制造业，P12 金属品制造业，但机械设备除外，P13 计算机、电子产品和光学产品制造业，P14 电力设备制造业，P15 机械设备制造业，P16 交通运输制造业。限于篇幅仅列示 6 年各制造业细分行业高质量发展情况，如有需要，请向笔者索要。

造业，原因可能是由于前者起点较低，2003 年造纸和纸制品业的高质量得分仅为 3.9400，因此发展空间较大。高质量发展水平提升相对较慢的行业有非金属矿物制造业和木材加工业，两者年均增长率均未超过1.5%。综上，各制造业行业高质量发展水平基本保持着逐年稳步提升的良好态势，但增长幅度总体来说较为平缓，有待进一步提高。

表 15 - 1　制造业高质量发展指数综合得分

行业代码	2003 年	2004 年	2008 年	2009 年	2013 年	2014 年
P1	5.7510	7.2666	6.7184	6.7780	12.6595	12.1495
P2	5.8643	6.1557	7.4927	7.3006	11.7518	12.0021
P3	7.5604	5.9671	6.6931	7.7040	8.9897	8.5892
P4	3.9400	4.3998	6.3994	7.3478	11.8133	13.7054
P5	5.4484	4.5503	7.6390	7.1520	13.0300	12.5470
P6	8.3109	8.0232	8.2096	8.4276	9.7794	10.2943
P7	4.6584	6.9647	7.9461	7.5395	10.9347	11.2986
P8	6.1923	10.2489	8.6014	6.6976	8.5288	8.4364
P9	6.8111	8.6583	6.5682	11.8596	11.1720	10.5653
P10	7.9436	10.1245	7.2624	8.4215	9.5106	8.9056
P11	6.1923	10.2489	8.6014	6.6976	8.5288	8.4364
P12	7.1425	6.7813	6.6055	6.6344	11.8678	11.5561
P13	4.5163	6.0279	6.9598	7.7563	12.6215	13.3615
P14	6.5491	6.7775	7.4052	7.8421	9.9496	11.7224
P15	6.6310	8.5013	6.7079	6.4375	10.9154	11.8854
P16	7.3905	6.5850	8.3672	7.6929	9.8156	10.3466

图 15 - 1 则展现了制造业分行业[①]高质量发展指数随着时间的变化而波动的情况。一方面，高技术行业高质量发展综合得分远远高于传统制造业。这主要是由于高技术行业产出效益更好、科技创新能力

---

① 将制造业划分为传统制造业和高技术制造业以分析两类行业的高质量发展水平。参照吴利华和闫焱（2018）对高技术制造业划分的方法，得出高技术制造业包括 P8 医药制造业，P13 计算机、电子产品和光学产品制造业，P14 电力设备制造业，P15 机械设备制造业，P16 交通运输制造业。其余为传统制造业，更进一步地，将传统制造业细分为劳动密集型和非劳动密集型，劳动密集型制造业包括 P1 食品饮料及烟草业、P2 纺织服装及皮革制造业、P3 木材加工业、P4 造纸和纸制品业、P5 印制和记录媒介复制业，其余为非劳动密集型行业。

更强和结构优化程度更高；另一方面，就传统制造业而言，劳动密集型行业发展质量略高于非劳动密集型行业。主要的原因可能是非劳动密集型行业中包括焦炭和精炼石油制造业、化学品及化学制品业等污染较大的行业，严重影响制造业绿色发展水平，从而拉低了制造业高质量发展综合得分。

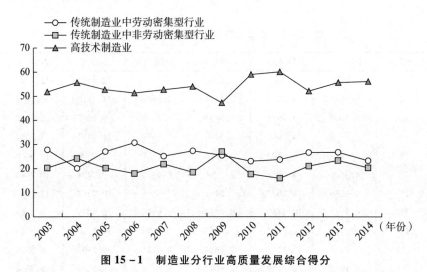

图 15 – 1   制造业分行业高质量发展综合得分

2. 核心解释变量

（1）全球价值链嵌入程度（GVC）。本章利用全球价值链参与指数衡量 GVC 嵌入程度，其计算公式如下：

$$GVC\_par_{it} = \frac{IV_{it}}{E_{it}} + \frac{FV_{it}}{E_{it}} = \frac{DVA\_REX_{it}}{E_{it}} + \frac{FVA\_FIN_{it} + FVA\_INT_{it}}{E_{it}} \qquad (15-5)$$

其中，GVC_par_{it} 为 t 时期 i 行业的全球价值链参与指数。上游参与度 $UP_{it} = \frac{IV_{it}}{E_{it}} = \frac{DVA\_REX_{it}}{E_{it}}$，下游参与度 $DOWN_{it} = \frac{FV_{it}}{E_{it}} = \frac{FVA\_FIN_{it} + FVA\_INT_{it}}{E_{it}}$。$IV_{it}$ 代表 t 时期 i 行业增加值出口中的国内增加值，表示某国 i 行业出口的中间品经过另外一个国家加工后又出口给第三国的这部分增值。FV_{it} 为 t 时期 i 行业增加值出口中的国外增加值。E_{it} 为以增加值统计的出口总额。DVA_REX_{it} 为被直接进口国生

产向第三国出口所吸收的中间出口，FVA_INT_{it} 为以中间品出口的国外增加值，FVA_FIN_{it} 为以最终品出口的国外增加值。

（2）创新型人力资本存量（IHC）。国内外大部分学者利用高等教育人口比重（刘智勇、张玮，2010）、高等教育年限（谢良、黄健柏，2009）来衡量创新型人力资本存量，张根明等（2010）则根据"人力资本存量等于劳动力数量与平均人力资本之积"的思路，用平均受教育年限（研究生为 2.5 年，本科生为 3.5 年）作为平均人力资本的替代指标，加权（研究生权重为 3，普通高等教育权重为 2）折算出创新型人力资本存量。由此可见，大部分学者利用本科及以上学历的相关指标衡量或者计算创新型人力资本存量，这些指标一方面针对性不强，另一方面行业层面的数据不全，故本章利用 R&D 人员占行业从业人员的比重来反映我国创新型人才的数量。R&D 人员是从事科技活动的人员，其创新意识和创新能力更强，因此利用 R&D 人员占行业从业人员的比重来衡量创新型人力资本存量更为合理。创新型人力资本存量数据来源于《中国科技统计年鉴》。

3. 控制变量

本章基于对制造业行业规模、资产、开放度以及能源消耗的考虑，选取如下控制变量：行业规模（$industry$），用各行业产值与制造业总产值之比表示；资产密集度（$density$），用各行业总资产与销售额之比表示；贸易开放度（ex），用行业出口交货值的对数表示；能源消耗水平（ei），用行业能源消耗量的对数表示。变量的描述性统计如表 15 - 2 所示，由表 15 - 3 可知各变量间相关系数最高为 0.682，说明不存在明显的多重共线性。

表 15 - 2 变量描述性统计

变量	观测值	均值	标准差	最小值	最大值
HQD	192	0.0832	0.0203	0.0394	0.137
GVC	192	0.278	0.0718	0.105	0.403
IHC	192	0.0294	0.0194	0.00165	0.0852
$industry$	192	0.0622	0.0397	0.00494	0.182
$density$	192	0.880	0.264	0.431	1.714

续表

变量	观测值	均值	标准差	最小值	最大值
ex	192	7.572	1.316	4.646	10.77
ei	192	8.748	1.457	6.129	12.80

表 15 – 3　各变量间相关系数

变量	HQD	GVC	IHC	industry	density	ex	ei
HQD	1						
GVC	− 0.122 *	1					
IHC	0.125 *	0.197 ***	1				
industry	− 0.041	0.160 **	0.357 ***	1			
density	− 0.178 **	− 0.305 ***	− 0.082	− 0.080	1		
ex	0.217 ***	0.041	0.371 ***	0.682 ***	− 0.061	1	
ei	0.050	0.277 ***	− 0.074	0.449 ***	− 0.164 **	0.041	1

注：* $p < 0.1$，** $p < 0.05$，*** $p < 0.01$。

二　数据来源和处理

本章选取 2003 ~ 2014 年规模以上工业企业制造业各细分行业数据作为研究样本，数据来源于公开渠道，包括《中国统计年鉴》《中国科技统计年鉴》《中国工业统计年鉴》《中国经济普查年鉴》。值得说明的是，由于数据缺失，2011 年以后行业总产值用销售产值代替；科技创新指标中大部分指标规模以上工业企业的数据缺失，本章利用大中型工业企业数据来替代科技创新部分中的相对指标数据；对于诸如技术改造经费支出和 R&D 人员全时当量的绝对指标的规模以上工业企业的数据缺失，本章以 2009 年为基期，计算出各制造业行业这两项指标规模以上工业企业的数据和大中型工业企业数据，利用大中型工业企业的数据代替；其余极少部分的缺失数据用年均增长率计算得出。同时，所有相关数据都经过平减处理。全球价值链指数的数据来源于 2016 版 WIOD 数据库的投入产出表。

第三节　全球价值链嵌入、创新型人力资本与制造业
高质量发展的实证结果分析

一　基准回归

为了防止异方差和序列相关可能的干扰，在进行实证检验之前进行了 Hausman 检验。检验结果显示，p 值为 $0.0000 < 0.5$，故采用固定效应模型。进一步控制行业与时间效应，利用 FGLS 的固定效应模型，对前文设定的实证模型进行回归分析。

表 15 - 4 是对上述基准模型进行回归的结果。由表 15 - 4 第（1）列和第（2）列可知，GVC 系数为负且在 5% 的水平下显著。当加入 GVC 嵌入指数平方项以后，一次项仍显著为负，二次项系数为正。这表明全球价值链嵌入与制造业高质量发展存在"U"形关系，短期内 GVC 嵌入会对制造业高质量发展造成消极影响，长期内 GVC 嵌入会促进制造业高质量发展。但二次项系数不显著，这表明现阶段嵌入全球价值链对我国制造业高质量发展的负向作用远大于正向作用，因而导致"U"形关系不显著。这主要是由于目前我国技术创新水平和技术吸收能力有限，只能以中低端方式嵌入全球价值链，这种嵌入方式所带来的诸如低端锁定效应、"污染天堂效应"等均会严重阻碍我国制造业高质量发展进程，对我国制造业高质量发展产生严重的负向影响。因此假设 1 中的不确定性得到证实，即在当前国际分工形势下，我国嵌入全球价值链带来的消极影响要明显大于积极影响，从而会对我国制造业高质量发展产生抑制作用。但从长期看，GVC 嵌入与制造业高质量发展存在"U"形关系的发展趋势。表 15 - 4 第（3）列是式（15 - 3）的回归结果，即在式（15 - 1）的基础上加入创新型人力资本。由第（3）列结果可以看出，创新型人力资本在 1% 的水平下显著为正，系数为 0.4730。这表明创新型人力资本每提高 1 个单位，高质量发展指数将上升 0.4730 个单位。从表 15 - 4 第（4）列回归结果可以看出，一方面，GVC 与 IHC 的交互项显著为正，说明创新型人力资本能够

有效缓解我国嵌入全球价值链对制造业高质量发展的消极影响。这与前述理论分析结果一致，假设 2 得到验证；另一方面，GVC 及其与 IHC 交互项系数均在 5% 的水平下显著，分别为 -0.2437 和 3.3604，表明此时 GVC 嵌入对制造业高质量发展的总影响为 "$-0.2437 + 3.3604IHC$"。这说明当创新型人力资本处于较低水平时，GVC 嵌入会严重抑制制造业高质量发展，而随着创新型人力资本的不断提高，这种抑制作用会有所减弱。由此可见，GVC 嵌入对制造业高质量发展的作用是相对变化的，创新型人力资本作为这种变化的重要门槛，在全球价值链嵌入对制造业高质量发展的影响中起到重要作用。

从控制变量来看，资产密集度和贸易开放度的提升都能显著促进制造业高质量发展，能源消耗会对制造业高质量发展产生负向影响，这与大多数研究结论一致。而行业规模系数为负但不显著，表明行业规模的扩大对制造业高质量发展的影响具有不确定性，这主要是因为行业规模的扩大会为行业带来规模经济和协同效应等积极作用，与此同时也会提高行业的管理成本和治污成本等。

表 15 - 4　GVC 嵌入与创新型人力资本对制造业高质量发展影响

变量	被解释变量：高质量发展指数 HQD			
	(1)	(2)	(3)	(4)
GVC	-0.2358 **	-0.2305 **	-0.2583 **	-0.2437 **
	(0.0220)	(0.0259)	(0.0108)	(0.0147)
GVC^2		0.2111		
		(0.6059)		
IHC			0.4730 ***	0.4800 ***
			(0.0065)	(0.0050)
$GVC \times IHC$				3.3604 **
				(0.0100)
$industry$	-0.2136	-0.2398	-0.1837	-0.2196
	(0.1334)	(0.1123)	(0.1898)	(0.1127)
$density$	0.0335 ***	0.0336 ***	0.0420 ***	0.0411 ***
	(0.0015)	(0.0014)	(0.0001)	(0.0001)

续表

变量	被解释变量：高质量发展指数 HQD			
	(1)	(2)	(3)	(4)
ex	0.0244 ***	0.0250 ***	0.0214 ***	0.0218 ***
	(0.0001)	(0.0001)	(0.0008)	(0.0005)
ei	−0.0149 ***	−0.0148 ***	−0.0141 ***	−0.0127 ***
	(0.0011)	(0.0011)	(0.0016)	(0.0041)
常数项	0.0432	0.0355	0.0443	0.0239
	(0.4168)	(0.5211)	(0.3964)	(0.6456)
行业固定效应	是	是	是	是
时间固定效应	是	是	是	是
N	192	192	192	192
Wald 检验	348.98 ***	354.66 ***	386.04 ***	236.16 ***
Wooldridge 检验	6.895 **	6.425 **	7.149 **	8.41 **
Hausman 检验	81.28 ***	80.89 ***	81.06 ***	80.06 ***
chi2	371.9624 ***	372.7445 ***	393.6833 ***	413.9124 ***

注：①* $p < 0.1$，** $p < 0.05$，*** $p < 0.01$；②括号内数值为 p 值；③回归估计所用软件为 Stata 15.0；④Wald 检验与 Wooldridge 检验分别用来检验异方差与自相关。下同。

二　内生性检验

全球价值链嵌入与制造业高质量可能存在双向因果关系：一方面，参与全球价值链会由于产业关联效应或者低端锁定效应对制造业高质量发展产生积极或消极影响；另一方面，制造业的发展质量高低决定了我国价值链嵌入位置。发展质量越高，意味着产出效益越高、科技创新能力越强，制造业结构进一步优化，对外开放程度进一步提升，绿色发展水平进一步提高，因而会推动我国价值链向高端迈进，实现高端嵌入。为克服内生性问题的干扰，本章进一步采用两阶段最小二乘法（2SLS）进行内生性估计，表 15-5 列示了检验结果。表 15-5 各列均使用 GVC 的一阶滞后项（L. GVC）作为工具变量。

内生性结果显示，在考虑内生性问题以后，GVC 嵌入程度系数仍然为负数，且在 1% 的水平下显著，在不引入 GVC 平方项和创新型人力资本时，系数绝对值为 0.5429，要大于基准回归中 GVC 系数绝对

值 0.2358。平方项系数依旧为正，同样不显著。表 15 – 4 第（3）列
基准回归中 IHC 的系数为 0.4730，而在考虑内生性问题以后系数为
0.4821，大于基准回归的系数。交互项的系数在考虑过内生性问题以
后仍显著为正，其系数也大于基准回归的结果。由此可见，不考虑内
生性问题会严重低估我国现阶段嵌入全球价值链对制造业高质量发展
的负向影响，同时也会低估创新型人力资本对制造业高质量发展的促
进作用以及在创新型人力资本作用于 GVC 嵌入对制造业高质量发展
的正向影响。

表 15 – 5　内生性检验结果

变量	被解释变量：高质量发展指数 HQD			
	工具变量：L. GVC			
	（1）	（2）	（3）	（4）
GVC	− 0.5429 ***	− 0.5265 ***	− 0.5771 ***	− 0.5446 ***
	（0.0002）	（0.0008）	（0.0001）	（0.0006）
GVC^2		0.1870		
		（0.6280）		
IHC			0.4821 ***	0.4668 **
			（0.0096）	（0.0120）
$GVC \times IHC$				3.9890 ***
				（0.0037）
$industry$	0.0489	0.0143	0.0727	0.0189
	（0.7879）	（0.9436）	（0.6789）	（0.9155）
$density$	0.0435 ***	0.0436 ***	0.0502 ***	0.0517 ***
	（0.0054）	（0.0056）	（0.0011）	（0.0004）
ex	0.0314 ***	0.0316 ***	0.0275 ***	0.0288 ***
	（0.0001）	（0.0001）	（0.0003）	（0.0001）
ei	− 0.0178 ***	− 0.0175 ***	− 0.0173 ***	− 0.0153 ***
	（0.0008）	（0.0008）	（0.0005）	（0.0006）
常数项	0.0320	0.0250	0.0454	0.0104
	（0.6445）	（0.7397）	（0.4827）	（0.8650）
行业固定效应	是	是	是	是
时间固定效应	是	是	是	是
N	176	176	176	176

变量	被解释变量：高质量发展指数 HQD			
	工具变量：L. GVC			
	(1)	(2)	(3)	(4)
DWH 检验	6.78951 (0.0101)	5.624 (0.0190)	7.67557 (0.0063)	5.9799 (0.0157)
工具变量 p 值	(0.000)	(0.001)	(0.000)	(0.001)
chi2	565.9676 ***	591.4729 ***	676.7917 ***	787.5297 ***

第四节 全球价值链嵌入、创新型人力资本与制造业高质量发展的门槛效应和异质性分析

一 门槛效应

（一）创新型人力资本作用于 GVC 嵌入对制造业高质量发展门槛效应分析

由基准回归结果可知，GVC 嵌入对制造业高质量发展水平的影响可能存在创新型人力资本的"门槛效应"。为了验证以上设想，本章借鉴 Hansen（1999）提出的非动态面板门槛模型，以创新型人力资本为门槛变量构建模型如下：

$$Y_{it} = \alpha + \theta_1 GVC\_par_{it}(IHC \leq \tau) + \theta_2 GVC\_par_{it}(IHC > \tau) + Z_{it} + \varepsilon_{it}$$

$$(15-6)$$

其中，IHC 为门槛变量，τ 为待估门槛变量值，其他变量的含义与上文相同。θ_1、θ_2 是我们需要重点关注的系数，表示在不同创新型人力资本水平下，GVC 嵌入对制造业高质量发展影响的差异性。

首先，依次在单一门槛、双重门槛与三重门槛下进行门槛自抽样检验以确定门槛个数。从表 15-6 的检验结果来看，单一门槛和双重门槛效应分别在 5% 和 1% 的水平下通过显著性检验，三重门槛效应不显著，因此模型的最优门槛个数为 2 个，采用双重门槛模型。其次，

对模型的门槛值进行估计，求得双重门槛估计值为 0.022 和 0.038。最后，进一步对模型（15-6）进行门槛效应回归，结果如表 15-7 所示。从回归结果来看，两个门槛值将制造业创新型人力资本存量划分为三个水平：当创新型人力资本存量不超过 2.2% 时，GVC 嵌入对制造业高质量发展的负向影响系数绝对值为 0.4066；当创新型人力资本存量进一步攀升超过 2.2% 而不超过 3.8% 时，GVC 嵌入对制造业高质量发展水平的消极作用被削弱，系数绝对值降低到 0.3670，负向影响被削弱了 9.74%；当创新型人力资本存量持续增大跨越第二个门槛值 3.8% 时，GVC 系数绝对值为 0.3296，负向影响相比于第一阶段降低 18.94%，相比于第二阶段降低 10.19%。以上结果表明随着创新型人力资本水平的不断提高，GVC 嵌入作用于制造业高质量发展的消极影响逐步减弱。这主要是由于创新型人力资本的增加会显著扩大"干中学"效应，从而提高价值链上各行业的要素效益，能够在一定程度上缓解嵌入全球价值链带来的负向影响。这与大多文献研究结论一致。

表 15-6　门槛效应检验

检验模型	F 值	p 值	BS 次数	临界值		
				1%	5%	10%
单一门槛检验	17.358**	0.012	2000	17.659	11.581	8.629
双重门槛检验	10.997***	0.004	2000	6.704	1.570	-1.344
三重门槛检验	-4.833	0.205	2000	1.853	-0.620	-2.266

表 15-7　门槛回归结果

解释变量	系数估计值	t 统计量	p 值
GVC（$IHC \leq 0.022$）	-0.4065541	-6.13	0.000
GVC（$0.022 < IHC \leq 0.038$）	-0.3669961	-2.73	0.007
GVC（$IHC > 0.038$）	-0.3295567	-2.40	0.003
$industry$	-0.2513156	-2.12	0.035
$density$	0.0339132	3.04	0.003
ex	0.0354691	9.25	0.000
ei	-0.0141367	-2.78	0.006

（二）创新型人力资本技术创新效应发挥的门槛效应分析

那么，尽管创新型人力资本超过门槛值，为什么还是无法扭转 GVC 嵌入对制造业高质量发展的负向效应？即为什么随着创新型人力资本的提高，GVC 嵌入对制造业高质量发展的影响不能由负转正呢？这可能是由于在嵌入价值链分工过程中，创新型人力资本的技术创新效应没有得到有效发挥，因而难以大幅度促进价值链升级，从而无法发挥对制造业高质量发展的显著正向作用。技术创新效应的充分发挥，同样对创新型人力资本存量有一定要求。这就意味着创新型人力资本的技术创新效应最大化作用的发挥也存在着一个门槛值。而我国嵌入全球价值链的大多数制造业行业还未达到此门槛值，因而无法使 GVC 嵌入对制造业高质量发展的影响由负转正。为了验证此猜想，构建门槛回归模型如下：

$$Y_{it} = \alpha + \lambda_1 TFP(IHC \leqslant \eta) + \lambda_2 TFP(IHC > \eta) + Z_{it} + \varepsilon_{it} \qquad (15 - 7)$$

其中，TFP 为技术进步率，借鉴参考王玉燕等（2014）的索洛残差法，利用全要素生产率来衡量，IHC 仍为门槛变量，η 为待估门槛值，其余变量含义与前文一致。

门槛回归步骤与前文一致，得到的门槛效应检验结果和门槛估计值如表 15 - 8 所示，得出为单门槛效应，门槛估计值为 0.0153。由表 15 - 9 门槛回归结果可知，当创新型人力资本存量不超过门槛值 0.0153 时，技术进步系数不显著。这表明在创新型人力资本水平较低时，技术创新效应不显著，技术进步对制造业高质量发展的正向促进效应无法发挥。一方面，当创新型人力资本存量较低时技术创新水平难以提高，因此在全球价值链分工背景下技术创新效应无法发挥积极作用，技术效率提升缓慢，导致技术进步对制造业高质量发展的影响不显著；另一方面，横向技术溢出效应的存在使技术进步的作用难以发挥。我国产业技术进步在某种程度上是在参与全球价值链过程中模仿甚至抄袭发达国家的结果，技术水平的提升只是缺乏自主创新的、不可持续的创造性模仿（徐康宁、冯伟，2010），从而无法达到促进我国制造业高质量发展的预想。而当创新型人力资本存量高于门槛值0.0153时，技术进步能够显著促进制造业高质量发展，这主要是因为创新型人力资本水平较高时，技术创新效应能够得到有效发挥。

表15-8　门槛效应检验与门槛估计值

检验	F值	p值	BS次数	门槛估计值	95%的置信区间
单一门槛检验	15.09**	0.0460	2000	0.0153	[0.0144, 0.0153]
双重门槛检验	5.58	0.5320	2000		
三重门槛检验	4.26	0.5415	2000		

表15-9　门槛回归结果

变量	系数估计值	t统计量	p值
TFP（$IHC \leqslant 0.0153$）	-0.0010956	-0.76	0.448
TFP（$IHC > 0.0153$）	0.0029136	2.17	0.031
$industry$	-0.4949091	-4.10	0.000
$density$	0.0319039	2.55	0.012
ex	0.0376285	9.06	0.000
ei	-0.0096265	-1.75	0.082

根据样本数据发现，样本研究期内（2003~2014年）创新型人力资本水平始终高于门槛值0.0153的制造业行业只有7个，分别为化学品及化学制品业，医药制造业，基本金属制造业，计算机、电子产品和光学产品制造业，电力设备制造业，机械设备制造业与交通运输制造业。可见大部分制造业行业在研究期内创新型人力资本水平相对较低，因而在参与全球价值链分工过程中无法充分发挥技术创新效应，导致创新效率低下、价值链升级困难，从而严重拉低了整个制造业的高质量发展水平。

二　异质性分析

（一）GVC不同嵌入位置异质性分析

表15-10是全球价值链嵌入位置异质性回归结果，从第（1）列和第（3）列结果可以看出，在不加创新型人力资本进行回归时，上

游参与度在 10% 的水平下显著为正，这表明上游环节价值链嵌入会显著促进制造业高质量发展，且上游参与度每提高 1 个单位，制造业高质量发展水平会提高 0.1662 个单位；而下游参与度显著为负，表明下游环节价值链嵌入会显著抑制我国制造业的高质量发展。这种结果的差异可以从构建制造业高质量发展评价指标体系的五个方面得到很好的解释，本章重点选择产出效益进行分析。在产出效益方面，当我国制造业处于价值链下游时，只能参与简单的加工装配，所从事的都是低附加值环节，产出效益低下。以苹果手机为例，中国在承接苹果公司的加工组装环节过程中，实际获得的增加值收益仅占产品总价值的 2.3%（Kraemer et al.，2011），大部分收益被处于价值链高端的发达国家垄断。而嵌入上游环节时，处于"微笑曲线"两端的高附加值研发和销售环节，产出效益高，能够有效促进制造业高质量发展。从第（2）列和第（4）列结果可以看出，加入创新型人力资本及其交互项以后，在上游环节，交互项系数在 1% 的水平下显著为正，表明创新型人力资本能够显著抑制 GVC 嵌入时的负向影响，增强正向效应；而在下游环节，交互项系数为正但不显著，这表明低端嵌入时创新型人力资本对于 GVC 嵌入对制造业高质量发展的正向促进作用无法发挥。这可能是因为创新型人力资本作为创新活动的主体，对制度环境要求更为严格。只有拥有与人才相匹配的高质量制度环境才有利于激发人才的创造力（戴翔、刘梦，2018），达到促进制造业高质量发展的目的。当价值链处于下游环节时，国家培育创新型人才的意识仍较为薄弱、制度环境质量也相对较低，导致创新型人力资本无法充分发挥其积极效应，对制造业的高质量发展进程形成阻碍。

表 15-10　GVC 不同嵌入位置异质性回归结果

变量	被解释变量：高质量发展指数 HQD			
	上游嵌入		下游嵌入	
	（1）	（2）	（3）	（4）
UP	0.1662 * （0.0590）	0.0146 （0.8791）		

变量	被解释变量：高质量发展指数 HQD			
	上游嵌入		下游嵌入	
	（1）	（2）	（3）	（4）
DOWN			− 0. 3447 *** （0. 0001）	− 0. 3039 *** （0. 0007）
IHC		0. 4028 ** （0. 0298）		0. 2636 （0. 1427）
UP × IHC		5. 9653 *** （0. 0034）		
DOWN × IHC				1. 3432 （0. 4782）
industry	− 0. 3767 *** （0. 0019）	− 0. 3769 *** （0. 0014）	− 0. 1144 （0. 3999）	− 0. 1485 （0. 2781）
density	0. 0362 *** （0. 0007）	0. 0413 *** （0. 0001）	0. 0397 *** （0. 0001）	0. 0432 *** （0. 0001）
ex	0. 0238 *** （0. 0003）	0. 0192 *** （0. 0031）	0. 0180 *** （0. 0059）	0. 0186 *** （0. 0057）
ei	− 0. 0135 *** （0. 0030）	− 0. 0118 *** （0. 0077）	− 0. 0154 *** （0. 0005）	− 0. 0144 *** （0. 0012）
常数项	0. 0192 （0. 7101）	0. 0220 （0. 6617）	0. 0794 （0. 1324）	0. 0596 （0. 2791）
行业固定效应	是	是	是	是
时间固定效应	是	是	是	是
N	192	192	192	192
Wald 检验	363. 20 ***	176. 20 ***	478. 03 ***	425. 57 ***
Wooldridge 检验	6. 820 **	8. 023 **	7. 289 **	7. 885 **
Hausman 检验	68. 33 ***	65. 07 ***	68. 25 ***	59. 69 ***
chi2	367. 1603 ***	403. 3603 ***	402. 5640 ***	410. 3003 ***

（二）　不同嵌入类型异质性分析

由表 15 - 11 回归结果的第（1）列可知，购买者驱动行业嵌入全球价值链对制造业高质量发展的影响系数为正，但不显著。这表明购买者驱动行业嵌入 GVC 具有促进我国制造业高质量发展的趋势，这主要是由于购买者驱动行业与我国当前全球价值链分工环境更为匹配。但这种促进作用较为微弱，效果不够显著。这可能是由于购买者驱动行业大部分为产出效益低下、技术创新能力不足的劳动密集型行业，因此对制造业高质量发展的正向作用微弱。由第（3）列可知，生产者驱动行业嵌入 GVC 对制造业高质量发展具有显著的抑制作用。这可能是因为生产者驱动行业大部分是资本密集型和技术密集型行业，拥有雄厚的资本以及较高的技术水平，这类行业嵌入 GVC 会对跨国公司造成一定威胁，因此发达国家会采取手段加强对该类行业的"俘获"，增强嵌入全球价值链的负向效应，从而对我国制造业高质量发展会造成不利影响。由第（2）列和第（4）列可知，在加入创新型人力资本及其交互项后，购买者驱动行业嵌入系数符号由正转负，依旧不显著，而交互项系数符号显著为负；生产者驱动行业嵌入系数仍显著为负，交互项系数显著为正。这说明创新型人力资本的作用会加剧购买者驱动行业嵌入 GVC 对制造业高质量发展的负向影响，削弱生产者驱动行业嵌入 GVC 对制造业高质量发展的消极影响。这可能是由于购买者驱动行业资金基础薄弱，创新型人力资本的培育和高技术设备的购置会提高行业生产成本，对其造成严重的生产负担，因此会进一步恶化生产环境，从而加剧对制造业高质量发展的负向影响；而生产者驱动行业具有较好的创新环境和资金基础，因而创新型人力资本能够显著地发挥正向作用。

表 15 – 11　不同嵌入类型异质性回归结果

变量	被解释变量：高质量发展指数 HQD			
	购买者驱动		生产者驱动	
	（1）	（2）	（3）	（4）
GVC	0.0402	− 0.2983	− 0.3171 ***	− 0.4965 ***
	(0.8391)	(0.1892)	(0.0087)	(0.0000)
IHC		1.6874 **		0.6552 ***
		(0.0283)		(0.0000)
$GVC \times IHC$		− 18.5275 ***		3.6346 ***
		(0.0068)		(0.0060)
$industry$	− 0.8373 **	− 0.6307 *	− 0.0780	− 0.0423
	(0.0239)	(0.0749)	(0.5440)	(0.7185)

续表

变量	被解释变量：高质量发展指数 *HQD*			
	购买者驱动		生产者驱动	
	（1）	（2）	（3）	（4）
density	0.0161 (0.4372)	0.0258 (0.1939)	0.0524 *** (0.0000)	0.0577 *** (0.0000)
ex	0.0447 ** (0.0274)	0.0326 * (0.0947)	0.0221 *** (0.0005)	0.0127 ** (0.0372)
ei	-0.0219 * (0.0688)	-0.0224 ** (0.0499)	-0.0054 (0.2012)	-0.0040 (0.2969)
常数项	0.0096 (0.9537)	0.1306 (0.4378)	-0.0223 (0.7511)	0.0368 (0.5946)
行业固定效应	是	是	是	是
时间固定效应	是	是	是	是
N	72	72	120	120
Wald 检验	123.98 ***	52.64 ***	236.05 ***	71.48 ***
Wooldridge 检验	7.314 **	9.577 **	118.642 ***	127.516 ***
Hausman 检验	22.19 ***	16.78 ***	48.17 ***	41.22 ***
chi2	189.6253 ***	224.9933 ***	329.1624 ***	422.5304 ***

第五节　结论与建议

通过上述分析，本章所得结论如下。一是现阶段中国嵌入全球价值链对制造业高质量发展质量具有一定的负向影响，但创新型人力资本能显著削弱 GVC 嵌入对制造业高质量发展的影响。二是 GVC 嵌入在不同创新型人力资本水平下对制造业高质量发展有不同影响，存在创新型人力资本的"门槛效应"。当创新型人力资本存量超过门槛值 2.2% 甚至 3.8% 时，能更进一步削弱 GVC 嵌入对制造业高质量发展的消极影响，但仍无法改变 GVC 嵌入会抑制制造业高质量发展的事实。三是在价值链分工背景下，创新型人力资本的技术创新效应的发挥也存在门槛效应，只有当创新型人力资本存量超过门槛值 1.53% 时，技术创新效应才能显著发挥作用，从而促进制造业高质量发展。

四是上游环节价值链嵌入对制造业高质量发展有显著促进作用，创新型人力资本能够增强上游嵌入对制造业高质量发展的正向作用；下游环节价值链嵌入则会抑制制造业高质量发展，且创新型人力资本在价值链下游无法发挥作用。五是购买者驱动行业嵌入 GVC 对制造业高质量发展的正向影响不显著，而创新型人力资本会严重削弱购买者驱动行业嵌入 GVC 对制造业高质量发展的正向影响，加剧负向影响；生产者驱动行业嵌入 GVC 会显著抑制制造业高质量发展，而在创新型人力资本的作用下，这种抑制作用被削弱。

基于以上结论，本章提出如下建议。第一，要全力推进我国价值链高端嵌入。注重提升产品质量，增强技术创新能力，打造一批品质优良的国际高端品牌，创新发展现有优势品牌。以科技创新为驱动力，促进我国价值链迈向中高端。第二，注重创新型人才的培养和创新制度的改善。制定创新激励政策，积极鼓励创新，注重创新性思维的培养。大力引进创新型人才，拓宽创新型人才引进渠道，充分利用互联网资源，对具有科学创新意识的人才进行挖掘。第三，积极增强本国自主研发实力，全力推进产学研合作。在重点制造业领域加大研发投入，创新产学研合作模式，为加快成果转化奠定基础。

第十六章　全球价值链分工与制造业绿色发展

　　党的二十大报告指出，中国式现代化是人与自然和谐共生的现代化，要坚定不移走生产发展、生活富裕、生态良好的文明发展道路，推动绿色发展，促进人与自然和谐共生。制造业一直是立国之本、强国之基，虽然多年来制造业增加值规模位居世界第一，占据全球1/4的份额，但整体上仍全而不精、大而不强。一方面，自主创新能力不足、核心技术缺失；另一方面，资源依赖性强，能源排放仍较高。因此通过创新驱动制造业绿色低碳发展是中国制造业由大变强的根本出路，也为更好地满足美好生活需要提供了保障。而改革开放40多年来，中国制造业凭借廉价劳动力和丰裕自然资源等优势嵌入由发达国家主导的全球价值链，整体上处于价值链低端的组装加工环节，对我国资源消费与环境保护产生了深远影响。随着新一轮科技革命和产业变革的不断加快，国际分工越来越细化，中国制造业参与全球价值链分工进一步加深，那么对中国制造业绿色发展又会产生怎样的影响呢？技术进步又扮演何种角色呢？毫无疑问，对这些问题的回答，对经济新常态下推动中国制造业高质量发展具有重要意义。

　　全球价值链嵌入和制造业绿色发展都是我国制造业发展的一大战略，但是直接把全球价值链嵌入与制造业绿色发展相结合进行研究的文献较少。由于碳排放是制造业绿色发展的主要负面效应，所以大部分学者从全球价值链嵌入与碳排放的关系中分析全球价值链嵌入对制造业绿色发展的影响，但观点不一。刘会政等（2018）和肖远飞等（2018）基于行业面板数据研究发现了全球价值链嵌入的节能减排效应，全球价值链嵌入程度越高，其对减少碳排放的效果越好，越有利于建立健全绿色低碳循环发展的经济体系。但是我国制造业被锁定在全球价值链的低端生产环节，其生产必定以污染环境与消耗大量的资源为代价。随着国际分工逐渐细化，贸易隐含碳排放规模也会随之扩大，特别是加入 WTO 之后，中国参与全球价值链程度加深，并导致碳排放增加。如何在参与全球价值链分工过程中既实现经济效益又完成节能减排，促进制造业绿色发展？这是包括中国在内的许多国家普遍面临的问题。技术创新是节能减排的持续动力，虞义华等（2011）和谢会强等（2018）发现技术进步对污染有减缓作用。全球价值链嵌入在带来技术进步水平提高的同时也造成了污染转移，而技术进步又是节能减排的主要推动力，那么全球价值链嵌入通过技术进步对污染排放的影响机制是什么样的呢？

本章借鉴上述学者的研究结论，从全球价值链嵌入与碳排放的关系中分析全球价值链嵌入对制造业绿色发展的影响，因此本章接下来的研究框架如下。第一，理论分析全球价值链嵌入与制造业绿色发展之间的关系，特别是在技术进步的约束下，明确全球价值链嵌入对制造业绿色发展的影响机制；第二，实证分析上述影响机制，探究技术进步水平不同时，全球价值链嵌入对制造业绿色发展的影响是否存在差异；第三，构建以技术进步为门槛变量的门槛模型，进一步探究全球价值链嵌入与制造业绿色发展之间的非线性关系；第四，根据上述研究结果寻求中国制造业在全球价值链国际分工下如何实现减排，提出绿色低碳循环发展的政策建议。

第一节　全球价值链分工与制造业绿色发展
相关理论机制和研究假设

一　全球价值链嵌入对制造业绿色发展的直接影响机制

参与全球价值链分工对制造业绿色发展的作用机制主要包括 3 种效应。①规模扩张效应。随着参与全球价值链广度和深度的增加，国际自由贸易往来日益频繁，市场不断扩张，带来生产制造规模不断扩大。此时，短期内在污染排放强度和产出结构既定的情况下，生产制造规模扩大以及资源过度开发利用必然导致污染排放增加和环境恶化，毫无疑问不利于制造业绿色发展。国外学者 Managi（2004）、Frankel 和 Rose（2005）以及 Mccarney 和 Adamowicz（2005）均通过相关实证分析证实了贸易规模扩大的效应远远超过其他效应，会显著增加 CO_2 排放或带来环境恶化。国内学者沈利生和唐志（2008）利用二氧化硫排放作为排放指标，研究发现，在中国国内外贸易相等的条件下，贸易会减少排放，但由于长期巨额贸易顺差的存在，贸易对环境的影响总体是负向的。李锴和齐绍洲（2011）利用中国省级数据验证了贸易和 CO_2 排放的关系，发现负向规模效应远大于正向技术效应，最终导致贸易开放，提升了碳排放强度。②污染转移效应。"污染天堂假说"认为高污染、高能耗、高排放产业会通过自由贸易或FDI 的方式由环境管制严格的发达国家向管制相对宽松的发展中国家转移，从而导致发展中国家污染水平上升。由于与发达国家存在一定的技术差距，改革开放以来，中国只能凭借劳动力或自然资源禀赋优势参与全球价值链分工，发达国家将低能耗、高附加值的研发设计或营销环节留在国内，将高能耗、低附加值的加工环节转移到中国，从而导致污染的国际转移（王玉燕等，2015）。Levinson 和 Taylor（2008）通过解决内生性问题的实证检验，也证实了污染与贸易流向的关系。潘安（2018）和吕延方等（2019）均认为随着参与全球价值链程度的加深，贸易隐含碳排放不断上升，"污染天堂假说"成立。③低端锁定效应。Humphrey 和 Schmitz（2002）、王玉燕等（2014）以及吕越等（2018）均认为发展中国家凭借劳动力优势参与全球价值链分工，由于缺乏核心技术以及低碳研发环节的高风险性，被迫锁定在低附加值、高碳排放的低端生产制造环节。发展中国家制造业企业致力于向价值链高端攀升，但由于会威胁到发达国家的核心利益，挤占它们的市场资源，发达国家为了维护市场后方的制造"大染缸"，势必会全力阻断发展中国家制造业企业功能升级和链条升级，将其锁定在高污染的低附加值制造环节。为此，本章提出假设 1：参与全球价值链分工会直接阻碍中国制造业绿色发展。

二　技术进步影响下全球价值链嵌入对制造业绿色发展的作用机制

虽然由于规模扩张、污染转移以及低端锁定效应的存在，全球价值链嵌入对制造业绿色发展存在负向影响，但参与发达国家主导的价值链分工能够获得一定的学习机会和技术外溢，发达国家对清洁能源技术使用以及环保标准的高要求，迫使中国制造业企业向能源集约化方向发展（王玉燕等，2015）。也就是说，技术进步会影响全球价值链嵌入对制造业绿色发展的负向作用，具体包括 3 种效应。第一，"干中学"效应。中国企业融入发达国家主导或跨国公司组织的全球生产体系，一方面能够在跨国公司的监督与帮助下获得难得的学习机会（王玉燕等，2015），另一方面通过进口中间投入品不断积累技术经验，进而不断强化已经形成的竞争优势（王燕梅、简泽，2013），最终也能够提升绿色制造技术水平。第二，技术外溢效应。参与产品国际分工与协作，本土制造业企业通过与发达国家企业建立经济联系获得技术外溢，提升节能减排效果。第三，倒逼效应。为符合跨国公司对质量、环保等方面的高标准要求，中国制造业企业被迫学习发达国家的生产技术与管理能力，提升自身环保意识，推动制造业绿色发展。也就是说，虽然参与全球价值链分工会在一定程度上制约中国制造业绿色发展之路，但由于以上三大效应的存在，中国制造业企业在国际分工中获得了技术进步空间，从而加快推动了中国制造业绿色发展。为此，本章提出假设 2：技术进步会弱化全球价值链嵌入对中国制造业绿色发展的约束作用，并且可能会产生门槛效应。

第二节　全球价值链分工与制造业绿色发展的实证检验设计

一　模型设定与变量说明

为了检验全球价值链嵌入对中国制造业绿色发展的影响以及技术

进步可能产生的偏效应，建立如下分析模型：

$$CO_{2it} = \alpha + \beta_1 GVC_{it} + \beta_2 TFP_{it} + \beta_3 GVC_{it} \times TFP_{it} + \beta_z Z_{it} + \varepsilon_{it} \qquad (16-1)$$

其中，被解释变量 CO_{2it} 表示制造业绿色发展水平，解释变量 GVC_{it} 是嵌入全球价值链的程度，TFP_{it} 代表技术进步水平，$GVC_{it} \times TFP_{it}$ 为标准化后的交互项，Z_{it} 是控制变量所构成的向量集，i 表示工业行业，t 代表年份，α 是常数项，β_1、β_2、β_3 是系数，β_z 是系数向量，ε_{it} 是随机扰动项。

（1）制造业绿色发展水平（CO_{2it}）。碳排放是制造业的主要污染物之一，为此本章采用二氧化碳排放强度的对数值作为负向地衡量制造业绿色发展水平的指标。参考王玉燕等（2015）的测算方法，利用各行业 8 类一次能源消耗量来估算：

$$CO_2 = \sum_{i=1}^{8} CO_{2i} = \sum_{i=1}^{8} \left[E_i \times NCV_i \times CEF_i \times COF_i \times (44/12) \right] \qquad (16-2)$$

其中，CO_2 为估算的 CO_2 排放总量，$i = 1, 2, \cdots, 8$ 分别表示 8 类一次能源，E_i 表示能源消费量，NCV_i 表示各类能源的平均低位发热量，CEF_i 代表各类能源碳排放系数（单位热值含碳量），COF_i 为各类能源的碳氧化因子，$44/12$ 为 CO_2 与 C 的分子量比。

（2）全球价值链嵌入程度（GVC_{it}）。为了避免重复性计算，Koopman 等（2014）把出口分解为国内增加值与国外增加值，通过比较国内增加值和国外增加值的大小测算参与价值链的程度与位置。但是该方法只能分解一国总出口，不适用于双边贸易，故本章参照王直等（2015）提出的多个层面分解方法来测算嵌入全球价值链的程度：

$$GVC_{it} = \frac{IV_{it}}{E_{it}} + \frac{FV_{it}}{E_{it}} = \frac{DVA\_REX_{it}}{E_{it}} + \frac{FVA\_FIN_{it} + FVA\_INT_{it}}{E_{it}} \qquad (16-3)$$

（3）行业技术进步（TFP_{it}）。较多学者采用全要素生产率来衡量技术进步，本章参考王玉燕等（2014）的做法，构造规模报酬不变的生产函数，利用索洛残差法来测算各行业的 TFP 数值。

（4）控制变量（Z_{it}）。具体包括：①能源消耗结构（EI_{it}），采用能源消耗总量的对数表示；②行业结构（SCA_{it}），用规模以上行业企业数的对数表示；③投资结构（$FORE_{it}$），用各行业总外资与规模以上行业总资产的比值表示；④要素结构（LAB_{it}），用规模以上行业从业人员的对数表示。

二　样本与数据说明

本章研究对象为制造业，分行业能源消费数据来自历年《中国能源统计年鉴》，各行业双边贸易数据来自 2016 版 WIOD 数据库，分行业规模以上企业数、从业人员数、总资产、外资数据来自历年《中国工业统计年鉴》。由于国内统计年鉴行业标码与 WIOD 数据库行业标码不完全一致，为此本章根据《国民经济行业分类》（GB/T 4754—2011）和《国际标准行业分类》（ISIC Rev 4.0）对照表把国内行业和国际行业进行匹配，最终将制造业分为食品饮料及烟草业，纺织服装及皮革制造业，木材加工业，造纸和纸制品业，印制和记录媒介复制业，焦炭和精炼石油制造业，化学品及化学制品业，医药制造业，橡胶和塑料制品制造业，非金属矿物制造业，基本金属制造业，金属品制造业，计算机、电子产品和光学产品制造业，电力设备制造业，机械设备制造业，交通运输制造业等 16 个行业。由于数据的可得性，时间区间为 2000～2014 年共 15 个时期，为此样本延续期为 15 年，分析截面为 16 个制造业行业，观测值为 240 个。从表 16 - 1 可以看出，各行业 CO_2 排放量标准差较大，行业异质性明显。从表 16 - 2 可以看出，各解释变量的 Pearson 相关系数绝大多数不超过 0.6，并且 VIF 膨胀因子最高为 6.09，表明不存在明显的多重共线性。

表 16 - 1　变量描述性统计

变量	观测值	均值	标准差
CO_2	240	6.026	1.915
GVC	240	0.274	0.073
TFP	240	3.064	0.949
EI	240	8.666	1.449

续表

变量	观测值	均值	标准差
SCA	240	9.424	0.869
FORE	240	0.292	0.125
LAB	240	5.677	0.852

表 16-2　变量间 Pearson 相关系数

变量	CO_2	GVC	TFP	EI	SCA	FORE	LAB
CO_2	1						
GVC	0.212***	1					
TFP	-0.019	0.089	1				
EI	0.953***	0.274***	0.011	1			
SCA	0.069	-0.244***	0.033	0.143**	1		
FORE	-0.547***	0.164**	0.019	-0.548***	0.177***	1	
LAB	0.220***	-0.128**	0.056	0.267***	0.898**	0.155**	1

注：** $p < 0.05$，*** $p < 0.01$。

第三节　全球价值链分工与制造业绿色发展的实证结果分析

一　基准回归

为克服异方差和序列相关可能产生的干扰，本章分别采用 OLS + Robust 回归以及可行的广义最小二乘法（FGLS）对式（16-1）进行估计，结果如表16-3所示。

表 16-3　基准回归结果

变量	被解释变量：CO_2					
	(1)	(2)	(3)	(4)	(5)	(6)
	OLS	FGLS	OLS	FGLS	OLS	FGLS
GVC	2.3430* (1.824)	2.3430** (1.974)	2.4093* (1.896)	2.4093** (2.056)	2.2564* (1.780)	2.2564* (1.935)

续表

变量	被解释变量：CO_2					
	（1）	（2）	（3）	（4）	（5）	（6）
	OLS	FGLS	OLS	FGLS	OLS	FGLS
TFP			−0.0388 ** （−2.347）	−0.0388 ** （−2.546）	−0.0378 ** （−2.291）	−0.0378 ** （−2.491）
GVC × TFP					−0.4264 * （−1.732）	−0.4264 * （−1.883）
EI	0.1592 ** （2.073）	0.1592 ** （2.243）	0.1487 * （1.954）	0.1487 ** （2.119）	0.1349 * （1.771）	0.1349 * （1.926）
SCA	0.9425 *** （5.005）	0.9425 *** （5.415）	0.9547 *** （5.123）	0.9547 *** （5.556）	0.9300 *** （5.000）	0.9300 *** （5.437）
FORE	1.0520 ** （2.444）	1.0520 *** （2.644）	1.0743 ** （2.522）	1.0743 *** （2.736）	1.0743 ** （2.535）	1.0743 *** （2.756）
LAB	−0.7485 *** （−4.173）	−0.7485 *** （−4.515）	−0.7067 *** （−3.963）	−0.7067 *** （−4.299）	−0.6561 *** （−3.648）	−0.6561 *** （−3.967）
常数项	−0.3335 （−0.240）	−0.3335 （−0.260）	−0.5177 （−0.376）	−0.5177 （−0.408）	−0.4175 （−0.305）	−0.4175 （−0.331）
时间固定效应	是	是	是	是	是	是
行业固定效应	是	是	是	是	是	是
N	240	240	240	240	240	240
F/chi2	476.2814 ***	18958.294 ***	473.0064 ***	19476.720 ***	464.4584 ***	19768.044 ***
Hausman 检验	67.62 ***		66.66 ***		77.92 ***	

注：①* p＜0.1，** p＜0.05，*** p＜0.01；②OLS 估计结果括号内为 t 值，FGLS 估计结果括号内为 z 值；③回归估计所用软件为 Stata 15.0；④Hausman 检验结果拒绝原假设，故选择固定效应模型，并加入时间和行业固定效应。

表16－3第（1）、第（2）列结果显示，GVC 变量系数在5%或10%的水平下显著为正，表明参与全球价值链分工在一定程度上确实阻碍了制造业绿色发展，假设1得证。中国制造业整体上处于价值链中低端环节，大多参与高污染、高消耗、高排放、低附加值的"三高一低"组装加工环节，发达国家不仅把污染产品和污染产业转移到中国，还会把污染性技术转移到中国，将中国作为它们的"污染避难所"。第（3）、第（4）列结果显示，加入 TFP 变量后，GVC 变量系数仍显著为正，而 TFP 变量回归系数均在5%的水平下显著为负，说明技术进步能够有效推动制造业绿色发展，尤其是绿色技术水平的提

升改变了传统污染类行业的生产方式，迫使它们逐步退出生产前沿，逐渐形成以高新技术产业为主导的现代产业体系，加快推动节能减排，促进制造业绿色高质量发展。第（5）、第（6）列加入 GVC 与 TFP 的交互项来考察技术进步对全球价值链绿色发展效应的影响，结果显示，交互项回归系数显著为负，表明技术进步能够在一定程度上弱化全球价值链嵌入对制造业绿色发展的负向作用。参与发达国家或跨国公司主导的价值链，能够获得一定的学习机会以及技术外溢，尤其是清洁生产技术水平的提升能够推动制造业绿色发展。综合来看，全球价值链嵌入对制造业 CO_2 排放的总效应为 $2.2564 - 0.4264TFP$，这就说明全球价值链嵌入对制造业绿色发展的影响在技术进步的调节下可能存在门槛效应，这与杨飞等（2017）的研究结果基本类似。

从控制变量来看，变量 EI 系数显著为正，表明能耗增加不利于制造业绿色发展。这是由于我国能耗结构仍以煤炭、石油、天然气等化石能源为主，碳排放量处于高位。变量 SCA 的系数也在 1% 的水平下显著为正，表明行业绿色规模经济效应还未凸显，原因可能是行业规模的扩大导致更多的化石能源被消耗，加剧制造业污染。变量 $FORE$ 系数显著为正，表明外资的增加制约了制造业绿色发展，可能的原因是低端的外资利用或产业转移更多以污染型生产为主，加上吸收能力有限，无法享受高端技术外溢，从而造成更大的碳排放。变量 LAB 系数显著为负，这跟要素禀赋结构有关，参与全球价值链分工的制造业企业以低端劳动密集型为主，劳动力投入量较大，但造成的污染相对较少。

二　内生性检验

毫无疑问，参与全球价值链分工对制造业绿色发展存在显著影响，但制造业企业的节能减排以及绿色节能技术的发展也间接影响了制造业价值链地位，因此全球价值链嵌入与制造业绿色发展之间可能存在双向因果关系。为克服内生性可能的影响，本章以碳排放滞后项 $L.CO_2$ 作为工具变量，采用动态面板数据的 GMM 模型进行内生性估计，结果如表 16 – 4 所示，AR（2）统计量不显著，表明不存在二阶以上序列相关，并且 Sargan 检验结果显示接受工具变量合理性的假设。内生性检验结果显示，全球价值链嵌入系数显著为正，技术进步系数显著为负，全球价值链嵌入与技术进步交互项系数显著为负，并且显著性较基准回归结果大幅提升，很好地说明了基准回归结果的稳健性。另外，碳排放滞后项系数显著为正，表明了制造业绿色发展的动态延续性特征。

表 16 – 4 内生性检验结果

变量	被解释变量：CO_2		
	（1）SYS – GMM	（2）SYS – GMM	（3）SYS – GMM
L. CO_2	0.3766 *** （8.3575）	0.3981 *** （8.7972）	0.4149 *** （6.0565）
GVC	3.6800 *** （9.5664）	3.8180 *** （7.0361）	2.6114 *** （3.7308）
TFP		− 0.0219 *** （− 5.0396）	− 0.0140 * （− 1.7939）
GVC × TFP			− 0.9346 * （− 1.7085）
控制变量	是	是	是
AR（2）	0.9295 [0.3526]	0.9668 [0.3336]	0.9773 [0.3284]
Sargan 检验	14.1107 [1.0000]	14.4741 [1.0000]	14.4092 [1.0000]
N	224	224	224
chi2	1237.2642 ***	635.2944 ***	1375.7096 ***

注：①* $p < 0.1$，*** $p < 0.01$；②圆括号内数值为 z 值，方括号内数值为 p 值；③回归估计所用软件为 Stata 15.0；④AR（2）表示二阶差分序列相关检验，Sargan 检验为过度识别检验。

第四节 全球价值链分工与制造业绿色发展关系的门槛效应和嵌入环节作用机制

一 门槛效应分析

根据理论分析与实证检验结果均可以看出，参与全球价值链分工会妨碍中国制造业绿色发展，但是全球价值链嵌入对制造业绿色发展的影响可能会因为技术进步水平不同而呈现不同的非线性关系。为了研究技术进步水平不同时，全球价值链嵌入对制造业绿色发展的影响机制，本章进一步以技术进步为门槛变量，设定如下门槛模型：

$$CO_{2it} = \alpha + \beta_1 GVC_{it} d(TFP_{it} \leqslant q) + \beta_2 GVC_{it} d(TFP_{it} > q) + \gamma Z_{it} + \varepsilon_{it}$$

$$(16-4)$$

其中，TFP_{it} 为门槛变量，q 为待估门槛值，$d(\cdot)$ 代表样本分段虚拟变量。首先，我们需要确定门槛的个数，以便确定模型的形式。如表 16-5 所示，单一门槛检验的 p 值为 0.018，在 5% 的水平下显著，双重门槛检验的 p 值为 0.004，在 1% 的水平下显著，三重门槛检验的 p 值为 0.596，不显著，因此，最优模型为双重门槛模型。进一步估计得到双重门槛值分别为 2.0218、5.5511。

表 16-5　门槛效应检验

模型	F 值	p 值	BS 次数	1% 临界值	5% 临界值	10% 临界值
单一门槛	15.184 **	0.018	2000	16.847	10.317	5.101
双重门槛	60.733 ***	0.004	2000	49.183	24.477	-1.301
三重门槛	0.235	0.596	2000	6.071	3.340	2.201

注：** $p < 0.05$，*** $p < 0.01$。

如表 16-6 所示，当 TFP 值小于等于门槛值 2.0218 时，全球价值链嵌入系数在 1% 的水平下显著为 3.0002，表明此时全球价值链嵌入显著加剧了碳排放，不利于制造业绿色发展。随着 TFP 的上升，当取值位于（2.0218，5.5511] 区间时，GVC 变量回归系数在 1% 的水平下显著为 2.9581，较上一个区间回归系数有一定程度的下降，表明随着技术的进步，GVC 变量对制造业绿色发展的负向作用在逐步减弱。当 TFP 取值大于第二个门槛值 5.5511 时，GVC 变量回归系数在 5% 的水平下显著为 -2.2698，由之前的正数转为负数，表明当 TFP 取值突破第二个门槛值后，全球价值链嵌入对制造业绿色发展的负向抑制作用转为正向推动作用。也就是说，虽然参与全球价值链分工整体上不利于中国制造业绿色发展，但由于"干中学"效应、技术外溢效应以及倒逼效应的存在，制造业企业能够获得技术进步的空间，不断提升创新能力，最终有利于制造业绿色发展。

表 16 - 6 门槛回归结果

变量	被解释变量：CO_2		
	(1)	(2)	(3)
	OLS	FE	FGLS
GVC（$TFP \leqslant 2.0218$）	3.0002***	3.0002***	3.0002***
	(3.1322)	(3.1322)	(3.4057)
GVC（$2.0218 < TFP \leqslant 5.5511$）	2.9581***	2.9581***	2.9581***
	(3.1226)	(3.1226)	(3.3953)
GVC（$TFP > 5.5511$）	-2.2698**	-2.2698**	-2.2698**
	(-2.2503)	(-2.2503)	(-2.4468)
控制变量	是	是	是
时间固定效应	是	是	是
行业固定效应	是	是	是
N	240	240	240
F/chi2	833.8646***	49.8983***	35490.5900***

注：①** $p < 0.05$，*** $p < 0.01$；②OLS 和 FE 回归结果括号内为 t 值，FGLS 回归结果括号内为 z 值；③回归估计所用软件为 Stata 15.0。

那么问题便应运而生：既然在技术进步的作用下，全球价值链嵌入对制造业绿色发展存在门槛效应，并且 GVC 的负向作用存在转正的可能，那么为何目前 GVC 嵌入仍表现出抑制作用呢？为进一步刻画技术进步水平对 GVC 嵌入的绿色效应的影响，本章按照上文识别的两个门槛值 2.0218 与 5.5511，将 16 个制造业行业 TFP 水平进行分类。由图 16 - 1 可知，样本期内仅 2002 年和 2010 年各有一个制造业行业 TFP 大于高门槛值 5.5511，其他行业技术进步水平均位于高门槛值以下，直接导致全球价值链嵌入对制造业绿色发展的抑制作用，这也再次验证了本章基准回归结果的可靠性。

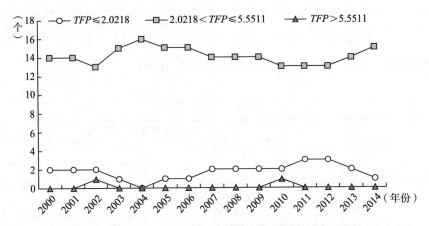

图 16 - 1　2000 ~ 2014 年 TFP 取值的行业数量变化情况

资料来源：笔者绘制。

二　不同价值链嵌入环节作用机制

参与全球价值链的位置是决定国际分工地位的重要因素（王岚、李宏艳，2015），毫无疑问也会对制造业绿色发展产生一定的影响。为考察不同价值链嵌入环节对制造业绿色发展的影响，本章进一步将 GVC 嵌入分解为上游嵌入 UP 和下游嵌入 DOWN[①]，估计结果如表 16 - 7所示。第（1）、第（2）列为价值链上游嵌入对制造业绿色发展影响的回归结果，上游嵌入 UP 系数虽为负，但不显著，可能跟目前制造业整体上游嵌入度不高有关。上游嵌入度 UP 与 TFP 交互项系数在 1% 的水平下显著为负，表明参与全球价值链分工上游环节的过程中，技术进步能够有效发挥对绿色发展的促进作用，从而加快制造业节能减排步伐。第（3）、第（4）列为价值链下游嵌入对制造业绿色发展影响的回归结果，可以看出下游嵌入 DOWN 系数在 1% 的水平下显著为正，并且与 TFP 交互项系数也显著为正，表明参与价值链下游低端环节不利于制造业绿色发展，并且在下游环节技术进步也无法弱化反倒加强了价值链嵌入对制造业绿色发展的负向作用。这是因为

---

① 根据上文测算全球价值链嵌入程度的公式，上游嵌入度计算公式为 $UP = IV/E$，下游嵌入度计算公式为 $DOWN = FV/E$。

价值链下游生产环节污染程度高、附加值低，主要依赖劳动或资本要素，对技术要素需求不高，长期低技术水平的生产惯性导致吸收能力较弱，短期内难以获得技术溢出，最终不利于制造业的绿色发展。

表 16 – 7　不同价值链嵌入环节的估计结果

变量	被解释变量：CO_2			
	(1) UP	(2) UP	(3) $DOWN$	(4) $DOWN$
	OLS	FGLS	OLS	FGLS
$UP/DOWN$	– 1.1539 (– 0.8677)	– 1.1539 (– 0.9435)	3.3363 *** (2.7425)	3.3363 *** (2.9820)
TFP	– 0.0357 ** (– 2.1683)	– 0.0357 ** (– 2.3577)	– 0.0340 ** (– 2.0672)	– 0.0340 ** (– 2.2477)
$UP \times TFP/DOWN \times TFP$	– 0.9844 *** (– 3.4668)	– 0.9844 *** (– 3.7695)	0.7278 * (1.8283)	0.7278 ** (1.9879)
控制变量	是	是	是	是
时间固定效应	是	是	是	是
行业固定效应	是	是	是	是
N	240	240	240	240
F/chi2	478.4148 ***	20362.0873 ***	473.3472 ***	20146.4017 ***
Hausman 检验	73.250 ***		56.100 ***	

注：① * p < 0.1，** p < 0.05，*** p < 0.01；②OLS 估计结果括号内为 t 值，FGLS 估计结果括号内为 z 值；③回归估计所用软件为 Stata 15.0。

第五节　结论和建议

本章以制造业绿色发展为研究对象，基于全球价值链嵌入对制造业绿色发展的影响机制以及技术进步的作用机理，通过匹配国际WIOD 和国内统计年鉴数据，实证检验发现，全球价值链嵌入对中国制造业绿色发展存在消极影响，但由于"干中学"效应、技术外溢效应以及倒逼效应的存在，技术进步能够弱化这一消极影响。进一步研究发现，全球价值链嵌入与制造业绿色发展在技术进步的约束下存在双重门槛效应，TFP 的双重门槛值分别为 2.0218、5.5511。当 TFP 小于等于 5.5511 时，全球价值链嵌入对制造业绿色发展主要以负向作用为主；当 *TFP* 值突破 5.5511 时，全球价值链嵌入对制造业绿色发展的负向抑制作用转为正向促进作用。但目前中国绝大多数制造业 *TFP* 并未超过有效的门槛值，从而导致参与全球价值链分工的正向作用并未显现出来。从不同价值链嵌入环节来看，上游环节技术进步能够有效发挥对绿色发展的促进作用，而下游环节技术进步非但无法弱化反倒加强了价值链嵌入对绿色发展的负向作用。

本章基于研究结论提出以下政策建议。首先，建立可持续发展的机制。在全球价值链中，应以可持续发展机制为前提，转变"高污染、高消耗、高排放"的经济发展方式，调整发展政策，实现经济环境协调发展。在国际分工活动中，要在参与全球价值链的过程中既促进经济发展又避免付出沉重的环境代价，力求环境的可持续发展。其次，主动重构全球价值链。借助"一带一路"建设契机，实施"走出去"战略，尝试构建以中国为主导的价值链链条，打造主导价值链链条制度基础和技术基础，逐步走出低端加工制造环节，摆脱"污染天堂"。最后，提升中国低碳经济的国际竞争力。加大减排技术研发的投资力度，重点关注减排技术的核心领域。密切关注国外减排技术的研发，学习、吸收和消化国外先进技术，并且在此基础上进行再创新，占据减排技术创新的制高点是提高低碳竞争力的关键。

参考文献

[1] 巴亚琼，2010，《邓小平致富理论研究》，硕士学位论文，沈阳理工大学。

[2] 蔡海亚、徐盈之，2018，《产业协同集聚、贸易开放与雾霾污染》，《中国人口·资源与环境》第 6 期。

[3] 蔡晓慧、茹玉骢，2016，《地方政府基础设施投资会抑制企业技术创新吗？——基于中国制造业企业数据的经验研究》，《管理世界》第 11 期。

[4] 曹炳汝、孙巧，2019，《产业集聚与城镇空间格局的耦合关系及时空演化——以长三角区域为例》，《地理研究》第 12 期。

[5] 曹吉云、佟家栋，2017，《影响区域经济一体化的经济地理与社会政治因素》，《南开经济研究》第 6 期。

[6] 陈爱贞、陈凤兰、何诚颖，2021，《产业链关联与企业创新》，《中国工业经济》第 9 期。

[7] 陈宝东、崔晓雪，2022，《地方政府债务、金融营商环境与实体企业融资约束》，《财政科学》第 1 期。

[8] 陈洪斌，2019，《美国制造业的发展变迁对我国的启示》，《债券》第 11 期。

[9] 陈继勇，2018，《中美贸易战的背景、原因、本质及中国对策》，《武汉大学学报》（哲学社会科学版）第 5 期。

[10] 陈建军、刘月、邹苗苗，2016，《产业协同集聚下的城市生产效率增进——基于融合创新与发展动力转换背景》，《浙江大学学报》（人文社会科学版）第 3 期。

［11］陈开军、赵春明，2014，《贸易开放对我国人力资本积累的影响——动态面板数据模型的经验研究》，《国际贸易问题》第3期。

［12］陈立敏、周材荣，2016，《全球价值链的高嵌入能否带来国际分工的高地位——基于贸易增加值视角的跨国面板数据分析》，《国际经贸探索》第10期。

［13］陈伟、张长孝、李传云、冯志军，2017，《基于DEA-Malmquist指数的高新技术产业技术创新效率评价研究》，《科技管理研究》第3期。

［14］崔书会、李光勤、豆建民，2019，《产业协同集聚的资源错配效应研究》，《统计研究》第2期。

［15］代谦、别朝霞，2006，《人力资本、动态比较优势与发展中国家产业结构升级》，《世界经济》第11期。

［16］戴翔、刘梦，2018，《人才何以成为红利——源于价值链攀升的证据》，《中国工业经济》第4期。

［17］戴翔、徐柳，2017，《中国外贸增速变化的行业差异性——基于全球价值链参与度视角》，《国际商务研究》第6期。

［18］戴翔、张二震，2018，《逆全球化与中国开放发展道路再思考》，《经济学家》第1期。

［19］戴翔、郑岚，2015，《制度质量如何影响中国攀升全球价值链》，《国际贸易问题》第12期。

［20］邓洲、于畅，2021，《"十四五"时期制造业结构调整方向与重点》，《中国井冈山干部学院学报》第1期。

［21］丁雯、张录法，2010，《韩国医疗保险制度借鉴》，《经济视角（下）》第9期。

［22］董书礼，2006，《美国制造业：在创新中调整和发展》，《求是》第23期。

［23］杜永红，2019，《中美经贸摩擦的本质与中国应对之策》，《中国流通经济》第9期。

[24] 方大春、张凡、芮明杰，2016，《我国高新技术产业创新效率及其影响因素实证研究——基于面板数据随机前沿模型》，《科技管理研究》第 7 期。

[25] 傅为忠、刘瑶，2021，《产业数字化与制造业高质量发展耦合协调研究——基于长三角区域的实证分析》，《华东经济管理》第 12 期。

[26] 葛顺奇、谭人友，2015，《全球产业竞争格局与中国国际竞争地位——基于全球价值链的视角》，《国际经济合作》第 8 期。

[27] 工业和信息化部运行监测协调局，2022，《2021 年通信业统计公报》，1 月 25 日，https://www.miit.gov.cn/jgsj/yxj/xxfb/art/2022/art_3b457a2cda504fe89b75605fe7235492.html。

[28] 郭朝先，2019，《当前中国工业发展问题与未来高质量发展对策》，《北京工业大学学报》（社会科学版）第 2 期。

[29] 郭凯明、王藤桥，2019，《基础设施投资对产业结构转型和生产率提高的影响》，《世界经济》第 11 期。

[30] 郭晴，2019，《中美贸易摩擦对中国经济贸易的中长期影响研究》，《求索》第 6 期。

[31] 国纪平，2019，《任何挑战都挡不住中国前进的步伐》，《商业文化》第 15 期。

[32] 郝永敬、程思宁，2019，《长江中游城市群产业集聚、技术创新与经济增长——基于异质产业集聚与协同集聚视角》，《工业技术经济》第 1 期。

[33] 何曼青，2019，《中美经贸摩擦对我国利用外资的影响与应对》，《中国外资》第 23 期。

[34] 洪俊杰、杨志浩，2019，《中美贸易摩擦对中国制造业的影响及中国策略》，《国际贸易》第 8 期。

[35] 黄宝振，2021，《美国促进中小企业发展的经验及对我国的启示》，《中外企业文化》第 6 期。

[36] 黄琼、李娜娜，2019，《制造业全球价值链地位攀升影响因素分

析——基于发达国家与发展中国家的比较》，《华东经济管理》第 1 期。

[37] 黄群慧、倪红福，2021，《中国经济国内国际双循环的测度分析——兼论新发展格局的本质特征》，《管理世界》第 12 期。

[38] 黄赜琳、姚婷婷，2020，《市场分割与地区生产率：作用机制与经验证据》，《财经研究》第 1 期。

[39] 霍春辉、张银丹，2022，《水深则鱼悦：营商环境对企业创新质量的影响研究》，《中国科技论坛》第 3 期。

[40] 纪然，2019，《中美贸易战对我国制造业的影响分析》，《中国市场》第 11 期。

[41] 纪祥裕、顾乃华，2020，《生产性服务业与制造业协同集聚具有创新驱动效应吗》，《山西财经大学学报》第 7 期。

[42] 纪玉俊、孙红梅，2020，《产业协同集聚的城市创新效应存在触发条件吗?》，《山东财经大学学报》第 6 期。

[43] 季良玉，2017，《技术创新路径与中国制造业产业集约化发展》，《山西财经大学学报》第 6 期。

[44] 季书涵、朱英明、张鑫，2016，《产业集聚对资源错配的改善效果研究》，《中国工业经济》第 6 期。

[45] 冀瑜、徐爱微，2008，《美国科技创新法律体系浅析》，《科技创新导报》第 2 期。

[46] 贾海基、李春顶，2006，《我国对外贸易摩擦频繁爆发之合理性研究及对策》，《国际贸易问题》第 7 期。

[47] 贾康、苏京春，2016，《论供给侧改革》，《管理世界》第 3 期。

[48] 江静、刘志彪、于明超，2007，《生产者服务业发展与制造业效率提升：基于地区和行业面板数据的经验分析》，《世界经济》第 8 期。

[49] 江小国、何建波、方蕾，2019，《制造业高质量发展水平测度、区域差异与提升路径》，《上海经济研究》第 7 期。

[50] 蒋为、黄玖立，2014，《国际生产分割、要素禀赋与劳动收入份

额：理论与经验研究》，《世界经济》第 5 期。

[51] 金仁淑、孙玥，2019，《日本制造业："丑闻"频发，竞争力下降》，《现代日本经济》第 6 期。

[52] 康岳宗，2018，《美国金融服务业对制造业发展的影响研究》，硕士学位论文，河北大学。

[53] 黎峰、曹晓蕾、陈思萌，2019，《中美贸易摩擦对中国制造供应链的影响及应对》，《经济学家》第 9 期。

[54] 李春顶，2007，《中美贸易摩擦成因中的心理、制度和政治因素分析》，《财贸研究》第 3 期。

[55] 李锴、齐绍洲，2011，《贸易开放、经济增长与中国二氧化碳排放》，《经济研究》第 11 期。

[56] 李敏、吴莲香，2019，《从经济学角度浅析中美贸易摩擦对中国经济的影响》，《现代商业》第 19 期。

[57] 李平、刘楚楠，2019，《中国工业品出口对美制造业创新的影响》，《学习与探索》第 10 期。

[58] 李盛楠、范德成，2020，《中国高新技术产业技术创新效率影响因素研究——一个理论框架》，《科技进步与对策》第 7 期。

[59] 李新春、李胜文、张书军，2010，《高新技术与非高新技术产业创新的单要素效率》，《中国工业经济》第 5 期。

[60] 李秀珍、孙钰，2017，《韩国海外人才引进政策的特征与启示》，《教育学术月刊》第 6 期。

[61] 李雪松、孙博文，2015，《密度、距离、分割与区域市场一体化——来自长江经济带的实证》，《宏观经济研究》第 6 期。

[62] 李怡、李平，2018，《FDI 对中国工业价值链升级影响的异质性考察》，《世界经济研究》第 5 期。

[63] 梁碧波，2017，《全球价值链参与模式的变化轨迹及其对国际分工地位的影响——来自中国的经验证据》，《广东财经大学学报》第 6 期。

[64] 林季红、刘莹，2013，《内生的环境规制："污染天堂假说"在

中国的再检验》，《中国人口·资源与环境》第 1 期。

[65] 林丽敏，2019，《日本制造业："回归"抑或"从未失去"》，《现代日本经济》第 5 期。

[66] 林玲、容金霞，2016，《参与全球价值链会拉大收入差距吗——基于各国后向参与度分析的视角》，《国际贸易问题》第 11 期。

[67] 刘秉镰、刘玉海，2011，《交通基础设施建设与中国制造业企业库存成本降低》，《中国工业经济》第 5 期。

[68] 刘凤朝、张娜、赵良仕，2020，《东北三省高新技术制造产业创新效率评价研究——基于两阶段网络 DEA 模型的分析》，《管理评论》第 4 期。

[69] 刘贵富、赵英才，2006，《产业链：内涵、特性及其表现形式》，《财经理论与实践》第 3 期。

[70] 刘会政、宗喆、李国正，2018，《嵌入全球价值链对出口贸易碳排放的影响——基于中国制造业行业层面数据的实证研究》，《广西社会科学》第 7 期。

[71] 刘磊，2019，《全球价值链嵌入与我国制造业技术含量提升》，《科学学研究》第 10 期。

[72] 刘庆林、高越、韩军伟，2010，《国际生产分割的生产率效应》，《经济研究》第 2 期。

[73] 刘维刚、倪红福、夏杰长，2017，《生产分割对企业生产率的影响》，《世界经济》第 8 期。

[74] 刘伟，2015，《中国高新技术产业研发创新效率测算——基于三阶段 DEA 模型》，《数理统计与管理》第 1 期。

[75] 刘晓东、毕克新、叶惠，2016，《全球价值链下低碳技术突破性创新风险管理研究——以中国制造业为例》，《中国软科学》第 11 期。

[76] 刘志彪、张杰，2009，《从融入全球价值链到构建国家价值链：中国产业升级的战略思考》，《学术月刊》第 9 期。

[77] 刘智勇、张玮，2010，《创新型人力资本与技术进步：理论与实

证》，《科技进步与对策》第 1 期。

[78] 卢福财、胡平波，2008，《全球价值网络下中国企业低端锁定的博弈分析》，《中国工业经济》第 8 期。

[79] 卢福财、罗瑞荣，2010，《全球价值链分工条件下产业高度与人力资源的关系——以中国第二产业例》，《中国工业经济》第 8 期。

[80] 卢进勇、张航、李小永，2019，《中美贸易摩擦对我国利用外资的影响及对策分析》，《国际贸易》第 1 期。

[81] 陆铭、陈钊，2009，《分割市场的经济增长——为什么经济开放可能加剧地方保护?》，《经济研究》第 3 期。

[82] 吕铁、刘丹，2019，《制造业高质量发展：差距、问题与举措》，《学习与探索》第 1 期。

[83] 吕延方、崔兴华、王冬，2019，《全球价值链参与度与贸易隐含碳》，《数量经济技术经济研究》第 2 期。

[84] 吕越、陈帅、盛斌，2018，《嵌入全球价值链会导致中国制造的"低端锁定"吗?》，《管理世界》第 8 期。

[85] 吕越、马嘉林、田琳，2019，《中美贸易摩擦对全球价值链重构的影响及中国方案》，《国际贸易》第 8 期。

[86] 罗雨泽、罗来军、陈衍泰，2016，《高新技术产业 TFP 由何而定?——基于微观数据的实证分析》，《管理世界》第 2 期。

[87] 马涛、常晓莹、黄印，2020，《高铁网络接入、企业绩效提升与创新促进——基于准自然实验的上市公司样本分析》，《经济与管理研究》第 3 期。

[88] 马野青、张梦、巫强，2017，《什么决定了中国制造业在全球价值链中的地位?——基于贸易增加值的视角》，《南京社会科学》第 3 期。

[89] 毛其淋、盛斌，2012，《对外经济开放、区域市场整合与全要素生产率》，《经济学》（季刊）第 1 期。

[90] 毛蕴诗，2016，《重构全球价值链》，《清华管理评论》第 6 期。

[91] 孟凡达，2018，《德国工业高质量发展的实践经验与启示》，《中国工业和信息化》第 7 期。

[92] 倪红福、龚六堂、夏杰长，2016，《生产分割的演进路径及其影响因素——基于生产阶段数的考察》，《管理世界》第 4 期。

[93] 倪进峰、李华，2017，《产业集聚、人力资本与区域创新——基于异质产业集聚与协同集聚视角的实证研究》，《经济问题探索》第 12 期。

[94] 聂长飞、简新华，2020，《中国高质量发展的测度及省际现状的分析比较》，《数量经济技术经济研究》第 2 期。

[95] 潘安，2018，《全球价值链视角下的中美贸易隐含碳研究》，《统计研究》第 1 期。

[96] 潘秋晨，2019，《全球价值链嵌入对中国装备制造业转型升级的影响研究》，《世界经济研究》第 9 期。

[97] 钱学锋、王胜、黄云湖、王菊蓉，2011，《进口种类与中国制造业全要素生产率》，《世界经济》第 5 期。

[98] 邱斌、杨帅、辛培江，2008，《FDI 技术溢出渠道与中国制造业生产率增长研究：基于面板数据的分析》，《世界经济》第 8 期。

[99] 任保平、田丰华，2017，《中国特色社会主义新时代经济发展新动力的重塑与协调》，《经济纵横》第 12 期。

[100] 任保平，2019，《新时代我国制造业高质量发展需要坚持的六大战略》，《人文杂志》第 7 期。

[101] 任保平，2020，《中国经济高质量发展三维动力体系的系统再造研究》，《社会科学辑刊》第 3 期。

[102] 任苑荣，2017，《中非贸易投资对非洲产业转型的影响机制研究》，博士学位论文，对外经济贸易大学。

[103] 阮文婧、刘小溪、武常岐，2020，《中国高新技术产业创新效率研究——外资"溢出效应假说"再检验》，《管理现代化》第 2 期。

[104] 赏书燕，2019，《异质性视角下我国制造业双向 FDI 发展与全

球价值链升级研究》，硕士学位论文，江苏大学。

[105] 沈利生、唐志，2008，《对外贸易对我国污染排放的影响——以二氧化硫为例》，《管理世界》第 6 期。

[106] 沈能，2009，《区域一体化与技术水平的"俱乐部"收敛性研究》，《科学学与科学技术管理》第 1 期。

[107] 盛斌、苏丹妮、邵朝对，2020，《全球价值链、国内价值链与经济增长：替代还是互补》，《世界经济》第 4 期。

[108] 史长宽，2019，《中美贸易摩擦对我国产业结构升级的影响及对策》，《中国流通经济》第 6 期。

[109] 宋利芳、冀玥竹、朴敏淑，2016，《韩国"制造业革新 3.0"战略及启示》，《经济纵横》第 12 期。

[110] 孙晓华、王昀、郑辉，2012，《R&D 溢出对中国制造业全要素生产率的影响——基于产业间、国际贸易和 FDI 三种溢出渠道的实证检验》，《南开经济研究》第 5 期。

[111] 谭人友、葛顺奇、刘晨，2016，《全球价值链重构与国际竞争格局——基于 40 个经济体 35 个行业面板数据的检验》，《世界经济研究》第 5 期。

[112] 唐艳、张庆，2021，《全球产业链重构对我国制造业的影响》，《企业管理》第 5 期。

[113] 唐宜红、张鹏杨，2017，《FDI、全球价值链嵌入与出口国内附加值》，《统计研究》第 4 期。

[114] 陶锋、李诗田，2008，《全球价值链代工过程中的产品开发知识溢出和学习效应——基于东莞电子信息制造业的实证研究》，《管理世界》第 1 期。

[115] 万攀兵、杨冕、陈林，2021，《环境技术标准何以影响中国制造业绿色转型——基于技术改造的视角》，《中国工业经济》第 9 期。

[116] 王高凤、郑玉，2017，《中国制造业生产分割与全要素生产率——基于生产阶段数的分析》，《产业经济研究》第 4 期。

［117］王建，1987，《走国际大循环经济发展战略的可能性及其要求》，《动态清样》第 1 期。

［118］王健、李佳，2013，《人力资本推动产业结构升级：我国二次人口红利获取之解》，《现代财经（天津财经大学学报）》第 6 期。

［119］王静，2020，《全球价值链双向嵌入深度对中国制造业企业生产率的影响研究》，硕士学位论文，安徽财经大学。

［120］王岚、李宏艳，2015，《中国制造业融入全球价值链路径研究——嵌入位置和增值能力的视角》，《中国工业经济》第 2 期。

［121］王岚，2014，《融入全球价值链对中国制造业国际分工地位的影响》，《统计研究》第 5 期。

［122］王思语、郑乐凯，2019，《全球价值链嵌入特征对出口技术复杂度差异化的影响》，《数量经济技术经济研究》第 5 期。

［123］王宋涛、温思美、朱腾腾，2016，《市场分割、资源错配与劳动收入份额》，《经济评论》第 1 期。

［124］王文治、陆建明，2011，《外商直接投资与中国制造业的污染排放：基于行业投入 - 产出的分析》，《世界经济研究》第 8 期。

［125］王小鲁、胡李鹏、樊纲，2021，《中国分省份市场化指数报告（2021）》，社会科学文献出版社。

［126］王孝松、吕越、赵春明，2017，《贸易壁垒与全球价值链嵌入——以中国遭遇反倾销为例》，《中国社会科学》第 1 期。

［127］王亚飞、郑明慧，2008，《中美贸易摩擦的新特点》，《当代经济管理》第 4 期。

［128］王燕梅、简泽，2013，《参与产品内国际分工模式对技术进步效应的影响——基于中国 4 个制造业行业的微观检验》，《中国工业经济》第 10 期。

［129］王一鸣，2017，《中国经济新一轮动力转换与路径选择》，《管

理世界》第 2 期。

[130] 王贻芳、白云翔，2020，《发展国家重大科技基础设施 引领国际科技创新》，《管理世界》第 5 期。

[131] 王玉燕、林汉川、吕臣，2014，《全球价值链嵌入的技术进步效应——来自中国工业面板数据的经验研究》，《中国工业经济》第 9 期。

[132] 王玉燕、林汉川，2015，《全球价值链嵌入能提升工业转型升级效果吗——基于中国工业面板数据的实证检验》，《国际贸易问题》第 11 期。

[133] 王玉燕、刘晓娟，2019，《传统生产要素还能提升中国制造业价值链地位吗？——来自工业行业的实证检验》，《吉林工商学院学报》第 5 期。

[134] 王玉燕、陆强，2022，《区域融合、基础设施建设与高新技术产业创新效率——基于中介效应模型的实证检验》，《天津商业大学学报》第 1 期。

[135] 王玉燕、涂明慧，2021，《国内大循环与制造业全球价值链地位——兼论双循环发展格局的新思路》，《商业研究》第 6 期。

[136] 王玉燕、王建秀、阎俊爱，2015，《全球价值链嵌入的节能减排双重效应——来自中国工业面板数据的经验研究》，《中国软科学》第 8 期。

[137] 王玉燕、王婉，2020，《GVC 嵌入、创新型人力资本与制造业高质量发展——基于"新发展理念"的影响机制分析与效应检验》，《商业研究》第 5 期。

[138] 王玉燕、张雨雪，2021，《产业协同集聚如何推动工业高质量发展？——基于城镇化水平和信息化市场中介检验》，《吉林工商学院学报》第 4 期。

[139] 王直、魏尚进、祝坤福，2015，《总贸易核算法：官方贸易统计与全球价值链的度量》，《中国社会科学》第 9 期。

[140] 魏如青、张铭心、郑乐凯、施平居，2021，《生产分割、知识

产权保护与出口技术复杂度——基于生产阶段分割的研究视角》，《统计研究》第 4 期。

[141] 魏如青、郑乐凯、程大中，2018，《中国参与全球价值链研究——基于生产分解模型》，《上海经济研究》第 4 期。

[142] 文东伟、冼国明，2010，《中国制造业的垂直专业化与出口增长》，《经济学》（季刊）第 2 期。

[143] 吴利华、闫焱，2018，《高技术产业对传统工业的波及影响分析》，《华东经济管理》第 6 期。

[144] 吴莲姬，2004，《韩国人才培养政策及管理体制研究》，《当代韩国》第 3 期。

[145] 夏后学、谭清美、白俊红，2019，《营商环境、企业寻租与市场创新——来自中国企业营商环境调查的经验证据》，《经济研究》第 4 期。

[146] 肖远飞、罗叶、杨双鹏，2018，《全球价值链嵌入下云南省资源型产业碳排放效应研究——基于门限效应的实证分析》，《生态经济》第 6 期。

[147] 谢会强、黄凌云、刘冬冬，2018，《全球价值链嵌入提高了中国制造业碳生产率吗》，《国际贸易问题》第 12 期。

[148] 谢良、黄健柏，2009，《创新型人力资本、全要素生产率与经济增长分析》，《科技进步与对策》第 6 期。

[149] 徐充、张志元，2011，《东北地区制造业发展模式转型及路径研究》，《吉林大学社会科学学报》第 3 期。

[150] 徐康宁、冯伟，2010，《基于本土市场规模的内生化产业升级：技术创新的第三条道路》，《中国工业经济》第 11 期。

[151] 徐梅，2021，《日本制造业强大的原因及镜鉴》，《人民论坛》第 Z1 期。

[152] 徐维祥、舒季君、唐根年，2015，《中国工业化、信息化、城镇化和农业现代化协调发展的时空格局与动态演进》，《经济学动态》第 1 期。

［153］阳立高、龚世豪、王铂、晁自胜，2018，《人力资本、技术进步与制造业升级》，《中国软科学》第 1 期。

［154］阳立高、谢锐、贺正楚、韩峰、孙玉磊，2014，《劳动力成本上升对制造业结构升级的影响研究——基于中国制造业细分行业数据的实证分析》，《中国软科学》第 12 期。

［155］杨飞、孙文远、张松林，2017，《全球价值链嵌入、技术进步与污染排放——基于中国分行业数据的实证研究》，《世界经济研究》第 2 期。

［156］杨高举、黄先海，2013，《内部动力与后发国分工地位升级——来自中国高技术产业的证据》，《中国社会科学》第 2 期。

［157］杨树旺、易明、王文成、冯兵，2006，《基于交易费用的产业集群发展研究》，《管理世界》第 11 期。

［158］杨晓龙、李碧芳、刘戒骄，2012，《美国加强制造业的策略选择及启示》，《当代经济研究》第 6 期。

［159］杨以文、周勤、毛春梅、李卫红，2020，《中国制造业全球价值链位置的行业异质性及收敛性测度》，《科技进步与对策》第 12 期。

［160］易明、彭甲超、吴超，2019，《基于 SFA 方法的中国高新技术产业创新效率研究》，《科研管理》第 11 期。

［161］于斌斌，2019，《生产性服务业集聚如何促进产业结构升级？——基于集聚外部性与城市规模约束的实证分析》，《经济社会体制比较》第 2 期。

［162］余振、周冰惠、谢旭斌、王梓楠，2018，《参与全球价值链重构与中美贸易摩擦》，《中国工业经济》第 7 期。

［163］虞义华、郑新业、张莉，2011，《经济发展水平、产业结构与碳排放强度——中国省级面板数据分析》，《经济理论与经济管理》第 3 期。

［164］袁茜、吴利华、张平，2019，《长江经济带一体化发展与高新技术产业研发效率》，《数量经济技术经济研究》第 4 期。

[165] 臧佩红，2022，《平成时代日本的教育改革及其启示》，《外国教育研究》第 1 期。

[166] 张道刚、王运宝、胡磊，2021，《"硬核"安徽是如何炼成的》，《决策》第 11 期。

[167] 张凤新，2018，《东亚国家和地区跨越"中等收入陷阱"研究》，硕士学位论文，山东大学。

[168] 张根明、陈才、曹裕、谢良，2010，《创新型人力资本对经济增长影响的实证研究——基于存量与水平的视角》，《科技进步与对策》第 3 期。

[169] 张国强、温军、汤向俊，2011，《中国人力资本、人力资本结构与产业结构升级》，《中国人口·资源与环境》第 10 期。

[170] 张明志、岳帅，2019，《基于全球价值链视角的中美贸易摩擦透视》，《华南师范大学学报》（社会科学版）第 2 期。

[171] 张鹏杨、唐宜红，2018，《FDI 如何提高我国出口企业国内附加值？——基于全球价值链升级的视角》，《数量经济技术经济研究》第 7 期。

[172] 张三保、康璧成、张志学，2020，《中国省份营商环境评价：指标体系与量化分析》，《经济管理》第 4 期。

[173] 张少军、刘志彪，2013，《国内价值链是否对接了全球价值链——基于联立方程模型的经验分析》，《国际贸易问题》第 2 期。

[174] 张少军，2015，《全球价值链降低了劳动收入份额吗——来自中国行业面板数据的实证研究》，《经济学动态》第 10 期。

[175] 张文会、乔宝华，2018，《构建我国制造业高质量发展指标体系的几点思考》，《工业经济论坛》第 4 期。

[176] 张小蒂、朱勤，2007，《论全球价值链中我国企业创新与市场势力构建的良性互动》，《中国工业经济》第 5 期。

[177] 张玉、胡昭玲，2016，《制度质量、研发创新与价值链分工地位——基于中国制造业面板数据的经验研究》，《经济问题探索》第 6 期。

[178] 张智威，2018，《客观理性看待中美贸易》，《中国金融》第 11 期。

[179] 赵伟、王春晖，2013，《区域开放与产业集聚：一个基于交易 费用视角的模型》，《国际贸易问题》第 7 期。

[180] 赵玉焕、尹斯祺、刘娅，2017，《光电设备制造业全球价值链 参与程度及对就业的影响研究》，《国际商务（对外经济贸易 大学学报)》第 6 期。

[181] 赵玉璞、朴成辉，2010，《韩国经济发展的理论与政策》，《山 东社会科学》第 12 期。

[182] 郑春荣、望路，2015，《德国制造业转型升级的经验与启示》， 《人民论坛·学术前沿》第 11 期。

[183] 郑展鹏、王洋东，2017，《国际技术溢出、人力资本与出口技 术复杂度》，《经济学家》第 1 期。

[184] 中国城市营商环境评价研究课题组，2021，《中国城市营商环 境评价的理论逻辑、比较分析及对策建议》，《管理世界》第 5 期。

[185] 中国信息通信研究院，2022，《中国数字经济发展报告（2022 年)》，http://www.caict.ac.cn/kxyj/qwfb/bps/202207/t20220708_ 405627.htm。

[186] 钟昌标、李富强、王林辉，2006，《经济制度和我国经济增长 效率的实证研究》，《数量经济技术经济研究》第 11 期。

[187] 周灏，2011，《中国遭受反倾销的影响因素及贸易救济体系研 究》，博士学位论文，华中农业大学。

[188] 周静，2013，《德国制造业发展的经验探析》，《贵阳学院学 报》（社会科学版）第 6 期。

[189] 周明生、王帅，2018，《产业集聚是导致区域环境污染的"凶 手"吗？——来自京津冀地区的证据》，《经济体制改革》第 5 期。

[190] 祝留，1988，《国际大循环经济发展战略讨论综述》，《中南财

经大学学报》第 3 期。

[191] 卓越、张珉，2008，《全球价值链中的收益分配与"悲惨增长"——基于中国纺织服装业的分析》，《中国工业经济》第 7 期。

[192] Dixon, J. 2017. "The Impact on Australia of Trump's 45 Percent Tariff on Chinese Imports." *Economic Papers* (3): 266 – 274.

[193] Fally, T. 2012. "Production Staging: Measurement and Facts." University of Colorado Boulder Working Paper.

[194] Frankel, J. A., Rose, A. K. 2005. "Is Trade Good or Bad for the Environment? Sorting out the Causality." *Review of Economics & Statistics* 87 (1): 85 – 91.

[195] Hansen, B. E. 1999. "Threshold Effects in Non-dynamic Panels: Estimation, Testing and Inference." *Journal of Econometrics* 93 (2): 345 – 368.

[196] He, J. 2006. "Pollution Haven Hypothesis and Environmental Impacts of Foreign Direct Investment: The Case of Industrial Emission of Sulfur Dioxide in Chinese Provinces." *Ecological Economics* 60 (1): 228 – 245.

[197] Hummels, D., Ishii, J., Yi, K. M. 2001. "The Nature and Growth of Vertical Specialization in World Trade." *Journal of International Economics* 54 (1): 75 – 96.

[198] Humphrey, J., Schmitz, H. 2002. "How Does Insertion in Global Value Chains Affect Upgrading in Industrial Clusters?." *Regional Studies* 36 (9): 1017 – 1027.

[199] Koopman, R., Powers, W., Wang, Z., et al. 2010. "Give Credit Where Credit Is Due: Tracing Value Added in Global Production Chains." National Bureau of Economic Research.

[200] Koopman, R., Wang, Z., Wei, S. J. 2014. "Tracing Value-added and Double Counting in Gross Exports." *American Economic*

Review 104 (2): 459 – 494.

[201] Kraemer, K., Linden, G., Dedrick, J. 2011. "Capturing Value in Global Networks: Apple's iPad and iPhone." PCIC Working Paper.

[202] Levinson, M., Taylor, S. 2008. "Unmasking the Pollution Heaven Effect." *International Economic Review* (49): 223 – 254.

[203] Lucas, R. E. 1988. "On the Mechanics of Economic Development." *Journal of Monetary Economics* 22: 3 – 42.

[204] Machlup, F. 1962. *The Production and Distribution of Knowledge in the United States*. New Jersey: Princeton University Press.

[205] Managi, S. 2004. "Competitiveness and Environmental Policies for Agriculture: Testing the Porter Hypothesis." *International Journal of Agricultural Resources Governance & Ecology* 3 (3 – 4): 310 – 324.

[206] Markusen, J. R., Maskus, K. E. 2001. "Multinational Firms: Reconciling Theory and Evidence." *NBER Chapters* (1): 71 – 98.

[207] Marshall, J. N. 1982. "Linkages between Manufacturing Industry and Business Services." *Environment and Planning A* 14 (11): 1523 – 1540.

[208] Mccarney, G. R., Adamowicz, W. L. 2005. "The Effects of Trade Liberalization on the Environment: An Empirical Study." *International Journal of Bio-Resource & Stress Management* 3 (4): 464 – 467.

[209] Negroponte, N. 1996. *Being Digital*. New York: Random House.

[210] Porat, M. U., Rubin, M. R. 1977. *The Information Economy: Definition and Measurement*. Washington, D. C. : The Office.

[211] Romer, P. M. 1986. "Increasing Returns and Long-run Growth." *Journal of Political Economy* 94 (5): 1002 – 1037.

[212] Rosyadi, S. A., Widodo, T. 2017. "Impacts of Donald Trump's Tariff Increase Against China on Global Economy: Global Trade Analysis Project (GTAP) Model." MPRA Paper No. 79493.

［213］Tapscott, D. 1996. *The Digital Economy: Promise and Peril in the Age of Networked Intelligence.* New York: McGraw-Hill.

［214］Wang, Z. , Wei, S. J. , Yu, X. D. 2017. "Measures of Participation in Global Value Chains and Global Business Cycles." NBER Working Paper, No. 23222.

［215］Wang, Z. , Wei, S. J. , Zhu, K. F. 2013. "Quantifying International Production Sharing at the Bilateral and Sector Levels." NBER Working Paper, No. 19677.

图书在版编目（CIP）数据

制造业再定位：双循环与高质量发展／王玉燕等著
. -- 北京：社会科学文献出版社，2023.4（2024.7重印）
ISBN 978 - 7 - 5228 - 1568 - 8

Ⅰ.①制…　Ⅱ.①王…　Ⅲ.①制造工业 - 工业发展 -
研究 - 中国　Ⅳ.①F426.4

中国国家版本馆 CIP 数据核字（2023）第 048656 号

制造业再定位：双循环与高质量发展

著　　者／王玉燕 等

出 版 人／冀祥德
责任编辑／陈凤玲
文稿编辑／陈丽丽
责任印制／王京美

出　　版／社会科学文献出版社·经济与管理分社（010）59367226
　　　　　地址：北京市北三环中路甲 29 号院华龙大厦　邮编：100029
　　　　　网址：www. ssap. com. cn
发　　行／社会科学文献出版社（010）59367028
印　　装／唐山玺诚印务有限公司

规　　格／开本：787mm × 1092mm　1/16
　　　　　印张：25.25　字数：356 千字
版　　次／2023 年 4 月第 1 版　2024 年 7 月第 2 次印刷
书　　号／ISBN 978 - 7 - 5228 - 1568 - 8
定　　价／128.00 元

读者服务电话：4008918866